Kohlhammer

Praxis Heilpädagogik – Handlungsfelder
Herausgegeben von
Heinrich Greving

Gerd Grampp / Stephan Hirsch
Clemens M. Kasper / Ulrich Scheibner
Werner Schlummer

Arbeit

Herausforderung und Verantwortung der Heilpädagogik

Verlag W. Kohlhammer

Gesamtherstellung:
W. Kohlhammer Druckerei GmbH + Co. KG; Stuttgart
Printed in Germany

ISBN 978-3-17-020008-1

Inhaltsverzeichnis

Vorwort: Arbeit – Herausforderung und Verantwortung der Heilpädagogik

Ein kleines Wort nur – Arbeit. Doch es ist ein wahres Universum: volkstümlich und populär, vieldeutig und komplex, wohlbekannt und immer noch voller Überraschungen und Widersprüche. Je mehr man es erkundet und seine Mysterien aufdeckt, umso mehr offenbart es seine Eigentümlichkeiten: Viele Wissenschaften haben ihre ganz eigene Definition von Arbeit entwickelt. Die Philosophie versteht nicht das Gleiche darunter wie die Soziologie, die Physik erklärt Arbeit anders als die Pädagogik. Selbst nahe verwandte Wissenschaften wie die Volks- und Betriebswirtschaft deuten Arbeit unterschiedlich. Diese Veröffentlichung zeigt differenziert und differenzierend die enge Verbindung zwischen Arbeit und Heilpädagogik auf, genauer: zwischen Arbeit, Mensch und Heilpädagogik. Darum ist dieses Buch notwendig, überfällig und noch einzigartig.

Weil sich gerade dieser Wissenschaftszweig einer ganzheitlichen Betrachtung verpflichtet, ist für die Heilpädagogik konsequent der Mensch das Maß, sein „Heil" im Sinne von Glück, Wohlbefinden und Zufriedenheit. Die Heilpädagogik ist wie alle Wissenschaften sinngeleitet und durchaus nicht wertneutral. Anders ist es gar nicht möglich, sich den historisch und vor allem politisch bedingten Inhalten, Formen und Methoden der Arbeit und ihren Auswirkungen auf den einzelnen Menschen wie auf Menschengruppen zu nähern. „Alles Lebendige sucht nach einer besseren Welt", ist eine Kernthese von Karl Popper (Popper 1984, I). Auf diese Suche begibt sich die Heilpädagogik mit diesem Buch, entdeckt dabei in Altbekanntem völlig neue Details, gewinnt zugleich tiefe Einsichten in soziale Zusammenhänge und skizziert ein neues Verständnis von Arbeit.

Diese Publikation ist die erste ihrer Art. Sie schlägt die Brücke zwischen einer historisch fundierten und auf die Zukunft der Heilpädagogik gerichteten Sichtweise, verbindet die Begründungen zu diesem Handlungsfeld mit konzeptionellen und sozialpolitischen Aussagen. Dafür bearbeiten die fünf Autoren jeweils unterschiedliche Schwerpunkte, die sich kapitelweise immer wieder miteinander verbinden: Stephan Hirsch und Clemens M. Kasper stellen in ihrem Beitrag die Entwicklungsgeschichte der Arbeit dar. Sie führen die Leserschaft an die historischen Fronten der Auseinandersetzungen um eine menschenwürdige Arbeit und verdeutlichen, wie sehr Arbeit als gesellschaftliche wie individuelle menschliche Äußerung ein zentrales Handlungsfeld der Heilpädagogik ist. Es wird dabei der Bogen vom Bedeutungswechsel des Arbeitsbegriffes in der Geschichte bis hin zu philosophischen und anthropologischen Aussagekomplexen geschlagen. Die Autoren beschreiben kurz und eindrucksvoll den Kult, der sich im Verlauf der Geschichte um die Arbeitenden und ihr Werk herausbildete – eine idealtypische Stilisierung nach Art der Minne und der ihr eigentümlichen Distinktion: Eine Mahnung an die heilpädagogisch Tätigen, sich vor einer Verklärung der Arbeit zu hüten und ihren pädagogischen Wert nicht zu überhöhen. Den Schlussappell in diesem Kapitel, den Wert der Arbeit neu zu überdenken, greift Ulrich Scheibner in seinen Kapiteln aus ganz unterschiedlichen Blickrichtungen auf und legt ihn seinem Verständnis von Heilpädagogik und Arbeit zugrunde.

Der Autor beschreibt im Kapitel über die notwendige Verbindung von Heilpädagogik und Arbeit ihren Januskopf, verdeutlicht das am Gegensatzpaar „Fremdarbeit" und „Arbeitslust" und weist auf einen in jeder Epoche auftretenden Grundwiderspruch hin: die Dynamik der menschlichen Arbeit als gesellschaftsgestaltende Tätigkeit einerseits und die Verharrung des arbeitenden Menschen in Abhängigkeit und Gehorsamspflicht andererseits. Für die Heilpädagogik müssen nach Auffassung von Ulrich Scheibner Arbeitsfreude und Arbeitslust wesentliche Kriterien einer menschengerechten Arbeit sein. Ihre Dynamik muss nicht nur dem gesellschaftlichen Fortschritt dienen, sondern gleichermaßen dem Individuum. Er stellt den gängigen betriebswirtschaftlichen Maßstäben die heilpädagogischen entgegen und veranschaulicht dadurch zugleich den Grundkonflikt und die Aufgabenstellung: Heilpädagogik soll soziale Wirklichkeit nicht nur erträglich machen, sondern sie mitgestalten, dabei zugleich den Menschen mit Unterstützungsbedarf einbeziehen und ihm assistieren. Dabei beruft er sich auf Jan Daniel Georgens, den Mentor der Heilpädagogik.

Der Autor legt eine konsequent humanistische Definition von Heilpädagogik zugrunde und fordert zum Diskurs darüber auf, was sie dazu beitragen will, damit Arbeit zu freien Persönlichkeiten der Arbeitenden führt. Ulrich Scheibner begründet mit diesem Kapitel eine innovative Sichtweise in Bezug auf die Vernetzung von Arbeit und Heilpädagogik und verlangt den praktischen Nachweis dafür, dass Heilpädagogik eine Arbeit gestaltende Wissenschaft ist.

Im dritten Kapitel dieses Bandes stellt Werner Schlummer die Menschen mit einer geistigen Behinderung in den Vordergrund und bezieht den hohen Anspruch an die Heilpädagogik, wie er in den vorausgegangenen Kapiteln erhoben wurde, auf die heilpädagogisch Tätigen. Der Autor fordert besonders professionelle heilpädagogische Leistungen und weitreichende Kompetenzen bei den Fachleuten. Die daraus erwachsenen personellen Anforderungen stellt er im Einzelnen dar und begründet die Notwendigkeit einer konsequent interdisziplinären Arbeitsweise der heilpädagogisch Tätigen. Seine ausführliche Begründung gerade für die arbeitsrelevanten Kompetenzen reflektiert Werner Schlummer vor einem geschichtlichen Hintergrund, der stets mitgedacht und praxisleitend sein sollte. Besonders deutlich wird in diesem Teil des Buches herausgestellt, dass arbeitsweltbezogene Heilpädagogik alle sozialisationsrelevanten Bereiche erfassen und verbinden muss: Elternhaus, Frühförderung, Schule und berufliche Bildung.

Durch die differenzierte Darstellung der verschiedenen Assistenzleistungen zur Teilhabe am Arbeitsleben wird in diesem Teil des Buches bereits das Fundament gelegt, auf dem das Kapitel „Neue Arbeit" aufbaut. Dafür benutzt der Autor den Terminus „emanzipative Teilhabe am Arbeitsleben", für den Ulrich Scheibner synonym den Ausdruck „freie Persönlichkeit im Arbeitsleben" verwendet. Werner Schlummer regt zur weiterführenden Diskussion darüber an, ob und wie sich die heilpädagogischen Fachleute einer humanistischen Berufsethik verpflichten und das öffentlich machen können. Es ist deshalb konsequent, wenn der Autor sein Kapitel mit Überlegungen zu den Menschenrechten, insbesondere dem UN-Übereinkommen für die Rechte von Menschen mit Behinderung, und ihrer Schubkraft für die Entwicklung eines emanzipativen Arbeitsmarktes beschließt.

Zum Anspruch und Ziel dieses Buches gehört, die Einheit von Arbeit und Heilpädagogik sowohl aus der Sozialgeschichte als auch aus der pädagogischen Wissenschaft zu begründen und handlungsleitende Entwürfe anzubieten. Deshalb stellt Gerd Grampp im vierten Kapitel sehr unterschiedliche Konzepte und Methoden dar, mit denen sich die heilpädagogischen Fachleute auseinandersetzen müssen. Der Autor steht dabei mit seinem ethischen Anspruch an der Seite aller Autoren dieses Werkes, die Heilpädagogik als personzentrierte Wissenschaft für den Arbeitsalltag definieren. Darum misst er die verschiedenen Konzepte an den Grundlagen der Internationalen Klassifikation der Funktionsfähigkeit, Behinderung und Gesundheit (ICF) und bezieht die komplexe Betrachtungsweise, die die ICF verlangt, in seine eigenen Handlungsempfehlungen ein. Im praxisorientierten Abschnitt „Personorientierte Konzepte und Methoden" wird deutlich, dass der Heilpädagogik vor allem eine gestaltungswirksame und handlungsregulatorische Aufgabe zukommt. Gerd Grampp rückt diesen pädagogischen Wissenschaftsbereich ganz nahe an die Arbeitswissenschaft. Er plädiert nachdrücklich für eine Arbeit, deren Aufgabenstrukturen „Freiheitsgrade" für die handelnde Person aufweisen, die zu selbstständigen Entscheidungen befähigen. Darauf muss sich die Heilpädagogik bei der weiteren Entwicklung ihrer Aufgabenstellung einlassen.

In der Zusammenschau der bisherigen Kapitel gibt sich schon an dieser Stelle des Buches eine weiter reichende Sinndeutung von Arbeit und Heilpädagogik zu erkennen, die im Unterschied zu zahlreichen anderen Definitionen von Arbeit konsequent den einzelnen Menschen und seinen individuellen Nutzen in den Blickpunkt dieser Wissenschaft stellt. Dabei wird der in der Pädagogik stark strapazierte Begriff der Selbstbestimmung von allen Autoren inhaltlich gefüllt und dadurch trotz seiner Komplexität für den Arbeitsalltag praktikabel; er hebt sich schließlich auf.

Im fünften Kapitel entwickelt Ulrich Scheibner anhand ausgewählter Beispiele ein Verständnis von Forschung im Kontext der Schnittstellen von Heilpädagogik und Arbeit. Auch das stellt ein Novum im Diskurs zwischen heilpädagogischem Handeln und dem Tätigkeitsfeld der Arbeit dar. Seine Aussagen zur historischen Bedingtheit und zur Geschichtsforschung in der Heilpädagogik sind zielführend für das aktuelle Verständnis dieses weiten Aufgabenbereiches. Ebenso zweckdienlich ist die kritische Auseinandersetzung mit der bisherigen Forschung zu heilpädagogischen Themen. Der Autor legt dar, dass dieser Wissenschaftsbereich immer noch ein weitgehend unbestelltes Forschungsfeld ist und sich in den wenigen praxisrelevanten Forschungsergebnissen ein viel zu undifferenziertes Bild vom Arbeitsleben offenbart. Seine Forderung, Arbeit nicht mit Erwerbsarbeit gleichzusetzen und Einbeziehung ins Arbeitsleben nicht mit dem fragwürdigen Prozess der Kommodifizierung, verpflichtet die Vertreter der Heilpädagogik zu einer nachdrücklicheren Auseinandersetzung mit politischen Zielformulierungen wie „Sozial ist, was Arbeit schafft“ oder gar „Human ist, was Arbeit schafft“. Für Ulrich Scheibner ist eine humanistische Heilpädagogik ohne politisches Bewusstsein und Geschichtsbewusstsein nicht denkbar. Das muss sich auch in der zu forcierenden Forschung über alltagstaugliche und weiterführende heilpädagogische Themen widerspiegeln.

Einen für die Heilpädagogik noch neuen Gedanken entwickelt der Autor im sechsten Kapitel: „Neue Arbeit“. Dabei greift er zunächst die gängigen Konzeptionen in der Industrie auf und erinnert an die entsprechenden Forderungen des Club of Rome. Bei seinen Nachforschungen nach heutigen Formen praktizierter „neuer“ Arbeit im Erwerbsleben lässt er die bei Gerd Grampp erwähnten Modelle wie die bei VOLVO bewusst außer Acht. Sie gehören zwar zur heilpädagogischen Zielsetzung nach einer menschengerechten Arbeitswelt, bleiben aber letztlich dem tayloristischen Ziel und Primat nach Ergebnis steigernder Motivationsförderung verhaftet. Ulrich Scheibner verlangt von der Heilpädagogik, ein prinzipiell neues Verständnis von Arbeit zu entwickeln, das die herkömmlichen Modelle kennt und kritisch bewertet und das Neue in der zukünftigen Arbeit mit heilpädagogischen Grundüberzeugungen eigenständig definiert. Als Modell legt er die Arbeit in den Werkstätten für behinderte Menschen (kurz: Werkstätten) zugrunde, die in ihrer Entwicklungsgeschichte als einzige personbezogene Arbeitswelt die Chance gehabt hatte, sich ohne die typischen Marktzwänge und ohne Nachweis von Rentabilität zu entwickeln. Seine Maßstäbe für eine menschenwürdige Arbeit nimmt Ulrich Scheibner deshalb aus der Arbeitswelt dieser Werkstätten, spiegelt sie aber an den anhaltenden Bemühungen von Wissenschaft, Politik und Erwerbswirtschaft um eine allgemein verbindliche humanistische Arbeitswelt. Von einer wirklich neuen Arbeit sind beide Arbeitsarten weit entfernt – die Arbeit im gemeinnützigen Sektor der Werkstätten ebenso wie die im erwerbswirtschaftlichen Sektor der Privatwirtschaft. In diesem Prozess der Herausbildung einer neuen Arbeit teilt der Autor der Heilpädagogik eine weitreichende Rolle zu, die sie bisher noch nicht erkannt und wahrgenommen hat. Dabei unternimmt er am Beispiel der Werkstätten einen kurzen Exkurs in die Semantik, um zu verdeutlichen, dass neue Entwicklungen auch nach einer neuen Sprache verlangen. Im Umkehrschluss stellt er am Werkstattvokabular dar, dass der Grund für die zählebige althergebrachte Terminologie oft das zählebige althergebrachte Denken der Akteure ist. Von der Heilpädagogik verlangt er gerade auf diesem Feld ein größeres Engagement.

Indem Ulrich Scheibner die wissenschaftlichen und pragmatischen Ansätze der Heilpädagogik und der Arbeit explizit miteinander vernetzt, bereitet er den letzten Teil dieses Buches vor: ein Plädoyer für ein Manifest der Heilpädagogik. Dieses hochpolitische und innovative Kapitel führt die gesellschaftspolitischen Anliegen der frühen heilpädagogischen Wissenschaftler des 19. Jahrhunderts mit den Anliegen der heutigen Experten zusammen, eine verbindliche Verpflichtung gegenüber dem Individuum und der Gesellschaft einzugehen und sie öffentlich zu dokumentieren. In seinem kurzen Rückblick auf den Ursprung des Manifestes als schriftliche soziale und politische Aussage erinnert der Autor an das spätantike Manifest gegen die römische Besatzungsmacht in Britannien; ein Aufruf, sich gegen die unmenschlichen Formen der von den Römern erzwungenen Arbeit zu wehren. Damit wird der Grundgedanke des Anliegens unterstrichen, dass Manifeste stets Programme zur Veränderung einer menschenunwürdigen Realität sind. Der Pädagogik ist diese Form der Deklaration nicht fremd. In dem Kapitel werden einige herausragende Beispiele für pädagogisch motivierte Manifeste erwähnt. In seinem Plädoyer für ein Manifest werden vier Grundanliegen an die Heilpädagogik formuliert, die das Fundament einer solchen Grundsatzerklärung bilden sollten: die Mitgestaltung am demokratischen und sozialen Rechtsstaat, die Mitgestaltung des sozialen Fortschrittes, die konsequente Fortführung der humanistischen Grundsätze und das Bekenntnis zu einer Heilpädagogik als anwendungsbezogene, sozial gestaltende Wissenschaft.

Die Vorschläge für ein solches Manifest basieren auf den historischen Erkenntnis- und Lernprozessen, berücksichtigen die differenzierte und bedeutende Rolle der Arbeit als Aktionsbereich der Heilpädagogik, gehen aber weit über das bislang vorherrschende Verständnis von Arbeit und Heilpädagogik hinaus. Sie können als optimistischer und unerlässlicher Blick in die Zukunft dieses Handlungsfeldes gelten. Scheibner ist ohne Einschränkung zuzustimmen, dass Manifeste Veränderungen fordern und ein heilpädagogisches Manifest dazu dienen kann, solche Veränderungen zu benennen und öffentlich zu proklamieren. Damit kommt dieses Buch in seinem Schlusskapitel auf das für die Heilpädagogik charakteristische Anliegen zurück, die Interdependenzen von Heilpädagogik und Arbeit, von Person und Gesellschaft zu begründen und zu konkretisieren. Dieses Buch erhebt für die Heilpädagogik den Anspruch, Arbeit nicht nur in ihrer historischen und sozialen Abhängigkeit neu zu interpretieren, sondern verändern zu wollen. Es ist zu wünschen, dass es zum kollegialen Meinungsstreit anregt und den Weg in die Praxis findet.

Stadtlohn/Münster im März 2010 *Prof. Dr. Heinrich Greving*

1 Arbeit – Geschichte eines Handlungsfelds

Stephan Hirsch & Clemens M. Kasper

1.1 Die Bedeutung des (Arbeits-)Bildes

Mit den Begriffen „Arbeit“ und „Behinderung“ verhält es sich wie folgt: Vom Wesen her sind beide Begriffe zwei abstrakte Phänomene. Sie haben ihre Bedeutung erst durch die Zuschreibung erhalten, die ihnen in der Menschheitsgeschichte zuteil wurde.

Arbeit ist mittlerweile zum zentralen Thema in unserer Gesellschaft geworden. Ein Thema, das sich ständig in seiner Bedeutung für den Einzelnen und die Gemeinschaft weiterentwickelt. Für Menschen mit Behinderung ist Arbeit in gleicher Weise bedeutungsvoll wie für den Rest der Bevölkerung. Selten jedoch machen wir uns die Mühe, die Vorstellungen dieser Menschen von Arbeit zu hinterfragen. Welche Wirkung, welchen Sinn, welchen Wert hat Arbeit für Menschen, die kognitiv, mental, körperlich oder durch sozialisatorische Einflüsse beeinträchtigt sind? Wie erleben diese Personen das gedeutete Phänomen Behinderung im Kontext ihrer Arbeit?

Wenn dieser Tage oft die „Konvention der Vereinigten Nationen über die Rechte behinderter Menschen“ (UN-Konvention) bemüht wird, bleibt die Diskussion über „Inklusion“ nicht aus.

Inklusion ist – zumindest im deutschen Sprachraum – noch eher ein unbekannter Terminus. Was unter inklusiver Arbeit verstanden wird, ist noch nicht definiert. Leider kann im vorliegenden Rahmen nicht näher auf diesen Prozess eingegangen werden. Jedoch sollte den Leserinnen und Lesern die Beteiligung an der Diskussion dadurch erleichtert werden, indem mit dem vorliegenden Text eine historische und philosophische Auseinandersetzung mit dem Begriff angestoßen wird. Jede Tatsache, sei sie vordergründig konkret oder abstrakt, muss vor dem Hintergrund der gesellschaftlichen und historischen Gegebenheiten betrachtet, verstanden und hinterfragt werden.

1.2 Zur Wortgeschichte

Arbeit ist ein uraltes Wort und mit der menschlichen Kulturgeschichte von Anfang an verbunden. Die Wurzel des deutschen Begriffs „Arbeit“ geht auf das germanische *arb* und slawische *rah* zurück; es ist verwandt mit „Erbe“, *arbi* (goth.), *heres* (lat.), *erbe* (mhd.). Das *arb* der Germanen, *rah* der Slaven erschließt die urtümliche Bedeutung, wer sie ausübt ist Sklave, Knecht, Leibeigener, Diener; „rabota" bezeichnet Arbeit, Knechtsarbeit, Frondienst. „*Arvum*", „*arva*" (lat.), „gepflügter Acker" verbindet wie im Altsächsischen/Hochdeutschen die Vorstellung von Mühsal, Not, Beschwerde, von schicksalhaft auferlegter Notwendigkeit, von unbequemer, schmerzhafter, ermüdender, bis zur Erschöpfung reichender Anspannung der Kräfte, von einer das Leben beengenden, bedrückenden Schwere.

Und noch etwas verrät die Sprache: „Travail" ist eine allgemeine französische Übersetzung zu lat. *tripalus*, der Dreipfanne. Die Dreipfanne war eine Vorrichtung zum Bändigen von Pferden beim Anlegen von Beschlägen. Die Bezeichnung *tripalase* bedeutet sinngemäß jedoch *quälen*. Die *travail* ist also eine qualvolle Angelegenheit. Im englischen „travel" erinnert dies an die Unbilden der Reise, die Übelkeit von Überlandfahrt, an Beschwerlichkeit, an Anstrengung, Ermattung des Reisenden. Verfolgt man neuhochdeutsche Wortfamilien zurück auf ihre germanischen Wurzeln, wird das Ergebnis immer wieder bestätigt: Das germanische Verb für arbeiten lautet: *derban*, das bedeutet aber zugleich: *bemühen* und *umkommen*. Kaum besser klingt das germanische *wenno*, welches die zusätzlichen Bedeutungen von „*Mühe*" und „*Leiden*" – immerhin aber schon auch von „*Gewinn*" – hat (vgl. Köbler 1982).

Wie die Wortgeschichte auch beleuchtet und gedeutet wird, letztlich bewirken weder das Germanische noch auch das Gotische „*arbaidjan*" positive Bilder. Die Vorstellungen waren immer mit Mühen besetzt. Dies zeigen auch heute noch gängige Synonyme, wie werken, schaffen, streben, sich mühen, ringen, sich anstrengen, es arbeiten lassen in Hand, Herz, Kopf.

„Arbeit" drückte zuerst die auf dem Tagelöhner lastende Tätigkeit des Landbaus aus, die Feldbestellung, die im Ackerbau Tag für Tag geleistet werden musste. Dann bezeichnete sie zudem das Tagewerk, das Handwerker verrichten. Erst sehr viel später wurde Arbeit auf die sogenannte Kopfarbeit übertragen, als geistige Arbeit der Intelligenz. Schließlich wurde Arbeit zum Leben selbst – zum Dasein, das „in voller Arbeit", also angelegentlich beschäftigt verbracht wird. Denkt man diese Eigenschaft der Arbeit weiter, bildet die Natur selbst sogar einen eigenständigen Arbeitsbegriff.

Auch die Begriffe *Arbeit* (arb) und *Erbe* (erb) hängen zusammen. In der Vorzeit der Menschengeschichte waren das Erjagte und das Gesammelte vornehmliche Lebensgrundlage. Im Zeitalter von Acker und Weide hingegen bedeutete die Gewalt über Grund und Boden den Schlüssel zum Wohle des Menschen. Alles orientierte sich fortan auf die Kunst der Bebauung. Landbau wurde zur (Arbeits-)Kultur. Die Bearbeitung der Erde sowie die Vorratshaltung ermöglichten alsbald ein Hauswesen als Garant für höhere Lebensqualität. Arbeit wurde so zur Keimzelle von Dorfleben und Stadtkultur.

Dabei war der Zugriff zu Grundstücken besonders wichtig. Die Stellung des Einzelnen wurde wichtig. Es war zunehmend wichtig, auf wen das Los fiel, wenn Land zugeteilt wurde, auch bei Belehnung mit erbbarem Allodium (Gesamtbesitz). Davon hing ab, wer Herr war über Land und Leute, wer verfügen konnte über die, die sich der notwendigen Arbeiten unterziehen mussten, wer verfügungsberechtigt war. Vater- und Herrschergewalt war dasselbe, waren zudem die Macht, den Kindern und Erben etwas zu hinterlassen. Aus dieser Zeit resultiert letztlich auch das paternalistische Arbeitsverständnis, das bis in die heutige Zeit noch Gültigkeit hat. Beispielsweise ist es in Österreich noch immer eine gängige Sprachwendung, einen Fremden zu fragen, „Wer bist Du und was macht dein Vater?"

Wortgeschichtlich befand sich die Arbeit während dieser frühgeschichtlichen Zeit im Spannungsfeld von zwei Bedeutungsebenen:

Poiein – *έϱγάζεθαι* (gr.), laborare – facere, fabricari (lat.), travailler – ouvrer (frz.), labour – work (engl.), arbeiten – werken, schaffen (dtsch.). Zwei Grundbedeutungen kündigen sich an: Arbeiten als Mühsal, Beschwerde, Notlage, Qual (*πόνος*), und Arbeiten als Leistung, Werk, Geschäft (*έϱγον*).

Das Wort „Arbeit" hat im Ringen der Namen um Vorherrschaft einen Siegeszug angetreten, besonders im Industriezeitalter. Es hat Eingang in Umgangs- wie in Fachsprachen gefunden:

In der Wissenschaft wurde Arbeit zum Produkt von Kraft (p) und Weg (s), den ein Körper (m) in der Zeit (t) zurücklegt. Aber auch in den anderen klassischen Wissensdisziplinen wurde Arbeit als Arbeitsquelle, als Energie betrachtet. Sie wurde zur mechanischen, chemischen, elektromagnetischen, gar zur organischen Größe. Wir kennen diese Definitionen zu gut aus den Lehrplänen der Oberstufen. Es ist die Rede von Muskelarbeit, vom Produktionsfaktor Arbeit, von elementaren Arbeitsabläufen bei Sachgütern, Dienstleistungen, von Arbeitsteilung, von arbeitenden Subjekten, abhängiger und selbstständiger Arbeit, von Arbeitsschule, Arbeitspsychologie, Arbeitswissenschaft, -technik, -ökonomie.

1.3 Der Bedeutungswechsel der Arbeit in der Geschichte

Das Phänomen *Arbeit* ist zu verstehen im Zusammenhang der Natur- und Kulturgeschichte unserer Menschheit. Arbeiten galt den Menschen immer schon als ernste Angelegenheit. Sie war nicht ins Belieben gestellt, war keine Geschmackssache.

Die christliche Lehre deutete das Arbeiten als „im Schweiße des Angesichts sein Brot verdienen". Im Sinne dieses Bildes sind wir Menschen immer abhängig von Natur. Wir sind ständig bei der Arbeit und müssen den Kampf ums tägliche Dasein auch aufnehmen, damit wir die höhere Bestimmung der Arbeit erfahren können. Durch Arbeit soll das Leben erst Bedeutung erlangen. Aus phänomenologischer Sichtweise überwindet der Mensch durch Arbeit quasi Wildheit und Barbarei. Erst mit ihr werde das Tor zur Zivilisation durchschritten: „Sich regen bringt Segen."

Was der Mensch braucht, gewinnt er der Natur ab. Tag für Tag müssen Menschen nach Regeln einer Realität, die von kulturellen Institutionen geprägt ist, ihre Existenz in harter Arbeit sichern. Arbeit befriedigt Bedürfnisse, erfüllt Wünsche, hilft erreichen, was Freude macht: nützliche Dinge und gute Freunde, Geld und Ansehen, geistige Anspannung in Erarbeitung von Ideen/Werten und Entspannung in schöpferischer Gelassenheit/Muße, in kühnen Plänen und erbaulichen Visionen. Arbeit, insbesondere getane Arbeit löst befreiende Gefühle, beglückende Stimmungen aus. Arbeit lehrt, sich gegen Not zu wehren. Arbeit wird zum Nährer und Mehrer des Lebens, ist Arznei für Trübsal und Langeweile, ist Freudenspender. „Arbeit schändet nicht, Arbeit adelt. Um den Preis der Arbeit – verkaufen uns die Götter alles Gute" (Epichar). Arbeit vermittelt Natur.

1.3.1 Die biblische Welt

Die biblisch-christliche Weisheit achtet die Arbeit und anerkennt den Auftrag, sich die Erde untertan zu machen; Arbeit wird zur Mitgift in eine verderbte, erlösungsbedürftige Welt. Sie ist Bürde, unter der alle schwer tragen, und doch zugleich wohltätige Kraft, mitzuwirken und Gottes Schöpfungswerk zu vollenden, Schuld zu sühnen, Welt zu läutern.

Gott arbeitet nicht, er wirkt vielmehr; Menschen hingegen müssen arbeiten. Die Geschichte von der Vertreibung aus dem Paradies und der nachgerufene Gottesfluch, im Schweiße des Angesichtes das Brot zu essen und einen mit Unkraut und Unheil versehenen Acker zu bearbeiten, stellt den Versuch dar, die Mühsal der Arbeit theologisch zu deuten und zu begründen (vgl. Heck 1984). So wird es gottgefällig, sich zu mühen und Werke des Gerechten zu vollbringen. Arbeit ist Motor, das Unvollendete zu vollenden.

1.3.2 Die Welt der Römer

Die Griechen galten in der Antike als Aristokraten des Geistes. Sie schätzten knechtische Arbeit als gering ein. Es ist ein historisch gesicherter Tatbestand, dass die führenden sozialen Schichten in den antiken vorbürgerlichen Gesellschaften nicht gerne körperlich im Auftrag anderer und dann noch gegen Entgelt gearbeitet haben. Man kann nicht direkt sagen, dass sie faul gewesen seien, aber je größer die Annäherung an jene Tätigkeitsformen war, die mit dem heutigen Begriff von Erwerbsarbeit verbunden ist, desto entschiedener zeigte sich die Abwehr dagegen. In der Skala des Erstrebenswerten rückte solche Tätigkeitsform in die Nähe der tierischen Existenzweise.

Der sogenannte Adel des Lebens im Dienste der freien Künste und der Philosophie *artes liberales* sah in der Arbeit ein Absinken der Tätigkeit auf das Niveau vegetativ-animalischer Verrichtungen. Sie war unwürdig für all diejenigen, die sich den Musen, der Schau höherer Einsichten (Theorie) hingaben und sich zu höheren Geschäften, z. B. zum Vorstand im Hauswesen und zur Leitung in der Staatsführung, berufen fühlten. Arbeit war das Kennzeichen der Knechte und des Sklaven, lat. *servus*.

1.3.3 Die christliche Einstellung zur Arbeit

Das Christentum hatte der griechisch-römischen Auffassung von Arbeit widersprochen. Christen sahen (und sehen) den Sinn ihres Lebens darin, den Willen Gottes auf Erden zu erfüllen. In der Ausgestaltung des christlichen Daseins sind sie Sachwalter seiner Schöpfung. Aus christlicher Sicht ist die Arbeit ein *Sich-Mühen* und *Werken*. Sie stellt sich als gottgefällig dar, gleich um welche Arbeit es sich handelt.

Wichtiges Kennzeichen des christlichen Arbeitsbegriffes ist der Terminus der *Gerechtigkeit*. Arbeit sollte immer gerecht, ohne Gier nach Gewinn, ohne Lug und Trug, nicht zum Schaden für die eigene Seele und das Heil anderer sein. Papst Johannes Paul II. hat sich in seiner Sozialenzyklia mit dem Evangelium der Arbeit auseinandergesetzt. Auch die Enzyklika seines Nachfolgers Benedikt XVI. *Caritas in veritate* greift diese bis heute geltenden Grundgedanken der katholischen Soziallehre auf.

Christlich leben heißt, gut zu arbeiten, dem Menschen zugewandt zu arbeiten, gute Werke zu schaffen und dem Gerechten zu folgen. In der Bibel findet sich ein Gleichnis von den Arbeitern im Weinberg, in dem das dialogische Prinzip der Arbeit deutlich wird: *ora et labora* – bete/gehorche und arbeite. Dieses Gleichnis wurde innerhalb der protestantischen Ethik in Reinkultur umgesetzt.

Letztlich bleibt der Unterschied zwischen dem, was der Mensch tut, und dem, was Gott daraus macht. Menschenwerk bleibt unzulänglich und gebrechlich. Die Gnade seiner Arbeit und den sinnvollen Einsatz erfährt der Mensch erst durch Gott selbst.

1.3.4 Protestantisches Arbeits- und Berufsethos und Verweltlichung des christlichen Arbeitsideals

Man könnte zu Recht behaupten, Luther hätte der Arbeitswissenschaft eine grundlegende Änderung beschert. Sein auf individuellen Konstitutionsbedingungen basierender Arbeitsbegriff war ebenso revolutionär wie seine Auffassung der gelebten Kirche. Zum ersten Mal brachte Luther den Begriff der Freiheit im Zusammenhang mit Arbeit in Einklang. Seine Auffassung, der Mensch sei zur Arbeit geboren wie der Vogel zum Fliegen, war allumfänglich. Er meinte damit auch die „Freiheit eines Christenmenschen", durch die Art und Weise und durch den Umgang mit ihr einen Weg zu finden, eine eigene – nicht durch die Kirche vorgegebene – Weise der Auseinandersetzung mit der Ursünde. Luther war der Ansicht, durch Arbeit könnte der Mensch sich individuell mit dem Fluch auseinandersetzen, der mit seiner Vertreibung aus dem Paradies und mit seiner Schuldverstrickung verknüpft ist.

Aus Luthers Sicht war Arbeit ein unverwechselbarer Baustein der geistigen, seelischen und körperlichen Subjektbildung. Sie rückt in der Wertehierarchie allmählich nach oben und verschmilzt mit dem Glanz der Würde. Arbeit wird so zu einem prägenden Persönlichkeitsmerkmal. Damit einher ging für Luther die Relativierung menschlicher Leistung auf ihrer natürlichen Basis, als ein Schritt zur Verweltlichung von Arbeit, aber auch zur Wertangleichung aller Arten von Arbeit. Sein Credo bestätigte sich auch in seinem Arbeitsverständnis: Vor Gott ist jede Arbeit gleich.

Luther war der Ansicht, dass jeder seine gegebenen Talente nutzen sollte. Jeder sollte das tun, wozu er berufen schien. Mit seiner präprotestantischen Definition von Arbeit verlor sich zugleich die klassische theologische Sinndeutung. Es blieb eine nüchterne, jedoch hohe Auffassung darüber, dass Arbeit den Charakter der Pflichterfüllung trug. Arbeit wurde zum Dienst am Menschen und der Welt Gottes.

Diese christliche Vorstellung lebt bis heute weiter in dem Ideal des „Dienenden" im Glauben an das moralische Gesetz, das menschliche Pflichtbewusstsein und dem auf höhere sittliche Ziele ausgerichteten Tatwillen.

Das im Protestantismus, bei Puritanern, Reformierten entwickelte Arbeits- und Berufsethos ist ein Meilenstein auf dem Weg zur leistungsorientierten Kapitalgesellschaft. In Verinnerlichung der Prädestinationslehre entsteht eine asketische Arbeitshaltung: hart arbeiten, Erfolg haben, sparsam sein, genügsam genießen, Erträge zurückhalten, Überschüssiges in guten Werken anlegen, den Mitmenschen am eigenen Wohlergehen teilnehmen lassen. Dieses Prinzip findet sich im Übrigen immer noch in aktuellen Wirtschaftslehrbüchern.

Weil die Auserwählung aber unsicher ist, treibt uns Menschen die bange Sorge um unser Heil dazu, uns voll einzusetzen: Es im Leben zu etwas zu bringen – zweckrational Geschäfte zu machen –, weniger zu konsumieren, mehr zu investieren und bereit zu sein, sich der öffentlichen Kontrolle zu stellen. Die Triebfeder der protestantischen Arbeit ist, sich und den anderen zu beweisen, dass man dem Stand der Gnade vor Gott und den Menschen nahe ist. Nur der Erfolg im Leben ist Zeichen der Erwählung. Die von Gott sanktionierten Normen begnadeten Lebens wandeln sich im Laufe der Zeit zu abstrakt-säkularen Leistungsnormen.

Arbeit wird zum von Gott vorgeschriebenen Selbstzweck des Lebens. Beruf wird zum von der Vorsehung vorherbestimmten Ort des Geschehens. Wir leben, um zu arbeiten, wir sind zur Arbeit berufen. Beruflicher Erfolg ist Krönung eines Lebens in Arbeit und Entbehrung, Chiffre von Gottes Gnade, Lohn der Frommen. Sowohl der an der Arbeit als „gottgewolltem Lebenszweck haftende Arbeiter" wie der seinen Erwerbsinteressen nachgehende Unternehmer handeln im Bewusstsein, in Gottes voller Gnade zu stehen und von ihm sichtbar gesegnet zu sein.

1.3.5 Der wissenschaftlich-technische Humanismus

Das Bild der Arbeit wandelt sich erneut in der Neuzeit. Hatte schon die Antike das Machen und Herstellen (*ποιεῖν*) für gut befunden, so steigerte sich nun in der Renaissance die Wertschätzung des schöpferisch-tätigen Menschen zu einer

Anthropologie des Homo faber: des herstellenden, allmachenden Menschen. Es kam zu einer Magna Charta des wissenschaftlich-technischen Humanismus, zu einem Weckruf des industriellen Arbeitslebens.

Der Mensch entwickelte quasi eine fleißige Dienstbeflissenheit gegenüber der sich auftuenden wissenschaftlich-technisch begründeten Lebensform. Aus dem Ideal des neuzeitlichen *Homo faber* bildete sich der *Humanismus der Arbeit.* Der neue Mensch erstrahlte nun in der Würde eines universellen Machers. Er sollte alles tun, was möglich war; er konnte alles, was er wollte. Er war mehr tätig als müßig. Der neue Mensch war erfinderisch. Er war vor allem eins: Er war neu.

Die Renaissance machte das Wissen zur Macht und zur Maxime. Etwas können bedeutete fortan Wohlstand, der Arbeitende war der Beweger allen Fortschritts – und der Freiheit.

Zunehmend schärfte sich das Bewusstsein, dass die Arbeit an und in der Wissenschaft und Technik zu einer höheren Zivilisationsstufe führen würde. Der deutliche Fortschritt von höher entwickelten Völkern offenbarte sich vor allem in Konflikten. So führte Arbeit auch dazu, dass der Mensch sich als höher gebildetes Wesen begriff bzw. danach strebte. Seine konstruktiven Einfälle zum Bau technischer Apparate besiegten die Natur und erhoben ihn in einen „bürgerlichen Zustand“, der Mühsal mindern sollte und ihm das Leben erleichterte.

1.3.6 Der Kult des modernen Arbeitslebens

Mit dem Beginn der Aufklärung begann auch die Reformation der Arbeit. Die Innovation und Technisierung verselbstständigte sich. Sie gewann ein enormes Tempo. Arbeit wurde fortan neu organisiert, neu verteilt, neu ausgestattet. Vornehmlich wurde das Ziel darauf ausgerichtet, die Leistungskraft des Einzelnen und das Produktionsergebnis ständig zu steigern. Vielen Schaffenden wurden Allmachtsphantasien zuteil, sie waren von der Vorstellung überzeugt, der Mensch besiege alles. Die Schöpferkraft des Menschen erschuf künstliche Welten, die zu Visionen und Utopien darüber führten, wie das Leben besser zu gestalten sei.

Die Weiterentwicklung des im Mittelalter etablierten Finanzwesens zu einem modernen geldfreien Finanzhandel erleichterte den mittelbaren Tauschverkehr. In kapitalkräftigen Zentren wie beispielsweise den Mitgliedern der Hanse entstanden Gewerbe- und Handelsvereinigungen. Die Produktion wurde ausgeweitet, was zu einem aufblühenden Verkehrswesen führte. Das Gedeihen städtischer Manufakturen sowie des expansiven Kommerzes führten zu Fern- und Welthandelsbeziehungen und steigerten gleichzeitig den Nachfragedruck. Die sogenannte Subsistenzwirtschaft, die landwirtschaftliche Selbstversorgung auf lokaler und regionaler Ebene, verringerte sich zugunsten verkehrswirtschaftlich günstiger Produktionsformen. Die Arbeitswissenschaften entstanden und verfolgten zuerst einmal das Ziel, die Arbeitstechniken zu optimieren. In der Folge kam es zu einer weiteren Disziplinierung der Arbeit.

Das sogenannte Arbeitsethos bestand zu dieser Zeit in der Optimierung und Nutzung von Ressourcen und Absatz.

Die tradierten Qualitäten der Arbeit, wie rohe Kraft, natürliches Geschick, einfache Fertigkeiten, traten in den Hintergrund. Im modernen Arbeitsleben sollte nun alles intelligenter, effizienter, zweckrational sein. Gefragt war der ökonomisch denkende, erfolgreich handelnde Mensch, der sein Handeln rein nach dem Verstand und seiner Intelligenz ausrichtet. Diese technokratische Denkweise übertrug sich auch auf andere wissenschaftliche Disziplinen.

Mit der Zeit entstand ein neuer Kult: der Kult modernen Arbeitslebens.

Schließlich vollzog sich in den intellektuellen Kreisen ein Sinneswandel. Arbeit wurde menschlich, wurde geadelt. Körperlich Tätige, Glieder „handarbeitender Klasse", „Arbeitnehmer", verachtet von denen, für die die Mühe der Arbeit unter ihrer Würde war, wurden aufgewertet. Der Begriff „Arbeitnehmer" findet sich seitdem in der Gewerbeordnung von 1869. Diese Rechtsgrundlage verlangte, dass sie gleichberechtigt mit den „Arbeitgebern" in Schiedsgerichten hinzugezogen werden.

Die industrielle Räson lehrte, dass Fortschritt nicht das Ergebnis der Arbeit all derer ist, die mit der Hand arbeiten, sondern derer, die mit dem Kopf arbeiten. Es wurde daher unterschieden zwischen den Arbeitern der Stirn und den Arbeitern der Faust. Diese Teilung vollzog sich willkürlich und führte dadurch zu Ungleichbehandlung. Kopfarbeit war im Gegensatz zur Handarbeit wertvoller. Die ungleiche Wertigkeit von Tätigkeiten differenzierte sich dann auch in dem Maße aus, wie die Arbeit zur Reproduktion von Mensch, Gesellschaft, Staat genutzt wurde. Je einflussreicher die einzelne Tätigkeit für das Ganze war, umso höherwertiger wurde sie geschätzt. In der Religion, der Philosophie, der Politischen Ökonomie wurde die Ungleichheit mehrheitlich mitgetragen und argumentativ weiter begründet. Bis heute ist das Verständnis erhalten geblieben und drückt sich in ungleichen Löhnen aus, die für einzelne Berufe gezahlt werden, aber auch in ungleichen Löhnen zwischen den Geschlechtern.

1.4 Ökonomisches Arbeitsverständnis

Der bürgerliche Liberalismus nach John Locke betrachtete den Menschen als Doppelwesen, versehen mit natürlich angelegten und künstlich erworbenen Eigenschaften. Frei, um rational zu denken und pragmatisch zu gestalten, fähig dazu, ganz und gar virtuelle Welten zu bilden. So war der Mensch geeignet dafür, eine Vernunftordnung einzuführen. Arbeit wurde zum Adel einer „universellen, alle menschliche Kultur tragenden und schaffenden Handlungsweise" (David Hume).

In diesem Verständnis wurde Arbeit also zum Herrschaftsmittel über natürliche Dinge. Durch Arbeit erwirbt der Mensch Eigentum, Besitz von Grund und Boden. Arbeit ist nun das Mittel zu lernen, was der Mensch als Teil der Zivilisationsgemeinschaft braucht. Arbeit verlieh fortan jedem Individuum seinen Wert, begründete dessen persönlichen Status.

Die Einrichtungen der bürgerlichen Welt, Besitz und Bildungsbürgertum, verdanken ihre Existenz der Rationalisierung und Liberalisierung von Arbeit. In diesem Vorgang erhält Arbeit eine gewandelte Form der produktiven Tätigkeit. Arbeit bringt selbst hervor und gestaltet. Sie erhält und überträgt, bildet um und erneuert alles über der Natur stehende Leben.

Mit der Umwertung von Arbeit als allgemeiner schöpferischer Tätigkeit erhält sie die Weihe einer sinnstiftenden und wertbildenden Maßnahme. Die Loslösung vom Makel niederer Dienste, Instrumentalisierung als allgemeine Kulturtätigkeit bedeuteten Aufwertung produktiven und Abwertung unproduktiven Handelns. Wohl und Wehe des Volkes und der Individuen waren abhängig von der Kulturleistung, mit einem jeweiligen Anteil an wertschaffender Arbeit. Dabei veränderten sich auch die Maßstäbe für die sogenannten intelligenten Bevölkerungsteile. Das Geschäft der Herrschaften, zu denen Adel und Geistlichkeit zählte und deren Status zweifelsfrei schien, galt nun als unproduktiv. In der Folge sank deren gesellschaftliches Ansehen.

Das Geschäft bürgerlicher Berufe hingegen erschien produktiv. Mitgliedern dieser Bevölkerungsgruppe war die Achtung und die Anerkennung der Mehrheit somit sicher. Die neue Formel könnte verkürzt auch heißen: Gut ist, was produktiv ist; schlecht ist, was unproduktiv ist.

Auch die politische Ökonomie entwickelte den Gedanken, dass Arbeit ein Produktionsfaktor des Wohlstands war. Die Theorien darüber lösten die bislang gültigen Vorstellungen der Physiokraten und Merkantilisten als veraltet ab. Für jene Theoretiker war Boden bislang einziger Grund von Wertschöpfung. Einst bildeten „cultivateurs" die produktive Klasse und füllte der Kommerz die leeren Kassen. Nun wird Arbeit abstrakt ökonomisiert. Der Reichtum der Völker und der Wohlstand des Einzelnen gründen nicht mehr schicksalhaft auf der Verfügungsgewalt über Boden oder auf dem Geschick, in Tauschgeschäften Überschüsse zu erzielen. Arbeit übernahm schließlich die Funktion des Produktionsfaktors für ein Leben in wirtschaftlich gesicherten Verhältnissen. Nach der Orientierung an der Arbeit errechneten sich Lohn, Rente, Profit.

1.5 Die „aufgeklärte Arbeit"

Einen Höhepunkt im Wandel der Arbeit stellte die Aufklärung dar. In der Annahme von Arbeit als allgemeine Kulturtätigkeit und produktive Handlung lehrte der Gebrauch gesunden Menschenverstandes marktgerechtes Verhalten und forderte freie Berufswahl und -ausübung. Der aufgeklärte Mensch verstand sich als Macher. Der unternehmerische Mensch war zwar einerseits frei in seiner Entfaltung, aber doch in der Pflicht auf das Geschäft gebunden. Im Denken setzte sich dadurch eine neue Ökonomie durch: Leistungswille. Es ging darum, mit geringst möglicher Kraft größtmögliche Wirkung zu erzielen. Der wahre Denkökonom war herausgefordert, sich mit den Zusammenhängen zwischen Ursache und Wirkung auseinander zusetzen und diese zu kalkulieren.

Die verfügbaren Mittel galt es nun zielgerichtet einzusetzen und die Abfolge erwünschter Prozesse nach Präferenzen einzuschätzen. Kühles Rechnen und folgerichtiges Tun steigerten sich zu einer „offenen Nutzenfunktion". Diese bestand darin, dass der Nutzen, den die Wirtschaft im Überfluss bereitet, die Grundlage auch für eine nicht-materielle Güterkultur darstellt. Dieses Denken begründete sich in der Annahme, was Individuen nütze, sei auch von Vorteil für Familien, Körperschaften und Staaten. So wurde die Urform des westlichen „homo oeconomicus" generiert, der in seiner idealtypischen Form eine Person ist, die skrupellos maximiert, um all das zu erhalten, was immer sie will.

Die aufgeklärte Idee der Entfesselung von Produktivkräften zur freien Entfaltung in der Ordnung freier Marktwirtschaft verband sich hier mit der Verantwortung für soziale Wohlfahrt, öffentlichen Nutzen, moralische Besserstellung und Wahrung der Umwelt und Schöpfung.

Das Bündnis der Ökonomie mit Rationalität und Liberalität verband somit produktive Freiheit des Einzelnen mit dem Geist vernünftiger Pflichterfüllung im Dienst für das Ganze.

Max Weber hat in seiner Analyse über „Protestantische Ethik und Geist des Kapitalismus" diese Umbruchszeit von der Subjektseite aus betrachtet. Erst in dieser historischen Schwellenzeit, wie er sie bezeichnet, entwickeln sich Arbeitstugenden, die in der Hierarchie der Werte immer weiter nach oben rücken, je entschiedener die bürgerliche Klasse zur Macht in der Gesellschaft aufsteigt. Aber diese durch Arbeitsethik vermittelte Umwertung aller Werte kann nur gelingen, weil Arbeit gleichsam den Klassenmakel verliert. Auch der wohlsituierte Bürger gewinnt Stolz und Ansehen aus seiner Berufsethik, aus den Tugenden des Sparens, der Zeitökonomie, des Fleißes und der Disziplin.

Das sind Haupteigenschaften der verinnerlichten Arbeitsmoral, wie sie in den protestantischen Sekten in England zu finden seien (Max Weber), die Erwerbsgeist, Arbeit um der Arbeit willen, zunächst verknüpfen mit einer Art diesseitiger Sündenabtragung. Die innerweltliche Askese verliert jedoch schnell ihren metaphysisch-religiösen Glanz und verwandelt sich in das diesseitige Prinzip der Kapitalakkumulation. Rationale Lebensführung auf Grundlage der Berufsidee verknüpft sich mit dem Geist christlicher Askese, die wiederum der Kapitalbildung und dem Sparzwang zugute kommt.

1.6 Die Industriegesellschaft

Industrialisierung und bürgerliche Verfassung bilden bekanntlich zentrale historische Rahmenbedingungen der modernen Gesellschaft: Zwischen 1850 und 1950 bildet sich die typische Konstellation von Arbeit: die Trennung von Arbeitsplatz (Erwerbsplatz) und Familie, Verstädterung und „Fabrikwesen“ mit Wanderungsbewegungen großer Bevölkerungsgruppen; die Ausbildungs- und neuen Sozialstrukturen in Korrespondenz mit den wirtschaftlichen Entwicklungen und schließlich gravierend veränderte Formen sozialer Abgrenzungen und Unterscheidungen prägen die „Industriegesellschaft“, in der, wie der Name schon sagt, die Industrie das Zentrum bildet – und nicht mehr die Landwirtschaft und Rohstoffgewinnung, noch nicht Wissenschaft und Dienstleistung. Hier finden sich scharfe Trennungen von Arbeit und Nicht-Arbeit, Arbeitsplatz und Lebensort, Erwerb und Konsum, Wirtschaft und Kultur.

Der einzelne Mensch weiß, was er tut, wenn er arbeitet – und die anderen wissen es auch. Diese Form der Erwerbsarbeit ist zudem sozial hoch abgesichert. Sie ist im Kern beruflich verfasst, durch Arbeits- und Tarifverträge, Kranken- und Sozialversicherung reguliert und auch gegen Risiken abgesichert und sie wird, je nach Beruf und Leistung, darin unterschiedlich bewertet. An Arbeitspositionen hängen nicht nur Einkommen, Versicherung, Mitgliedschaftsmöglichkeiten, sondern auch Anerkennung und Prestige.

Arbeit ist das zentrale Medium der Ungleichheit nicht nur im Blick auf das ökonomische, sondern auch im Blick auf das soziale und das kulturelle Kapital geworden. Dementsprechend galt die durch das Lohnarbeitsverhältnis begründete Klassenspaltung als das Kernproblem der bürgerlich-kapitalistischen Gesellschaft. Der Proletarier und der Kapitalist mitsamt den entsprechenden Verbänden und Parteien waren die idealtypischen Prota- und Antagonisten der Industriegesellschaft, die einen gemeinsamen Nenner allenfalls durch die gemeinsame Hoffnung auf und das Vertrauen in den technischen Fortschritt fanden.

1.7 Die Dienstleistungsgesellschaft

Es ist nicht lange her, dass Arbeit gesellschaftlich so geprägt war und so beschrieben werden konnte. Aber nicht nur die Gesellschaft selbst, auch der wissenschaftliche Diskurs in ihr und über sie hat sich gewandelt: Stand – erstens – noch in den 1950er- und 1960er-Jahren der Wandel der Arbeit in der Industriegesellschaft im Mittelpunkt der Aufmerksamkeit, so steht spätestens seit den 1970er-Jahren der Wandel der Industriegesellschaft im Ganzen im Zentrum des Interesses, und zwar wiederum vor dem Hintergrund neuartiger Entwicklungen der Arbeit. Und zweitens haben Internationalisierung und Globalisierung wirtschaftlicher Entscheidungen dazu geführt, dass Arbeit nicht mehr sinnvoll allein im Kontext einzelner (nationaler) Gesellschaften analysiert werden kann. Was Arbeit ist, was sie sozial und individuell bedeutet, wie sie bestimmt wird, lässt sich heute nicht mehr einzelgesellschaftlich bestimmen.

1.8 Globalisierung

Industriegesellschaften haben sich gern mit dynamisch-fortschrittsträchtigem Vokabular bezeichnet; in den sanfteren Versionen ist dann von ständigem Wandel oder Umbruch die Rede, in den härteren von permanenten Innovationen und Revolutionen. Im Blick auf die Arbeit dominieren in der fachlichen und der öffentlichen Debatte seit einiger Zeit erstens Auslauf- und Negativvokabeln: „Ende der Arbeitsteilung", „Ende der Arbeitsgesellschaft", „Krise des Taylorismus", „Post-Fordismus" etc. sowie zweitens Revolutions- und Umbruchsrhetoriken, insbesondere im Zusammenhang mit dem Schlagwort „Globalisierung". Auf dem Prüfstand steht besonders jenes arbeitsgesellschaftliche Arrangement, das für die industrialisierten Gesellschaften lange Zeit bestimmend gewesen ist, das Arrangement des Fordismus.

Deutlich ist die wachsende Bedeutung der immateriellen Arbeit ebenso wie die wachsende Bedeutung subjektiver Interessen der Arbeitenden geworden. Ebenso deutlich ist die Tendenz zur De-Regulierung der Arbeitsverhältnisse zu einer höheren räumlichen und zeitlichen Verfügbarkeit von Arbeitskraft (Flexibilisierung). Auch ist die Individualisierung der Interessenorientierungen und damit das Ende des Klassenkampfs (bei weiter bestehender Ungleichheit) erkennbar sowie die Verlagerung der kollektiven Auseinandersetzungen aus ökonomischen in ökologische und politische Felder. Dies betrifft vor allem die politische Diskussion über Nachhaltigkeit oder die Beteiligung der bürgerschaftlichen Zivilgesellschaft.

Eine wesentliche Herausforderung ist jedoch die tendenzielle Auflösung der klassischen Formen der Beruflichkeit und die Relativierung der klassischen Berufsorientierung.

1.9 Moderne Arbeitswelt

Die kognitiven Anforderungen der Arbeit ändern sich. Nicht die Ausführung von Befehlen, sondern erfolgreiche Problemlösung ist gefragt. Mit diesem Wandel gehen neue soziale und neue rechtliche Formen einher: Das Subjekt reguliert sein eigenes Verhalten zur Arbeit auf der Grundlage eigener Optionen und Wert. Jede berufliche Tätigkeit steht heute auch vor dem Hintergrund biografischer

Optionen. Dem entspricht auch ein tendenzieller Wandel der rechtlichen Verfassung von Arbeit. Zum einen wird aus dem Arbeitnehmer ein Unternehmer seiner selbst (Ego-AG). Aber auch dort, wo der Arbeitnehmerstatus erhalten bleibt, wandelt sich die Perspektive von der Abhängigkeit zur Mitgliedschaft.

Die klassisch-industriellen Relationen der Arbeit zeigen sich als nicht mehr gültig. Sowohl zeitlich wie auch räumlich wird Arbeit heute anders organisiert. Der Schaffende kann weit vom Ort seiner eigentlichen Tätigkeit entfernt sein. Er erledigt die Arbeit nicht immer in gleicher zeitlicher Orientierung wie seine Arbeitskollegen. Vor allem die Entwicklung neuer Medien und der Kommunikationstechnik bringen eine neue sozial-organisatorische Arbeitsweise. Der ortsfeste Arbeitsplatz wie auch die langfristig-stabile Vorgabe des Arbeitstages sind nicht mehr das „Normale". Der Anteil der unbefristeten Vollarbeitsplätze an der Erwerbsarbeit reduziert sich zusehend. Teilzeitarbeit wird zur Regel. Aber auch geringfügige Beschäftigung wird tendenziell für die heutige Gesellschaft zur akzeptierten Arbeitsgröße. Das Portfolio an Arbeitsformen ist groß. Es reicht von der klassischen Form bis zur *Elternarbeit*, die ebenfalls an gesellschaftlicher Bedeutung gewinnt. Sie wird umso bedeutender, je älter die Gesellschaft insgesamt wird. Die Reproduktion von gesellschaftlichen Ressourcen tritt also gegenüber der reinen Erwerbsarbeit auf gleiche Stufe. Dafür akzeptieren wir auch Arbeitsformen, die weder produktiv noch gestaltend oder entwickelnd sind: Es sind alle Formen der staatlich subventionierten Lohnarbeit. Sie folgen der Maxime, lieber Arbeit zu finanzieren als Nicht-Arbeit bzw. Arbeitslosigkeit. Auch der bisherige Arbeitsvertrag wandelt sich zu einem freien Leistungsvertrag und ist nicht einmal mehr auf den Arbeitsplatz als räumliche Stellgröße fixiert.

Damit lösen sich auch die traditionellen Klassenverhältnisse auf. Aus der Klassengesellschaft wird die Zweidrittelgesellschaft. Fragen der Gerechtigkeit, der Sozialintegration und der allgemeinen Lebensbedingungen werden neu akzentuiert.

Seit Mitte der 1980er-Jahre ist die These von der Krise der Arbeitsgesellschaft immer wieder vorgetragen worden. Nun ist die Rede vom „Ende der Arbeitsgesellschaft". Damals ging es um Folge-Visionen der neuen Informations- und Kommunikationstechnologien, um die Durchsetzung von Wertewandel und um neue Freizeitkultur sowie um neue Ansprüche an die Qualität von Arbeit (Demonetarisierung, Humanisierung des Arbeitslebens). Inzwischen kommen die Globalisierung und damit die Dramatisierung des Verhältnisses von Politik und Ökonomie dazu. Das Management von Arbeit wird den Nationen entzogen. „Global Marketing", „Global Sourcing", „Global Production" – das sind die einschlägig-einschlagenden Kennworte.

Jahrhunderte hat es gedauert, bis die Menschen mit einer inzwischen so definierten Arbeit, also der Produktion von Gebrauchswerten und Waren, die Idee der Selbstverwirklichung des Individuums verbanden. Die Zeitökonomie spielte dabei eine entscheidende Rolle. Die Abwertung von Verschwendung und bloßem Genuss wurde keineswegs bloß der Arbeiterklasse aufgeredet, sondern ging gleichzeitig in die bürgerlichen Erziehungsmaximen ein. Wo immer von diesen vielfältigen

Arbeitstugenden gesprochen wurde, entsprach sie einer ökonomischen Verfassung der Gesellschaft, die man für die unteren Schichten als Mangelökonomie bezeichnete.

Der größte Teil der „klassischen“ Arbeitstugenden, also Disziplin, Fleiß, Sparsamkeit, Triebverzicht zugunsten künftiger Gratifikationen hat sich erst in ganz bestimmten Kulturzusammenhängen herausgebildet. Sie sind weder ewig noch „natürlich“ in dem Sinn, dass sie dem Menschen entsprächen.

Obwohl wir es heute nicht mehr mit einer Mangelökonomie zu tun haben, sind diese Selbstwerttugenden doch zu festen Bestandteilen der Subjektausstattung geworden. Und das Bild eines Menschen, der über Identitätskompetenz verfügt, ist wesentlich an diesen Tugenden orientiert. Es ist ein langer schmerzhafter Prozess gewesen, bis die Menschen Arbeit nicht nur als äußerlich auferlegten Zwang sahen, sondern Arbeitsbedürfnisse entwickelten, die ihr Selbstwertgefühl erhöhten und Erwerbsarbeit als öffentlich dokumentierte Anerkennung ihrer Leistung annahmen und erwarteten. Wenn bezahlte Arbeit regulierendes Medium von Triebverzichten und Triebbefriedigung wird, dann kommt darin eine spezifische Kulturleistung des modernen Menschen zum Ausdruck: ein Ich-starkes Subjekt bedarf einer über Arbeit vermittelten Realitätsprüfung. Arbeit und Ich rücken in der modernen Auffassung immer näher zusammen – wohlgemerkt als Prozess reflektierter Kulturleistung.

Heute werden arbeitsfähige und arbeitswillige Menschen in großer Zahl überflüssig gemacht. Dadurch entsteht aber in einer Gesellschaft, in der Arbeit als identitätsstiftend angesehen wird, eine ganz neue Konfliktlinie: Immer mehr Reichtum wird mit immer weniger Anwendung lebendiger Arbeitskraft produziert, aber das gesellschaftliche Betriebsklima setzt nach wie vor auf diejenigen, welche den Maximen der Ausschöpfung der Arbeitskraft und dem Streben nach Gewinn – sei es Profit oder Anerkennung – am meisten nachkommen oder entsprechen. Frei nach dem Motto: „Karriere wird bei uns nach 17 Uhr gemacht.“

In den Realitätsdefinitionen des gegenwärtigen Systems gilt der auf einer Berufsidentität beharrende Mensch eher als rückständig. Aber an seine Stelle ist nicht der universell gebildete Mensch getreten, der seine Identität als die ausbalancierte Gesamtheit allseitig entwickelter Fähigkeiten von Körper, Seele und Geist begreift und dafür auf Anerkennung hoffen darf. Der flexible Mensch ist vielmehr das Ideal einer Risikogesellschaft, die zur Entwertung der traditionellen Haltepunkte in den Lebenszusammenhängen neigt. Erwartet und proklamiert wird heute der unternehmerische Mensch, der sich flexibel in die Marktlage einpasst und Gewinnchancen möglichst schnell wahrzunehmen imstande ist. Wer alte Identitätsmuster beibehält, indem er Traditionen beschwört, ist tendenziell auf der Verliererseite.

Geht man von diesem gesamtgesellschaftlichen Betriebsklima aus, in dem die Lebenszwecke und der Sinn von Arbeit neu definiert werden, dann würde der innengeleitete Mensch, der in seiner Bildung von Vorräten und Lagerhaltung im Denken und Begreifen zehrt, absolut unzeitgemäß sein.

So haben wir es gegenwärtig mit einer komplizierten Krisensituation im Verhältnis von Identität und Arbeit zu tun. Die fortwährend wiederholte Forderung:

„Seid flexibel…" zehrt gleichsam an der Restsubstanz von Identität und Innenleitung des Menschen. Auch was man heute Patchworkidentität nennt, also eine Art Flickenteppich von Identitätsfragmenten aus unterschiedlichen Lebensbezügen, setzt voraus, dass im Prozess der Primärsozialisation und der Bildung Fundamente für das gelegt werden, was Sigmund Freud vorsichtig einen gesunden Menschen nennt: dass man nämlich liebes- und arbeitsfähig ist. Jedenfalls sei das ein Ziel des (therapeutischen) Heilungsprozesses.

Liebes- und arbeitsfähige Menschen sind imstande, durch bewusste Regulierung ihrer Realitätsbeziehungen und Triebe eine Balance zu erlangen, die genügend Energie übrig lässt, um mit verschiedenen Lebensabschnitten ohne folgenreiche, vielleicht sogar traumatische Unglückserfahrungen Partner zu wechseln und mehr als eine Berufskarriere durchzumachen. Aber auch das ist nicht selbstverständlich oder voraussetzungslos oder gar unbegrenzt praktizierbar. Die Entwicklung und Befestigung von Selbstwertgefühlen, die sich in einer Welt der Umbrüche, der Fragmentisierungsgefahren und der Enttäuschungen behaupten können, ist an die zuvor geforderte Verlässlichkeit, Bindungsfähigkeit und Weltvertrauen gekoppelt. Dringt schon in der Kindheit und Jugend das gesellschaftliche Angstklima mit existentiellen Unsicherheiten in die Poren der Persönlichkeit, entsteht die Angst, nicht den Platz in dieser Gesellschaft zu finden, dann kann auch die ursprünglich geglückte Sozialisation in den primären Erfahrungsbereichen gefährdet sein.

In der gegenwärtigen Gesellschaft ist Erwerbsarbeit, d. h. bezahlte und deshalb überwiegend in die sozialen Sicherungssysteme eingebundene Arbeit nach wie vor ein wesentliches Medium sozialer Anerkennung und individueller Vollwertigkeit. Solange solche bestimmenden Normen das Bewusstsein und Selbstverständnis der Masse von Menschen bestimmen und alltäglich durch individuelle Erfahrungen bestätigt werden, rangieren alle übrigen Tätigkeitsformen – selbst Muße und Freizeitbeschäftigung – in der ohnehin nach Wertigkeiten und Ansehen gestaffelten Arbeit ziemlich weit unten.

1.10 Philosophie der Arbeit: Praktische Philosophie, Anthropologie von Arbeit und Muße

Ein philosophischer Blick lohnt auch deshalb, da sich in der Arbeit die Frage nach Wesen und Formen stellt sowie Sinn und Wert der Arbeit für die menschliche Existenz begründet werden müssen. Im philosophischen Arbeitsverständnis wird die Arbeit zur universellen, alle menschliche Kultur tragenden und verändernden Handlungsweise und zum produktiven Schaffen. Im Denken wird der Arbeitsbegriff zu einem Grundelement der philosophischen Systematik. Arbeiten ist vernünftiges Tun, befreiend-freiheitliches Handeln, wertschöpfende und kulturschaffende Tätigkeit. Der Eingriff in Natur und die Begründung künstlicher Welten schaffen mit Eintritt in den status civilis eine Welt eigenen Rechts. Die Naturordnung ist nicht unabänderlich vorgegeben. Betrachten wir nur den Gedanken der Praktischen Philosophie und einer Anthropologie der Arbeit im Gleichgewicht zu Muße und Freizeit.

Praktische Philosophie: Tätig-Sein in der Spanne von Handeln und Herstellen

Praktische Philosophie der Arbeit ist Teil einer Theorie des Handelns. Tätig-Sein heißt *Handeln, Tun* und *Herstellen, Machen.* Herstellen ist technische Betätigung, ein Können, gerichtet auf außerhalb der Handlung gelegene Zwecke, auf das, was zu machen ist, das herzustellende Gut, das zu verrichtende Werk. *Handeln* ist praktischer Lebensvollzug, *Vollzug* unserer Anlage, reine Handlung, inneres Geschehen, das Grund und Zweck in sich selbst hat.

Sinn allen Tuns ist das *„Am-Werke-Sein"*, das ständige *An-sich-Arbeiten* in Wahrnehmung der Bestimmung des Menschen durch eine vorgegebene oder neu einzurichtende Weltordnung. Was der Mensch ist, steht nicht fest. Er wird zu dem, was er ist, durch das, *was* er tut.

Er ist nie fertiggestellt, verändert sich mit seiner Tätigkeit, definiert sich im Tun. Er verwirklicht sich, indem er das tut, was möglich ist. Höchster Zweck der Selbstbewegung ist das dem Menschen gemäße vernünftige, tugendhafte, glückliche Leben. Handeln ist: *„Die Seele im Ganzen auf die Grundrichtung ihres Strebens auszurichten."* (Plato, Aristoteles) und *„Immer-strebend-sich-Bemühen"* (Johann Wolfgang Goethe).

Die alten Philosophen sahen es so: Sinn und Wert unseres Tuns liegen im Streben nach Wahrheit und Weisheit (Philosophie), im Verlangen nach Glück als höchstem Gut, sei es in Form eines beschaulichen (vita contemplativa) oder eines tätigen Lebens (vita activa). Liebe zur Anschauung dessen, was ist und möglich ist, gewährt Einsicht in Normen und Güter gottergebener, naturgemäßer, vernünftiger Lebensziele. Logische, ethische, ästhetische Erziehung verleiht dem Menschen Würde. Alles Arbeiten sollte eingebunden sein *„in die ästhetische Bildung des Menschengeschlechtes, sollte mitwirken an der schönen Seele, der schönen Gemeinschaft, dem schönen Staat"* (Friedrich Schiller).

Sich üben in dianoetischen und praktischen Tugenden, Achtung haben vor dem moralischen Gesetz in uns, seine Pflicht tun – das macht den Selbstwert der Gebildeten und guten Menschen aus. Dabei existiert ein Unterschied von Handeln und Herstellen. Erfolgreiche Werktätigkeit des Machers ist nicht gleichzusetzen mit Tugendhaftigkeit des persönlich Handelnden.

Das neue Ideal ist die Einheit von Tun und Machen. Sinn und Zweck des Lebens stiftet die gute Tat, nicht die herstellende Tätigkeit. Arbeit als Sonderfall menschlichen Tuns gehört zur Welt des Herstellens und Machens, ist dem Handeln nachgeordnet, dem Leben in der Gänze seiner Sinnerfüllung beigeordnet. Zeitlebens erstreben wir als Ideal den Einklang von innerer Handlung und äußerer Tätigkeit. Was wir machen, sollte übereinstimmen mit dem, was wir tun wollen, wie wir sein möchten. Man könnte sagen: der Mensch arbeitet, um zu leben. Nicht aber lebt er, um zu arbeiten.

Mittelalterliche Lehrmeister folgten der Auffassung vom Vorrang des *Handelns* (agere) vor dem *Arbeiten* = Machen (facere) mit folgender Argumentation: Der Handelnde hat die Form der Handlung, *Lebensklugheit* (prudentia) und *Lebenstüchtigkeit* (virtus) in sich; er bedarf dazu keiner äußeren Sache. Handeln ist eine innere Angelegenheit der in ihren Akten tätigen Seele.

Ihr Geschäft ist: Einsehen, was gut ist – Zwecke setzen – Normen finden – vernünftig begründen, was zu tun ist – frei entscheiden, was sein soll. *Handlung* ist ein autonomer Akt der Person bei ihrem Bemühen um Ideen und Werte. Die Welt aber dessen, was wir herstellen, entwickelt eine Eigendynamik. Im Prozess der Zivilisation entfernt sich diese Welt der Arbeit immer mehr von denen, die in ihr leben und wirken.

Arbeit als Kunst hervorbringenden Handelns geht auf in dem, was sie schafft, hat ihren Sinn und Wert in dem Werk, das sie herstellt, nicht in sich selbst. Arbeiten orientiert sich an der zu bearbeitenden Sache, richtet sich nach vorgegebener Materie, nach eigenen Gesetzen der Arbeitswelt. Das Material der Arbeit ist Informant und Gesetzgeber des Arbeitsablaufs.

Im Prozess des Herstellens verliert Arbeit ihre Wirklichkeit. Alles, was an ihr ist, strömt gleichsam in einem Handlungsstrom über in die zu schaffenden Gegenstände. Das Gute der Arbeit verbleibt nicht im Arbeitenden, es geht als Vollkommenheit über auf die Sache. Nur der arbeitet gut, der seine Sache gut macht. Wir haben so gut gearbeitet, dass die Produkte unserer Tätigkeiten sich verselbstständigt haben und eine eigene Welt bilden. Die Welt unserer erarbeiteten Erzeugnisse schreibt uns immer mehr vor, wie wir zu leben und wie und ob wir zu arbeiten haben.

Die Auffassung der Höherstufung inneren Handelns über äußeres Wirken lässt sich in der Gegenaufklärung nicht durchhalten. Der Sinneswandel im Zeitgeist, die Umwertung des Lebensgefühls entwerten die Praxis, werten die Poiesis (zweckgerichtetes Handeln, Machen) auf. Das *Machen* wird zur Grundform des Handelns. Arbeit als *Eingespanntsein* in außengesteuerte institutionalisierte Arbeitsprozesse wird zur Identität des Lebens. Letztlich fallen Handeln und Arbeiten zusammen.

In der Metaphysik und dem Rationalismus ist das alte Subjekt autonomer Träger von Tätig-Sein, unabhängig im Denken und Handeln. Mit der Krise der Metaphysik und dem Zusammenbruch des Idealismus kommt es zu einer neuen Sicht des Subjekts und seiner Art zu handeln. War das alte Subjekt Quelle produktiver Eigentätigkeit, befand es sich immer im Austausch mit der realen Welt äußerer Gegenstände, aber doch unabhängig von ihnen. War hingegen die Weckung schlummernder Möglichkeiten eine innere Angelegenheit, war Geistesleben eine einzige fortlaufende Schöpfung aus dem Nichts primitiver Anfangspositionen.

Auch das neue Subjekt kommt im Verständnis seiner selbst nicht ohne einen Begriff von Handlung aus. Es vergegenständlicht sich in dem, was es tut.

Inzwischen prägt die industrielle Welt die Realität, unsere Arbeit. Sie lebt von Einfallsreichtum, Fleiß und Tüchtigkeit der Menschen. Ihre Schaffenskraft wirkt dadurch weiter. Der Mensch vergegenständlicht sich in dem, was er ist und hat, in seinen Produkten. Der Besitz von Produkten kann gleichfalls auch als Besitz der geistigen Arbeit des Schaffenden angesehen werden. So werden Gegenstände zu Reliquien. Die Kraft der Produkte wirkt auf den Menschen zurück; ihre greifbar-leibhaftige Gegebenheit, stofflich sinnliche Habhaftigkeit ist Anreiz, Herausforderung zu weiterem Handeln. Produkte programmieren die Produzenten. In dem Maß, wie der Mensch nur mehr das tut, wozu er von der Gesetzmäßigkeit der Welt der Maschinen, Automaten, Waren angehalten wird, verliert er an Autonomie und Integrität. Letztlich identifiziert er sich mit dem, was er erarbeitet hat. Er wird programmiert, ist Rollenspieler im großen Spiel der Konsumgesellschaft.

Die so gestaltete Arbeitswelt hat zur Folge, dass sich der Mensch jenen Formen des Handelns bedient, die Alternativen eröffnen. Der Weg zu selbstständig freiem Handeln verschließt sich. Die Versachlichung der Existenz ist die Folge. Eine Orientierung am Machbaren ist schließlich wirkungsvoll. Die Befangenheit in der Arbeit, eine absolute Vergegenständlichung im Werk, ein Aufgehen in Arbeit – ohne die Kunst des Abstandnehmens – macht gedankenlos, entschlussarm.

Arbeit und Schaffenskraft braucht also Inspiration und Esprit. Identifizierung ohne Distanzierung führt zwangsläufig zum Verlust persönlicher Identität, zur Auszehrung der Spiritualität und zum Niedergang der Inspiration. Der ausschließlich Arbeitende wird zum Funktionär ausgemachter hoch spezialisierter Arbeitsabläufe, ohne Visionen und ohne Alternativen. Er verrichtet fremde, bereits abgemachte, abgeschlossene, nicht eigene, noch zu erschließende Geschäfte. Die Sache, die Ware instrumentalisiert die Person.

Die philosophische Anthropologie wusste allerdings um die Ergänzung der Arbeit durch Muße. Menschen sind nicht nur arbeitende Wesen. Sie bedürfen der beschäftigungsfreien Gelegenheiten zur Besinnung und Aufwertung des Daseins jenseits der Welt der Arbeit. Zwar drängt es den Menschen zur Arbeit, aber auch zum Verweilen in Muße. Wir ersehnen ein Gleichgewicht von Muße und Arbeit. Dazu gehört die überlegene Kunst freier Lebensführung, die es versteht, mit beiden Lebensformen besonnen umzugehen. Die Vorstellung eines freien, offenen, in ständigen Versuchen um sich besorgten Daseins ermutigt zum rechten Umgang mit Arbeit und Muße. Arbeitsames Leistungsstreben darf nicht in befremdliche Betriebsamkeit ausarten. Beschäftigungsfreie Freiheit und Freiräume dürfen nicht zur langweiligen Untätigkeit verkommen. Die Fesselung an den Arbeitsprozess, die Auslieferung an Arbeiten nimmt den Schaublick für das Ganze, engt ein auf das diskursiv-aktive Wirken in der Welt der Arbeit. Zum Leben gehören jedoch notwendig Muße und Kult. Zum Leben in Muße gehört das Feiern, Unangespanntheit, Mühelosigkeit. Zurückgezogenheit von der lauten Welt der Arbeit, vom Diktat ihrer Produkte, Leben in der Stille der Beschaulichkeit beleben aufgestaute Spiritualität und Vitalität zum freien Handeln im Spiel der Möglichkeiten.

Der Mensch erlebt sich als frei handelndes Wesen; er versteht sich als einer, der sich der Nötigung durch Triebe und Leidenschaften entziehen kann, der erfüllt ist vom Willen, eine eigene Wahl zu treffen und intelligent zu entscheiden, was er tun und lassen will. Freiheit ist Grundlage für ein Leben in eigener Selbstbestimmung. Der moderne Mensch weiß sich im Besitz einer Vernunftnatur, die ihn zum Schöpfer, Werkmeister und Bildner selbstständiger Lebens- und Wesensart werden lässt. Diese schöpferische Anlage übertrifft kraft der Pflege von Wissenschaften und Künsten und vermittels ihrer Entdeckungen und Erfindungen die Natur. Sie verbessert, veredelt den natürlichen Zustand, greift in das Geschehen ein, vollendet die Abläufe in Ausrichtung auf ein besseres Ende.

Seit dem Beginn der Neuzeit und vor allem der Moderne ist Arbeit damit zum entscheidenden Merkmal des Lebens geworden. Große Teile des individuellen und des gesellschaftlichen Selbstverständnisses definieren sich hierüber. Schon lange dient Arbeit nicht nur der Erhaltung des Lebens, sie ist zu der bestimmenden Lebensform moderner Gesellschaften geworden. Sie erfasst nicht nur den Bereich der Erwerbstätigkeit, sie hat sich ausgedehnt auf fast alle Bereiche menschlichen Lebens. Das gilt für soziale Beziehungen, für deren Gelingen gearbeitet werden muss. Auch die Freizeit, früher als Nicht-Arbeitszeit definiert, wird von dieser Entwicklung erfasst. Auch hier sind *Leistung*, *Erfolg*, *Über-sich-hinaus-Wachsen* zu zentralen Leitvorstellungen geworden. Das Gleiche gilt für *Disziplinierung*, *Rationalität* und *Effektivität*. Es gibt kaum einen Lebensbereich, in dem diese Werte nicht Anerkennung beanspruchen. Aufgrund der gesellschaftlichen Ausbreitung dieser mit der Arbeitswelt verbundenen Werte führt das Nicht-Arbeiten unvermeidlich zu individuellen und gesellschaftlichen Konflikten und Krisen.

Nunmehr setzt sich die nüchterne Einsicht durch, dass die herkömmlichen arbeits- und berufsbiografischen Muster nicht mehr haltbar sind, dass „prekäre" Erwerbsarbeit zur Normalität wird. Die arbeitende Generation weiß längst, dass sie mit Jobwechsel, Teilzeitarbeit und befristeten Beschäftigungen konfrontiert ist oder dass sie auf die Suche nach „neuer Selbstständigkeit" angewiesen ist. Erfolge in Schule und Hochschule oder in öffentlichen und privaten Einrichtungen beruflicher Ausbildung haben ihren Vorteilswert bei der Konkurrenz im Arbeitsmarkt – aber sie bieten keine Garantie mehr für eine gesicherte Beschäftigung und einen höheren Status in der Arbeitsgesellschaft.

Aber genau dieser wirtschaftliche Wandel ist es, der die Stammbelegschaften in den Betrieben und Büros zu weiten Teilen überflüssig macht, Arbeitsplätze flexibilisiert, Berufe auf Abruf stellt, dauerhafte Beschäftigungsverhältnisse auflöst. Unternehmenswachstum löst sich ab vom Arbeitsplatzeffekt, die virtuelle Variante des Kapitaleinsatzes und der Gewinnerzielung wird interessanter als die stoffliche, an Massenbeschäftigung gebundene. Und die Konkurrenz auch für die qualifizierten Arbeitskräfte wird durch die zunehmende Internationalisierung am Arbeitsmarkt schärfer.

Der Abschied vom Normalarbeitsverhältnis lässt das überkommene Fundament der sozialen Sicherungssysteme brüchig werden. Je mehr die betriebsgebundene Beschäftigung zurückgeht, desto dünner wird die Quelle für beitragsfinanzierte kollektive Versicherungen und auch für das Lohnsteueraufkommen, aus der u. a. öffentliche Sozialleistungen finanziert werden.

Und die arbeitsgesellschaftlichen Umbrüche bringen drastische soziale Konflikte hervor, die „ethnisch“ etikettiert und ausgetragen werden. Viele Menschen aus der Bevölkerungsgruppe der Immigranten werden in der Arbeitsmarktkonkurrenz abgedrängt.

1.11 Sinngebung des Arbeitslebens und anthropologische Konsequenzen

Der Mensch, eingebunden in die Wirklichkeit der industriellen Welt, eingeschlossen in eine Welt der Arbeit und überflutet von Produkten, die er selbst geschaffen hat, handelt zwar als Agent von gesteigerten Bedürfnissen in einer Welt, die ihm ihrerseits ein Panoptikum von Anleitungen vorhält, wie er sich zu verhalten hat und wie er sich verwirklichen kann.

Er erfährt Sinn und Wert des Lebens im Umgang mit den Werken seiner Arbeit. Er genießt deren Annehmlichkeiten, soweit er es vermag, die Früchte seiner Arbeit zu nutzen. Er bleibt aber der Gefangene, verstrickt in einen Teil nur dessen, was ihm möglich ist an Bestimmungen.

Dadurch kommt es zu einer gewaltigen Intensivierung und Ausweitung der Arbeit, als sei Arbeit der *einzige* Sinngarant. Die Intensivierung der Arbeit mündet häufig in Überarbeitung, d.h. in eine Unterordnung aller Lebensprozesse und Tätigkeiten unter die Arbeit mit der Erfahrung, dass deren Anforderungen dennoch nicht angemessen erfüllt werden können. Arbeit wird zur Überforderung statt zur Anforderung. Damit einher geht die Ausdehnung der Arbeitsgeste auf alle Bereiche menschlichen Lebens, sodass von politischer Arbeit, Kulturarbeit, Bildungsarbeit und eben auch von Beziehungsarbeit die Rede ist.

Mit dieser Ausdehnung der Arbeit findet eine gewaltige Zurichtung und Disziplinierung des Menschen statt. Menschliches Leben wird in bisher unvorstellbarer Weise arbeitsförmig. Die Erhöhung der Scham- und Peinlichkeitsschwelle, das Abstandnehmen vom Körper, die Abkopplung der Außenkontrolle und die Intensivierung der Selbstkontrolle sind Prozesse, denen für den modernen Habitus eines in alle Bereiche eindringenden Arbeitens außerordentliche Bedeutung zukommt. Die Ausweitung der Zeitherrschaft wird ein wichtiges Element in der Entstehung der Arbeitsgesellschaft.

Mithilfe der Zeitherrschaft findet die Gleichschaltung der Menschen unter dem Diktat der Arbeit statt. Ein Ende dieser Dynamik ist für die Mehrzahl der Menschen nicht absehbar. Neu ist jedoch, dass immer mehr Menschen von dieser Dynamik ausgeschlossen sind und eine Spaltung in der Gesellschaft festgestellt werden kann, in der der eine Teil immer weiter unter die molochartigen Ansprüche einer sich ins Uferlose ausdehnenden Arbeit gerät, der andere Teil aber von dieser Entwicklung abgekoppelt wird und dadurch in einen Bereich außerhalb des gesellschaftlich akzeptierten Lebens gerät. Ausgrenzung, Isolierung, Abwertung, ökonomische und soziale Armut sind die Folgen.

In der Disziplinargesellschaft vollzieht sich die Zurichtung der Menschen über Arbeit und Zeit. Vor allem über die Strukturierung der Zeit und der Arbeit sowie ihrer Wechselbeziehungen wird ein allseitig „anschließbarer" und einsetzbarer Mensch erzeugt, der den Anforderungen moderner Gesellschaften gerecht werden soll. In anthropologischer Hinsicht könnte man vermuten, dass über die Disziplinarmächte Zeit und Arbeit der universelle Mensch hergestellt wird, der sich so lange auf dem sicheren Wege der Vervollkommnung als Individuum und als Gattung sah. Insofern die großen Ideologien der letzten Jahrhunderte, die darauf bestanden, dass einer Fortentwicklung des Menschen nichts im Wege stünde, ihre Bindekraft eingebüßt haben, haben sich auch die Zweifel an der Herstellbarkeit des universellen Menschen erhöht. Insoweit die Ökonomie der Arbeit und die Ökonomie der Zeit für die Hervorbringung des modernen Menschen eine wesentliche Rolle spielen, stellt sich angesichts der Beschleunigung der Zeit die anthropologische Frage neu.

Im Rahmen einer auf den universellen Menschen gerichteten normativen Anthropologie ging es vorwiegend um die Möglichkeit, Mensch und Gattung mithilfe von Arbeit zu perfektionieren. Nach dem Ende einer verbindlichen Anthropologie und angesichts des Schwindens der Bedeutung von Arbeit als Motor menschlicher Vervollkommnung bedarf das Verhältnis zwischen menschlicher Vervollkommnung und Unverbesserlichkeit einer neuen Bestimmung. Wenn immer mehr Menschen nicht mehr durch Arbeit vervollkommnet werden, verliert die Arbeit ihren universellen Charakter.

Im kritischen Sich-Einlassen auf die begrenzte Sinngebung und Wertsetzung versteht der vernünftig und frei gebliebene Mensch aber die in sich geschlossene, durch Arbeit konstituierte Lebenswelt lediglich als Teil seines Lebens. Er nimmt ihre Möglichkeiten und ihre Grenzen wahr, er spürt die Einengung des Geistes und die Beschränkung der Handlungsfreiheit. Im *Sich-frei-Machen* für Muße, für Feier und Kult, für den ganzen Menschen und für eine Wirklichkeit, die mehr ist als nur Arbeit, wird der universale Bildner und Werkmeister gelassen.

In Augenblicken der Gelassenheit, des Freiwerdens von der Mühsal der Arbeit lichtet sich ein anderer Sinn und Wert der Existenz. Nur wer ganz in der Sinn- und Wertwelt der Arbeit steht und doch darüberzuschweben vermag, erhebt sich zum Lebemeister, zu einem, der sich den Sinn für das Ganze der möglichen Bestimmungen des Menschen bewahrt hat.

1.12 Mystifizierung und Entmystifizierung der Arbeit

Unbestritten ist nach der vorangegangenen Darstellung, dass es neben einer volkswirtschaftlichen Definition, die von Arbeit als Erwerbsarbeit ausgeht, eine Fülle von moralisierenden, lyrischen oder romantischen Definitionen gibt, die Arbeit – in positivem Sinn – mit der Identität des Menschen in Verbindung bringen möchten.

Neben dem familiären und sozialen Leben bestimmen die meisten Menschen in unserer Gesellschaft den Sinn ihres Lebens am stärksten über Arbeit. Mithilfe von Arbeit können die materiellen Erfordernisse befriedigt und soziale und personale Anerkennung gewonnen werden. Die Teilhabe an der gesellschaftlich organisierten Arbeit sichert die soziale Anerkennung des Einzelnen. Arbeit hat eine subjektive, eine soziale und eine gesellschaftliche Bedeutung. Über diese verschiedenen Bedeutungen von Arbeit und ihre Veränderung können weder die Gesellschaft noch das Individuum frei verfügen. Für den Einzelnen bildet sich der Sinn seiner Arbeit im Verlauf seines Lebens heraus.

Die mit Arbeit verbundenen Werte und Normen strukturieren und gestalten das Leben. Zu ihnen gehören Werte wie Motivation und Engagement, Rationalität und Präzision, Gewissenhaftigkeit und Pflichterfüllung, Kreativität und Innovationsbereitschaft. Schon in der Kindheit wird die Übernahme dieser Werte angestrebt. Später werden sie kontinuierlich angewandt und eingeübt. Die Arbeitswelt wird schließlich die gesellschaftliche Institution zur Einschreibung dieser Werte in die Körper der Arbeitenden. Arbeit fordert die Leistungsfähigkeit heraus, sichert die Existenz und hilft dem Individuum zu Sinn und Identität.

Diese Vorstellungen und Attribute sind einerseits seltsam resistent, überlebensfähig, gesellschaftsfähig, ja gesellschaftstragend. Sie scheinen andererseits einem vorindustriellen Arbeits- und Menschenverständnis zu entspringen, das sich vorrangig am Prototyp eines allseitig gebildeten und handwerklich-technisch vielfältig versierten Menschen orientiert oder an einem Akademiker in der Stille und Einsamkeit seiner Studierstube. Mit den tatsächlichen Erfahrungen eines in abhängiger Erwerbsarbeit stehenden modernen Arbeitnehmers und den realen Arbeitsbedingungen haben sie wenig zu tun. Dennoch lebt beides scheinbar einträchtig nebeneinander – die Mystik der Sprichwörter aus einer untergegangenen Arbeitswelt und die Fakten einer immer widersprüchlicheren Arbeitsrealität. Immer noch bestimmt die Romantik des Handwerks mit goldenem Boden weitgehend die gesellschaftlichen Vorstellungen über die Arbeit – und dient manchmal sogar dem Gesetzgeber als Grundlage. So finden wir uns vor einer fast grotesken Ausgangssituation, dass einerseits idealisierende und idealistische Definitionen mit bestimmendem Einfluss neben dem persönlichen Erleben der tatsächlichen Arbeitswelt stehen – in einer oft hilflosen Koexistenz.

Die Frage sei erlaubt, ob Menschen mit Behinderung ein solches Verständnis von Arbeit brauchen.

1.13 Neuzeitliche Aspekte der Arbeit (mit Bezug auf Menschen mit Behinderung)

1.13.1 Arbeit als Erwerbsarbeit oder Lohnarbeit

Arbeit sichert den Menschen mit hohem Unterstützungsbedarf insbesondere in Werkstätten für behinderte Menschen nicht die Existenz, sondern belässt sie in einer staatlich gewollten Taschengeldsituation. Das Arbeitsentgelt beträgt im Westen somit 8,5 % und im Osten 7,0 % der jeweiligen Bruttolöhne. Die wirtschaftliche Leistungsfähigkeit der Werkstattbeschäftigten ist so niedrig, dass selbst ihre kollektive Produktivität nicht ausreicht, um sich nur annähernd ein Existenzminimum zu erarbeiten. Als Lohn- oder Erwerbsarbeit ist Werkstattarbeit daher kaum zu bezeichnen. Als Mittel zur eigenen Reproduktion lässt sich diese Arbeit daher nicht definieren oder legitimieren, selbst wenn sie in Werkstätten ähnlich der Erwerbsarbeit auf dem allgemeinen Arbeitsmarkt organisiert ist.

1.13.2 Arbeit dient der Persönlichkeit

Pauschal lässt sich diese These kaum halten. Aber die Frage kann gestellt werden, ob es für einen Personenkreis, der vermutlich nie in den allgemeinen Arbeitsmarkt eingegliedert werden kann – Menschen mit schwersten und mehrfachen Behinderungen –, vom ethischen, pädagogischen oder therapeutischen Standpunkt aus gerechtfertigt ist, bisweilen repetitive Arbeiten auszuführen, die stupide Tag für Tag ausgeübt werden müssen. Das gleiche gilt übrigens für die zergliederten Arbeitsplätze, die von der modernen Arbeitswissenschaft simplifiziert wurden. Denn ist eine Arbeit, die acht Stunden lang stupide und „geisttötend" ist, wirklich erfüllend? Durch solche Tätigkeit findet kein Mensch zu sich, kein Mensch ohne Behinderung, auch kein Mensch mit Behinderung.

Es ließe sich einwenden: Schrauben von A nach B zu legen, komme den Neigungen und Veranlagungen eines Menschen mit einer stark zwanghaften Veranlagung doch entgegen; er kann das noch „sinnvoll" einbringen, was er in sich trägt. Es ist eine ethische Frage, ob eine Behinderung in dieser Weise instrumentalisiert werden darf, oder ob es nicht die pädagogische oder therapeutische Aufgabe sein sollte, durch geeignete therapeutische oder „arbeitsbegleitende" Maßnahmen oder entsprechend akquirierte Arbeit die Zwanghaftigkeit zu lösen bzw. ein Verständnis für die zu leistende Arbeitstätigkeit zu vermitteln.

1.13.3 Arbeit als Grundbedürfnis

Zweifelsohne arbeiten viele Menschen mit Behinderung gerne. Sie sind unglücklich über jeden (betriebsbedingt) freien Tag. Aber ist daraus ein Arbeitsbedürfnis herzuleiten, ein Grundbedürfnis nach Arbeit? Abgesehen von der Frage, welche Arbeit hier eigentlich gemeint ist (selbstständige, unselbstständige, kreative, repetitive, Montage o.a.), darf gefragt werden, was es ist, was sie in der Werkstatt suchen: die Betätigung, die Persönlichkeitsförderung, die Gemeinschaft, die Nähe zur Gruppenleitung, die Abwechslung, die Bildung? Es kann als sicher gelten, dass Arbeit – im Sinne heutiger Erwerbsarbeit – primär die Vermittlung dieser Inhalte nicht zum Ziel hat. Es sind allenfalls Funktionen derselben. Werden für einen Menschen mit Behinderung diese Inhalte vermittelt, oder bedarf es angesichts des Auftrages der Persönlichkeitsbildung anderer Instrumente oder Organisationsformen?

Hat der Mensch (mit Behinderung) eventuell ganz andere Bedürfnisse als die nach Arbeit oder jedenfalls der konkret auf ihn wartenden und ist er nur nicht in der Lage, seine Bedürfnisse verständlich und offen zu äußern und ihre Befriedigung für sich in anderen Lebenswelten als der der Arbeit zu reklamieren?

Menschen ohne (geistige) Behinderung scheinen aufgrund reflektierenden Vermögens (des kumulativen Kulturwissens) eher in der Lage, die genannten Funktionen von Arbeit für sich auch in ihrer Erwerbstätigkeit, trotz der mit ihr verbundenen Last und Mühe, zu entdecken und aus der Grundlage der Berufsidee eine rationale Lebensführung herzuleiten und dabei Ansehen und Anerkennung für ihre Arbeit als öffentlich dokumentierte Leistung anzunehmen und zu erwarten. Ist die reflektorische Leistung gering(er) oder fehlt sie ganz, bleibt von der Arbeit schnell nur noch Last und Mühe, da die Einsicht (rationaler Umgang mit Arbeit) die Entfremdung durch Arbeit letztlich nicht mehr zu legitimieren weiß.

1.13.4 Gesellschaftlicher Status

Es herrscht überwiegend ein verbaler Konsens, dass Würde (Wert? Status?) allen Menschen in gleicher Weise unabhängig von Herkunft, Bildung, Arbeit und Behinderung zukommt. So wie diese Gleichheit unter den Menschen noch nie bestand, gelebt oder praktiziert worden ist – auch heute nicht – und wir eher vor neuen Infragestellungen stehen, etabliert sich Sozialprestige doch durchaus – wenn auch nicht ausschließlich – aus der Erwerbsfähigkeit und -tätigkeit oder der Arbeit bzw. Arbeitsfähigkeit. Ein Arzt steht höher als eine Raumpflegerin, ein Jurist genießt größeres Ansehen als ein Facharbeiter.

Auch unter Menschen mit verschiedenen Behinderungsarten werden soziale Abstufungen vorgenommen. Sinnesbehinderte und körperlich behinderte Menschen stehen in der Sozialskala vor den psychisch schwer behinderten, beide überragen im Sozialprestige die geistig behinderten Menschen. Ihr Status ist jedoch auch von ihrer sozialen Herkunft und Schichtenzugehörigkeit nicht unabhängig.

Ein nicht erwerbsfähiger geistig behinderter Mensch erfährt sehr schnell eine Einstufung am unteren Ende der Skala des sozialen Ansehens. Dass er (in einer Werkstatt) arbeitet, bessert sein Prestige nicht auf; vielmehr siedelt ihn entgegengebrachtes Mitleid und Bedauern sogar im „Minusbereich" an.

Orientieren sich wohlgemeinte Hinweise auf seine Arbeit und Leistungsfähigkeit (Mindestmaß wirtschaftlich verwertbarer Arbeitsleistung) nicht doch an jenem Pragmatismus oder Nützlichkeitsdenken, das im 19. Jh. auch in kirchlichen Kreisen große Einrichtungen entstehen ließ? Mit dem Ziel, ein Mindestmaß an sozialer Anerkennung dadurch zu erreichen, wollte man „brauchbare Glieder der Gesellschaft" heranziehen. Man wusste wohl schon, dass der Wert des Menschen an seiner Nützlichkeit gemessen wird: Je größer die Brauchbarkeit, um so größer die Akzeptanz und auch der Schutz vor Diskriminierung, so die Hoffnung.

Wäre nicht der umgekehrte Weg der ethisch vertretbare? Zuerst die ungeschmälerte Akzeptanz des Menschen, dann die Unterstützung zur Förderung der Persönlichkeit – wobei noch über die Mittel nachzudenken wäre.

1.13.5 Arbeit und Integration

Arbeit als solche ist nicht erstes Lebensbedürfnis, sondern „Arbeit" nur insoweit, wie sie den Einzelnen so „handlungsfähig" macht, dass er am sozialen Leben teilhaben und über gesellschaftliche Prozesse mit verfügen kann. Arbeit würde sich daher nur noch als Mittel und Voraussetzung zur Teilhabe am gesellschaftlichen Leben definieren.

Unbestritten ist, dass Menschen ihre Lebensmittel herstellen, ihr Leben reproduzieren müssen. Es ist nicht allein typisch für unsere heutige Gesellschaft, dass nicht mehr jeder Einzelne individuell seine Reproduktion sichern muss. Selbst unsere Vorfahren stellten für sie wichtig erscheinende Personen von der unmittelbaren Produktion frei – z. B. solche mit sakralen, kriegerischen und richterlichen Aufgaben.

Der einzelne Mensch kann seine Existenz auch dann erhalten, wenn er sich nicht unmittelbar an der materiellen Erhaltung des Systems beteiligt. Bei entsprechender gesellschaftlicher Akzeptanz wird ihm die Grundlage zur unmittelbaren Reproduktion seiner selbst nicht unbedingt vorenthalten, wenn er die notwendigen materiellen Güter nicht miterarbeitet.

Fragen wir umgekehrt: Ist einem Menschen mit hohem Unterstützungsbedarf, der in einer Werkstatt für behinderte Menschen arbeitet, aufgrund dieser Arbeit die Verfügung über seine Existenz sichernde Bedingungen erlaubt? Wird ihm die Teilhabe an den gesellschaftlichen Prozessen ermöglicht?

Zum einen: Wenn wir der Arbeit eine Definition zugrunde legen, die antizipierendes und planendes Bewusstsein voraussetzt, das sie abkoppelt von der unmittelbaren Bedarfsdeckung, wird dem Menschen mit Behinderung eine Teilhabe vermutlich nicht ohne Weiteres zugestanden, da er eventuell nur in Abstufungen darüber verfügt. Zum anderen wird dem Menschen mit Behinderung schon wegen seines gesellschaftlichen Status die Teilhabe an gesellschaftlichen Prozessen nicht ermöglicht.

Arbeit nach diesem Verständnis scheint daher nicht für jeden ein Mittel der gesellschaftlichen Integration zu sein.

1.13.6 Arbeit und Normalisierung

In der Pädagogik hat man sich inzwischen von dem überaus missverständlichen Begriff der „Normalisierung" abgewandt. Sie hat ursprünglich zum Inhalt, Menschen mit Behinderung Lebensbedingungen zu schaffen, die sich von Menschen ohne Behinderung so wenig wie möglich unterscheiden, und ihnen den Zugang zu möglichst vielen gesellschaftlichen Bereichen zu öffnen, sie an sozialen Vollzügen und Prozessen teilhaben zu lassen. Sie sollen deshalb auch an der Arbeit teilhaben, da sie ein solcher Zugang sei.

Praktisch kam es aber dazu, dass viele von denen, die nicht als behindert gelten, schon in Arbeitsstellen Arbeit lediglich als „Job" erledigen, bei dem sich etliche fragen, ob er wirklich zur Reproduktion der Lebensbedürfnisse notwendig ist. Es schleicht sich zudem auch der Verdacht ein, dass viele dieser Jobs aus ökologischen Gründen dem Überleben der menschlichen Zivilisation und dem Einzelnen womöglich eher schaden. Die dargestellte Arbeit wird eher zur Fessel der Entwicklung des Menschlichen und ruft längst Widerstände hervor. Wie die derzeitigen politischen Forderungen nach Arbeit ohne Berücksichtigung ökologischer Grenzen der Produktion und der Sinnlosigkeit der meisten Jobs zeigen, ist sie tatsächlich lediglich Tätigkeit, die zum Zweck des Warenaustauschs verrichtet wird. Wir mussten uns auch daran gewöhnen, dass viele gar nicht mehr das Recht haben, den Sinn einer Arbeit zu hinterfragen. Arbeit ist zum Selbstzweck geworden, der die Reproduktionsbedingungen auf der Erde eher gefährdet als Lebensbedürfnisse befriedigt.

Ist das die Normalität, die wir selbst kaum mit akrobatischen Gedankengängen akzeptieren – die Normalität, zu der wir den Menschen mit Behinderung führen wollen? Grundlegend wäre doch, nicht um das Recht auf eine solche Arbeit für ihn zu kämpfen, sondern um den eigentlich selbstverständlichen Anspruch auf ein Leben in weitgehender Übereinstimmung mit seiner/der Natur. Wäre es nicht angebrachter, neue Bereiche menschlicher Kreativität zu erschließen? Wäre das nicht motivierender als der Kampf um etwas, wofür man morgens aus dem warmen Bett kriechen und noch behaupten muss, die bevorstehende Arbeit wäre ein Grundbedürfnis oder der Sinn des Lebens? Wäre es nicht weitaus progressiver, statt das Recht auf eine solche Arbeit das Recht auf mehr Eigen- und Berufungstätigkeit zu fordern?

1.14 Ausblick: Wert der Arbeit neu überdenken

Mit dem Ende einer normativ verbindlichen Anthropologie ergibt sich auch die Notwendigkeit, den universellen Charakter der Arbeit zu relativieren. Dann gilt es, Arbeit von anderen Tätigkeiten des Lebens zu unterscheiden. Damit verliert Arbeit den Charakter eines Synonyms für Leben. Nicht die Arbeit, sondern ein tätiges

Leben muss im Mittelpunkt stehen. In seinem Rahmen lassen sich neben der Arbeit das Herstellen und das Handeln unterscheiden. Um tätig sein zu können, gilt es zu arbeiten, d.h. sich im Austausch mit der Natur am Leben zu erhalten. Darüber hinaus wird im Herstellen eine künstliche von den Naturdingen unterschiedene Welt erzeugt, eine Welt des Menschen, der Gegenständlichkeit und der Objektivität.

Schließlich geht es im Handeln nicht um eine Auseinandersetzung mit der Naturwelt oder der künstlichen Welt der Menschen, sondern um die Tätigkeit, die sich unmittelbar zwischen den Menschen abspielt. Alle drei Aktivitätsformen sind differente Tätigkeiten, die nicht einer einzigen Tätigkeit, einer einzigen Geste untergeordnet werden sollten.

Realistisch ist: Der selbst gestaltende Umgang mit dem eigenen Existenzentwurf wird nicht mehr so sehr berufsbiografisch als vielmehr erwerbsbiografisch gesehen. In den Blick kommt der gesamte Komplex materieller Reproduktion, also formelle Arbeit, informelle Arbeit, Einkommen aus öffentlichen Leistungen, Einkommen aus privatem Vermögen (vom ererbten Immobilienbesitz bis zur Aktie), private Tauschökonomie, infrastrukturelle materielle Vor- oder Nachteile. Eine solche Existenzweise erfordert andere Qualifikationen als etwa „preußische Arbeitstugenden". Sie gelingt am ehesten bei einem hohen lebenspraktischen Informationsgrad (den die neuen Medien erleichtern) und sie setzt gedankliche Beweglichkeit voraus, auch kommunikative Kompetenz. „Schattenwirtschaft", hierzulande oft zu Unrecht mit offiziellen Negativurteilen belegt, kann bei solchen Lebensentwürfen nicht ausgeklammert werden.

Vor allem aber müssen wir den Arbeitsbegriff abkoppeln vom Wettbewerbsbegriff und dem Ansinnen, sich dadurch seinen Lebensunterhalt zu verdienen. Es ist möglich, durch Arbeit zu einem Zustand der Zufriedenheit zu gelangen, ohne dies über Produktivität, Gehalt oder Kostenminimierung zu tun. Letztlich sind diese mathematischen Wege nur schlichte Lösungen und verschließen uns die Kreativität, zu höheren, übergeordneten Wegen der Arbeitszufriedenheit zu gelangen. Das, was sich den Sinnen anbietet, das „Phänomenale", das ist es, was Arbeit ausmacht.

2 Arbeit und Heilpädagogik – eine notwendige Verbindung

Ulrich Scheibner

„Das Einfache ist oft nur das Einfältige", wird der Schriftsteller und Drehbuchautor Paul Mommertz in Aphorismussammlungen zitiert. Als Mahnung über diesem Kapitel hat dieses Diktum seinen Sinn. Allzu leicht wird die Komplexität und Dynamik beider Begriffe, Arbeit und Heilpädagogik, unterschätzt oder gar übersehen. So notwendig ihre Verbindung ist, so schwierig ist sie auch. Es hilft weder der Theorie noch der Praxis der Heilpädagogik, wenn sie sich Kenntnisse über Arbeit bloß enzyklopädisch aneignet, in idealisierter Weise rezipiert und reflektiert. In diesem Kapitel soll deutlich werden, dass Arbeit zu jeder Zeit stets als zeitgemäßes Phänomen mit den typisch zeitbedingten Merkmalen in Erscheinung tritt und seit Herausbildung differenziert strukturierter Gesellschaften janusköpfig ist. Die widersprüchliche Seite der Arbeit muss von der Heilpädagogik stärker als bisher berücksichtigt werden. Das Kapitel „Plädoyer für ein Manifest der Heilpädagogik" ist eine der möglichen Konsequenzen.

2.1 Arbeit hat einen Januskopf: Fremdarbeit und Arbeitslust

2.1.1 Fremdarbeit und entfremdete Arbeit

Arbeit wird in Deutschland hoch gelobt, besonders, solange der Begriff nicht näher erklärt wird. Doch diese auffällige Anerkennung erfährt Arbeit erst seit wenigen Hundert Jahren, besonders seit der deutschen Romantik. In dieser Epoche wurde der handwerklichen Erwerbsarbeit eine geradezu mystische schöpferische Kraft angedichtet. Friedrich Schiller (1759–1805) lobte sie in seinem „Lied von der Glocke" 1799 über alles, doch nicht als Leistung des vierten Standes, sondern des Bürgertums: „Arbeit ist des Bürgers Zierde, Segen ist der Mühe Preis, ehrt den König seine Würde, ehret uns der Hände Fleiß" (Schiller 1906, 253). Arbeit hätte den Menschen erst geschaffen, hatte Friedrich Engels (1820–1895) dann 1876 behauptet (Engels 1962, 444 ff.). Die christliche Lehrmeinung hält die Arbeit für eine sittliche Pflicht und sieht in ihr den Unterschied zum Tier: „Die Arbeit ist eines der Kennzeichen, die den Menschen von den anderen Geschöpfen unterscheiden" (LE 1981, 13). Bis heute ist die über hundert Jahre alte Behauptung aktuell und selbst in wissenschaftlichen Werken nachzulesen: „Als wertschaffende, zweckbewusste Tätigkeit ist die Arbeit stets eine Verbindung von Denken und Tun.

[...] Aber die Arbeit schafft nicht allein nutzbare Werte, sie ist auch das wertvollste Mittel der Vervollkommnung, Stählung und Abhärtung des Körpers und der geistig-sittlichen Veredelung" (Meyers 1904, 1. Bd., 673). Definitionen dieser Art lassen sich auch in der heilpädagogischen Literatur finden.

2.1.2 Erwerbsarbeit war keine Lohnarbeit

Die zur Lebenssicherung der Bevölkerungsmehrheit allgemein übliche Arbeit, die sogenannte Erwerbsarbeit, hält solch hehren Maßstäben in Wirklichkeit nicht stand. Schon ihre Bezeichnung ist eine Beschönigung der tatsächlichen gesellschaftlichen Verhältnisse. Denn der Begriff Erwerbsarbeit bemäntelt in Wahrheit die negativen Seiten und den Warencharakter von Lohnarbeit. Von seinem Wortursprung her bedeutet *Erwerb* die „Erlangung einer rechtlich relevanten Stellung (z. B. Eigentum)" (Köbler 1995). Damit wird der soziale Status bereits offenbar: Einzig durch Erwerb kann man einen rechtlich wesentlichen sozialen Status erreichen.

Das Wort Erwerbsarbeit kam erst im Ständestaat des 17. Jahrhunderts auf. Es bezog sich zunächst lediglich auf die Arbeit der freien Bauern und Besitzbürger. Nur sie konnten durch Erwerbsarbeit eigene, standesrelevante Vermögenswerte oder Kapital erwerben. Dabei musste es sich durchaus nicht um ihrer eigenen Hände Arbeit handeln, wohl aber um eigenes Kapital. Lediglich Erwerbsarbeit schuf ursprünglich rechtmäßiges Eigentum; nicht das Eigentum an den kurz- oder mittelfristigen Konsumgütern oder den geringwertigen Werkzeugen ist damit gemeint, sondern das Grund- und Immobilieneigentum und das an den Produktionsmitteln. Nur dieses Eigentum sicherte bürgerliche Rechte. Erst durch Erwerb von Eigentum konnten Einfluss, Rechte und soziales Ansehen erworben werden. Deshalb sang Schiller in der „Glocke" an der Schwelle des 19. Jahrhunderts das Loblied auf den bürgerlichen Handwerksmeister und nicht auf seine abhängig beschäftigten Gesellen. Mit deren Schweiß wird das Werk zwar vollbracht, doch das Lob gehört dem ehrbaren Meister, nicht seinen Arbeitern (Schiller 1906, 245).

Die weisungsunterworfene, im Auftrag anderer „verstandeslos" ausgeführte Arbeit wird der „Glocke" zufolge von „schlechten Männern" geleistet, schlecht im damaligen Wortsinn von schlicht, einfach, geringerwertig: „Den schlechten Mann muss man verachten, der nie bedacht, was er vollbringt. Das ist's ja, was den Menschen zieret und dazu ward ihm der Verstand" (Schiller 1906, 245). Diese Auffassung entsprach dem aufkommenden besitz- und bildungsbürgerlichen Zeitgeist und widerspiegelt sich auf der sozialen Prestigeleiter: Erwerbsarbeit mit ihrem planerischen, bewussten und zielgerichteten Anteil intellektueller Leistungen führt zu Eigentum, Recht und Status. Der Lohnarbeit dagegen, dieser schweißtreibenden, Körper und Geist ruinierenden Tätigkeit für andere, bleibt die soziale Anerkennung versagt. Der sie verrichtende Mensch verharrt in einem Verhältnis von Abhängigkeit, Gehorsamspflicht, Gefügigkeit und Austauschbarkeit. Mehr noch: Es ist ein zwingendes wirtschaftliches Gesetz, diese Arbeit überflüssig zu machen, die arbeitenden Menschen gegen billigere, leistungsfähigere und bedürfnislose Technologien zu ersetzen. Die Ideologie von der Daseinserfüllung durch Arbeit (Brockhaus 1997, 234) ist dennoch nach wie vor aktuell, obwohl sie sich seit der massenhaften Verbreitung von Lohnarbeit, erst recht mit der Industrialisierung, ad absurdum geführt hat. Sie ist bis heute der schwache Trost all derer, die gezwungen sind, sich auf dem Arbeitsmarkt anzubieten, um ihr Dasein notwendig durch eine solche unausweichliche, entgeltliche Arbeit zu sichern.

Diese Art von abhängiger, weisungsgebundener Arbeit wird statistisch und umgangssprachlich zur Erwerbsarbeit gezählt. Sie ist aber genau genommen Lohnarbeit, faktisch und gleichbedeutend mit Fremdarbeit im wörtlichen und weitesten Sinne. Damit ist nicht die betriebswirtschaftliche Bedeutung von externer Lohnauftragsarbeit oder Leiharbeit gemeint, auch nicht die Arbeit von den aus dem Ausland angeworbenen Arbeitskräften oder ins Deutsche Reich während der Naziherrschaft deportierten Zwangsarbeiter. Fremdarbeit in der wörtlichen Bedeutung macht offensichtlich, dass die Arbeit von außen kommt, vom Auftraggeber einem anderen, einem ihm Fremden übertragen wird. Fremdarbeit besagt, dass sich der Arbeitsvorgang und die Entscheidungsprozesse dem Einfluss des Arbeitenden entziehen. Weder der Arbeitsgegenstand noch das Arbeitsergebnis stehen ihm zu, sie bleiben ihm fremd, weil diese Arbeit nicht aus seinem Bedürfnis oder einem ihm unentbehrlich scheinenden Erfordernis entsteht. Fremdarbeit ist anonyme Arbeit: von anonymen Arbeitenden für einen anonymen Markt geleistet. Das Bild vom Rädchen im Getriebe oder der bloßen Nummer veranschaulicht den sozialen Stellenwert solcher Arbeit. Schließlich ist der Terminus Fremdarbeit als Synonym für abhängige Lohnarbeit zutreffender als das Wort Erwerbsarbeit, weil er nicht suggeriert, man könne dadurch sein Leben materiell sichern. Denn längst ist selbst vollzeitige Lohnarbeit nicht mehr Existenz sichernd, sondern immer häufiger prekär. Erwerb in seiner ursprünglichen Bedeutung, wonach die Arbeit ehrbarer Bürger ein Recht schaffendes Eigentum bewirkt, das die Existenz und den sozialen Status sichert, kann durch entgeltliche Fremdarbeit nicht erreicht werden.

2.1.3 Arbeitslust, Arbeitsfreude und Arbeitszufriedenheit

Fremdarbeit war in der Geschichte selten eine lustvolle Beschäftigung und sie ist es bis heute nicht. Für das gewaltige Heer der abhängig Beschäftigten ist sie die alternativlose Notwendigkeit zur Existenzsicherung. Deshalb ist das Wort Arbeitslust kaum noch geläufig. Ende des 19. Jahrhunderts zählte der Brockhaus die Arbeitslust noch zu den maßgeblichen Produktivitätsfaktoren: „Maßgebende Ursachen für die Produktivität [. . .] sind: Verhältniszahl der wirtschaftlich Nichtarbeitenden (müßige Grundeigentümer und Kapitalisten, Kinder, Kranke, Arme, Verbrecher) zu den Arbeitenden, die Arbeitslust, die Arbeitsfähigkeit und die Arbeitsteilung, die in den Kreisen der Arbeiter [. . .] zu finden sind. Die Arbeitslust des Arbeiters wird durch die Notwendigkeit, seinen Lebensunterhalt überhaupt, und durch den Wunsch, ihn in möglichst reichlichem Maße zu gewinnen, geweckt und gestärkt. Daraus erklärt sich, dass die unfreie Arbeit gewöhnlich weniger erzeugt als die freie“ (Brockhaus 1896, Bd. 1, 810). In der gleichen Quelle wird beschrieben, dass „geistige Getränke“ arbeitslustig machen: „Der Mensch ist nach Genuss geistiger Getränke lebhafter, für Eindrücke leichter zugänglich, er fühlt sich arbeitslustiger und leistungsfähiger“ (Brockhaus 1896, Bd. 7, 711). Alkohol, vor allem Schnaps, gehörte zu Beginn der Industrialisierung zu den „Sozialleistungen“ der Unternehmer. Kurzfristig konnten dadurch Arbeitsbereitschaft und Arbeitsleistung erhöht werden. Die Begriffe Elendsalkoholismus und Alkoholkapitalismus sind in die Geschichte der deutschen Arbeiterbewegung eingegangen.

„Die Arbeitslust verkümmert, und der Mensch wird mutlos, wenn Ungunst der Natur und Rechtsunsicherheit unzureichende Resultate in Aussicht stellen, oder wenn die Früchte eigner Arbeit andern in den Schoß fallen“, ergänzt der Lexikonkonkurrent (Meyers 1892, Bd. 1, 748). Arbeitslust war in der Pädagogik schon früh ein wichtiger Maßstab: „Pastor v. Bodelschwingh in Bielefeld, welcher schon früher die Anstalt Bethel gegründet hatte, wo hilfsbedürftige und würdige Wanderer dauernde Unterkunft fanden, errichtete 1882 die Arbeiterkolonie Wilhelmsdorf bei Bielefeld zu dem Zweck: [...] arbeitslustige und arbeitslose Männer jeder Konfession und jeden Standes, soweit sie wirklich noch arbeitsfähig sind, so lange in ländlichen und andern Arbeiten zu beschäftigen, bis es möglich geworden ist, ihnen anderweit lohnende Arbeit zu beschaffen und ihnen so die Hand zu bieten, vom Vagabundenleben loszukommen“ (Meyers 1892, Bd. 17, 42). Bedingung für diese Hilfeleistung: die Arbeitslust.

Fast ebenso selten wie der Ausdruck Arbeitslust ist das Wort Arbeitsfreude geworden. Noch in den 1920er-Jahren war der Begriff Arbeitsfreude weit verbreitet und stand im Zentrum einer Arbeitsethik, die entschieden gegen eine Arbeitsweise auftrat, durch die sich die Menschen immer stärker von der Arbeit entfremdeten. Arbeitsfreude gehörte zum Gegenkonzept der fremdbestimmten Arbeitsvollzüge in der automatisierten Industrieproduktion. Der Name des US-Amerikaners Frederick Winslow Taylor (1856–1915) stand und steht für das Prinzip hoher Arbeitsteilung, kleiner Arbeitsvorgänge und starker Verdichtung der Arbeitsabläufe. Gegen eine solche inhumane Arbeitswelt wandten sich zahlreiche Wissenschaftler schon lange vor der massiven Bewegung gegen den Taylorismus in den 1960er-Jahren, unter ihnen vor allem Pädagogen und Psychologen. Die prominentesten waren Erich Stern (1889–1959), Edmund Lysinski (1889–1982) und Otto Lipmann (1880–1933). Es ist kein Zufall, dass die Herausbildung der wissenschaftlichen Heilpädagogik in die gleiche Zeitspanne fällt. Auch sie verstand sich als „in der Gegenwart notwendig gewordene Culturgestaltung“, wie es die Schrittmacher der Heilpädagogik zur „Begründung einer heilpädagogischen Gesammtwissenschaft“ 1860 formulierten (Georgens & Deinhardt 1861, V). Von beiden sich in dieser Zeit herausbildenden Wissenschaften, der Arbeitswissenschaft wie der Heilpädagogik, war zu erwarten, was Georgens für die Heilpädagogik formulierte: Dass sie sich „keineswegs blos an die Fachleute, d.h. diejenigen, welche die Heilpädagogik üben“, wenden, sondern an alle, „die die socialen Zustände und Fragen ernst beschäftigen, [...] damit aber die sociale Gesinnung kräftigen und ihr eine bestimmte Richtung geben möchten“ (Georgens & Deinhardt 1861, VI).

Die Heilpädagogik müsste es bedauern, dass die Begriffe Arbeitslust und Arbeitsfreude nahezu verdrängt worden sind. Die wirtschaftsorientierten Vertreter der Arbeitspsychologie haben sie durch das Wort Arbeitszufriedenheit ersetzt und heben hervor, dass diese Formulierung kein Synonym für Arbeitsfreude ist. In ihren Forschungsergebnissen verweisen sie darauf, dass Arbeitszufriedenheit auf betriebswirtschaftliche Erfolgskennzahlen wie Umsatzentwicklung, Jahresüberschuss und Gewinnhöhe keine bedeutsame Auswirkung hat. Bis heute fehlt die Auseinandersetzung der Heilpädagogik mit dieser am wirtschaftlichen Nutzen orientierten Position. Dabei drängt sich der Zusammenhang von Arbeitszufriedenheit, Lebenszufriedenheit und Lebenssicherung geradezu auf, selbst wenn es dafür keinen betriebswirtschaftlich relevanten Nachweis zu geben scheint. Der heilpädagogische Maßstab ist eben ein anderer als der betriebswirtschaftliche. Er ist konsequent personbezogen, am Selbstbewusstsein, an der Selbstachtung, der Selbstsicherheit und am Selbstwertgefühl des einzelnen Menschen orientiert. Dennoch lässt sich die Heilpädagogik bei ihrer Bewertung von Arbeitslust, Arbeitsfreude und Arbeitszufriedenheit, zweifellos ausgesprochen personabhängige Kriterien zur Beurteilung der Arbeitswelt, nicht allein auf diese subjektive Seite reduzieren. Es ist durchaus im Sinne des heilpädagogischen Begründers, die objektive Realität des Arbeitslebens gleichrangig mit einzubeziehen. Eben deshalb verweist Georgens darauf, dass „die eigentliche Bedeutung der Heilpädagogik nicht in ihren nächsten Erfolgen bei den heil- und besserungsbedürftigen Individuen, sondern in der Vorarbeit liegt, die sie [...] in dem systematischen Kampfe gegen bedrohliche Gesellschaftsübel zu leisten vermag und leisten muss“ (Georgens & Deinhardt 1861, VI).

2.2 Arbeit – von der Pflicht zum Grundrecht

2.2.1 Arbeiterstatus – kein gleichberechtigter Status

„Stadtluft macht frei“ soll seit dem 13. Jahrhundert die hoffnungsvolle Losung verarmter Nachkommen leibeigener Bauern und Häusler gelautet haben, die sich mindestens ein Jahr unentdeckt in den Mauern einer Stadt verbergen konnten. Dieser Lockruf entstand in Wirklichkeit als romantisierender Rückblick des 19. Jahrhunderts, traf nur selten zu und widersprach dem geltenden Recht. Schon 1232 schob Friedrich II. (1194–1250, Kaiser seit 1220) in seinem Erlass zugunsten der deutschen Reichsfürsten dieser Freiheitshoffnung einen Riegel vor: Die Pfahlbürger sollten aus den Städten vertrieben und die Leibeigenen wieder ausgewiesen werden, legte er fest (vgl. statutum in favorem principum von 1232). Pfahlbürger sind „Ausbürger, ehedem diejenigen Personen, die, obgleich sie sich nicht im Inneren der Stadt aufhielten, vielmehr außerhalb saßen, doch das Bürgerrecht einer Stadt erhielten“ (Meyers 1904, Bd. 1, 132).

Bis ins 18. Jahrhundert war es ausdrücklich geregelt, dass „Gutsunterthanen [...] ohne Entlassung von ihren Grundherrschaften; Soldaten und Cantonisten ohne Abschied vom Regimente, oder schriftliche Einwilligung des Chefs oder Commandeurs, zu Bürgern nicht aufgenommen werden“ (§ 15, 2. Teil, 8. Titel PrALR). Cantonisten waren eine Art von Wehrpflichtigen, die aus den unteren bäuerlichen und städtischen Bevölkerungsschichten zwangsweise zum Militärdienst genötigt wurden: „Welche Classen der Einwohner des Staats zu den Cantonisten gehören; und was in diesen Classen für Entschuldigungsursachen von wirklichen Kriegsdiensten statt finden, ist in den Cantonsreglements verordnet“ (§ 52, 2. Teil, 10. Titel PrALR).

Es war natürlich nicht die Luft in der Stadt, die Freiheit versprach, sondern die spezielle städtisch organisierte Gesellschaft. Die Hoffnung auf den Status als Stadtbürger war trügerisch: Die Vollbürgerschaft blieb vielen Stadtbewohnern verwehrt. Es bildeten sich vielmehr differenzierte städtische Schichten heraus mit einer kleinen Oberschicht wohlhabender, ratsfähiger Bürger. Der Wunsch, durch Arbeit in der Stadt ein Existenz sicherndes Grundeigentum zu erwerben, war die Sehnsucht nach Freiheit von adeliger Vorherrschaft. Einfache Handwerker wurden aber keine Vollbürger (Meyers 1904, 3. Bd., 620). Dazu fehlte ihnen das Geld: Zu den Pflichten des Vollbürgers gehörten nämlich u. a. die Zahlung eines Bürgergeldes, die Zahlung von Steuern und die kostenträchtige Bewaffnungspflicht.

Bis zum Beginn des 19. Jahrhunderts wären gewiss nicht viele auf den Gedanken gekommen, zum Lebensunterhalt notwendige Arbeit für andere gegen Entgelt in einen direkten Zusammenhang mit Freiheit zu stellen: „Gesetzt, der Arbeiter beugt sich aus reiner Not oder um einem schlimmeren Zustande zu entgehen, den allzu harten Bedingungen, die ihm nun einmal vom Arbeitsherrn oder Unternehmer auferlegt werden, so heißt das Gewalt leiden, und die Gerechtigkeit erhebt gegen einen solchen Zwang Einspruch“, urteilt Papst Leo XIII. (RN 1891, 34). Diese Art von Lohnarbeit ist weit älter als der sogenannte Vierte Stand, der sich am Ende des 18. Jahrhunderts aus zahlreichen sozialen Randgruppen bildete und schließlich zum Industrieproletariat wurde: Bettler, Hausierer, Landstreicher, Tagelöhner, Abdecker, Bader, Kesselflicker, Musikanten, Nachtwächter, Schweinehirten, Totengräber, Henker und Scharfrichter; Menschen also, die die als unehrlich geltenden, die simplen, die unangenehmen, schmutzigen, stinkenden, widerlichen, unmoralischen und tabuisierten Arbeiten verrichteten, ebenso besitzlose Bauern, Arbeitslose aus Gesinde und Handwerk, verarmte Nachkommen des niederen Adels und marodierende Soldaten. Quellen des Mainzer Erzbischofs Rabanus Maurus (780–856) bezeichnen den frühen Lohnarbeiter als „mercenarius“ und charakterisieren ihn „als völlig besitzlos, die Rückhaltung des Lohnes entzieht ihm, seinen Kindern, seiner Frau und seinen Eltern den Lebensunterhalt, das tägliche Brot. Er lebt ausschließlich durch den Verdienst seiner Hände Arbeit“ (Firnberg 1978, 15).

Mit der Entwicklung der (Lohn-)Arbeiterschaft im Verlauf der Jahrhunderte änderte sich ihre Bezeichnung, wich vor allem regional voneinander ab. An ihrer Lebenslage allerdings änderte sich grundlegend nichts. Es waren und blieben Arbeiter: „Das von ‚Arbeit‘ abgeleitete, im späten Mittelalter so oder ähnlich –

'Arbeitsmann', 'arbeitende Leute' – gebräuchliche Wort, entsprach in seinen Bedeutungen den begrifflichen Möglichkeiten von 'Arbeit'. Als Arbeiter wurde der mühsam, 'im Schweiße seines Angesichts' körperlich Arbeitende bezeichnet, womit vor allem die große Zahl der das Land bearbeitenden Menschen gemeint war. [. . .] Dieses Hineinbeziehen aller Handarbeitenden des 'gemeinen Volkes' in den Begriff 'Arbeiter' blieb bis ins 18. Jahrhundert hinein zwar möglich; jedoch entwickelten die Bauern und die Handwerker (Meister und Gesellen) ihre eigene Standesehre und damit auch ihre eigenen Berufsbezeichnungen für Personen oberhalb der lohnabhängig mit der Hand Arbeitenden. Es hielt und verstärkte sich daher die Tendenz, dass 'Arbeiter' vorwiegend die unterhalb der selbstständigen Handwerker und Bauern Arbeitenden, besonders die Tagelöhner in Stadt und Land, bezeichnete" (Simon 1995, 22).

2.2.2 Recht auf Arbeit – Grundbedingung der sozialen Gleichstellung

Es mag sonderbar anmuten, dass noch vor weniger als fünfzig Jahren eine päpstliche Enzyklika darauf hinweisen musste, „wie notwendig oder mindestens höchst angemessen es ist, dass die Arbeiterschaft Gelegenheit hat, ihre Meinung und ihr Gewicht auch über die Grenzen des Unternehmens hinaus geltend zu machen, und zwar in allen Bereichen des gesellschaftlichen Lebens" (MM 1961, 97). Noch nachdenklicher stimmt, dass es in der heutigen Zeit dem katholischen Kirchenoberhaupt notwendig erscheint, die Einhaltung der Menschenrechte zugunsten der Arbeiterschaft einzufordern: „Der Skandal schreiender Ungerechtigkeit hält an. Korruption und Illegalität gibt es leider im Verhalten wirtschaftlicher und politischer Vertreter der alten und neuen reichen Länder ebenso wie in den armen Ländern selbst. Manchmal sind es große transnationale Unternehmen oder auch lokale Produktionsgruppen, welche die Menschenrechte der Arbeiter nicht respektieren" (CV 2009, 22). Die Geschichte des Ringens um gleichberechtigte Teilhabe und gleiche Menschenwürde für die in abhängigen Lohnverhältnissen arbeitende Bevölkerung ist noch nicht abgeschlossen. Am Ende des ersten Jahrzehnts im 21. Jahrhundert muss ein prominenter Kirchenführer dazu aufrufen, den arbeitenden Menschen ins Zentrum der Politik zu stellen: „Allen, besonders den Regierenden [. . .] möchte ich in Erinnerung rufen, dass das erste zu schützende und zu nutzende Kapital der Mensch ist, die Person in ihrer Ganzheit – ist doch der Mensch Urheber, Mittelpunkt und Ziel aller Wirtschaft" (CV 2009, 25).

Dieser aktuelle Verweis ist nötig, billigt doch das Grundgesetz der Bundesrepublik Deutschland den abhängig Beschäftigten kein Recht auf Arbeit zu. Dabei finden sich in der deutschen Geschichte zahlreiche eindrucksvolle Beispiele für das Ringen um ein Recht auf Arbeit. Der Verfassungsvorschlag in der Offenburger Erklärung von 1847 mit seinen „Forderungen des Volkes in Baden" erstrebte, dass der Staat „die unveräußerlichen Menschenrechte" zu beachten und zu schützen habe (Art. 1), auch und gerade die Arbeit: „Wir verlangen Ausgleichung des Missverhältnisses zwischen Arbeit und Kapital. Die Gesellschaft ist schuldig, die Arbeit zu heben und zu schützen" (Art. 10, Rechtschreibung angepasst). Die Weimarer Verfassung (WRV) nahm den demokratischen Staat in die Pflicht: „Jedem Deutschen soll die Möglichkeit gegeben werden, durch wirtschaftliche Arbeit seinen Unterhalt zu erwerben. Soweit ihm angemessene Arbeitsgelegenheit nicht nachgewiesen werden kann, wird für seinen notwendigen Unterhalt gesorgt [...]" (Art. 163 Abs. 2 Satz 1 WRV). Um zu verhindern, dass die Wirtschaft ein demokratiefreier Raum innerhalb der Republik bleibt, stellte sie gerade bei der Wirtschaftsgestaltung die beiden sozialen Pole gleich: „Die Arbeiter und Angestellten sind dazu berufen, gleichberechtigt in Gemeinschaft mit den Unternehmern [...] an der gesamten wirtschaftlichen Entwicklung der produktiven Kräfte mitzuwirken" (Art. 165 Abs. 1 WRV). Der Verfassungsentwurf der postsozialistischen DDR griff 1990 auf die demokratischen Errungenschaften der Weimarer Republik zurück: „Jeder Bürger hat das Recht auf Arbeit oder Arbeitsförderung" (Art. 27 Abs. 1). Und: „Der Staat schützt die Arbeitskraft durch gesetzliche Regelungen über die Arbeitssicherheit, die Arbeitshygiene und die Begrenzung der Arbeitszeit. Er fördert das Recht des einzelnen, seine Arbeitskraft zur Führung eines menschenwürdigen Lebens zu verwenden [...]" (Art. 27 Abs. 3).

2.2.3 Recht auf Arbeit – Schlüssel zum Arbeitsleben

Die Bundesrepublik Deutschland ist Mitglied der Vereinten Nationen. Die UNO hat in verschiedenen Übereinkommen dem Recht auf Arbeit einen besonders wichtigen Rang eingeräumt, darunter in Artikel 23 der Allgemeinen Erklärung der Menschenrechte von 1948, in Artikel 6 des UNO-Sozialpaktes von 1966 und jüngst in Artikel 27 des UNO-Übereinkommens über die Rechte von Menschen mit Behinderung, das seit März 2009 in der Bundesrepublik in Kraft ist. Das Recht auf Arbeit als elementares Menschenrecht hat in der Heilpädagogik noch nicht den Widerhall gefunden, den es verdient. Zwar ist das heilpädagogische Ziel, Erwachsenen einen Weg in die Erwerbswirtschaft zu bahnen, ein allgemein anerkanntes und für wichtig gehaltenes. Das aber ist weder gleichzusetzen mit dem Eintreten für das Grundrecht auf Arbeit, noch ist Erwerbsarbeit die einzig sinnvolle Form von gesellschaftlicher Arbeit. Walter Pfannkuche, Ethiker und Philosoph, sieht die Notwendigkeit, das Recht auf Arbeit als Leistungsrecht zu verankern. Er hält es für erforderlich, weil es sich um ein wesentliches Gut handelt, weil es zu den menschlichen Grundgütern zählt, ohne die keine weiter reichenden sozialen Ziele verfolgt werden können. Eine rechtliche Sicherung des Gutes „Arbeit" bringt für die Gesellschaft und die einzelne Person mehr Vor- als Nachteile mit sich (vgl. Pfannkuche o. J.). Das wird auch beim Recht auf Arbeit erwartet, weil es zu den grundlegenden Sozialrechten zählt, ohne die es nicht möglich ist, existenzielle menschliche Bedürfnisse abzusichern.

Marita Körner, Juristin für Arbeits- und Zivilrecht, hält das Recht auf Arbeit für geeignet, dass „in einem Bereich, der Millionen von Menschen unmittelbar betrifft, das Bewusstsein über Existenz und Bedeutung von sozialen Menschenrechten gestärkt werden" kann (Körner 2004, 10). Da soziale Anerkennung und gesellschaftliche Einbeziehung immer noch entscheidend von der Teilhabe am Arbeitsleben abhängen und nach wie vor davon ausgegangen wird, „dass der Mensch seine Persönlichkeit in einem hohen Maße in der Arbeit entfalten kann" (Körner 2004, 12), ist ein Recht auf Arbeit geboten. Der Heilpädagogik liefert die Juristin hilfreiche Argumente. Sie zitiert u. a. Oskar Negt, „dass Arbeitslosigkeit ein Anschlag auf die körperliche und seelisch-geistige Integrität ist [...]. Sie ist Raub und Enteignung der Fähigkeiten und Eigenschaften, die [...] in einem mühsamen und aufwendigen Bildungsprozess erworben wurden und die – von ihren gesellschaftlichen Betätigungsmöglichkeiten abgeschnitten – in Gefahr sind, zu verrotten und schwere Persönlichkeitsstörungen hervorzurufen. Vielfältige Formen der Selbstachtung und der sozialen Anerkennung im friedlichen Verkehr miteinander sind nach wie vor in zentraler Weise mit einer Arbeit verknüpft, die ihres Lohnes würdig ist" (Körner 2004, 12).

Das Recht auf Arbeit ist die Grundvoraussetzung, allen Menschen, die eine Einkommensarbeit begehren, diesen Weg zu ebnen oder alternative Arbeitsangebote zu ermöglichen; erst recht denen, die wegen ihrer besonderen körperlichen, mentalen und psychischen Eigenschaften keinen Zugang zum Erwerbsleben oder anderen Arbeitsformen erhalten. Als verfasstes Grundrecht würde es alle auf Lohnarbeit Angewiesenen und nach Arbeit Suchenden in die verschiedenen Phasen wirtschaftlicher und gesellschaftlicher Entwicklung begleiten und Sicherheit geben. Es ist der Anker bei wissenschaftlich-technischen Umbrüchen in der Industrie und ihren sozialen Folgen. Und es verlangt eine aktive, vorausschauende und koordinierte Strukturpolitik der Regierungsverantwortlichen auf allen Ebenen. Die immer wieder vorgebrachte Behauptung, der Personenkreis nach dem SGB (Sozialgesetzbuch) IX hätte bereits ein einklagbares Recht auf Arbeit, ist falsch. Das Forschungsprojekt „Recht auf Arbeit für Menschen mit schweren Behinderungen", das 2002/2003 in Kooperation mit Wissenschaftlern der Heilpädagogik durchgeführt wurde, griff trotz seines Titels die politische Herausforderung nach einem Grundrecht auf Arbeit nicht auf.

2.3 Heilpädagogik als Arbeit gestaltende Wissenschaft

Es wäre naiv, der Arbeit a priori die positiven pädagogischen Merkmale zuzuschreiben, die ihr selbst in der wissenschaftlichen Literatur immer noch angedichtet werden. Zum einen ist der Begriff „Arbeit" viel zu undifferenziert, um ihm pauschal bestimmte Merkmale zuordnen zu können. Zum anderen mehren sich seit zehn Jahren die Meldungen über krank machende Lohnarbeit. Dabei spielen psychische und psychosomatische Erkrankungen eine immer größere Rolle. In den Veröffentlichungen der gesetzlichen Krankenkassen stehen sie bereits an vierter Stelle der häufigsten arbeitsbedingten Schädigungen nach Muskel- und Skeletterkrankungen, Verletzungen, Atemwegserkrankungen, gefolgt von Herz- und Kreislauferkrankungen sowie von Erkrankungen des Verdauungstraktes. Zudem verschließt sich gerade die Lohnarbeit immer größeren Teilen der Bevölkerung, deren sozialisationsbedingtes Verhalten, Bildungsniveau, Berufskarrieren oder Alter die Renditeerwartungen der Wirtschaft vermutlich nicht erfüllen. Nicht zuletzt verringert der rasante Prozess der Robotisierung die Chancen auf einen Einkommensplatz (vgl. Werner & Presse 2007 a; Lenk 2008). Schließlich stellt die Wirtschaft Anforderungen an die arbeitenden und Arbeit suchenden Menschen, für die weder sie selbst noch das staatliche Familien- und Bildungssystem angemessene Voraussetzungen zu ihrer Erfüllung geschaffen haben.

Arbeit tritt in vielfältigen Formen mit ganz unterschiedlichen Inhalten auf: als ehrenamtliches Engagement, als Familienhilfe, als Tätigkeit im Haushalt, als Hobby, als kulturelle, medizinische, pflegerische, soziale Leistung und als wissenschaftliche Tätigkeit sowohl im Haupt- und Nebenberuf als auch im Ehrenamt. Angesichts ihrer Komplexität hat sie längst eine neue Definition verdient: Arbeit ist jeglicher Einsatz menschlicher Initiative, Fähigkeiten und Leistungen, um gesellschaftlich notwendige Absichten, Aufgaben und Ziele zu bewerkstelligen und um die persönlichen zu verwirklichen. Es ist nicht mehr vertretbar, wenn unter Arbeit nur die unter verschiedenen Synonymen bekannte Lohnarbeit verstanden wird – abhängige Beschäftigung, sozialversicherungspflichtige Beschäftigung, Erwerbsarbeit, Erwerbstätigkeit, Fremdarbeit usw.

Die Heilpädagogik ist gefordert, die entwicklungsfördernden Aspekte der verschiedenen Arbeitsformen deutlicher als bisher herauszustellen und sich noch stärker als bisher mit den krank machenden Faktoren der Lohnarbeit und ihre Gründe auseinanderzusetzen. Aber auch Arbeitsabläufe und Arbeitsaufgaben, bei deren Bewältigung die Arbeitenden Bildungs- und soziale Kompetenzen verlieren, gehören ins Blickfeld der Heilpädagogik. Schließlich kann es nicht Aufgabe der Heilpädagogik sein, durch Lohnarbeit krank gewordene Personen soweit zu „heilen", dass sie ihre bisherigen Aufgaben unter den gleichen krankmachenden Bedingungen wieder erfüllen können. Vielmehr geht es ganz im Sinne von Georgens darum, Einfluss auf die objektiven und subjektiven Faktoren zu nehmen, die für die Bewältigung der Arbeitsaufgaben eine wesentliche Rolle spielen. Die Arbeitsfreude gehört als Ausdruck von Zufriedenheit dazu.

Der Schweizer Hermann Siegenthaler, Erziehungswissenschaftler in Zürich, hilft durch seine Definition von Heilpädagogik, für diesen Zusammenhang ein besseres Verständnis zu entwickeln: „Heilpädagogik ist der reflektierte und reflektierende Umgang mit Menschen, deren persönliche Situation ihre Lebensführung so beeinflusst, dass sie eine unterstützende, helfende Zuwendung erfordern. Heilpädagogik ist eine vertiefte Pädagogik, da sie sich stärker als die Pädagogik gezwungen sieht, ihre anthropologischen und gesellschaftlichen Voraussetzungen, die Situation ihrer Adressaten, die Zielsetzungen und die Grundlagen ihrer Maßnahmen (Handlungen) zu reflektieren. Ob für diese äußerst komplexe und von vielen Nachbardisziplinen abhängige Disziplin der Begriff ‚Heilpädagogik' der richtige sei, will ich hier nicht diskutieren" (Siegenthaler 2004, 50).

Die Heilpädagogik muss sich an solchen Kriterien messen lassen. Insbesondere steht zur Debatte, ob und wie „Arbeit" zu einer freien Persönlichkeit führen kann, wie es ansatzweise selbst das Betriebsverfassungsgesetz in seinen „Grundsätzen für die Behandlung der Betriebsangehörigen" vorsieht (vgl. § 75 Abs. 2 BetrVG). Dabei wird der Maßstab für eine solche Arbeit nicht allein von arbeitspädagogischen, heilpädagogischen und arbeitstherapeutischen Zielen bestimmt, sondern in gleichem Maße von gesellschaftlichen. Einbeziehung in das Leben der Gemeinschaft und das Arbeitsleben muss in einer demokratischen Gesellschaft eine menschengerechte Qualität erreichen, erst recht im Arbeitsleben: „Freiheit" ist dafür ein Synonym. Dabei besteht Freiheit für jeden Menschen im Rahmen der demokratischen Prinzipien nicht nur im Recht auf Teilhabe und Teilnahme am allgemein üblichen Leben, sondern aus heilpädagogischer Sicht zudem aus fünf grundlegenden Rechten:

- der Möglichkeit, zwischen Alternativen wählen zu können;
- nicht zur Konformität gezwungen zu werden;
- die eigene Persönlichkeit entfalten zu können;
- die eigenen Fähigkeiten und Fertigkeiten entwickeln zu können;
- die dafür notwendige Unterstützung und erforderlichen Leistungen beanspruchen und nutzen zu können.

Ein solcher Maßstab wird im allgemeinen Erwerbsleben in der Regel nicht erfüllt. Es kann deshalb nicht ausbleiben, auch unter heilpädagogischen Gesichtspunkten eine neue Wirtschaftsethik zu fordern und zu fördern. Sonst bleiben heilpädagogische Leistungen einseitig darauf ausgerichtet, die einzelne Person an das Wirtschaftsleben anzupassen. Eine Auffassung wie im vorigen Jahrhundert ist zwar noch nicht völlig überwunden, aber historisch überholt und ethisch unverantwortlich, nach der „die Beschäftigungsbehandlung [. . .] geradezu Wunder zu wirken scheint" und „selbst schwer Tobsüchtige ihre Anfälle verlieren, wenn es gelingt, sie irgendeiner Beschäftigung zuzuführen" (Simon 1927, 610).

3 Heilpädagogische Grundlegung im Kontext Arbeit

Werner Schlummer

Der Versuch, eine heilpädagogische Grundlegung für das weite Feld der Arbeit von Menschen mit Behinderung zu schaffen, kann im Rahmen eines solchen Buches nur ansatzweise gelingen. Er fordert gleichzeitig auch dazu heraus, eine sinnvolle thematische Eingrenzung vorzunehmen und eine entsprechende Auswahl zu treffen. Eine Konsequenz für das folgende Kapitel ist, vor allem den Personenkreis der Menschen mit geistiger Behinderung in den Blick zu nehmen. Diese Bezugsgruppe bedarf aus heutiger Sicht in besonderer Weise einer professionellen heilpädagogischen Begleitung, Unterstützung und Zuwendung. Dies ist nicht zuletzt dadurch zu begründen, dass für Verständigungsmöglichkeiten mit Menschen mit geistiger Behinderung und das Einbeziehen dieser Personengruppe in unterschiedlichste Alltagssituationen als Grundlage von Teilhabe in der Regel deutlich über Alltagskompetenzen hinausgehende professionelle und heilpädagogische Kompetenzen erforderlich sind. So lässt sich z. B. das Thema „barrierefrei" nicht nur auf eine rollstuhlgerechte Gestaltung von Lebensräumen reduzieren. Vielmehr müssen für diese Personengruppe Lebensbedingungen geschaffen werden, die Verständlichkeit und damit Kommunikation grundsätzlich gewährleisten.

Dies gilt neben vielen anderen Bereichen schon seit langem im Kontext Arbeit. Die heilpädagogische Begleitung der Menschen, die sich im Rahmen der Selbstvertretungsorganisation Mensch zuerst – Netzwerk People First Deutschland e. V. für die Bezeichnung „Menschen mit Lernschwierigkeiten" (vgl. Kniel & Windisch 2005; Theunissen 2009) aussprechen, wird sicherlich auch zukünftig als wesentlicher Schwerpunkt zu sehen sein. Hier müssen solidarische und damit unterstützende Aktivitäten in beruflichen und allgemeinen gesellschaftlichen Zusammenhängen einen Ausgleich schaffen. Stecken doch in vielschichtigen Behinderungsformen gleichzeitig immense Schwierigkeiten im Alltag, als Mensch und Mitglied der Gesellschaft wahrgenommen zu werden. In diesem Sinne ist eine konsequente Ausrichtung auf die ICF (Internationale Klassifikation der Funktionsfähigkeit, Behinderung und Gesundheit) der Weltgesundheitsorganisation (WHO) erforderlich (siehe auch Kap. 4) (vgl. DIMDI 2005; Fischer 2008, 20 ff.). Dies gilt es zu beachten, auch wenn in den letzten Jahrzehnten Veränderungsprozesse im Selbstverständnis der Heilpädagogik zu erkennen sind und vollzogen werden. Diese Veränderungsprozesse werden häufig auf den Begriff Paradigmenwechsel reduziert.

Diese wenigen Hinweise sollen an dieser Stelle verständlich machen, warum der Fokus auf Menschen mit geistiger Behinderung gelegt wird. Schließlich geht es darum, auf den folgenden Seiten die Spannweite historischer Bezüge und Wurzeln sowie perspektivischer Herausforderungen im Arbeitsfeld „Arbeit" herauszuarbeiten. Dabei lassen sich gerade mit Bezug auf den angesprochenen Personenkreis professionelle Anforderungen formulieren. Wie sehr eine qualifizierte Vorbereitung von Menschen mit (geistiger) Behinderung auf das Arbeitsleben geleistet wird und weiterhin vonnöten ist, stellt dieses Kapitel mit seinen Erläuterungen zu schulischen Aktivitäten vor. Es geht aber mit einem besonderen Schwerpunkt auch um die Bandbreite der professionellen Förderung arbeitender Persönlichkeiten. Hier verdient einerseits der Arbeitsplatz „Werkstatt für behinderte Menschen" einen entsprechenden Darstellungsraum. Andererseits verlangt die Auseinandersetzung mit den Themen „Integration und Inklusion" im Zusammenhang mit Arbeit von Menschen mit Behinderung gleichermaßen das Aufzeigen gewachsener Traditionen und innovativer Perspektiven. Letztlich gehört zur heilpädagogischen Grundlegung die kritische Auseinandersetzung mit der emanzipativen Teilhabe am Arbeitsleben. Hier sind die Empowerment-Bewegung und Mitbestimmungsmöglichkeiten aufzuzeigen; wesentlich ist aber ferner der Blick auf die Bedeutung einer wertgeleiteten Professionalität im Kontext Arbeit. Vor diesem Hintergrund lassen sich schließlich Perspektiven skizzieren, die besonders im Zusammenhang mit Impulsen durch das „Übereinkommen über die Rechte von Menschen mit Behinderungen" – kurz: UN-Behindertenrechtskonvention – zu sehen sind.

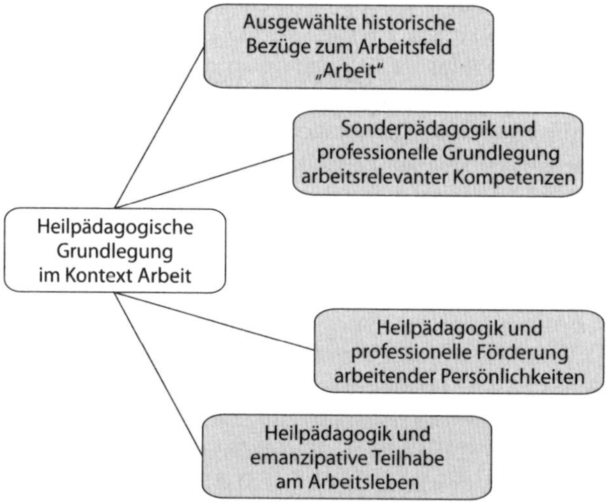

Abb. 1: Heilpädagogische Grundlegung im Kontext Arbeit

3.1 Heilpädagogik und ausgewählte historische Bezüge zum Arbeitsfeld „Arbeit“

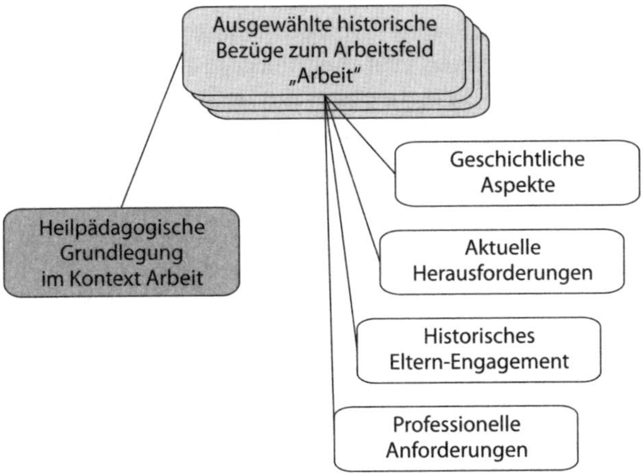

Abb. 2: Ausgewählte historische Bezüge zum Arbeitsfeld „Arbeit“

Wenn es um konkrete Arbeitsfelder der Heilpädagogik geht, dürften einem fachlich Interessierten neben Frühförderung und Elementarpädagogik in der Regel die folgenden weiteren Bereiche in den Sinn kommen: Schule, Wohnen, Arbeit, Freizeit sowie Alter bzw. alte Menschen. Entsprechend ist auch die Reihe „Praxis Heilpädagogik“ auf diese Praxisfelder ausgerichtet. Diese sind jeweils ausführlich in den Einzelbänden der zweiten Teilreihe der Gesamtbuchreihe dargestellt.

Dieser Hinweis ist wichtig, um Folgendes zu verdeutlichen: Dieser Abschnitt fokussiert und reduziert gleichzeitig eine Einbettung des Arbeitsfeldes „Arbeit“ in die Vielfalt der Aspekte „Arbeitsfelder der Heilpädagogik“. Dabei verdeutlicht er gerade Arbeitsfelder, die in ihrer oben dargestellten Auswahl vor allem auch auf Lebensphasen bezogen sind. Dies gilt umso mehr, wenn die Arbeitsfelder durchaus auch als chronologisch zu verstehende „Abfolge“ bestehen. Hier machen etliche Überlappungen eine Vernetzung bzw. eine aufeinander bezogene Zusammenarbeit der professionell Tätigen erforderlich.

3.1.1 Geschichtliche Aspekte

Der Hinweis auf vielfältige Arbeitsfelder soll gleichzeitig auch daran erinnern, dass spezielle Professionalisierungen und fachliche Spezialisierungen innerhalb der Heil- und Sonderpädagogik durchaus in chronologischen Kontexten und historischen Abfolgen entstanden sind und gefordert waren. Dieser die Gesamtthematik sehr verkürzende Hinweis lässt sich durch einen Blick in die deutsche Vergangenheit mit dem Verweis auf die nationalsozialistische Zeit unterstützen. Schließlich hat die im Deutschen Reich weitverbreitete Ideologie, Menschen als ökonomische und rassenhygienische (eugenische) Last zu bezeichnen, während der Nazi-Herrschaft zu Massenmorden an leistungsschwachen kranken und behinderten Menschen geführt. Als „lebensunwertes Leben" wurden Zehntausende Kinder und Erwachsene in eigens organisierten Aktionen umgebracht, z. B. in der „Aktion T4". Über 70 000 Menschen aus Heil- und Pflegeanstalten wurden allein zwischen Januar 1940 und August 1941 in insgesamt sechs „Euthanasie"-Vernichtungsanstalten Opfer dieser „Aktion T4" (vgl. Deckert-Peaceman & Kößler 2003; Kampmeyer 2009; Klee 1989; Klostermann 2008; Rößner 2008; Stöckle 2002). Das von den Nationalsozialisten am 14. Juli 1933 verabschiedete „Gesetz zur Verhütung erbkranken Nachwuchses" (in Kraft getreten am 1. Januar 1934) hat durch seinen Rechtfertigungscharakter hieran einen wesentlichen Anteil.

Diese mörderischen Aktivitäten führten u. a. dazu, dass eine Besinnung und Neuorientierung der Sonder- und Heilpädagogik nach dem Zweiten Weltkrieg nötig war. Diese „Neuorientierung" wurde zunächst aber vor allem so verstanden, dass Positionen von vor 1933 reaktiviert werden sollten. Allerdings wurde beispielsweise § 11 aus dem Reichsschulpflichtgesetz von 1938 – und damit die „Befreiung von der Schulpflicht" für so bezeichnete „bildungsunfähige Kinder und Jugendliche" – zunächst in sämtliche Schulpflichtgesetze der Bundesländer übernommen. Für Menschen mit geistiger Behinderung bedeutete dies: „Die Hilfsschule etablierte sich wieder als Leistungsschule, die an einer Einbeziehung der Schwerschwachsinnigen kaum interessiert war. Man überließ sie – wie einst – den Anstalten, d. h. der „privaten Mildtätigkeit"" (Hervorhebung im Original, W. S.) (Speck 1980, 21; Speck 2005, 32). Diese Form des gesetzgeberischen Umgangs mit heil- und sonderpädagogischen Herausforderungen führte zunächst nicht grundsätzlich zu neuen Positionen und innovativen Neuorientierungen. Zu konstatieren ist ferner, dass in den Nachkriegsjahren bis Ende der 1950er-Jahre die zumindest angestrebte Neuorientierung vor allem auf die Lebenssituation von Kindern mit Behinderungen und ihrer Familien ausgerichtet war. Als ein Beleg dafür sei z. B. auch angeführt, dass sich die heutige „Bundesvereinigung Lebenshilfe für Menschen mit geistiger Behinderung e. V." in seinem Gründungsjahr 1958 in Marburg als „Lebenshilfe für das geistig behinderte Kind" gründete. Auch wenn hier der besondere Bezug auf das Kindesalter unübersehbar ist, steckt letztlich aber auch in dieser Gründung bereits das innovative Spannungspotenzial. Denn die zur Selbsthilfe schreitende Elternvereinigung fordert und forciert gleichzeitig auch die Veränderung der professionellen Heil- und Sonderpädagogik.

Bei einer weiteren Betrachtung dieser kurzen, geschichtlich angelegten Sequenz historischer Prozesse wird deutlich: Menschen mit Behinderung wurden in der Heil- und Sonderpädagogik jahrzehntelang stigmatisiert. Hier waren Zuschreibungen für eine Identität prägend, die sich Menschen ohne Behinderung von Menschen mit Behinderung gemacht haben (vgl. Schlummer & Schütte 2006, 14; Harnack 1996, 49). Bis in die 1970er-Jahre hinein herrschte das von der Medizin „biologisch-nihilistisch" geprägte Menschenbild vor, das Ausdruck in der Verwahrung von Menschen mit Behinderung vorwiegend in Psychiatrien fand. Dabei wurden die 1960er-Jahre als die Dekade des Aufbruchs bezeichnet, in der sozialpolitisch wichtige Entscheidungen getroffen und wichtige Gesetze – wie das Schwerbehinderten-, das Rentenversicherungs- und das Bundessozialhilfegesetz – verabschiedet wurden (vgl. Schlummer & Schütte 2006, 14; Hähner 2006, 28 f.). Für die 1960er-Jahre war ferner die Förderung in Sondereinrichtungen kennzeichnend. Das Menschenbild dieser Zeitepoche war geprägt durch medizinisch-therapeutische Richtungen wie durch das der Krankengymnastik und der Heilpädagogik. Letzteres implizierte, dass der Mensch mit Behinderung als defektes Wesen gesehen wurde – mit dem Anspruch verschiedener Fachdisziplinen, seine motorischen, kognitiven und sozialen Defizite über genügende Förderung zu kompensieren (vgl. Schlummer & Schütte 2006, 14; Hähner 2006, 29 ff.).

Zu einer erkennbaren und damit wesentlichen Umorientierung des Denkens kam es in den 1980er-Jahren. Hier wurde in Deutschland das gegenwärtige Paradigma aufgegriffen und implementiert. Dazu gehörte auch die Rezeption der Gedanken um Normalisierung bzw. des Normalisierungsprinzips. Dies wurde erstmalig 1959 von dem Juristen und Mitarbeiter des dänischen Sozialministeriums Niels Erik Bank-Mikkelsen im dänischen „Gesetz über die Fürsorge für geistig Behinderte und andere besonders Schwachbegabte“ formuliert. Dieses Normalisierungsprinzip fundierten und erweiterten vor allem der Schwede Bengt Nirje 1969 in Skandinavien und Wolf Wolfensberger in den USA. Für die Auseinandersetzung und Verbreitung in Deutschland hat sich u. a. besonders auch Walter Thimm engagiert (vgl. Thimm 1984 und 2008).

3.1.2 Aktuelle Herausforderungen

Integration sowie das Leitbild der Selbstbestimmung und das Empowerment-Konzept wurden Kerngedanken der zuvor dargestellten Umorientierung (vgl. Theunissen, 2009). Grundidee war und ist hierbei die humanistische Sichtweise, dass der Mensch mit der Fähigkeit der Selbstregulierung ausgestattet ist und Behinderung als Ergebnis eines Zuschreibungsprozesses angesehen wird (vgl. Hähner 2006, 45). Gerade auch im Kontext geistiger Behinderung sollen diesen Menschen Lebensmuster und Alltagsbedingungen ermöglicht werden, die auch anderen Mitgliedern der Gesellschaft zugänglich sind (vgl. Fornefeld 2004, 136). Diese veränderte Sichtweise orientierte sich an der Integration behinderter Menschen und manifestierte sich in der Grundgesetzänderung 1994 mit dem Benachteiligungsverbot (Art. 3 Abs. 3 GG).

Im Kern löste diese Neuorientierung der Behindertenhilfe und damit auch der Heilpädagogik somit die bisherige verengte Sichtweise eines einseitigen „Förderns“ ab. Zum wesentlichen Wandel innerhalb dieser andauernden Epoche gehörte und gehört die kritische Diskussion des Leitbegriffes Selbstbestimmung. So weist u. a. Niehoff-Dittmann (1996, 56 ff.) darauf hin, dass damit nicht die völlige Unabhängigkeit gemeint ist, sondern – unter Einbindung der Strukturen, in denen wir leben – dass es auch immer um „die Berücksichtigung der Interessen anderer" geht. Es bedeutet vielmehr die prinzipielle Selbstverständlichkeit einer eigenen Entscheidung darüber, wie die Art und Weise der Ausführung einer nötigen Hilfe sein soll. Es geht um das Treffen von Entscheidungen, die zur Selbstbestimmung führen, und um die Minimierung von physischen und psychischen Abhängigkeiten von anderen. Als Anspruch – in der Umorientierung der Haltung von Professionellen in der Behindertenhilfe und von Mitarbeitern der Sozialbürokratie – findet diese veränderte Sichtweise ihren Niederschlag in der Diskussion u. a. um das Assistenzprinzip (vgl. Schlummer & Schütte 2006, 15). Dem liegt die Forderung nach Veränderung tradierter Betreuungspraktiken und nach einem erweiterten Verständnis der Aufgabenstellung von Mitarbeitern zugrunde (vgl. Schwarte & Oberste-Ufer 2001, 253; Hähner et al. 2006). Insbesondere Selbsthilfebewegungen von Menschen mit einer Körperbehinderung beeinflussten diese Entwicklung enorm.

In diese Epoche – und somit auch zu den bestehenden Veränderungsprozessen – gehört zunehmend das aktuelle Postulat der Teilhabe behinderter Menschen in der Gesellschaft. Die zuvor beherrschenden Merkmale der Integration und des Normalisierungsprinzips finden ihre Weiterentwicklung im Gedanken der Partizipation bzw. Teilhabe und Inklusion von Menschen mit Behinderung (vgl. Schlummer & Schütte 2006, 16; Theunissen 2009). Vor allem kulminieren diese veränderten Sichtweisen im Sozialgesetzbuch IX – Rehabilitation und Teilhabe (SGB IX). Das SGB IX und sein innovativer Charakter unterstreichen im Kontext dieser Thematik u. a. aber auch, dass Arbeit als *ein* Schlüssel für Teilhabe eines Menschen in allen wichtigen Lebensbereichen (vgl. Schwarte & Oberste-Ufer 2001, 211) anerkannt ist. Somit ist die generelle Bedeutung von Arbeit in Bezug auf das Bedürfnis des Menschen nach Orientierung und Gestaltung seines Lebens zu sehen. Arbeit vermittelt Selbstwertgefühl sowie soziale Anerkennung und sichert die soziale und materielle Existenz. Arbeit als sinnhafte Tätigkeit entsteht dann, wenn dieses Tätigsein in einer selbstbestimmten Form stattfindet (vgl. Grampp 1998, 149). Dies gilt genauso für die Arbeit in Werkstätten für behinderte Menschen, die in diesem vorliegenden Buch einen besonderen Schwerpunkt bilden.

3.1.3 Historisches Eltern-Engagement

Der weiter oben bereits angesprochene Impuls, der von Eltern und Angehörigen in Richtung professionell Tätige innerhalb der Heilpädagogik und Behindertenhilfe gegeben wurde, lässt sich im Kontext des Arbeitsfeldes „Arbeit" anhand eines historischen Dokumentes verdeutlichen. Während der zuvor vorgenommene flüchtige Blick – im Rahmen der vorherigen Passagen eher im Zeitraffer vollzogen – grundsätzliche Veränderungsprozesse erkennen lässt, vermag ein kurzes Innehalten und erneutes Betrachten von Vergangenem die heilpädagogischen Herausforderungen und Spannungspotenziale innerhalb der Entstehung und Weiterentwicklung der heutigen Werkstätten für behinderte Menschen verdeutlichen helfen.

Hier soll ein etwas längerer Auszug aus einem Vortrag einer Elternvertreterin beim 4. Treffen von Vertretern der Lebenshilfe-Werkstätten 1983 in Gifhorn einerseits einen Einblick in die damalige Situation gewähren. Andererseits skizziert der folgende Text die schwierige Auseinandersetzung und das Engagement vor allem auch von Eltern und Angehörigen für den Aufbau einer derartigen Arbeitswelt für Menschen mit Behinderung. Somit zeigt dieser historische Rückblick gleichzeitig Herausforderungen an die professionelle Heilpädagogik.

„Als Eltern zusammen mit wenigen hauptamtlichen Kräften in den sechziger Jahren begannen, Werkstätten zu planen und zu bauen, hatten sie schon – oft in mühevoller Kleinarbeit – Tagesstätten und Schulen errichtet. Die Eltern hatten Geld gesammelt, Mitglieder geworben, das Interesse von Regierung, Arbeitsverwaltung, Sozial- und Kommunalbehörden geweckt. Das Zusammenwirken von sehr vielen ehren- und hauptamtlichen Mitarbeitern hat den Bau von Beschützenden Werkstätten ermöglicht. Der Weg von Werkstuben, Förderwerkstätten über die Beschützende Werkstatt zur WfB war lang und risikoreich. Aber die Kontakte untereinander und zu den Mitarbeitern waren und sind herzlich; die Eltern kannten sich seit den Tagen, wo man gegen die Hoffnungslosigkeit, ein geistig behindertes Kind zu haben, gemeinsam aufbegehrt hatte.

Die Eltern waren häufig genug eingespannt in Fahrtbegleitung, Arbeitsbeschaffung, Planung und Organisation oder auch unmittelbare Betreuung ihrer behinderten Söhne und Töchter.

Arbeit, Mitarbeiter, Leistungsanforderungen oder Zusammensetzung der Gruppen waren überschaubar, vertraut, das Zusammenarbeiten und -leben beinahe familiär. Räumliche Missstände, die Strapazen der täglichen Wegbegleitung, ein unausgewogenes Arbeits- oder oft nur Beschäftigungsangebot nahm man in Kauf, solange das Gefühl von Geborgenheit für den geistig Behinderten überwog, solange auch außerfamiliäre Förderung und Entlastung einigermaßen garantiert schienen, solange Sozialkontakte unter den Behinderten für Auslastung und Entspannung in seinem Verhalten sorgten. Kritik, aber auch Dankbarkeit flossen unmittelbar zwischen Eltern und Mitarbeitern. Man war stärker aufeinander angewiesen. Ich kenne noch eine Gruppe von sehr alten Eltern, die sich regelmäßig mit diesen inzwischen auch sehr alten Mitarbeitern trifft, die gemeinsam in Kellerräumen eines Kirchenanbaus mit so einer Werkstube begonnen hatten.“ (Engelmann 1983, 3 f.)

3.1.4 Professionelle Anforderungen

Dieser Rückblick auf Entstehungskontexte zeigt gleichzeitig auf heilpädagogische Betätigungs- und Kompetenzfelder, die im Kontext von Arbeit erforderlich sind. So lassen sich schon allein aus dieser Elternsicht folgende Aspekte im Sinne professioneller Anforderungen und heilpädagogischer Schwerpunkte ableiten und vereinfacht systematisieren:

Professionelle Anforderungen

- vernetztes Denken
- interdisziplinäres Handeln
- Kooperationsfähigkeit
- Kommunikationsfähigkeit und Kompetenz im Bereich Öffentlichkeitsarbeit
- behinderungsspezifisches Fachwissen
- rechtliches Fachwissen
- Organisations- und Planungskompetenz
- Empathie
- Beratungskompetenz

Heilpädagogische Schwerpunkte (bezogen auf den Personenkreis Mensch mit Behinderung)

- individuellen Hilfebedarf erkennen
- individuelle Förderung initiieren und umsetzen
- individuelle Begleitung initiieren und umsetzen
- soziale und kommunikative Situationen arrangieren und intensivieren
- Mobilität unterstützen
- familiäre und außerfamiliäre Kontakte anbahnen und unterstützen
- Arbeitsbezüge herstellen und stabilisieren

Diese nur ansatzweise erstellte und damit unvollständige Auflistung von Aspekten eines heilpädagogischen Kompetenzinventars könnte dennoch gleichsam als Vorlage dienen, entsprechend spezifizierte Kompetenzbereiche in die Qualifizierung von Fachkräften in professionellen Feldern der Heilpädagogik zu integrieren. Eingegrenzt auf das Praxisfeld „Arbeit" lassen sich damit gleichzeitig auch verschiedene Schwerpunkte aufzeigen. Einer davon kann auf eine lange Tradition im Kontext der heutigen Werkstätten für behinderte Menschen zurückblicken. Ein anderer hat im Zusammenhang mit den grundsätzlichen Herausforderungen an Teilhabe am beruflichen Leben seine Ausrichtung auf die Integration von Menschen mit Behinderung auf dem allgemeinen Arbeitsmarkt genommen. Beide Schwerpunkte basieren auf einer wesentlichen Förderung und Qualifizierung junger Menschen mit Behinderung in schulischen Kontexten. Hier hat das bundesdeutsche Schulsystem aus einer langen – aber immer auch kritisierten – Tradition heraus ein Sonder- bzw. Förderschulsystem aufgebaut und verfeinert. Vor diesem Hintergrund ergibt sich automatisch eine enge Zusammenarbeit zwischen Sonderpädagogik und Heilpädagogik.

3.2 Sonderpädagogik und professionelle Grundlegung arbeitsrelevanter Kompetenzen

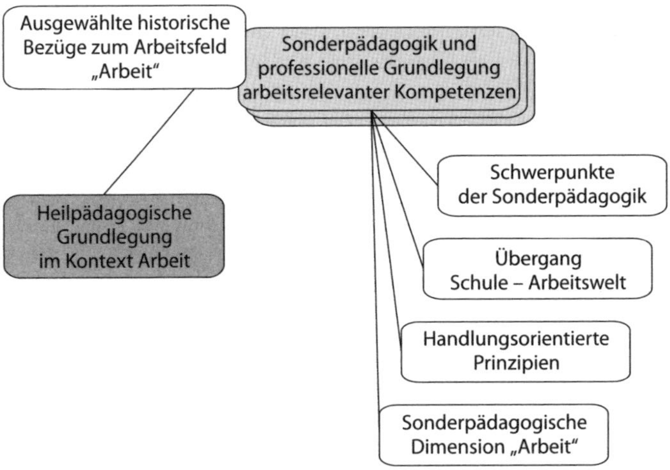

Abb. 3: Sonderpädagogik und professionelle Grundlegung arbeitsrelevanter Kompetenzen

Die Bedeutung einer grundlegenden Bildung und damit Qualifizierung von Menschen mit Behinderung in schulischen Lernkontexten – und somit überwiegend im Kindes- und Jugendalter – ist im vorherigen Abschnitt bereits angesprochen worden. Bei diesem Aspekt kommt als Nachbar- oder Schwesterndisziplin der Heilpädagogik die Sonderpädagogik ins Spiel. Sie wird üblicherweise definitorisch von der Heilpädagogik dadurch abgesetzt, dass sie den besonderen Schwerpunkt von Bildung *und* Erziehung in Theorie und Praxis aufgreift und auf schulische Kontexte bezogen ist. Sonderpädagogik ist in diesem Sinne eine Behindertenpädagogik, die auf die Vielfalt von Behinderungsformen zugeschnitten und mit jeweiligen Schwerpunkten den jeweils im Mittelpunkt stehenden Personengruppen zugewandt ist. Damit ist die Sonderpädagogik einerseits als Teil der Allgemeinen Pädagogik zu sehen, andererseits bietet sie als pädagogische Subdisziplin mit ihren unterschiedlichen sonderpädagogischen Arbeitsschwerpunkten eine relativ weite Ausdifferenzierung (vgl. Borchert 2007, V). Der so verstandene Oberbegriff Sonderpädagogik betont somit „die Sonderstellung von behinderten Menschen sowie auch die besonderen Methoden und Einrichtungen für eine adäquate Erziehung und Bildung" (Borchert 2007, 3).

3.2.1 Schwerpunkte der Sonderpädagogik

Wie bereits im vorigen Abschnitt mit Bezug auf die Heilpädagogik erläutert, befindet sich auch die Sonderpädagogik als Spezialdisziplin der Pädagogik seit den letzten Dekaden des 20. Jahrhunderts „in einer zunehmenden Identitätskrise". „Sie muss sich damit auseinandersetzen, dass in einer Vielzahl westlicher demokratischer Staaten das sozialpolitische und pädagogische Hilfe- und Fördersystem für Behinderte eine andere Richtung eingeschlagen hat als in Deutschland." Ging man doch „mehr und mehr den Weg der stärkeren Einbeziehung sonderpädagogischer Förderung in das allgemeine Schulwesen, bekannt unter dem Stichwort der Integration bzw. neuerdings auch der Inklusion" (Ellger-Rüttgardt 2008, 13). Für Bleidick (1969 und 1972) ist die Bezeichnung Sonderpädagogik zu einseitig. Er schlägt den Begriff Behindertenpädagogik vor und unterstreicht damit seine Position, „Behinderung als Störung der Bildsamkeit und als Ausgangspunkt geeigneter Erziehungsmaßnahmen zu verstehen" (Opp 2007, 159).

Zurück zum Begriff Sonderpädagogik: Die pädagogische Herausforderung stellt sich nicht zuletzt, wenn man den formalen Begriff der Sonderpädagogik inhaltlich füllen will. So gilt es zu erklären, „welche besonderen Ziele mit welchen besonderen Mitteln verfolgt werden" (Wember, 2003, 16). Die Sonderpädagogik als Wissenschaft stellt mit ihrem erzieherischen und bildenden Schwerpunkt vor allem didaktische und methodische Fragestellungen in den Mittelpunkt ihrer Disziplin. Neben der theoretischen Auseinandersetzung sind derartige Schwerpunkte und Fragestellungen in der Regel verknüpft mit der Formulierung und Überprüfung von Lernzielen. Hier sei zunächst eine Eingrenzung auf Schüler mit geistiger Behinderung vorgenommen. Dieser Personenkreis stellt mit rund 80 Prozent das Gros der Beschäftigten im Arbeitsbereich der Werkstätten für behinderte Menschen (WfbM) dar (vgl. BAG:WfbM 2008a; teilweise differierende Zahlen vgl. BMAS 2008). So ist die Werkstatt gleichzeitig wesentlicher Arbeitsplatz für die Absolventen des derzeit üblicherweise „zuständigen" Förder-/Sonderschultyps. Hinweise auf Lernziele des Unterrichts dieser Schulen bzw. auf angestrebte Kompetenzen der Schüler lassen sich aufzeigen, auch wenn dies aufgrund des föderalen Systems und der damit verbundenen Kultushoheit der einzelnen Bundesländer als bundesweit verbindliche Lernziele erschwert ist. Der föderale Freiraum erzeugt z. B. eine begriffliche Vielfalt für die Bezeichnung der entsprechenden Stufe innerhalb dieser Förderschule/Sonderschule: Werkstufe, Abschlussstufe, Berufsbildungsstufe, Berufspraxisstufe, Berufsschulstufe. Aber auch die Bezeichnung der Schulform selbst weist eine Vielfalt auf (z. B. Förderschule mit dem Förderschwerpunkt geistige Entwicklung; Sonderschule für geistig Behinderte; Förderschule für praktisch Bildbare; Förderschule mit dem Förderschwerpunkt ganzheitliche Entwicklung). Trotz der Vielfalt lassen sich grundsätzliche Hinweise aus Empfehlungen und Übersichten der ständigen Kultusministerkonferenz (KMK) heranziehen. Als zentrale Aussage und Anforderung zugleich ist dabei festzuhalten: „Sonderpädagogische Förderung von Schülerinnen und Schülern mit geistiger Behinderung beinhaltet eine alle Entwicklungsbereiche umfassende Erziehung und Unterrichtung unter besonderer Berücksichtigung der praktischen Bewältigung ihres Lebens.“ (KMK 1999, 2) Die Förderung von Schülern mit geistiger Behinderung und die Berücksichtigung spezieller Lern- und Eingliederungsangebote ist – im Sinne zentraler Leitziele – ausgerichtet auf eine aktive Lebensbewältigung in sozialer Integration und auf ein Leben in größtmöglicher Selbstständigkeit und Selbstbestimmung. Diesen Leitzielen entsprechend geht es der sonderpädagogischen Förderung um Folgendes: „Sonderpädagogische Förderung unterstützt und begleitet die Schülerinnen und Schüler, unabhängig von Schweregrad und Umfang der Beeinträchtigungen, durch individuelle Hilfen beim Erkennen eigener Handlungsmöglichkeiten und bei der Erweiterung der Fähigkeiten zum Handeln. Die eingeengten Möglichkeiten der psychisch-geistigen Entwicklung, die veränderten Ausdrucks-, Kommunikations- und Handlungsformen haben Auswirkungen auf die Persönlichkeitsentfaltung und das soziale Umfeld. Im Rahmen ihrer individuellen Möglichkeiten können die Schülerinnen und Schüler Fähigkeiten und Fertigkeiten zur Bewältigung ihres Lebens mit einer Behinderung erlernen.“ (KMK 1999, 2)

Zur sonderpädagogischen Förderung im berufsbildenden Bereich gibt die KMK Hinweise, die auf die Vorbereitung auf das Erwachsenenleben insgesamt abzielen. Dadurch sind der Übergang in die Beschäftigungs- und Arbeitswelt sowie der Übergang in das Erwachsenenleben eindeutig kombiniert. Die eher allgemein und weit gefassten vorbereitenden Schwerpunkte beziehen sich auf folgende Inhalte und Lernziele (vgl. KMK 1999, 17; Drave et al. 2000):

- Freundschaft und Partnerschaft aufbauen,
- sich allmählich von der Familie lösen und für sich möglichst selbstbestimmte Lebens- und Wohnformen finden,
- mit der eigenen Sexualität verantwortungsbewusst umgehen,
- sich in der Öffentlichkeit orientieren und bewegen sowie öffentliche Einrichtungen in Anspruch nehmen,
- Freizeit- und Erholungsangebote auswählen und nutzen,
- sich gegenüber der natürlichen Umwelt verantwortungsbewusst und wertschätzend verhalten,
- ein Leben auch ohne Beruf gestalten können.

3.2.2 Übergang Schule – Arbeitswelt

Die „Empfehlungen zum Förderschwerpunkt geistige Entwicklung“ der KMK von 1998 unterstreichen dabei auch den Bedarf an „intensiver individueller Vorbereitung“ beim Übergang aus der allgemeinbildenden Schule in die Beschäftigungs- und Arbeitswelt. Die Empfehlungen verweisen auf eine enge Zusammenarbeit der Schule mit den Eltern, der Arbeitsverwaltung, den Betrieben, den Werkstätten für behinderte Menschen, den Berufsschulen, den Kammern, den Fachdiensten zur beruflichen Eingliederung und ggf. anderen Einrichtungen, die sich der Aufgabe der Eingliederung dieser Personengruppe annehmen (vgl. KMK 1999, 17). Bei der

Förderung der Eingliederung können auch Kooperationsformen mit beruflichen Schulen einbezogen sein. Ebenfalls dienen Projekte und Praktika mit entsprechender fachpädagogischer Begleitung der angestrebten beruflichen Eingliederung. Bezogen auf die Vorbereitung und Einführung in Beschäftigung und Arbeit fordert die KMK ferner, stets neue Formen der Qualifizierung zu erproben, die letztlich als eine praxisorientierte Förderung im Rahmen der sonderpädagogischen Förderung zu verstehen ist – ganz gleich, ob diese in Förderschulen oder im gemeinsamen Unterricht erfolgt. Nicht zuletzt verweist die KMK auch auf die Notwendigkeit, „eine Teilhabe an den sich entwickelnden Informations- und Kommunikationstechnologien zu ermöglichen, um den veränderten Anforderungen im Leben sowie in Beschäftigung und Arbeit zu entsprechen" (KMK 1999, 18).

Etwas konkreter – aber lediglich auf das Bundesland NRW bezogen – formuliert es der Richtlinien-Entwurf für den Förderschwerpunkt Geistige Entwicklung in Nordrhein-Westfalen (MSWF 2002), der für die Berufsbildungsstufe (heute: Berufspraxisstufe) folgende Qualifikationen ins Blickfeld rückt: „Die Auswahl berufsorientierter Kompetenzbereiche zielt vorrangig auf die Aneignung folgender Qualifikationen:

- die Förderung der Fähigkeit, neue Aufgabenstellungen zu verstehen und umzusetzen,
- die Förderung kommunikativer Fähigkeiten,
- die Förderung der Fähigkeit zur Umsetzung mehrschrittiger Handlungsfolgen,
- die Förderung handwerklich-technischer Fähigkeiten im Umgang mit verschiedenen Materialien und Geräten,
- die Förderung von Fähigkeiten im Umgang mit Informations- und Kommunikationstechnologien (MSWF 2002, 16).

Spezifischer ausgeführt sind derartige allgemeine Lernziele und Aspekte in den Empfehlungen des Fachausschusses „Kindheit und Jugend" der Bundesvereinigung Lebenshilfe für Menschen mit geistiger Behinderung e. V. (BVLH 2002). Doch auch hier ist kein Curriculum entwickelt, das für den Schülerkreis mit dem Förderschwerpunkt Geistige Entwicklung eng gesteckte oder spezifische Trainings als Berufswahlvorbereitung bzw. berufliche Vorbereitung vorsieht. Vielmehr besteht vonseiten des Gesetzgebers ein bedeutender Gestaltungsraum, der die Möglichkeit bietet, besondere Bildungs- und Vorbereitungsangebote zu entwickeln. Es wird in allen Bundesländern deutlich, „dass ein spezifisches Training im Sinne einer Funktionsausübung" nicht erwartet wird. „Schule hat einen Bildungsauftrag, der ein eng begrenztes Aufgabentraining nicht vorsieht." (Lelgemann 2005, 102) Stattdessen steht neben der allgemeinen Vorbereitung auf die nachschulische Lebenssituation die Vermittlung von Schlüsselkompetenzen im Mittelpunkt schulischen Geschehens. Wenn der Begriff Schlüsselkompetenz durchaus auch von Autoren unterschiedlich definiert und gefüllt wird – und nicht selten auch als Schlüsselqualifikation oder Basiskompetenz bezeichnet wird –, so geht es im Kern doch letztendlich um Grundfertigkeiten, die auf das soziale Zusammenleben ausgerichtet und somit auch in sozialen und arbeitsrelevanten Bezügen bedeutsam sind (vgl. Schlummer &

Schütte 2006, 84 ff.; Lelgemann 2005, 102; Küchler 2006, 324 ff.; Greving & Ondracek 2009, 100 f.).

3.2.3 Handlungsorientierte Prinzipien

Gerade eine Ausrichtung auf derartige Schlüsselkompetenzen gelingt im schulischen Alltag besonders durch eine Auseinandersetzung mit lebenspraktischen Dingen. Der Gesetzgeber unterstreicht dabei, dass dieses Tun und Handeln nach handlungsorientierten Prinzipien geschehen soll (KMK 1999; MSWF 2002, 5).

Dieses Prinzip ist auch Mühl wichtig, wenn er entwickelte Materialien für den „handlungsbezogenen Unterricht mit geistig Behinderten“ und gleichsam „Ansätze zu einer Didaktik“ 1979 vorstellt (Mühl 1986). Mühl konkretisiert diese thematischen Herausforderungen in einem „Situationskatalog“ und entsprechend darin eingebetteten „Situationsfeldern“. Für Mühl ist der „Situationskatalog als Hilfe für die Planung“ zu verstehen (Mühl 1986, 113). Hinter der Klassifizierung „Situationskatalog“ verbirgt sich bei Mühl die Auseinandersetzung mit einem Situationsansatz. „Mit dem Situationsansatz scheint eine Möglichkeit curricularen Vorgehens aufgezeigt, die auch für die Erstellung eines Lehrplans für geistig behinderte Schüler praktikabel sein könnte. Rechtfertigen lässt sich ein situationsbezogener didaktischer Ansatz in der Geistigbehindertenpädagogik aufgrund der Forderung nach Vorbereitung auf unmittelbare Lebenspraxis, die einen weitgehenden Verzicht auf Fachunterricht zur Folge hat“ (Mühl 1986).

In seinen Situationskatalog nimmt Mühl folgende Situationsfelder auf: Familie, Wohnen, Speisen und Getränke, Feste und Feiern, Schule, Verkehr, Konsum, Öffentlichkeit (mit Versorgungseinrichtungen, Verwaltung, kulturellen Institutionen), Natur, Arbeit/Beruf, Freizeit/Urlaub, zeitliche Orientierung. In dieser Reihe nennt Mühl innerhalb des Situationsfeldes „Arbeit/Beruf“ eine Vielzahl von „Lebenssituationen“, die für ihn aber „weder vollständig noch systematisch geordnet“ sind, sondern lediglich eine Aufreihung darstellen, „die im Rahmen des Klassenunterrichts thematisiert werden können“ (Mühl 1986, 114):

- Weg zur Arbeitsstätte
- Arbeitszeit, Arbeitspause, Arbeitstempo
- Arbeitsprozess
- Arbeitsplatz, Sicherheit am Arbeitsplatz
- Arbeitsaufträge, Vorbereitung auf die Arbeit
- Betrieb als Einheit
- Mitarbeiter, Vorgesetzte
- Mitarbeiter der Schule
- Umgang mit Werkzeugen, Maschinen, elektrischen Arbeitsgeräten
- feuergefährliche Stoffe
- bohren und dübeln in Holz und Stein
- bearbeiten von Kunststoff mit Schweißgerät

- vernähen von Leder, Kunstleder, Karton mit Industrienähmaschinen
- bearbeiten von Holz
- bearbeiten von Metall
- der eigene Berufswunsch
- Arbeitsrecht: Entgelt für Leistungen, Gehalt, Arbeitslosigkeit, Urlaub, Sozialversicherung, Rente, Streik
- Betriebspraktika
- verschiedene Berufe u.a. (Mühl 1986, 118).

Dabei stehen diese Vorschläge durchaus in einer Tradition, wie sie auch vom damaligen Kultusministerium in NRW gepflegt wurde. In den damaligen Richtlinien und Lehrplänen im Bereich der „fachorientierten Lehrgänge" weist das Ministerium speziell auf „Arbeitslehre" hin: Diese Arbeitslehre „dient der Hinführung zur Arbeits- und Wirtschaftswelt, in der der geistig Behinderte tätig sein wird. Die Inhalte werden vorrangig bestimmt durch die Bereiche Technik, Haushalt und Wirtschaft. Der Schüler soll lernen, die von ihm erfahrbare Arbeits- und Wirtschaftswelt zu verstehen und seine Stellung in diesem Gefüge zu erkennen. In Betriebspraktika, Arbeitsprojekten und Arbeitsübungen wird Gelegenheit geboten, Angelerntes bis zum Erreichen eines der Produktion angemessenen und den Möglichkeiten des Schülers entsprechenden Ablaufs zu steigern. Arbeitslehre wird vor allem in der Werkstufe durchgeführt. Die Unterrichtsorganisation wird den Zielen entsprechend gestaltet. Spezielle Ziele im Bereich der Arbeitslehre werden durch die örtlichen und regionalen Besonderheiten mitbestimmt." (Kultusminister NRW 1980, 21 f.)

Hier scheinen „Grenzen" zwischen Arbeitslehre und Arbeitspädagogik einerseits und Sonderpädagogik bzw. Heilpädagogik andererseits zu verschwimmen. Deutlicher erscheint demgegenüber aber wieder der Personenkreis Schüler mit (geistiger) Behinderung, wenn es darüber hinaus um eine Übertragung derartiger Angebote in Unterrichts- und Erziehungsziele geht. Hier formuliert das Richtlinienwerk u.a. als Ziel: „Fähigkeit, die Sachumwelt zu erkennen und mitgestalten zu können." Konkretisiert wird dies folgendermaßen: „In den Bereichen des Material-, Geräte- und Werkzeuggebrauches, der Gestaltung von Räumen, von Tätigkeiten und Spielen und der Nutzung von erkannten Zusammenhängen sollen die Schüler lernen, die ihnen möglichen Erkenntnisse und Einsichten zu erlangen, sich ein gesichertes Können anzueignen und ihre Gestaltungskräfte so zu entwickeln und einzusetzen, dass ihnen durch selbstbestimmte Einflussnahme eine anerkannte Teilnahme am Zusammenleben möglich ist." (Kultusminister NRW 1980, 112)

3.2.4 Sonderpädagogische Dimension „Arbeit"

In dieser inhaltlich-konzeptionellen Tradition – aber auch in den Freiräumen und entsprechenden Rahmenbedingungen föderaler Strukturen – stehen heute die Förderschulen. Zu dieser sonderpädagogischen Tradition gehört aber auch die – bereits zuvor angesprochene – Auseinandersetzung mit dem Anspruch auf eine integrative, respektive inklusive Beschulung von Schülern mit einem besonderen Förderbedarf. Und dies beinhaltet gleichermaßen die Frage nach einer gezielten Vorbereitung auf das spätere berufliche Leben der Schüler. Hier ist das deutsche Schulsystem konfrontiert mit der selbst gewollten Spezialisierung. Diese hat z. B. dazu geführt, dass in Förderschulen/Sonderschulen mit dem Förderschwerpunkt geistige Entwicklung durch die Werkstufe – so die traditionelle Bezeichnung – die Berufsschulpflicht erfüllt wird. Eine konzeptionelle Erweiterung der bestehenden Berufsschulen durch entsprechende integrative/inklusive Angebote steht aus. Die Neuorientierung in Bayern, die seit 2007 in Förderschulen mit dem Förderschwerpunkt geistige Entwicklung zur Bildung von Berufsschulstufen geführt hat (vgl. Fischer 2008; BayStMUK 2008; LiS BW 2008), unterstreicht die notwendige Intensivierung der Auseinandersetzung. Das bayerische Kultusministerium spricht allerdings – in der Tradition der Sonderpädagogik stehend – vom „Haus der Berufsschule zur sonderpädagogischen Förderung“. Hier will der Freistaat Bayern in Kooperation mit der Arbeitsagentur die Maßnahmen zur beruflichen Eingliederung weiter ausbauen. Das Kultusministerium sieht dies als „eine der vordringlichsten Aufgaben der Sonderpädagogik in Bayern“ an. „Die Berufsschulen zur sonderpädagogischen Förderung erfüllen eine wichtige Funktion für die soziale und berufliche Eingliederung von Jugendlichen mit sonderpädagogischem Förderbedarf.“ (BayStMUK 2008, 19).

Aus Sicht des federführenden Staatsinstitutes für Schulqualität und Bildungsforschung (ISB) ist die „Umbenennung (. . .) ein Signal, sie hebt die Wandlung der bisherigen Werkstufe und die Öffnung zum allgemeinen Leben hervor“ (Gößl 2007, 1). Aus Sicht des ISB und im Sinne des Kultusministeriums liegt der (sonder-)pädagogische Auftrag darin, Schülerinnen und Schüler auf die Teilhabe am Leben in der Gesellschaft vorzubereiten und die Entwicklung individueller Lebenswege zu begleiten. „Die Berufsschulstufe beinhaltet allerdings keine berufliche Ausbildung und erhebt vielmehr einen umfassenden Bildungsanspruch, wie es die Bandbreite der Lernbereiche deutlich macht.“ (Gößl 2007, 1)

Diese sonderpädagogischen Aktivitäten füllen aber noch nicht wirklich die konzeptionellen Lücken, die man automatisch bei einem Blick durch eine „inklusive Brille“ ausmacht. Dennoch liegen umfangreiche Lehr- bzw. Bildungspläne vor, die für die konkrete und praktische Arbeit in Förderschulen wesentliche Orientierungen liefern und somit für die heilpädagogische Vermittlung relevanter Kompetenzen zur Verfügung stehen (z. B. LiS BW 2008; ISB 2007).

Dabei kommt es auch auf das zugrunde liegende Verständnis von Arbeit an. Im Kontext des Entwurfs des baden-württembergischen Bildungsplanes für die Sonderschule für Geistigbehinderte (so noch die Bezeichnung dieser Schulform in dem süddeutschen Bundesland) sieht dieses Grundverständnis folgendermaßen aus: „Als Mensch tätig zu sein, setzt körperliche und/oder geistige Aktivität voraus. Diese kann frei oder zielorientiert sein. Im Fall einer zielgerichteten Tätigkeit wird auch von Arbeit gesprochen. Dem Arbeitsbegriff wird oftmals auch eine Produktorientierung, im Sinne der Erstellung eines Ergebnisses, das Verwendung findet, zugeordnet.“ (LiS BW 2008, 84)

Vor diesem Hintergrund thematisiert die Schule Arbeit in ihren verschiedenen Formen von Erwerbsarbeit, Eigenarbeit und Ehrenamt. Sie sichert dieses wesentliche Moment als ein Mittel zur Selbstverwirklichung der Schülerinnen und Schüler. Darüber hinaus versucht die Schule ihren Schülerinnen und Schülern Wege zur Teilhabe an der Arbeitswelt zu eröffnen und ermöglicht Schülerinnen und Schülern somit gesellschaftliche Anerkennung und eine – wenn auch nur teilweise – finanzielle Unabhängigkeit. Die „Dimension Arbeit und Beruf" sieht im Entwurf des Bildungsplans in Baden-Württemberg folgende Themenfelder vor, die im Schulleben und im Unterricht thematisiert werden (vgl. LiS BW 2008, 83):

- Tätig und produktiv sein/Eigen- und Erwerbsarbeit
- Schlüsselqualifikationen (personaler und sozialer Aspekt von Arbeit)
- Berufsqualifizierung und -findung (institutioneller Aspekt von Arbeit)
- Arbeitsfelder und Möglichkeiten des praktischen Arbeitens
- Organisatorische Formen von Arbeit
- Arbeit mit/ohne Lohn.

Der heilpädagogische Auftrag ist darauf ausgerichtet, den Schulalltag so zu strukturieren, „dass Arbeitszeit und Freizeit für die Schülerinnen und Schüler klar erkennbar und unterscheidbar wird". Die Schule will somit Grundlagen schaffen und dabei die Schülerinnen und Schüler auch motivieren, „unterschiedliche berufliche Erfahrungs- und Handlungsfelder zu erproben", und deutlich machen, „dass Arbeit keine Aktivität ist, die nach Lust und Laune erledigt wird, sondern dass Arbeit nicht ohne Mühe und Anstrengung und unter Berücksichtigung von Regelungen erledigt werden kann" (LiS BW 2008, 83).

Die sonderpädagogische Förderung im berufsbildenden Bereich und beim Übergang in die Beschäftigungs- und Arbeitswelt sowie in das Erwachsenenleben soll auch im Bundesland Bremen, das in der Auseinandersetzung mit integrativer oder inklusiver Beschulung häufig als fortschrittlich angesehen wird, als eine intensive individuelle Vorbereitung realisiert werden (vgl. SenBW Bremen 2002). Bundesweit ist dabei unumstritten, dass hier eine enge Zusammenarbeit der Schule mit den Eltern, der Agentur für Arbeit, den Betrieben, Integrationsfachdiensten und Werkstätten für behinderte Menschen, den Berufsschulen und ggf. anderen Einrichtungen notwendig ist.

Heilpädagogische Förderung ist besonders auf die oben bereits angesprochenen Schlüsselqualifikationen ausgerichtet, damit sich die Schülerinnen und Schüler „die notwendigen Arbeitstugenden wie beispielsweise Pünktlichkeit, Verlässlichkeit, Konzentration, Kooperation etc. aneignen können" (LiS BW 2008, 83). Der baden-württembergische Bildungsplan (Entwurf von 2008) unterstreicht aber auch, dass die Schule eine Ausbildung von spezifischen fachlichen Kompetenzen ermöglicht und sich dabei an den individuellen Kompetenzen und Interessen der einzelnen Schüler orientiert. Dabei ist es das besondere Bestreben der Schule, die Schüler bei ihrer „Berufswegeplanung und bei der Entwicklung einer realistischen Berufsperspektive" zu unterstützen (LiS BW 2008). Nicht vergessen darf man dabei den Aspekt der Allgemeinbildung. Dies hat bereits Klafki in der Unterscheidung nach materialer und formaler Bildung als sein Bildungsverständnis durch sein Konzept der kategorialen Bildung dargestellt (Klafki 1959) und in seiner kritisch-konstruktiven Didaktik weiterentwickelt (Klafki 1996). Besonders bezogen auf Menschen mit (schwerer) Behinderung haben Lamers und Heinen (2006) durch ihr Konzept „Bildung mit ForMat“ verdeutlicht, in welchem kulturellen Spannungsfeld Bildungsprozesse stehen und in Lernarrangements als elementare Aneignungswege gestaltet werden müssen. Letztlich geht es darum, die Auseinandersetzung mit kulturellen Werten nicht zu vernachlässigen und so einer einseitigen beruflichen Bildung entgegenzuwirken.

Das Thema der heil- bzw. sonderpädagogischen Förderung im berufsbildenden Engagement der Förderschulen ist allerdings einzubinden in die weitaus größere Herausforderung, vor der das bundesdeutsche Schulsystem insgesamt steht. Gilt es doch, nach der Ratifizierung durch die Bundesregierung von 2009, Verpflichtungen einzulösen, die durch das „Übereinkommen über die Rechte von Menschen mit Behinderungen“ – kurz: UN-Behindertenrechtskonvention – formuliert sind. Grundsätzlich geht es darum, „die volle Verwirklichung aller Menschenrechte und Grundfreiheiten für alle Menschen mit Behinderungen ohne jede Diskriminierung aufgrund von Behinderung zu gewährleisten und zu fördern“ (Art. 4 Abs. 1 UN-Behindertenrechtskonvention). Insbesondere verlangt das Inkrafttreten der Konvention am 26. März 2009 im Themenfeld „Bildung“, „ohne Diskriminierung und auf der Grundlage der Chancengleichheit (...) ein integratives Bildungssystem auf allen Ebenen und lebenslanges Lernen“ zu verwirklichen und zu gewährleisten (Art. 24 Abs. 1 UN-Behindertenrechtskonvention). Hier sind flankierende Maßnahmen im Rahmen von nationalen Aktionsplänen sowie immense Anstrengungen erforderlich, um das Recht auf inklusive Bildung durch entsprechende Änderungen von Schulgesetzen und Verordnungen zu verwirklichen. So geht es im Kern darum, in der Schulpolitik die Richtung zu prüfen und ggf. zu ändern. Doch das ist leichter gesagt als getan. Mit Blick auf das System von Förderschulen in Deutschland besteht für die Behindertenbeauftragte der Bundesregierung vor allem die „Forderung nach einem echten Wahlrecht für Eltern behinderter Kinder“. „Eltern müssen zwischen Förder- und Regelschule wählen können. Ein echtes Wahlrecht gibt es aber erst, wenn an den Regelschulen die Bedingungen herrschen, die eine individuelle Förderung behinderter Kinder ermöglichen. Deshalb müssen alte Denkmuster überwunden und Regelschulen personell und sächlich ausgebaut werden.“ (Evers-Meyer 2009)

3.3 Heilpädagogik und professionelle Förderung arbeitender Persönlichkeiten

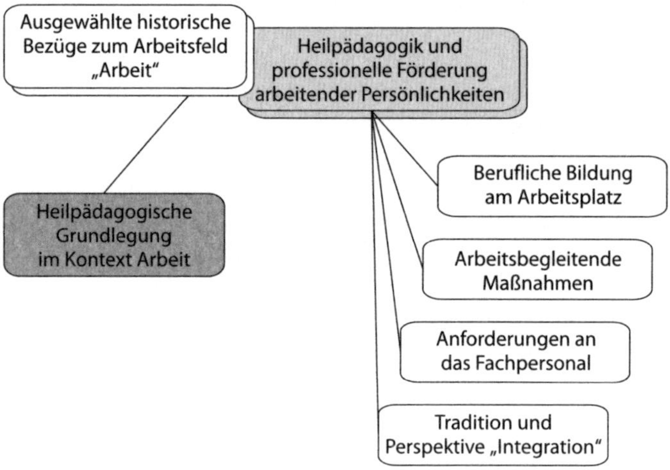

Abb. 4: Heilpädagogik und professionelle Förderung arbeitender Persönlichkeiten

Professionelle heilpädagogische Förderung von Menschen mit Behinderung hat in Deutschland eine lange Tradition. Im Kontext Arbeit ist diese Tradition besonders auch verbunden mit dem Ausbau und der konzeptionellen Weiterentwicklung der Werkstätten für behinderte Menschen (WfbM). Der aktuelle Auftrag des Gesetzgebers ist dabei eindeutig, wenn er u. a. auf „eine angemessene berufliche Bildung" hinweist. Gleichzeitig formuliert der Gesetzgeber, dass eine WfbM ermöglichen soll, „ihre (gemeint sind die Beschäftigten, Anm. W. S.) Leistungs- oder Erwerbsfähigkeit zu erhalten, zu entwickeln, zu erhöhen oder wiederzugewinnen und dabei ihre Persönlichkeit weiterzuentwickeln" (§ 136 Abs. 1 SGB IX). Hier bestehen tagtäglich Chancen, die Arbeit selbst persönlichkeitsfördernd zu organisieren (wie es u. a. Schartmann herausgearbeitet hat: vgl. Schartmann 1999). Im Kern werden diese vor allem auch heilpädagogischen Herausforderungen im Werkstatt-Alltag u. a. ferner in den sogenannten „arbeitsbegleitenden Maßnahmen" aufgegriffen.

3.3.1 Berufliche Bildung am Arbeitsplatz

Heilpädagogische Herausforderungen im Alltag einer Werkstatt für behinderte Menschen beginnen spätestens mit dem Tag, an dem ein Mensch mit Behinderung dieses Unternehmen betritt. Im sogenannten Eingangsverfahren, der ersten Phase innerhalb der WfbM-Systematik, ist es die vornehmliche Aufgabe festzustellen,

„ob die Werkstatt die geeignete Einrichtung zur Teilhabe behinderter Menschen am Arbeitsleben und zur Eingliederung in das Arbeitsleben im Sinne des § 136 des Neunten Buches Sozialgesetzbuch ist" (§ 3 Abs. 1 WVO). Hier geht es u. a. auf der Basis von diagnostischen Verfahren darum, die gesetzlich geforderten Entscheidungen für eine Weichenstellung vorzubereiten. Gegenüber dem üblicherweise drei Monate dauernden Verbleib in diesem Eingangsbereich verfügt die darauf folgende Phase in einer solchen Werkstatt, der Berufsbildungsbereich, mit seinen ein- bis in der Regel zweijährigen Aktivitäten über ein größeres Zeitkontingent, um den „Einschluss angemessener Maßnahmen zur Weiterentwicklung der Persönlichkeit des behinderten Menschen" (§ 4 Abs. 1 WVO) zu gewährleisten. Für diese arbeitswissenschaftliche, durchaus aber auch heilpädagogische Auseinandersetzung hat es wichtige Impulse gegeben durch das Projekt „aktionbildung" (vgl. Hirsch & Lindmeier 2006). Das Projekt wurde in den Jahren 2001 bis 2004 vom Bundesministerium für Gesundheit und Soziale Sicherung (BMGS) aus Mitteln der Ausgleichsabgabe sowie aus Eigenmitteln der beteiligten vier Fachverbände gefördert. Die Fachverbände und gleichzeitig Projektteilnehmer waren der Bundesverband Evangelische Behindertenhilfe e. V. (BeB), die Bundesvereinigung Lebenshilfe für Menschen mit geistiger Behinderung e. V. (BVLH), die Caritas Behindertenhilfe und Psychiatrie e. V. (CBP) sowie der Verband für Anthroposophische Heilpädagogik, Sozialtherapie und Soziale Arbeit e. V. Unterstützende Beratung erhielten die Projektteilnehmer durch die Bundesagentur für Arbeit (BA) sowie die Bundesarbeitsgemeinschaft Werkstätten für behinderte Menschen e. V. (BAG:WfbM). Letztere führt nach Auslaufen der Projektförderung derzeit die Aktivitäten des Projektes weiter. Das Projekt hatte den Auftrag, die Praxis beruflicher Bildung im Berufsbildungsbereich der WfbM zu unterstützen, weiterzuentwickeln und zu verbessern (vgl. Aktionbildung 2009). Mit dem Anspruch, praxisnah und handhabbar zu sein, hat das Projekt modular aufbereitete Elemente beruflicher Bildung entwickelt und an den vier Modellstandorten erprobt. Diese sind in den Abschlussberichten dokumentiert (vgl. Aktionbildung 2009). Darüber hinaus werden bundesweite Erfahrungen täglicher Werkstattarbeit gesammelt, getestet und auf der Homepage von „aktionbildung" zur Verfügung gestellt, sodass Werkstätten sie für sich nutzbar machen können. Nicht zuletzt durch diese vielfältigen Aktivitäten in der beruflichen Bildung gibt es bedeutende Fortschritte hinsichtlich der Verbindlichkeit beruflich bildender Erwachsenenbildungsarbeit wie in Bezug auf deren Qualität (Heß, Kagemann-Harnack & Schlummer 2008, 20). Dieser Hinweis unterstreicht den besonderen Zusammenhang von Heilpädagogik und professioneller Förderung. Kommt es in diesem Kontext doch sehr auf das professionelle didaktische und methodische Know-how des engagierten Fachpersonals an.

3.3.2 Arbeitsbegleitende Maßnahmen

Bereits angesprochen wurden oben die sogenannten „arbeitsbegleitenden Maßnahmen". Das SGB IX nennt derartige „arbeitsbegleitende Maßnahmen" oder „arbeitsbegleitende Betreuung" an mehreren Stellen. Bezogen auf Werkstätten sind diese Maßnahmen zusätzlich verankert in der Werkstättenverordnung (§ 5 Abs. 3 WVO). Was sich allerdings konkret hinter diesen „arbeitsbegleitenden Maßnahmen" verbirgt, lässt der Gesetzgeber offen. Hier sind nun in der Tat die professionellen Mitarbeiter einer WfbM, das Fachpersonal, gefordert, entsprechend der Konzeption der WfbM derartige Maßnahmen im Arbeitsbereich mit heilpädagogischer Intention und Ausrichtung zu verknüpfen.

Aufgrund der derzeitigen Rechtslage ist eindeutig, dass im Arbeitsbereich der Werkstatt das fortgeführt werden soll, was im Berufsbildungsbereich intensiv betrieben werden sollte. Die danach im Arbeitsbereich „arbeitsbegleitend" vorgesehenen „geeigneten Maßnahmen" sollen „Art und Schwere der Behinderung, der unterschiedlichen Leistungsfähigkeit, Entwicklungsmöglichkeit sowie Eignung und Neigung der behinderten Menschen soweit wie möglich Rechnung (...) tragen" (§ 5 Abs. 3 WVO). Daher ist eine intensive Auseinandersetzung mit den Aktivitäten innerhalb des Berufsbildungsbereiches erforderlich.

Beim Blick auf die inhaltlichen Fragen haben sich bundesweit ganz unterschiedliche Konzepte entwickelt: von therapeutisch ausgerichteter „konduktiver Förderung" (Hoess-Zenker 2008), die sich als arbeitsbegleitende Maßnahme im wörtlichen Sinne versteht und damit deutlich absetzt von Freizeitaktivitäten sowie Spiel und Sport in der Arbeit, bis hin zu Angeboten, die das breite Spektrum von allgemeiner und spezieller Bildung umfassen und/oder auch bewegungs- und sportorientierte sowie auf Freizeit hin orientierte Inhalte verbinden. In dieser breiten Palette findet man in Werkstatt-Wirklichkeiten beispielsweise die Kombination von Bildung, Bewegungssport und kreativem Arbeiten (vgl. Fliedner Werkstätten 2007), die besondere Akzentuierung von Ernährung, Wellness und Sport (vgl. Jensen, Tjarks & Döding 2008) oder auch umfassende Aktivitäten im Rahmen eines eigenständigen Fortbildungsreferates, das z. B. persönlichkeitsfördernde Angebote, berufliche Fort- und Weiterbildung oder auch spezielle Ausbildungs- und Qualifizierungsangebote vermittelt (vgl. Röhm 2008 und 2006; GWW 2008). Alles in allem bleibt aber das Thema „arbeitsbegleitende Maßnahmen" eine Herausforderung, die – wie die Werkstätten insgesamt – in dem Spannungsfeld des gesetzlich umfassend formulierten Rehabilitations- und Teilhabeanspruches steht. Die heilpädagogischen Sicht- und Herangehensweisen müssen dazu ihre Beiträge und Lösungsvorschläge in den jeweiligen Praxisbezügen liefern.

3.3.3 Anforderungen an das Fachpersonal

Die Intensität der Förderung und das Ausschöpfen des konzeptionellen Innovationspotenzials in den Werkstätten hängen in besonderer Weise von der Qualifizierung des Fachpersonals ab. Eine Intensivierung der heilpädagogischen Qualifizierung hat das Fachpersonal in den letzten Jahren vor allem durch veränderte Anforderungen erfahren, die der Gesetzgeber im Zuge der Verabschiedung der „Verordnung über die Prüfung zum anerkannten Abschluss Geprüfte Fachkraft zur Arbeits- und Berufsförderung in Werkstätten für behinderte Menschen" (BehWerkPrV) formuliert hat. Diese am 25. Juni 2001 verabschiedete Prüfungsverordnung ermöglicht es dem Fachpersonal, entsprechend der Werkstättenverordnung die dort geforderte sonderpädagogische Zusatzqualifikation im Rahmen der neuen staatlichen Prüfung nachweisen zu können. Der „Ausschuss Mehr Bildung!" der Bundesarbeitsgemeinschaft der Werkstätten spricht in diesem Zusammenhang sogar von einer neuen bildungspolitischen Errungenschaft für ein gesteigertes Qualifikationsniveau der Fachkräfte (vgl. BAG:WfbM 2002, 27). Im Kern geht es um den Nachweis der Kompetenz der Fachkräfte, „a) das Eingangsverfahren, b) den Berufsbildungsbereich und c) den Arbeitsbereich gemäß der §§ 3 bis 5 der Werkstättenverordnung im Zusammenwirken mit der Werkstattleitung und den Fachdiensten sowie dem übrigen Fachpersonal der Werkstatt fachgerecht zu gestalten und durchzuführen" (§ 1 Abs. 2 BehWerkPrV).

Innerhalb der entsprechenden Qualifizierung stehen grundsätzlich fünf Kompetenzbereiche im Mittelpunkt, die ebenfalls eine hohe heilpädagogische Relevanz besitzen:

1. Planung des Rehabilitationsverlaufs sowie der Förderung in der Werkstatt für behinderte Menschen,
2. Berufs- und Persönlichkeitsförderung,
3. Gestaltung der Arbeit unter rehabilitativen Aspekten,
4. Kommunikation und Zusammenarbeit mit den behinderten Menschen und Institutionen ihres Umfeldes,
5. Rechtliche Rahmenbedingungen der Werkstatt für behinderte Menschen.

Diese Bereiche bilden auch den Bezugsrahmen von Qualifizierungs- und Lehrgangskonzepten – bislang als Sonderpädagogische Zusatzausbildung bezeichnet –, die bundesweit von rund 60 Fortbildungsträgern angeboten werden – so Angaben des Berufsverbandes Fachkräfte zur Arbeits- und Berufsförderung (BeFAB 2009). Gemeinsame Empfehlungen der Wohlfahrtsverbände, Fachverbände der Behindertenhilfe und der Bundesarbeitsgemeinschaft der Werkstätten für behinderte Menschen unterstreichen entsprechende Standards für die Qualifizierung der Fachkraft (BAG:WfbM et al. 2005). Eine Lehrgangsempfehlung gibt auch das Bundesinstitut für Berufsbildung (BiBB) in Bonn heraus (Keune & Frohnenberg 2001).

Das vielfältige Aufgaben- und Tätigkeitsspektrum der Fachkräfte beschreibt überblicksartig die Bundesagentur für Arbeit (vgl. BA 2009 a; BA 2002): Im sogenannten Eingangsverfahren wirken Fachkräfte mit bei der Prüfung der Werkstatt auf Eignung für die Integration des Menschen mit Behinderung in das Arbeitsleben. Sie sollen die Schwerpunkte der Eignung und Neigung des Menschen mit Behinderung für bestimmte Tätigkeiten feststellen. Sie sollen qualifizierte, fortschreibende Eingliederungs-, Förder- und Bildungspläne erstellen. Die Fachkräfte sollen Kenntnisse über verschiedene Arbeitsabläufe, Werkstoffe und Werkzeuge sowie Fertigkeiten im Umgang mit verschiedenen Werkstoffen, Werkzeugen und Maschinen vermitteln. Sie sollen lernförderliche Arbeitsplätze und Arbeitsabläufe gestalten und dabei so weit wie möglich die besonderen Bedürfnisse der Menschen mit Behinderung berücksichtigen. Ein besonderer Schwerpunkt liegt darin, die Arbeit zu planen, zu organisieren, zu steuern und zu beaufsichtigen, dabei die Qualität der Arbeitsergebnisse zu kontrollieren und bestimmte Arbeiten dabei selbst zu verrichten. Dabei müssen die Fachkräfte Lernfortschritte und Arbeitsergebnisse dokumentieren. Im besonderen Bezug zu jedem einzelnen Beschäftigten fördern die Fachkräfte das Selbstwertgefühl des Menschen mit Behinderung und die Entwicklung des Sozial- und Arbeitsverhaltens durch die entsprechende Gestaltung der Zusammenarbeit und Kommunikation. Dabei geht es auch darum, die Fähigkeit zu größerer Ausdauer und Belastung aufzubauen und zu erweitern sowie Flexibilität und berufliche Weiterbildung der Beschäftigten durch unterschiedliche Angebote und neue Aufgaben zu fördern. In diesem Zusammenhang sollen die Fachkräfte z. B. auch gezielt Bildungsmaßnahmen und Lehrgänge zur Erweiterung der beruflichen Kompetenz durchführen, deren Ergebnisse sie anschließend auswerten. Nicht zuletzt sollen sie gemeinsam mit den Beschäftigten arbeitsbegleitende Maßnahmen und soziale Aktivitäten planen und durchführen. Als besondere Aufgabe obliegt es den Fachkräften, entsprechende Abschlussberichte zu jeweiligen Förderphasen zu erstellen (vgl. BA 2009 a).

Vor dem Hintergrund dieser allgemeinen fachlichen und heilpädagogischen Grundlagen sind im engeren Sinne umfassende Kompetenzen der professionell Tätigen erforderlich, die sich im beruflichen Alltag z. B. in der Werkstatt für behinderte Menschen bewähren müssen. Hier gilt es, besondere Fachkenntnisse – überwiegend in handwerklichen und ähnlichen Grundberufen erworben – mit speziellen heilpädagogischen Kenntnissen zu kombinieren. Um dies sicherzustellen, verlangt der Gesetzgeber in den WfbM entsprechend qualifizierte Fachkräfte und bei den sogenannten Gruppenleitern ggf. den Erwerb einer sonderpädagogischen Zusatzqualifikation (vgl. § 9 Abs. 3 WVO). Abgesehen von den hohen fachlichen Anforderungen, die die Fachkräfte im Arbeitsbereich erbringen müssen (vgl. auch LH NRW 2009), sind es besonders auch die zuvor schon angesprochenen Herausforderungen in den arbeitsbegleitenden Maßnahmen, die das Fachpersonal in die Pflicht nehmen. Dies ist umso schwieriger, da das Pflichtprogramm inhaltlich nicht vorbestimmt ist und eher als Kür gestaltet werden muss – somit fast ein Widerspruch in sich. Neben den thematischen Herausforderungen im Rahmen der inhaltlichen Gestaltung solcher Maßnahmen sind es auch die Anforderungen, die an die professionelle Gestaltung von Kooperationen mit anderen Kollegen gerichtet sind – verkürzt: Team- und Kommunikationsfähigkeit sowie Organisationsgeschick des Fachpersonals.

3.3.4 Tradition und Perspektive „Integration"

Professionelle heilpädagogische Förderung findet intensiv auch außerhalb von Werkstätten für behinderte Menschen statt. Hier engagieren sich konzeptionell, finanziell und praktisch ganz unterschiedliche Leistungserbringer und Leistungsträger u. a. z. B. Integrationsfachdienste, Integrationsprojekte, die Bundesagentur für Arbeit und andere Leistungsträger, aber auch Berufsbildungswerke (BBW), Berufsförderungswerke (BFW), Förderschulen sowie Fachverbände und andere Organisationen wie die Bundesarbeitsgemeinschaft für Unterstützte Beschäftigung e. V. (BAG UB). Bezogen auf frühere Einzelaktivitäten ist z. B. die Hamburger Arbeitsassistenz aufzuführen, die seit Anfang der 1990er-Jahre als Vorgänger der heutigen Integrationsfachdienste gezielt Programme realisierte und sich dabei vorwiegend an Erfahrungen der Supported Employment (Unterstützte Beschäftigung) in den USA orientierte (Hamburger Arbeitsassistenz 2002). Zu erwähnen sind aber auch als Vorgänger der heutigen Integrationsfachdienste z. B. die von den damaligen Hauptfürsorgestellen eingerichteten Dienste und Modelle, die z. T. schon seit 1977 (damals wurde der bundesweit erste Integrationsfachdienst (IFD) – noch unter der Bezeichnung „Psychosozialer Dienst" – in Köln gegründet) als IFD arbeiteten. Heute sind es verschiedene (Modell-)Projekte und z. B. auch durch das Bundesministerium für Arbeit und Soziales (BMAS) geförderte Maßnahmen, bei denen Menschen mit Behinderung bzw. schwerbehinderte Menschen im Sinne des SGB IX in den allgemeinen Arbeitsmarkt integriert oder reintegriert werden sollen. Den *Integrationsfachdiensten* und dem vielfältigen Angebot der *Unterstützten Beschäftigung* sowie der *Arbeitsassistenz* und dem *Jobcoaching* kommen hier wichtige Aufgaben zu.

Integrationsfachdienste

Integrationsfachdienste (IFD) durchlaufen eine „sehr dynamische Entwicklung" (Schartmann 2005, 258). Dabei ist der gesetzliche Auftrag eindeutig formuliert (SGB IX Kapitel 7). IFD sollen „als ambulante Dienstleister Arbeitgebern und behinderten Menschen ein (...) Beratungs- und Unterstützungsangebot (bieten, Anm. W. S.), mit dem der Ersteinstieg und Wiedereinstieg in das Erwerbsleben sowie der Erhalt von bereits vorhandenen Arbeitsplätzen aktiv gefördert werden soll" (Schartmann 2005, 258). Dabei wenden sich die Integrationsfachdienste allgemein folgenden Zielgruppen zu:

- Menschen, die trotz Behinderung (am richtigen Platz) leistungsfähig sind und die wegen ihrer Fähigkeiten, Kenntnisse und Erfahrungen in der Lage sind, einen wirtschaftlich relevanten und im Betrieb anerkannten Beitrag zum Betriebsergebnis zu leisten. Handlungsleitend sind die relevanten Fähigkeiten unter Berücksichtigung individueller Belastungsgrenzen.
- Arbeitgebern und deren Beauftragte bzw. betrieblichen Ansprechpartnern.

Das vielfältige Aufgabenspektrum der Integrationsfachdienste ist ausgerichtet auf folgende Schwerpunkte:

- Erschließung geeigneter Arbeitsplätze,
- Vorbereitung der (schwer-)behinderten Menschen auf die vorgesehenen Arbeitsplätze,
- Coaching am Arbeitsplatz,
- betriebliche Aufklärungsarbeit,
- Nachbetreuung, Krisenprävention und -intervention sowie psychosoziale Betreuung im Rahmen der begleitenden Hilfe im Arbeitsleben.

In der Folge der Novellierung des SGB IX zum 1. Mai 2004 haben sich Änderungen und erweiterte Aufgaben der IFD ergeben. Im Kern geht es um die Übernahme der Strukturverantwortung für die IFD durch die Integrationsämter. Die Änderung des SGB IX bedeutet für die IFD vor allem nunmehr auch:

- Unterstützung der Bundesagentur für Arbeit bei der Berufsorientierung und Berufsberatung,
- Begleitung bei der betrieblichen Berufsausbildung, insbesondere bei seelisch und lernbehinderten Jugendlichen,
- Arbeitgeber und schwerbehinderte Menschen über Förderleistungen informieren, den Leistungsbedarf in Kooperation mit den Leistungsträgern abklären und bei der Antragstellung unterstützen (§ 110 SGB IX).

Somit ist das Netz der Integrationsfachdienste – lt. Bundesarbeitsgemeinschaft der Integrationsämter und Hauptfürsorgestellen (BIH) sind es 236 Fachdienste zum Jahresende 2007 (BIH 2008 a) – gefordert, die vielfältigen Aufgaben und Aufträge zu realisieren (vgl. §§ 109 ff. SGB IX).

Dabei ist allerdings auch anzumerken, dass es in der Praxis noch erhebliche Probleme gibt. Diese liegen nach Angaben der BIH „allerdings im rechtlichen und finanziellen Bereich, während sich Struktur und Ergebnisse der IFD weiterhin sehr positiv entwickelt haben“ (BIH 2008 b, 28). Zu den Problemen gehört etwa weiterhin die Frage, was „die Strukturverantwortung umfasst und ob damit insbesondere finanzielle Verpflichtungen verknüpft sind, die über die Zuständigkeit der Integrationsämter im Rahmen der Begleitenden Hilfe im Arbeitsleben hinausgehen“ (BIH 2008 b, 28). Es muss dabei auch darauf hingewiesen werden, dass im Rahmen eines Konzentrationsprozesses die Zahl der IFD von über 400 im Jahr nach dem Inkrafttreten des SGB IX (im Jahr 2001) auf die bereits erwähnten 236 im Jahr 2007 zurückgegangen ist. Im Rahmen dieser organisatorischen Bündelung ist auch die Zahl der Fachberaterstellen um etwa 10 Prozent gesunken; sie liegt Ende 2007 bei 1058. Dennoch unterstreicht die BIH, dass die Integrationsfachdienste über ein differenziertes und personell ausreichendes fachliches Angebot der beruflichen Begleitung und Vermittlung verfügen, um alle gesetzlichen Aufgaben qualifiziert erledigen zu können (vgl. BIH 2008 b, 28).

Diese Erläuterungen und ein Blick auf die Strukturgrafik zu den Aufgaben der IFD (Abb. 5) machen insgesamt deutlich, wie sehr allgemeine beratende Tätigkeiten mit speziellen heilpädagogischen und arbeitspädagogischen Anforderungen verknüpft sind.

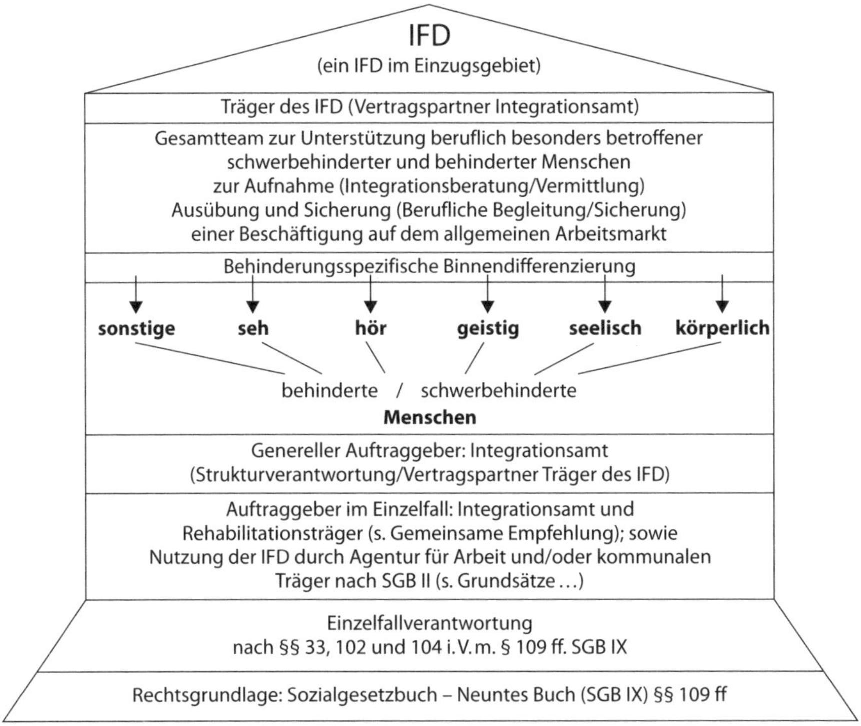

Abb. 5: Die rechtliche Konstruktion des IFD zum 01.01.2005 (Quelle: Deusch 2007)

Diese Anforderungen sind in besonderer Weise auch durch die Heterogenität der Zielgruppe/Klienten gegeben. Die BIH weist dazu Unterscheidungsmerkmale (mit den angegebenen Bezeichnungen) und Fallzahlen in ihrer Betreuungsstatistik aus (BIH 2008a, 27) (Abb. 6).

Über den Personenkreis hinaus, der in einer intensiven Betreuungs- und Begleitungssituation steht, kommen weitere Kontakte zu Menschen mit Behinderung, bei denen „lediglich" eine qualifizierte Beratung erfolgt bzw. eine kurzzeitige fachdienstliche Intervention mit abschließendem Ergebnis stattfindet. Hier nennt die BIH-Statistik 30402 Fälle, so dass für 2007 insgesamt 89784 Klienten-Kontakte bestehen (BIH 2008a, 9). Hinsichtlich dieser Fallzahlenentwicklung verweist die BIH gegenüber 2005 auf einen Anstieg um 14 Prozent bei den Klienten, bei denen eine umfangreichere und längerfristige Begleitung zur Stabilisierung eines bestehenden Arbeitsverhältnisses oder zur Vermittlung in ein neues Arbeitsverhältnis erforderlich war (BIH 2008a, 10). Diese intensive Begleitung und Betreuung bei rund 59000 Menschen mit Behinderung macht also rund zwei Drittel der ins-

Klienten nach Behinderungsart	n = 58.896	in Prozent
psychisch Behinderte	15.297	26,0
neurologisch Behinderte	5.511	9,4
geistig/Lernbehinderte	6.943	11,8
Hörbehinderte	7.863	13,4
Sehbehinderte	2.303	3,9
Körperbehinderte (organisch)	9.127	15,5
Körperbehinderte (Stütz- + Beweg.-App.)	11.852	20,1

Abb. 6: Begleitung bzw. Betreuung von Klienten durch Integrationsfachdienste – Stand: 2007 (Quelle: BIH 2008 a, 27)

gesamt berücksichtigten Zielgruppe aus, die durch Mitarbeiter der IFD betreut werden. Auf diese heterogene Gruppe muss sich das Fachpersonal einstellen. Ein entsprechendes Qualifikationsprofil ist daher erforderlich, das Schartmann als ein „Berufsbild IFD-Mitarbeiter" skizziert hat (Schartmann 2005). Dabei weist er besonders auf die Grundsituation hin, dass sich der Mitarbeiter in „zwei Welten/in zwei Kulturen auskennen muss: Er muss in der Welt der (Sonder-)Pädagogen ebenso zu Hause sein wie in der Welt der Betriebe/der Arbeitswelt" (Schartmann 2005, 279). In diesem Zusammenhang geht es um *Grundwissen* in den Bereichen Recht und Verordnungen sowie Fördermöglichkeiten der einzelnen Auftraggeber und den dazugehörigen institutionellen Verfahrensabläufen. Zu fordernde *Methodenkompetenzen* in einem breiten „Fächer-"Kanon umfassen u. a. Arbeitsplatzanalysen, Beurteilung von Arbeitsfähigkeit und Diagnostik, Planung und Durchführung von Arbeitstraining sowie Aufstellung eines Integrationsplanes, aber auch Beratungs- und Präsentationstechniken sowie Akquisitions-Know-how. Schließlich geht es in dem weiten Feld von *Sozialkompetenzen* um die klassischen Themen wie Empathie, Konfliktfähigkeit, Problemlösungsfähigkeit, Offenheit, Flexibilität und Reflexionsfähigkeit (vgl. Schartmann 2005, 279 f.). Letztlich wird deutlich, dass für das Engagement im Integrationsfeld über die personenzentrierte Kompetenz hinaus bei den IFD-Mitarbeitern ein besonderes Know-how hinsichtlich eines Schnittstellen-Managements vorhanden sein muss. Denn schließlich gehören zu wichtigen Ansprechpartnern, Auftraggebern und Kooperationspartner u. a. die betroffenen Menschen selbst oder ihr privates Umfeld (lt. BIH-Angaben bezogen auf 2007 in Prozent: 18,81), Ärzte und Kliniken (7,98), Schulen (1,76), WfbM (1,46), Arbeitgeber bzw. das betriebliche Umfeld (10,44), Rehabilitationsträger (3,95), Träger der Arbeitsvermittlung (34,03) und das Integrationsamt (13,56). Der Rest verteilt sich mit 8 Prozent auf Sonstige (BIH 2008 a, 14).

Die erforderlichen und umfassenden Kompetenzen betrieblicher Akteure und die zu beschreibenden Weiterbildungsanforderungen im Kontext der beruflichen Integration behinderter Menschen hat Bernhard untersucht (2008). Der Blick in das „Innenleben“ von Unternehmen verdeutlicht einerseits die beschäftigungs- und behinderungspolitischen Zielvorstellungen. So geht es u. a. um den sozialen Dialog und den Aufbau von Partnerschaften, aber auch um die Pflicht und Verantwortung der Arbeitgeber. Andererseits weist Bernhard auch auf Umsetzungsprobleme in der betrieblichen Praxis hin. Diese haben z. B. mit Umstrukturierungsmaßnahmen, sozialen Einstellungen sowie Defiziten im Bereich der inner- und außerbetrieblichen Vernetzung zu tun. Bernhard stellt als ein Gefahrenpotenzial „divergierende Interessenlagen der Akteure“ heraus (vgl. Bernhard 2008, 136). Vor allem aber verweist sie auf die Notwendigkeit der Ermittlung von Weiterbildungsbedarfen dieser Akteure – das sind insbesondere die Schwerbehindertenvertretung, der Betriebsrat und der Beauftragte des Arbeitgebers. Derartige flankierende Maßnahmen unterstreichen ein weiteres Mal die Notwendigkeit einer intensiven Auseinandersetzung mit und einer zielorientierten Ausrichtung auf das Thema Integration behinderter Menschen auf dem allgemeinen Arbeitsmarkt. Dabei müssen erprobte und innovative Eingliederungsinstrumente unter besonderer Berücksichtigung von betrieblichen Integrationsvereinbarungen genauso einbezogen werden wie Verfahren aus dem Disability Management (vgl. Niehaus & Schmal 2005).

Unterstützte Beschäftigung

„Erst platzieren, dann qualifizieren“ ist das Motto der Unterstützten Beschäftigung (UB). Es geht bei der Unterstützten Beschäftigung um die individuelle betriebliche Qualifizierung, Einarbeitung und Berufsbegleitung behinderter Menschen mit besonderem Unterstützungsbedarf in Betrieben des allgemeinen Arbeitsmarktes. Ziel ist ein sozialversicherungspflichtiges Arbeitsverhältnis. Was sich im Rahmen dieses Buches scheinbar flüssig formulieren lässt, ist bei genauer Betrachtung des Arbeitsmarktes ein schwieriges, aber durchaus auch erfolgreiches Unterfangen (vgl. Doose 2007). Die gesetzliche Regelung – durch das „Gesetz zur Einführung Unterstützter Beschäftigung“ vom 22. 12. 2008 (UntBeschG) u. a. als § 38 a im SGB IX verankert – beinhaltet Leistungen, die berufliche Integrationsmöglichkeiten für behinderte Menschen umsetzen sollen. Die Bundesagentur für Arbeit unterstreicht in diesem Zusammenhang als erklärtes Ziel, „dass mehr Menschen mit Behinderung die Möglichkeit haben sollen, ihren Lebensunterhalt außerhalb von Werkstätten für behinderte Menschen (WfbM) erarbeiten zu können“ (BA 2009 b). Als zuständiger Rehabilitationsträger erbringt die Bundesagentur für Arbeit die Leistungen zur individuellen betrieblichen Qualifizierung (InbeQ) gemäß § 38 a Abs. 2 SGB IX. Für eine notwendige Berufsbegleitung sind in diesen Fällen die Integrationsämter zuständig. Als „geschäftspolitisches Interesse der BA“ formuliert die Bundesagentur, „diese Möglichkeiten offensiv zu nutzen und Unterstützte Beschäftigung bundesweit erfolgreich zu etablieren“ (BA 2009 b).

Demgegenüber zeigt die Bundesagentur für Arbeit aber auch klare Grenzen bzw. eindeutige Zuständigkeiten auf: „Die Unterstützte Beschäftigung ist eine Ergänzung der bestehenden Fördermöglichkeiten für behinderte Menschen zwischen den Reha-Leistungen zur Qualifizierung bzw. Integration und der Beschäftigung in einer WfbM. Unterstützte Beschäftigung kommt nur dann in Betracht, wenn eine berufliche Eingliederung durch eine Aus- oder Weiterbildung und/oder berufsvorbereitende Bildungsmaßnahme aller Voraussicht nach nicht zu erwarten ist und Werkstattbedürftigkeit nicht gegeben ist“ (BA 2009b). Diese Hinweise verdeutlichen eine wesentliche Grundlage von UB, nämlich eine klare Diagnostik. Und durch derartige Einschätzungen der Arbeitsagentur entsteht durchaus auch die Gefahr einer babylonischen Sprachverwirrung und eines institutionellen Wirrwarrs, wenn die verschiedenen Beteiligten im Verfahren zu unterschiedlichen Einschätzungen und Aufträgen bzw. Auftraggebern kommen. Hier bringt sich die Bundesagentur für Arbeit ein weiteres Mal ins Spiel, indem sie auf das seit 2008 vorliegende Verfahren „Diagnose der Arbeitsmarktfähigkeit besonders betroffener behinderter Menschen (DIA-AM)“ im Sinne des § 33 Abs. 4 Sozialgesetzbuch IX hinweist. Dabei ist im Bereich der Behindertenhilfe unumstritten, dass personenzentriert der individuelle Hilfebedarf von Menschen mit Behinderung und psychischer Erkrankung zur Förderung der Teilhabe im Bereich der Arbeit ermittelt wird (vgl. BeB 2008; BAG:WfbM 2008b). Kritisch wird aber gesehen, wenn das DIA-AM als eventuelles Parallelverfahren zum Eingangsverfahren der Werkstätten als Maßnahme pauschal angerechnet und mit dem Eingangsverfahren vom zeitlichen Umfang „verrechnet“ wird oder gar als Ersatz dienen soll (vgl. BAG:WfbM 2008b).

Arbeitsassistenz und Jobcoaching

In den Reigen der verschiedenen Konzepte zur Unterstützung von Menschen mit Behinderung in Arbeitsprozessen gehören als zentrale Ansätze neben der Unterstützten Beschäftigung auch die *Arbeitsassistenz* und das *Jobcoaching*. Innerhalb dieser Reihe ist ferner das sogenannte Peer Counseling zu nennen, das allerdings ein Sonderfall ist und über besondere Einsatzfälle in der Selbsthilfebewegung und in Selbstvertretungsgremien hinaus als Konzept innerhalb der beruflichen Teilhabe kaum Erwähnung findet (vgl. Bernhard & Brinkmann 2008, 268).

Die „begleitende Hilfe im Arbeitsleben“ gehört zu den besonderen Aufgaben des Integrationsamtes (vgl. § 102 Abs. 1 SGB IX). Die Zuständigkeit des Integrationsamtes wird konkretisiert durch die Nennung einer Reihe von Aufgaben und Aufträgen. Dazu spezifiziert das SGB IX u. a. den Anspruch auf Übernahme der Kosten einer notwendigen *Arbeitsassistenz*. Diese steht schwerbehinderten Menschen für derartige begleitende Hilfen im Arbeitsleben im Rahmen der zur Verfügung stehenden Mittel aus der Ausgleichsabgabe zu (vgl. § 102 Abs. 4 SGB IX). Im Sinne des gesetzlichen Anspruchs auf ein persönliches Budget kann das Integrationsamt diese Leistungen auch als persönliches Budget ausführen (vgl. § 102 Abs. 7 SGB IX). Die zuvor aufgezeigte gesetzliche Verankerung des Anspruchs auf

Arbeitsassistenz enthält keine genaue Erklärung der Arbeitsassistenz an sich. In ihrem „Handbuch Arbeitsassistenz" konkretisiert die Bundesarbeitsgemeinschaft für Unterstützte Beschäftigung e.V. (BAG UB) diese Form der begleitenden Hilfe: „Unter Arbeitsassistenz wird eine dauerhafte, regelmäßig und zeitlich nicht nur wenige Minuten täglich anfallende Unterstützung am Arbeitsplatz verstanden. Sie setzt voraus, dass die Assistenz-Nutzer(innen) für ihren Arbeitsbereich qualifiziert sind." (BAG UB 2005, 5). Im eher verwaltungstechnischen Sprachjargon unterstreichen die „Empfehlungen der Bundesarbeitsgemeinschaft der Integrationsämter und Hauptfürsorgestellen (BIH)" diesen Anspruch, indem sie erläutern, dass Arbeitsassistenz über gelegentliche Handreichungen hinausgeht und eine „zeitlich wie tätigkeitsbezogen regelmäßig wiederkehrende Unterstützung von schwerbehinderten Menschen (Assistenznehmern) bei der Arbeitsausführung in Form einer von ihnen beauftragten Assistenzkraft im Rahmen der Erlangung oder Erhaltung eines Arbeitsplatzes auf dem allgemeinen Arbeitsmarkt" darstellt. „Die Leistung setzt voraus, dass der schwerbehinderte Mensch in der Lage ist, den das Beschäftigungsverhältnis inhaltlich prägenden Kernbereich der arbeitsvertraglich/dienstrechtlich geschuldeten Arbeitsaufgaben selbstständig zu erledigen. Das Austauschverhältnis Arbeit gegen Entgelt muss im Wesentlichen gewahrt bleiben." (BIH 2007, 1) Das „Handbuch Arbeitsassistenz" beschreibt als „klassische Beispiele für Arbeitsassistenz" einfache Handreichungen für Menschen mit Körper- und Mehrfachbehinderung (wie kopieren, Ordner aus dem Regal holen, Bücher umblättern, Mobilitätsassistenz o.Ä.), Kommunikationsassistenz für hörbehinderte und gehörlose Menschen (wie Dolmetschen in Gebärdensprache, Unterstützung bei Telefonaten) oder Vorlesen, Sichten und Ordnen von Schriften und Materialien in Schwarzschrift z.B. als Begleitung für blinde und sehbehinderte Menschen (BAG UB 2005, 6). Diese beispielhaften Beschreibungen verdeutlichen ferner, dass Arbeitsassistenten keine Fähigkeitsprofile erstellen. Hier unterscheiden sie sich von anderen Dienstleistern – insbesondere Integrationsfachdiensten. Arbeitsassistenz bezieht sich nicht auf die Suche nach geeigneten Arbeitsstellen oder Praktikumsplätzen für behinderte Menschen, sie arbeitet nicht an einem neuen Arbeitsplatz ein und kümmert sich ebenfalls nicht um eine innerbetriebliche Umsetzung fachlicher Unterstützung bei der Bewältigung neuer Anforderungen. Diese Hinweise unterstreichen ferner die besondere Nachrangigkeit dieser Leistung, die in den Empfehlungen der BIH detailliert erläutert ist. In den Empfehlungen stellt die BIH auch entsprechende Budgets im Rahmen der Regelförderung als „Persönliches Arbeitsassistenzbudget" vor. Die monatlichen Beträge liegen – in vier Kategorien gestaffelt – zwischen bis zu 275,00 Euro in der untersten Kategorie (bei einem durchschnittlichen arbeitstäglichen Unterstützungsbedarf von weniger als 1 Stunde) bis zu 1100 Euro in der vierten Kategorie (bei mindestens 3 Stunden Unterstützungsbedarf) (BIH 2007a, 4).

Der Landschaftsverband Rheinland resümiert sein in Zusammenarbeit mit der Bundesarbeitsgemeinschaft der Integrationsämter und Hauptfürsorgestellen durchgeführtes Forschungsprojekt „Arbeitsassistenz zur Teilhabe (ArzT)" (mit der Laufzeit 2004–2006) u.a. folgendermaßen, „dass sich durch die Arbeitsassistenz die Chancen von schwerbehinderten Menschen auf dem Arbeitsmarkt – ihre Arbeitsplatzsicherheit, Aufstiegsmöglichkeiten usw. – und damit auch ihre soziale Absicherung erhöht haben. Davon sind jedenfalls die Assistenznehmenden, aber ebenfalls ihre Arbeitgeber mehrheitlich überzeugt." (LVR 2007, 110)

Bei der Arbeitsassistenz als nachrangige Leistung handelt es sich also nicht um *Jobcoaching* oder um eine psychosoziale Betreuung bzw. berufsbegleitende Unterstützung. Der Ansatz des Jobcoachings verfolgt vor allem das Ziel der Hilfe zur Selbsthilfe. Durch die gemeinsame Entwicklung von Selbstorganisationskompetenzen soll im Rahmen einer Dienstleistung der gecoachte Mensch eine Unterstützung erfahren z. B. beim Einstieg in den Betrieb oder bei der Ausführung von Arbeitsaufträgen (vgl. Bernhard & Brinkmann 2008, 268). Das, was bei der klassischen Arbeitsassistenz vom Gesetzgeber bewusst ausgeklammert ist, wird durch diese Form der Unterstützung angeboten. Das Konzept kann dabei auch inhaltliche und strukturelle Aspekte umfassen. Im Gegensatz zur Arbeitsassistenz gibt es für das Jobcoaching allerdings keine unter der Bezeichnung begriffliche gesetzliche Verankerung. Jobcoaching kann aber im Rahmen der Schwerbehinderten-Ausgleichsabgabeverordnung (SchwbAV) durch Mittel des Integrationsamtes als „Leistungen bei außergewöhnlichen Belastungen" (§ 27 SchwbAV) oder als „Leistungen zur behinderungsgerechten Einrichtung von Arbeits- und Ausbildungsplätzen für schwerbehinderte Menschen" (§ 26 SchwbAV) in begründeten Fällen finanziert werden.

Für die Umsetzung dieses Konzeptes ist denkbar, dass es auch im Rahmen einer innerbetrieblichen Patenschaftsfunktion erbracht werden kann. Dabei bewegt sich das klassische Phasenmodell des Jobcoachings in den vier Phasen Problem erkennen, Lösung finden, Lösung ausprobieren und über das Ergebnis nachdenken (vgl. Bernhard & Brinkmann 2008, 270).

Die zuvor exkursartig dargestellten Aspekte betreffen in den Praxisfeldern vornehmlich Menschen, die häufig nicht zum Personenkreis Menschen mit geistiger Behinderung oder Lernschwierigkeiten gehören. Beim Rückblick auf die Aktivitäten der Integrationsfachdienste sei noch einmal darauf hingewiesen, dass diese Zielgruppe im Rahmen intensiver Begleitung in der ausgewiesenen Gruppe „Menschen mit geistiger Behinderung und mit Lernbehinderung" zusammengefasst ist und in der Statistik von 2007 etwas mehr als 11 Prozent umfasst (BIH 2008 a). Im Kontext Integration nehmen die Bundesarbeitsgemeinschaft der überörtlichen Träger der Sozialhilfe (BAGüS) und die Bundesarbeitsgemeinschaft der Integrationsämter und Hauptfürsorgestellen (BIH) die Schulen für geistig behinderte Menschen in ihrer gemeinsamen Stellungnahme „Schnittstelle allgemeiner Arbeitsmarkt – Werkstatt für behinderte Menschen" (BAGüS/BIH 2007) unter die Lupe. Dabei kritisieren sie eine schulische Praxis, bei der sich jedoch „mit der flächendeckenden Verfügbarkeit von Plätzen in Werkstätten und dem Rechtsanspruch darauf die berufliche Vorbereitungsleistung der Schulen für geistig behinderte Menschen – aber zunehmend auch der sonstigen Förderschulen – auf die Anforderungen der Werkstätten ausgerichtet" hat (BAGüS/BIH 2007, 7).

Die beiden Bundesarbeitsgemeinschaften sprechen hier von einem Automatismus – den sie auch der Bundesagentur für Arbeit anlasten (vgl. BAGüS/BIH 2007, 6 ff.) – und gegen den sie sich wenden. Empirisch belegt ist dieses Phänomen als Automatismus allerdings nicht. Ein solcher Begriff lässt ferner unberücksichtigt, welchen wirtschaftlichen Schwierigkeiten etwa auch der allgemeine Arbeitsmarkt ausgesetzt ist, der im Kontext von Erwerbswirtschaft eigene Problematiken aufweist. Dennoch fordern die beiden Bundesarbeitsgemeinschaften ein Gegensteuern zur gegenwärtigen Praxis beim Übergang von den Förderschulen in die Werkstatt und eine nachhaltige Unterbrechung des „Automatismus". Einen positiven Ansatz sehen die Herausgeber der Stellungnahme in der Neufassung von Bildungsplänen in einigen Bundesländern. Zusätzlich fordern die beiden Bundesarbeitsgemeinschaften: „Die berufliche Bildung und Vorbereitung behinderter Menschen muss sich stärker an der ‚Normalität' und den individuellen Stärken der behinderten Menschen orientieren. Das bedeutet zumindest zum Teil den Abschied von formalen Bildungs- und Qualifizierungszielen." (BAGüS/BIH 2007, 7). In diesem Sinne sind auch die z. B. beim Landschaftsverband Rheinland (LVR) – als überörtlicher Kostenträger zuständig für Werkstätten im Rheinland – initiierten Zielvereinbarungen zwischen LVR und Werkstätten zu sehen, die auf eine Erhöhung der Quote der Wechsler auf den allgemeinen Arbeitsmarkt abzielen und dabei besonders auch eine verbindlichere Kooperation mit den Schulen vorsehen. Auch mit einem 2006 erstmals aufgelegten Lehrerfortbildungsprogramm will der LVR in Köln „Lehrkräfte sensibilisieren und qualifizieren", um „den Einstieg der Schülerinnen und Schüler ins Arbeitsleben noch besser fördern (zu) können" (vgl. LVR 2008 und 2009).

Ein Potenzial für mehr Integration sehen Hinz und Boban (2005) in einem Ausbau der persönlichen Zukunftsplanung von Menschen mit Behinderung. Ein verstärktes Einbeziehen von Unterstützerkreisen für die individuelle Berufsplanung (Hinz & Boban 2005, 143 f.; Doose 2007, 121 ff.) scheint besonders auch für den Personenkreis der Menschen mit Lernschwierigkeiten Erfolg versprechend zu sein (Hinz & Boban 2005; Doose 2007). Dies setzt erneut eine intensivere Unterstützung in Arbeitsverhältnissen auf dem allgemeinen Arbeitsmarkt voraus. Dabei kann durchaus auf positive Erfahrungen zurückgegriffen werden. Dies wird schon allein durch eine lange Liste von Praxisbeispielen aus Förderschulen, Integrationsprojekten sowie dokumentierten Beispielen in der Literatur unterstrichen (vgl. Küchler 2006, 243 ff.). Hier werden verschiedene Berufsbezeichnungen, Branchen und konkrete Tätigkeiten genannt. Dabei ist zu berücksichtigen, dass die Beachtung der qualitativen Aspekte der verschiedenen Tätigkeiten nicht zu kurz kommt. Hier bietet ein allgemeines, auf neun Stufen ausgelegtes Qualifikationssystem für angebotene Arbeitsgänge in Werkstätten für behinderte Menschen eine Orientierung, um die Komplexität der Arbeitsgänge, den Einbezug technischer Hilfen, die erforderliche Selbstständigkeit, die Organisations- und Entscheidungsfähigkeit, die Fähigkeit zum Erlernen, das Erkennen von Fehlern sowie die Bedienung von Werkzeugen, Handmaschinen oder Maschinen mit unterschiedlichem

Anforderungsniveau zu erfassen und zu berücksichtigen (vgl. Küchler 2006, 247 ff.).

Bei derartigen einschätzenden und einstufenden Verfahren hinsichtlich der Qualifikationen und Fähigkeiten von Menschen mit Behinderung ist gleichzeitig aber auch zu beachten, dass die in der Regel einbezogene Anwendung standardisierter diagnostischer Test- oder Profilverfahren kritisch zu sehen ist und die Gefahr eines „statusdiagnostischen Blicks" besteht, die bei Menschen mit Lernschwierigkeiten das Berücksichtigen der „Zone der nächsten Entwicklung" erschwert (vgl. Schartmann 2001, zit. n. Doose 2007, 123).

Es stellt sich ferner die Frage, inwieweit andere gängige Verfahren und Instrumente aus dem Bereich der Managementkonzepte in der beruflichen Rehabilitation bei der einzugrenzenden Zielgruppe Menschen mit geistiger Behinderung hilfreich sind. Das vorliegende breite Spektrum von Case Management, Reha Management, (betriebliches) Eingliederungsmanagement und Disability Management muss vor allem hinsichtlich der jeweiligen Zielperspektive kritisch überprüft werden (vgl. Wagner 2004). Bei der bezeichneten Zielgruppe ist die besondere Berücksichtigung flexibler Strukturen erforderlich, die am jeweiligen Einzelfall orientiert sind. Dies ist im Kern auch das besondere Anliegen der persönlichen Berufs- und Zukunftsplanung. Bei der Anforderung und dem gleichzeitigen Anspruch an integrative Arbeitsmöglichkeiten darf dabei ein Wechsel auf eventuell erforderliche alternative Arbeitsplätze nicht verbaut werden. Dies muss ggf. gleichermaßen eine komplikationslose Rückkehr auf den Arbeitsplatz Werkstatt für behinderte Menschen einschließen. Für das Thema und die zentrale Herausforderung Integration hat die Forschergruppe des ISB (Gesellschaft für Integration, Sozialforschung und Betriebspädagogik gGmbH, Berlin) besondere Aufgaben unterstrichen. Die im Auftrag des Bundesministeriums für Arbeit und Soziales erstellte Untersuchung (BMAS 2008) über die Entwicklung der Zugangszahlen zu Werkstätten für behinderte Menschen schreibt damit gleichzeitig den Beteiligten verschiedene Anforderungen und Aufträge ins Pflichtenheft (siehe Abb. 7 und 8).

Aus der breiten Palette der Handlungsempfehlungen lässt sich im Zusammenhang mit dem thematischen Schwerpunkt dieses Kapitels besonders hervorheben, was die ISB-Studie pauschal folgendermaßen formuliert: „Für die Integration behinderter Menschen in den allgemeinen Arbeitsmarkt gibt es zwei kritische Schnittstellen, nämlich einmal die Schnittstelle im Übergang von der Schule in den Beruf, zum anderen die Schnittstelle zwischen der Werkstatt und dem allgemeinen Arbeitsmarkt. In beiden Fällen zeigt sich, dass zum einen viele Förderschulen auf WfbM ausgerichtet und zum anderen Übergänge aus WfbM nicht sehr zahlreich sind. Die Ursachen dafür sind vielfältig. Eine Ursache – das haben sowohl die Werkstattbefragungen als auch die Fallstudien ergeben – liegt darin, dass das Leitbild der Integration behinderter Menschen auf dem allgemeinen Arbeitsmarkt oftmals bei den handelnden Personen nicht verankert ist und daher für das praktische Handeln kaum Bedeutung hat." (BMAS 2008, 388) Dieses Forschungsergebnis unterstreicht das zuvor mehrfach formulierte Postulat nach einer immensen Sensibilisierung für das Thema Integration behinderter Menschen

Handlungs-empfehlungen (siehe Berichtsteil D – ab Seite 387)	Adressaten																		
	Schulen	Betriebe	WfbM	Integrationsfachdienste	Fachauschuss	Kammern	Schulverwaltungen	Agenturen für Arbeit	Integrationsämter	Jugendämter	Weiterbildungsträger	Regionaldirektionen der BA	Träger der Sozialhilfe	Berufsgenossenschaften	Rentenversicherungsträger	BAG: WfbM	Kultusministerkonferenz	Bundesagentur für Arbeit	BMAS
Betriebiche Integration von auf dem allgemeinen Arbeitsmarkt besonders benachteiligten Menschen bei den beteiligten Akteuren als Leitbild verankern (1)	X	X	X				X	X			X		X	X	X	X		X	
Schulen und Betriebe für die Vorteile kooperativen Handelns sensibilisieren und über erfolgversprechende Kooperationsformen informieren (2.1)						X	X												
Betriebliche Praktika curricular verankern (2.2)	X						X										X		
Die Initiative von Betroffenen stärken (2.3)	X																		
Fortbildungsveranstaltungen zur Gestaltbarkeit individueller Passungsverhältnisse durchführen (2.4)						X	X		X			X				X			
Betriebsorientierte Förderdiagnostik einsetzen (2.5)	X	X	X	X				X											
Frühe Hilfen für Schüler/-innen mit einer Lernbehinderung und psycho-sozialen Problemen anbieten (2.6)	X							X		X									
Schulen und Schulabgänger/-innen mit sonderpädagogischem Förderbedarf über IFD informieren (2.7.1)				X															
Die Leistungen von Integrationsfachdiensten als individuellen Rechtsanspruch verankern (2.7.2)																			X
Integrationsfachdiensten die notwendigen Ressourcen bereitstellen (2.7.3)				X															
Berufseinstiegsbegleitung für Schüler/-innen mit Behinderung sichern (2.8)																		X	
Berufsvorbereitende Bildungsmaßnahmen betriebsnah und fallorientiert durchführen (2.9) – Betriebsintegrierte Qualifizierungssequenzen besonders fördern (2.9.1) – Zeitzwänge relativieren (2.9.2) – Vergabepraxis von berufsvorbereitenden Bildungsmaßnahmen überdenken (2.9.3)																		X	
Die Definitionsmacht der WfbM im Fachausschuss begrenzen (2.10)	X		X		X			X					X						

Abb. 7: Handlungsempfehlungen (Teil 1) für Beteiligte und Adressaten im Kontext Werkstatt für behinderte Menschen und Integration von Menschen mit Behinderung in den allgemeinen Arbeitsmarkt (Quelle: BMAS 2008, 16 a)

Handlungs-empfehlungen (siehe Berichtsteil D – ab Seite 387)	Adressaten																		
	Schulen	Betriebe	WfbM	Integrationsfachdienste	Fachausschuss	Kammern	Schulverwaltungen	Agenturen für Arbeit	Integrationsämter	Jugendämter	Weiterbildungsträger	Regionaldirektionen der BA	Träger der Sozialhilfe	Berufsgenossenschaften	Rentenversicherungsträger	BAG: WfbM	Kultusministerkonferenz	Bundesagentur für Arbeit	BMAS
Ressourcen bündeln (2.11)	x																		
Schnittstellenmanagement einführen (2.12)	x		x	x				x			x				x				
Die Orientierung auf Alternativen zur WfbM stärker im Fachausschuss verankern (2.13)			x		x			x					x						
Handlungsempfehlungen zur Schnittstelle WfbM/allgemeiner Arbeitsmarkt (3) – Die Initiative von Betroffenen stärken (3.1) – Wünsche der Betroffenen ernst nehmen (3.2) – im Fachausschuss auf die Einhaltung rechtlicher Bestimmungen achten (3.3) – Kostenübernahme im Fachausschuss an Bedingungen knüpfen (3.4) – Förderung der Kompetenz für Integrationsberatung in den WfbM (3.5) – Zielvereinbarung im Bonus-Malus-System (3.6) – Tragfähige Produktionszweige im Rahmen von Integrationsprojekten weiterentwickeln (3.7) – Unterstützung der Werkstätten bei eigenen Initiativen (3.8)			x					x					x	x	x				
Werkstättenverordnung – Pflicht zur Überleitung verbindlicher regeln (3.9.1)			x					x					x	x	x				x
Umgang mit Außenarbeitsplätzen (3.9.2)			x										x	x	x				x
Personalausstattung (3.9.3)			x										x					x	
Werkstattbeschäftigte als Zielgruppen von Integrationsfachdiensten etablieren und die notwendigen Ressourcen bereitstellen (3.10)				x															
Die Leistungen von Integrationsfachdiensten als individuellen Rechtsanspruch verankern (3.11)																			x

Abb. 8: Handlungsempfehlungen (Teil 2) für Beteiligte und Adressaten im Kontext Werkstatt für behinderte Menschen und Integration von Menschen mit Behinderung in den allgemeinen Arbeitsmarkt (Quelle: BMAS 2008, 16b)

in den allgemeinen Arbeitsmarkt. Dass dabei ein enormer Unterstützungsbedarf für Menschen mit Behinderung bei einem derartigen Arbeitsplatzwechsel erforderlich ist, hat Friedrich (2006) unterstrichen. Er formuliert deutlich pädagogische Konsequenzen, die u.a. im Rahmen eines „Identitätsprojektes“ (Friedrich 2006, 245) realisiert werden müssen. Dabei steht die intensive Begleitung hinter dem Vorzeichen einer „emotionalen Entscheidungsorientierung“, bei der sich die Unterstützung auf die Integration der Statuspassage in den Lebenslauf, auf die Entwicklung von beruflicher und sozialer Identität und auf die Gestaltung von Orientierungsprozessen als Lernprozess beziehen muss (vgl. Friedrich 2006, 257 ff.). Die entsprechende Professionalisierung der Fachdienste bzw. beteiligter Akteure unter fachlicher und konzeptioneller Perspektive – wie zuvor schon mit Hinweis auf Schartmann (2005) und Bernhard (2008) herausgestellt – schließt dies mit ein.

Entsprechende Leitbilder und Konzepte gilt es zu entwickeln, zu implementieren, zu überprüfen und konsequent von allen Beteiligten zu leben. Nur so lassen sich heilpädagogische Grundprinzipien, die personenzentriert ausgerichtet und strukturell eingebettet sind, erfolgreich im Alltag umsetzen und verwirklichen.

3.4 Heilpädagogik und emanzipative Teilhabe am Arbeitsleben

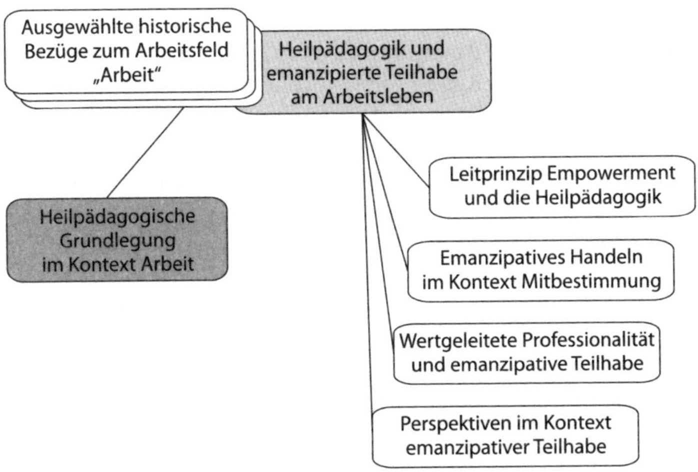

Abb. 9: Heilpädagogik und emanzipative Teilhabe am Arbeitsleben

Um ein möglichst eindeutiges Verständnis der folgenden Erläuterungen zu ermöglichen, ist zu Beginn dieses Abschnittes zunächst ein Hinweis vorwegzuschicken, der den semantischen Kontext der Adjektive „emanzipativ“ und „emanzipatorisch“ betrifft. Wenn dieser Abschnitt u.a. überschrieben ist mit der „emanzipativen Teilhabe", so ist damit gemeint, dass Teilhabe dann Emanzipation beinhaltet. Demgegenüber bezeichnet „emanzipatorisch" den Vorgang bzw. das Bestreben, dass etwas auf Emanzipation gerichtet ist bzw. darauf abzielt (vgl. ZEIT-Lexikon 2005).

3.4.1 Das Leitprinzip Empowerment und die Heilpädagogik

Ein Blick auf die Empowerment-Bewegung kann verdeutlichen, welchen vor allem emanzipatorischen Charakter dieser Ansatz hat. Der aus der US-amerikanischen Bürgerrechtsbewegung stammende Ansatz ist in der Sozialarbeit fest verwurzelt. Er ist heute aber auch nicht mehr aus der bundesdeutschen Diskussion innerhalb der Heilpädagogik wegzudenken. Der im Sinne Theunissens vor allem „kritisch-konstruktive Ansatz" (Theunissen 2009) gewinnt vornehmlich Konturen durch ein interdisziplinäres Zusammenwirken der verschiedenen beteiligten Disziplinen. Die heilpädagogische Herausforderung im Kontext von Arbeit und im Bezug auf Menschen mit Behinderung liegt besonders darin, das Empowerment-Konzept als eine „lebensweltbezogene Behindertenarbeit" zu verstehen (vgl. Schlummer 2008a, 39) und so die emanzipatorischen Wirkstoffe im Rahmen einer emanzipativen Teilhabe am Arbeitsleben freizusetzen. In diesem Sinne ist Empowerment als Wegweiser für Heilpädagogik und Behindertenhilfe gleichermaßen zu betrachten. Im Rahmen einer zu realisierenden emanzipativen Teilhabe am Arbeitsleben steht allerdings die „Entmystifizierung des Leitgedankens Empowerment" (vgl. Schlummer 2008a, 39) noch aus.

Während Theunissen den Ansatz vor allem als „kontext- und betroffenenabhängig" versteht, unterstreicht er gleichzeitig – trotz der Vielschichtigkeit von Empowerment – als Bezugs- und Grundwerte die zentralen Aspekte Selbstbestimmung, kollaborative und demokratische Partizipation sowie Verteilungsgerechtigkeit (vgl. Theunissen 2009, 63). In diesem engen Zusammenhang korrespondiert das emanzipatorische Interesse der Empowerment-Philosophie mit den Anforderungen der Heilpädagogik im Rahmen des beruflichen Tätigseins von Menschen mit Behinderung.

Verbindet man den Begriff Empowerment mit dem Begriff Inklusion, so werden zwei „Wegbegleiter und Hinweistafeln" zugleich deutlich (vgl. Schlummer 2008b, 68). Sie sind zentrale Aspekte des viel beschworenen Paradigmen- und Perspektivenwechsels. Doch gibt es noch viel Informations- und Unterstützungsbedarf gegenüber gesellschaftlichen und staatlichen Institutionen, gegenüber einzelnen Menschen und der Bevölkerung bzw. der Gesellschaft. Und dies gilt in besonderer Weise für die Arbeitswelt von Menschen mit und ohne Behinderung.

3.4.2 Emanzipatives Handeln im Kontext Mitbestimmung

Die zuvor aufgezeigten Begriffe Selbstbestimmung, Partizipation und Verteilungsgerechtigkeit erhalten grundsätzlich und im Rahmen der Integrations- und Inklusionsdebatte einen unübersehbaren Stellenwert. Bezieht man sie auf das Thema Mitbestimmung am Arbeitsplatz, fallen erneut zwei Welten als unterscheidbare Sphären auf: die Welt der Arbeitnehmer mit ihrer Mitbestimmung (vgl. auch 2. Kapitel) und die der arbeitnehmerähnlich Beschäftigten mit ihrer Mitwirkung in den Werkstätten für behinderte Menschen. So treffen das Betriebsverfassungsgesetz (BetrVG) und die Werkstätten-Mitwirkungsverordnung (WMVO) aufeinander und verdeutlichen – bei genauem Hinsehen – sowohl einen graduellen als auch substanziellen Unterschied von Mit*wirkung* und Mit*bestimmung*.

Bei dem Versuch, diese Unterschiede zu verdeutlichen, wird schnell eine Hierarchisierung erkennbar, bei der das Mitbestimmungsrecht als die stärkste Form eines Beteiligungsrechts festzustellen ist. Dabei ist die Wirksamkeit einer Maßnahme des Arbeitgebers von der vorherigen Zustimmung des Betriebsrats oder Personalrats abhängig. Mitwirkung kann als die schwächere Form der Mitbestimmung bezeichnet werden (vgl. Schlummer & Schütte 2006, 74). In Werkstätten für behinderte Menschen bedeutet Mitwirkung zwar Beratung und Mitsprache bei Entscheidungen des Arbeitgebers. Jedoch bedürfen diese Entscheidungen nicht der Zustimmung des Werkstattrats (vgl. BIH 2002, 154). Allerdings ist die Rechtsgültigkeit der Entscheidung nach § 5 Abs. 3 WMVO von der vorherigen Unterrichtung und Beteiligung der Werkstatträte abhängig (Cramer 2006, 333 f.). Mitwirkungs- und Anhörungsrechte sollen lediglich eine Einflussnahme auf Entscheidungen gewährleisten (vgl. BIH 2002, 154). Die Regelung der Mitwirkung unterstreicht somit zum einen sicherlich die Diskrepanz des Status des arbeitnehmerähnlichen Rechtsverhältnisses (§ 1 Abs. 1 WMVO) der Beschäftigten in der WfbM gegenüber den Arbeitnehmern im Sinne des Betriebsverfassungsgesetzes. Zum anderen lassen sich dahinter auch Ängste vermuten, dass den Beschäftigten einer WfbM aufgrund ihrer Behinderung oder mangelnder Erfahrung der Überblick für (weitreichende) Entscheidungen fehlt (vgl. Schlummer & Schütte 2006, 75). Begründungen dafür lassen sich im allgemeinen Auftrag einer WfbM finden, z. B. auch für die Abwicklung von Produktionsaufträgen verantwortlich zu sein und sich den Anforderungen des allgemeinen Arbeitsmarktes zu stellen.

Dennoch ist der zuvor beschriebene Charakter der emanzipativen Teilhabe bei den Werkstatträten als Vertreter ihrer Kollegen mit Behinderung unübersehbar. Nicht zuletzt drückt sich die emanzipative Teilhabe im Sinne des Gesetzgebers dadurch aus, dass Werkstattrat und Werkstattleitung (und zusätzlich weitere Akteure im Mitwirkungsfeld) im Interesse der Werkstattbeschäftigten vertrauensvoll zusammenarbeiten sollen (§ 8 Abs. 1 WMVO). Hier schreibt der Gesetzgeber den Werkstattverantwortlichen besondere Aufgaben in das Pflichtenheft. Im Zusammenhang mit den Mitwirkungsrechten im engeren Sinne hat die Werkstatt „den Werkstattrat in den Angelegenheiten, in denen er ein Mitwirkungsrecht hat, rechtzeitig, umfassend und in angemessener Weise zu unterrichten und ihn vor

Durchführung einer Maßnahme anzuhören. Beide Seiten haben darauf hinzuwirken, dass Einvernehmen erreicht wird. Lässt sich Einvernehmen nicht herstellen, so kann jede Seite die Vermittlungsstelle anrufen" (§ 5 Abs. 3 WMVO). Im Kontext der sogenannten Unterrichtungsrechte kommt dieses weitreichende Pflichtpaket in abgeschwächter Form zur Geltung, wenn der Gesetzgeber formuliert: „Die Werkstatt hat den Werkstattrat in den Angelegenheiten, in denen er ein Unterrichtungsrecht hat, rechtzeitig und umfassend unter Vorlage der erforderlichen Unterlagen zu unterrichten" (§ 7 Abs. 2 WMVO).

Durch diese gesetzgeberischen Aufträge gegenüber den Werkstattverantwortlichen unterstreicht der Gesetzgeber gleichzeitig einen wesentlichen Kern und Tenor für die Zusammenarbeit von Werkstatt und Werkstattrat: Zusammenarbeit auf Augenhöhe als Ausdruck der emanzipativen Mitwirkung und somit Teilhabe am Arbeitsleben. Verstärkt werden derartige Grundzüge besonders in den Werkstätten, die über die Mitwirkungsregelung hinausgehen und Mitbestimmungsmöglichkeiten einräumen. Beispielhaft lassen sich hier die GWW Sindelfingen (GWW 2002) nennen oder Werkstätten in diakonischer Trägerschaft, für die spezielle Mitbestimmungs-Passagen in der Diakonie-Werkstättenmitwirkungsverordnung (DWMV) (§§ 7 und 8 DWMV) formuliert sind (vgl. Schlummer & Schütte 2006, 75; BeB 2004).

Damit die hier skizzierten Erwartungen und Anforderungen auch von den als Werkstattrat gewählten Menschen mit Behinderung eingelöst werden können, ist eine gezielte und damit letztlich auch heilpädagogisch orientierte Qualifizierung dieser Akteure vonnöten. Denn Werkstatträte benötigen zur Ausführung ihres Amtes eine Vielzahl von unterschiedlichen Fähigkeiten. Im Wesentlichen geht es dabei um Sachkompetenz, Selbst- oder Individualkompetenz, Sozialkompetenz und Methodenkompetenz (vgl. Schlummer & Schütte 2006, 85). Diese Kompetenzen sind gleichsam die Grundlage dafür, dass die emanzipative Mitwirkung als Teilhabe der Werkstatträte im unternehmerischen Kontext gelingt. Durch den vom Gesetzgeber definierten Rahmen für entsprechende Schulungs- und Bildungsveranstaltungen (20 bzw. 10 Fortbildungstage innerhalb der Amtsperiode von vier Jahren lt. § 37 Abs. 4 WMVO) kann die Teilnahme an Qualifizierungsmaßnahmen den Werkstatträten den Weg bereiten und dabei helfen, Selbstvertrauen zu gewinnen und auf der Basis von Sachkompetenz für eine erfolgreiche Mitwirkungsarbeit umzusetzen. Eine gesetzlich verbriefte Unterstützung können Werkstatträte für ihre Arbeit aber auch durch Vertrauenspersonen erhalten (§ 39 Abs. 3 WMVO). Hier gibt es vielfältige Möglichkeiten und ggf. Notwendigkeiten der Begleitung, die aber aufgrund der potenziellen Rollenkonflikte gerade bei den Vertrauenspersonen (vgl. Abb. 10) von beiden Seiten aus gut abgestimmt und vereinbart werden müssen, damit die Begleitung erfolgreich ist (vgl. Schlummer & Schütte 2006, 127 ff.).

Zu den allgemeinen Qualifizierungsmöglichkeiten und auch zu den Unterstützungsmöglichkeiten durch Vertrauenspersonen muss ferner die enorme Bereitschaft der Werkstattverantwortlichen hinzukommen, „Mitwirkungsspielräume so zu formulieren und zu gestalten, dass diese an den Erfahrungswerten der Werkstatträte anknüpfen und für sie so nachvollziehbar und verständlich werden. Nicht

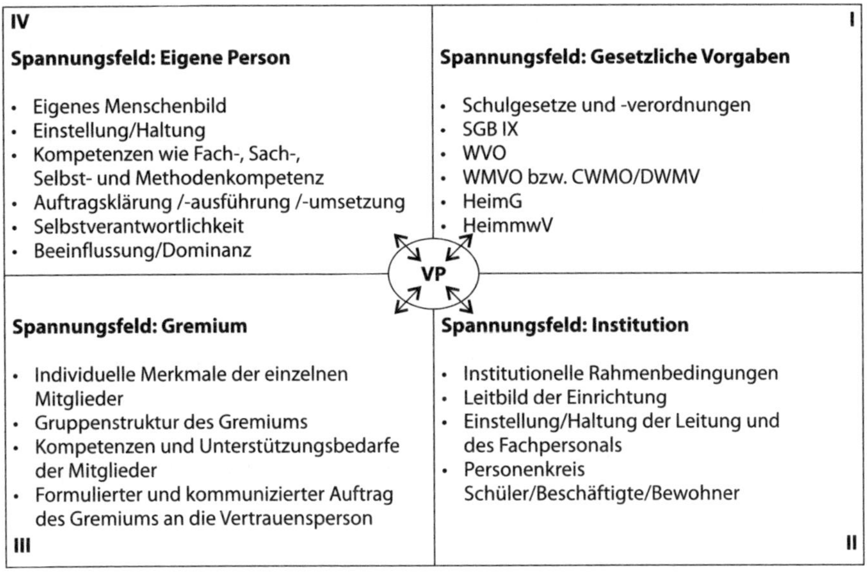

Abb. 10: Vertrauenspersonen und mögliche Spannungsfelder (Quelle: Schlummer & Schütte 2006, 131).

selten werden Werkstatträte mit einer ausschließlich verbalen Entscheidungsvorbereitung überfordert sein, vor allem wenn es um übergreifende Zusammenhänge geht“ (Schlummer & Schütte 2006, 96). Hier muss der Anspruch des Gesetzgebers beachtet und gleichzeitig dem Wissen um die Sozialisation von Menschen mit Behinderung – z.B. im Umgang mit Entscheidungsmöglichkeiten – Rechnung getragen werden.

Dies bedarf eines sensiblen und empathischen Vorgehens, damit das Ziel der größtmöglichen Selbstbefähigung und der Einbindung in das Mitwirkungsgeschehen erreicht wird (vgl. Schütte 2004, 98). Somit ist die Werkstattleitung hinsichtlich der Reflexion und Überprüfung des eigenen pädagogischen Handelns sowie seines Führungsverhaltens besonders gefordert (vgl. Schlummer & Schütte 2006, 96). Dies unterstreicht ein weiteres Mal, dass emanzipatives Handeln im Kontext Mitbestimmung nur gelingen kann, wenn die kommunikative Basis in dem zuvor beschriebenen Sinne zwischen den beteiligten Akteuren vorhanden ist.

3.4.3 Wertgeleitete Professionalität und emanzipative Teilhabe

Dass emanzipative Teilhabe von Menschen mit Behinderung in der Arbeitswelt gelingt, hängt nicht zuletzt auch von professionell agierenden Partnern am Arbeitsplatz ab. Dies gilt für Werkstätten für behinderte Menschen gleichermaßen wie für den Arbeitsplatz auf dem allgemeinen Arbeitsmarkt. Zur Professionalität und Qualifikation des „zuständigen“ Fachpersonals haben vorherige Abschnitte bereits mehrfach Hinweise gegeben. In diesem Abschnitt sei exkursartig ein weiterer Hinweis hinzugefügt, der sich grundsätzlich mit Grundwerten der heilpädagogischen Professionalität befasst. Nach Haeberlin muss eine tragfähige Heilpädagogik und damit das Agieren der Professionellen wertgeleitet sein. „Ob die Heilpädagogik tragfähig ist, hängt letztlich von unserer persönlichen Entscheidung und Resistenz gegen die Ausverkaufsmentalität im Wertebereich ab.“ (Haeberlin 2000, 66) Für Haeberlin (vgl. auch Haeberlin 2005) bedeutet dies vor allem auch, dass die Konsequenz einer so ausgerichteten Professionalität sich nicht durch „scharf gedachte Argumente beirren“ lassen darf und seine Tragfähigkeit sich besonders „im Engagement für Selbstbestimmung, Würde und Lebensrecht behinderter Menschen“ zeigt (vgl. Haeberlin 2000, 67 f.). Auf der Basis dieser Position ist die in der Vierteljahresschrift für Heilpädagogik und ihre Nachbargebiete (VHN) initiierte Auseinandersetzung mit einem möglichen heilpädagogischen Eid zu sehen. Hier stellt Margrit Meier ihren Entwurf eines berufsethischen Eides vor (Meier 2008, 69), der analog zum hippokratischen Eid der Ärzteschaft als allgemeines und verpflichtendes Bezugssystem für die heilpädagogisch tätigen Professionellen Gültigkeit haben könnte (siehe Abb. 11).

„Ich schwöre, dass ich diesen Eid mit all meinen Kräften erfüllen werde: Jedes Gegenüber hat ein Recht auf Leben und bestmögliche Entwicklung und wird von mir als gleichwertiger Partner angenommen. Ich respektiere seine Würde, Interpersonalität und Kontextsensibilität. Ich halte an der Bildbarkeit und am Bildungsrecht aller Menschen fest. Ich vertraue ins Können der mir anvertrauten Menschen, will ihre Fähigkeiten wecken und fördern, sie zu größtmöglicher Selbstständigkeit und Eigenverantwortlichkeit führen und das Bestmögliche zur Steigerung ihrer Lebensqualität beitragen. Ziel der mir anvertrauten Menschen ist die Integration und somit die soziale Eingliederung und Teilhabe an der Gesellschaft. Wichtiger Bestandteil meiner täglichen Arbeit ist die Begründung heilpädagogischen Handelns und die dazugehörende Selbstreflexion. Um dies zu gewährleisten, bin ich bereit, meine Kompetenzen und mein Wissen fortlaufend zu erweitern. Ich bin mir bewusst, dass ich eine große Verantwortung trage, wenn ich Menschen auf ihrem Lebensweg begleite. Die daraus entstehende Abhängigkeit nutzte ich nicht aus. Daher vermeide ich Diskriminierung und unterlasse jede Form von Missbrauch und Gewalt und bin wachsam, ob jemand anders Gewalt oder Missbrauch anwendet und schütze die mir anvertrauten Menschen nach bestem Wissen und Gewissen. Als Heilpädagogin wahre ich die Schweigepflicht und behandle Daten und Informationen vertraulich. Dies alles verspreche ich feierlich, frei und auf meine Ehre“.

Abb. 11: Vorschlag eines Heilpädagogischen Eides nach Margrit Meier (Quelle: Meier 2008, 69).

Interessanterweise lehnt die Autorin selbst allerdings eine Vereidigung für die Heilpädagogik noch ab, da aus ihrer Sicht eine ganze Reihe von kritischen Fragen derzeit unbeantwortet bleiben muss, u. a. die entscheidende Frage: Würde ein Eid, der auf diesem Menschenbild basiert, Menschen mit Behinderung schützen? Nach kritischem Abwägen kommt auch Fornefeld zu einer ähnlichen Einschätzung, wenn sie darauf hinweist, dass kein noch so ausdifferenzierter berufs-ethischer Eid allein zu mehr Gerechtigkeit für alle Menschen mit Behinderung, zu einem ‚guten Leben' führen kann (Fornefeld 2009, 17). Als Hilfsargumente zieht Fornefeld heran, dass auch der hippokratische Eid die menschenverachtenden Praktiken der NS-Ärzte nicht verhindert habe und dass der olympische Eid Doping nicht aus den Sportstadien fernhalte. Eine grundlegende Ausrichtung und Verpflichtung von Professionellen im Sinne des Vorstoßes für einen heilpädagogischen Eid ist nicht ganz neu. So hat Hartmut von Hentig bereits 1991 einen „Sokratischen Eid" für Pädagogen, Lehrer und Erzieher formuliert und gefordert, der Verpflichtungsaspekte gegenüber dem zu Erziehenden, aber auch Selbstverpflichtungsaspekte des pädagogisch Tätigen zum Ausdruck brachte (Hentig v. 1993, 158 f.). Im Gegensatz zu Fornefeld heute brachte von Hentig damals als wichtige Argumente vor, dass ein solcher Eid dem Pädagogen zwar „nicht in jedem Fall gegen die anderen oder gegen die Verhältnisse zum Recht verhelfen" könne, dass er aber seine Position stärken und andere vorsichtiger handeln lassen könne. „Hätten wir einen Sokratischen Eid unter den Nazis, in der DDR, im Alltag der nach unpädagogischen Gesichtspunkten vorgenommenen Reformen und Gegenreformen der Schule gehabt, er hätte manche tapfere Lehrerin, manchen tapferen Lehrer geschützt. Es ist nie zu spät für das Richtige." (Hentig v. 1991, zit. n. FSD 2009)

Anders als von Hentig sieht es heute auch Dlugosch (2009), wenn sie verdeutlicht, dass immer Entscheidungen anstehen können, die „z. T. nicht allen geforderten Dimensionen des Berufshandelns gleichermaßen gerecht werden". Sie sieht daher keine letztliche Entlastungsfunktion eines solchen berufsethischen Eides, „auch wenn ihnen durchaus andere positiv wirkende Funktionen zugesprochen werden können" (Dlugosch 2009, 112). Dennoch ist Fornefeld zuzustimmen, wenn sie in einem heilpädagogischen Eid formulierte moralische Werte als Orientierungsgrößen sieht (Fornefeld 2009, 17) – gerade auch für heilpädagogische Ausbildungsgänge. Es muss also bei der dauerhaften Aufforderung zur Verantwortlichkeit bleiben. In diesem Sinne korrespondieren diese Ausführungen mit dem letzten Kapitel dieses Buches.

Nach diesen exkursartigen Erläuterungen zu heilpädagogischen Grundwerten ist – bezogen auf den Kontext Arbeit von Menschen mit Behinderung – festzuhalten: Ein personenzentrierter Ansatz muss einerseits individuelle Potenziale von Menschen mit Behinderung berücksichtigen und zu fördern versuchen. Andererseits muss er Rahmenbedingungen am Arbeitsplatz und darüber hinaus im Sinne der individuellen Förderung kritisch analysieren. Und er muss sich schließlich für Veränderungen ungünstiger Rahmenbedingungen – so weit wie möglich – als eine Optimierung einer solchen Förderung einsetzen. Dies gilt für alle Akteure im Kontext Arbeit von Menschen mit Behinderung – für heilpädagogisch Tätige im engeren und der Förderung der Teilhabe von Menschen mit Behinderung am Arbeitsleben Verpflichtete im weiteren Sinne.

3.4.4 Perspektiven im Kontext emanzipativer Teilhabe

Die zuvor aufgezeigte heilpädagogische Verpflichtung zur Unterstützung einer emanzipativen Teilhabe im Arbeitsleben von Menschen mit Behinderung erhält im bundesdeutschen Zusammenhang eine rechtsstaatliche und menschenrechtliche Unterstützung. Bereits oben ist die Ratifizierung durch die Bundesregierung der sogenannten UN-Behindertenrechtskonvention angesprochen worden. Die im „Übereinkommen über die Rechte von Menschen mit Behinderungen" (BGBl. 2008) formulierten Verpflichtungen sind für die bundesdeutsche Landschaft eine zusätzliche neue Orientierung und im Sinne des Gesetzgebers einzulösen. Aus Sicht des Direktors des Deutschen Instituts für Menschenrechte dienen Menschenrechtskonventionen dem „Empowerment" der Menschen. „Sie leisten dies, indem sie Ansprüche auf Selbstbestimmung, Diskriminierungsfreiheit und gleichberechtigte gesellschaftliche Teilhabe formulieren, sie rechtsverbindlich verankern und mit möglichst wirksamen Durchsetzungsinstrumenten verknüpfen" (Bielefeldt 2006, 4). Die UN-Behindertenrechtskonvention ist eine solche Menschenrechtskonvention und nimmt mit seinem Diversity-Ansatz Deutschland in die Pflicht. Als Staat ist er Garant des Rechts und gehalten, „die Menschenrechte zunächst als Vorgabe (und ggf. als Grenze) eigenen Handels zu achten; darüber hinaus hat er die betroffenen Menschen vor drohenden Rechtsverletzungen durch Dritte aktiv zu schützen; schließlich soll er außerdem Infrastrukturmaßnahmen ergreifen, damit die Menschen von ihren Rechten auch tatsächlich Gebrauch machen können" (vgl. Bielefeldt 2006, 13 f.). In der Menschenrechtsdiskussion werden diese drei Verpflichtungsebenen unter dem Begriff der menschenrechtlichen Pflichtentrias thematisiert.

Der Kontext Arbeit erfährt in der Konvention eine Konkretisierung durch Artikel 27. In Absatz 1 formuliert der Artikel u. a.: „Die Vertragsstaaten anerkennen das gleiche Recht von Menschen mit Behinderungen auf Arbeit; dies beinhaltet das Recht auf die Möglichkeit, den Lebensunterhalt durch Arbeit zu verdienen, die in einem offenen, integrativen und für Menschen mit Behinderungen zugänglichen Arbeitsmarkt und Arbeitsumfeld frei gewählt oder angenommen wird" (§ 27 Abs. 1 UN-Behindertenrechtskonvention, zit. n. BGBl. 2008). Was dies in der Konsequenz für Veränderungsprozesse auf dem Arbeitsmarkt bedeutet, ist schwer einzuschätzen. Deutlich ist allerdings in dem von der Bundesregierung ebenfalls ratifizierten Zusatzprotokoll zur Konvention, dass ein Beschwerdemechanismus auf internationaler Ebene geschaffen ist, an den sich Betroffene nach der Ausschöpfung nationaler Rechtsmittel wenden können. Ob solche Wege eingeschlagen werden und ob sie nach erfolgter Rechtsprechung dann auch zu Veränderungen in integrativen Arbeitsumgebungen führen, bleibt abzuwarten. Deutlich wird auf jeden Fall, dass die Ratifizierung der UN-Behindertenrechtskonvention bereits einen immensen Schub innerhalb der Auseinandersetzung um Integration und Inklusion erzeugt. Die Formeln zur Berechnung der Schubkraft für den Arbeitsmarkt müssen derzeit allerdings noch entwickelt werden. Wird auf der Basis der UN-Behindertenrechtskonvention emanzipative Teilhabe im Kontext Arbeit verknüpft mit den auch heilpädagogisch zu durchdringenden und zu fundierenden Ansätzen von Community Care und Community Living (Schablon 2009), so lassen sich dennoch vervielfältigende Potenziale als Schubkräfte prognostizieren.

4 Konzepte und Methoden des Handlungsfeldes Arbeit

Gerd Grampp

Inhalt dieses Kapitels sind die Grundlagen für die Gestaltung des Systems Arbeit. In den fünf Unterkapiteln werden Konzepte – Zusammenfassung von Sachverhalten mit gemeinsamen Merkmalen – und Methoden – Verfahren und Vorgehensweisen zur Verwirklichung von Konzepten – nicht getrennt dargestellt. Die Abschnitte der Unterkapitel befassen sich mit Konzepten, die Arbeit als Handlungsfeld thematisieren, in dem Mensch und Technik unmittelbar miteinander verbunden sind. Die Arbeitswissenschaft bearbeitet dieses Feld in umfassender Weise mit dem Ziel, es „menschengerecht" zu machen. Das Handbuch Arbeitswissenschaft (Luczak & Volpert 1997) dient bei diesen Ausführungen als Grundlage.

Die fünf Unterkapitel befassen sich mit folgenden Themen:

- Arbeit als personal-technologisches Bedingungsfeld
- Biologieorientierte Konzepte und Methoden
- Fähigkeitsorientierte Konzepte und Methoden
- Organisationsorientierte Konzepte und Methoden
- Personorientierte Konzepte und Methoden

Im ersten Unterkapitel „Arbeit als personal-technologisches Bedingungsfeld" wird zunächst die Funktionsfähigkeit in Anlehnung an die Internationale Klassifikation der Funktionsfähigkeit, Behinderung und Gesundheit (ICF) als personale Grundlage der Arbeitstätigkeit thematisiert. Ein Vergleich der Items der ICF mit den Inhalten des Handbuchs Arbeitswissenschaft zeigt, dass sich zwischen beiden vielfache Übereinstimmungen ergeben. Ebenso wie die Arbeitswissenschaft ist die ICF interdisziplinär ausgerichtet. Die ICF bietet somit eine Basis, arbeitswissenschaftliche Themen, die sich mit der Funktionsfähigkeit befassen, zu klassifizieren und zu dokumentieren.

Ein weiterer Inhalt des ersten Unterkapitels ist die „Ergonomie". Sie beschäftigt sich mit der Arbeitsgestaltung im Spannungsfeld der Ziele „Gesundheit und Unversehrtheit der Person" und „Arbeitsproduktivität und Arbeitsqualität". Zur Erreichung der Ziele nimmt sie Einfluss auf die Gestaltung von Arbeitsplätzen, Arbeitsmitteln und Arbeitsumgebungen sowie von Arbeitszeit und Arbeitsstrukturen im System Arbeit. Die „Anthropotechnik" als weiterer Inhalt des ersten Unterkapitels hat die spezifische Sicht der Arbeit als „Mensch-Maschine-System" und die Anpassung der Technik an den Menschen zum Thema.

Das zweite Unterkapitel mit dem Titel „Biologieorientierte Konzepte und Methoden" befasst sich mit der Aktivierung der Personen sowie der Anpassung und Gewöhnung an biologische Vorgänge. Die biologischen Rhythmen – am bekanntesten ist der Tagesrhythmus der Leistungsfähigkeit – spielen ebenso eine Rolle wie die Fragen von Belastung und Beanspruchung sowie Ermüdung und Erholung durch Arbeitstätigkeiten.

Die Erledigung von Aufgaben im System Arbeit erfordert von den tätigen Personen den Einsatz ihrer Fähigkeiten. Dieses Thema ist Inhalt des dritten Unterkapitels „Fähigkeitsorientierte Konzepte und Methoden". Hier geht es um die körperliche Leistungsfähigkeit im Sinne von Kraft und Ausdauer, um sensumotorische Fähigkeiten wie Koordination und Schnelligkeit und sensorische Fähigkeiten wie Sehen und Hören. Gefordert werden aber auch kognitive Fähigkeiten wie Denken und Intelligenz sowie affektive Fähigkeiten wie Lust oder Angst.

„Organisationsorientierte Konzepte und Methoden" als Gegenstand des vierten Unterkapitels umfassen die Organisation des Systems Arbeit. Dabei kann Organisation als Struktur (Aufbauorganisation) und als Prozess (Ablauforganisation) verstanden werden. In diesem Unterkapitel geht es um Prozesse und Abläufe der konkreten Arbeitstätigkeit sowie der Qualifizierung für diese Tätigkeit.

Das fünfte Unterkapitel „Personorientierte Konzepte und Methoden" befasst sich mit vier Themenbereichen: Zunächst wird die Handlungsregulation als Konzept der Selbststeuerung der Arbeitstätigkeit durch die ausführende Person dargestellt. Daran schließen sich dann die Themen Personalplanung, Personalauswahl und Personalentwicklung an. Beim ersten Thema steht die individuelle Person im System der Arbeit im Vordergrund. Bei den anderen Themen geht es darum, Personen für die Erledigung der Arbeitsaufgaben zu finden und ihnen arbeitslebensbegleitend Angebote zur Entwicklung ihres Wissens und Könnens zu machen, damit sie den sich ändernden Aufgaben gewachsen sind.

4.1 Arbeit als personal-technologisches Bedingungsfeld

Die in diesem Kapitel dargestellten Konzepte und Methoden des Handlungsfeldes Arbeit entstammen der Arbeitswissenschaft. Allerdings sollten sie aus Sicht der Heilpädagogik mit dem Konzept der Funktionsfähigkeit der ICF verknüpft werden. Diese Klassifikation der Weltgesundheitsorganisation (WHO) ist Inhalt des ersten Teils dieses Unterkapitels. Sie verdeutlicht die personalen Bedingungen der Arbeit und weist in ihrer Gliederung viele Parallelen mit der Arbeitswissenschaft auf. Die Verbindung der personalen und technologischen Bedingungen der Arbeit wird durch die Ergonomie und die Anthropotechnik geleistet. Ergonomie wird von Luczak und Volpert (1997) neben der Anthropotechnik als Teilgebiet in die „Disziplinenstruktur der Arbeitswissenschaft" eingeordnet. Während Ergonomie sich auf alle Gesichtspunkte der Arbeitsgestaltung bezieht, beschäftigt sich die Anthropotechnik spezifisch mit „Mensch-Maschine-Systemen".

4.1.1 Personale Grundlage der Arbeit: Funktionsfähigkeit

Funktionsfähigkeit ist ein „Schlüsselbegriff" der ICF. Sie ist eine von den UN anerkannte gesundheits- bzw. funktionsbezogene soziale Klassifikation. Sie ermöglicht die Darstellung von „Komponenten der Gesundheit" und enthält einen Katalog von Merkmalen zur Beschreibung von Gesundheits- und mit Gesundheit zusammenhängenden Zuständen einer Person mit einem Gesundheitsproblem. Gesundheit wird zwar in der ICF nicht definiert, jedoch kann die folgende Definition als Orientierung angesehen werden: „Gesundheit ist die Fähigkeit und Motivation, ein wirtschaftlich und sozial aktives Leben zu führen" (WHO 1987 zit. n. Ulich 2003). Grundlage für die wirtschaftlichen und sozialen Aktivitäten in den Lebensbereichen ist die funktionale Gesundheit oder Funktionsfähigkeit einer Person.

Die Funktionsfähigkeit wird von den Körperfunktionen und -strukturen einer Person bestimmt, die selbst wieder durch das Gesundheitsproblem beeinflusst werden. Darüber hinaus spielen aber auch Faktoren eine Rolle, die mit dem Gesundheitsproblem nicht ursächlich in Zusammenhang stehen. Es geht dabei um personbezogene bzw. umweltbezogene Kontextfaktoren. Sie können als „Barrieren" (engl. barriers) behindernd und als „Förderfaktoren" (engl. facilitators) enthindernd auf die Aktivitäten einer Person und ihre gesellschaftliche Teilhabe in verschiedenen Lebensbereichen wirken. Damit ergibt sich ein vernetztes Gefüge aus den verschiedenen, aufeinander wirkenden Faktoren. Die folgende Abbildung zeigt die Bedingungen der Funktionsfähigkeit und ihre Wirkungen:

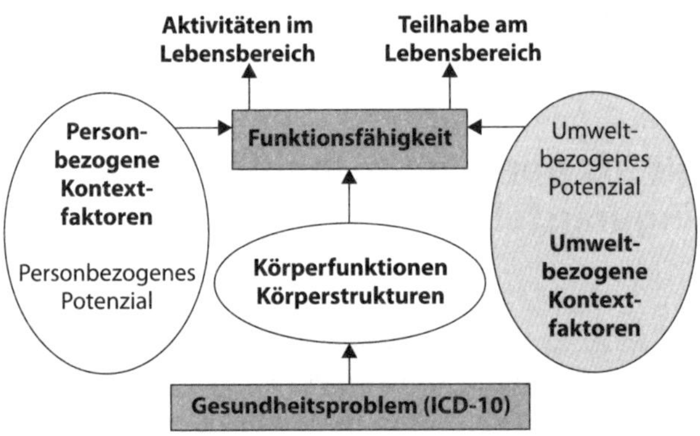

Abb. 12: Die Bedingungen der Funktionsfähigkeit und ihre Wirkungen

Die ICF enthält eine umfassende Liste von Beschreibungsmerkmalen in den folgenden vier Teilklassifikationen:

- Körperfunktionen
- Körperstrukturen
- Aktivitäten bzw. Teilhabe
- Umweltfaktoren (umweltbezogene Kontextfaktoren)

Eine Sonderstellung haben die personbezogenen (Kontext-)Faktoren. Sie werden zwar in der ICF erwähnt und es werden Beispiele dafür genannt, sie werden aber nicht klassifiziert. Ergänzend steht jedoch eine Klassifikation der MDK-Gemeinschaft zur Verfügung (Viol et al. 2006; Viol, Grotkamp & Seger 2007).

In den Teilklassifikationen sind die Beschreibungsmerkmale „nach einem ‚Ast-Zweig-Blatt-Schema' angeordnet" (ICF Anhang 1, vgl. DIMDI 2005), das mit den Kapiteln beginnt, die dann weiter unterteilt werden. Das folgende Bild zeigt den Aufbau. Dabei erhalten die einzelnen Ebenen Bezeichnungen, die zwar in der ICF selbst nicht verwendet werden, aber eine einheitliche und eindeutige Beschreibung der ICF-Ebenen ermöglichen. Es handelt sich um: Teilklassifikationen (Oberfläche der Grafik), Klassifikationsbereiche, Klassifikationsgruppen, Klassifikationseinheiten und Klassifikationselemente (Front der Grafik).

Abb. 13: Aufbau der Teilqualifikationen

Nachfolgend werden die Teilklassifikationen mit den Klassifikationsbereichen (erste Ebene) dargestellt.

Körperfunktionen bzw. Körperstrukturen

Körperfunktionen beziehen sich auf alle Körpersysteme. Dabei steht „Körper" für den ganzen menschlichen Organismus. Es werden so auch geistige und seelische Funktionen erfasst. Körperstrukturen sind anatomische Teile des Körpers wie Organe, Gliedmaßen und ihre Bestandteile. Die Klassifikation hat die gleiche Gliederung wie die der Körperfunktionen, da sich beide an Körpersystemen orientieren.

Tab. 1: ICF-Systematisierung von Körperfunktionen und -strukturen

Körperfunktionen	**Körperstrukturen**
(1) Mentale Funktionen	(1) Strukturen des Nervensystems
(2) Sinnesfunktionen und Schmerz	(2) Das Auge, das Ohr und mit diesen in Zusammenhang stehende Strukturen
(3) Stimm- und Sprechfunktionen	(3) An der Stimme und dem Sprechen beteiligte Strukturen
(4) Funktionen des kardiovaskulären, hämatologischen, Immun- und Atmungssystems	(4) Strukturen des kardiovaskulären, des Immun- und des Atmungssystems
(5) Funktionen des Verdauungs-, des Stoffwechsel- und des endokrinen Systems	(5) Mit dem Verdauungs-, Stoffwechsel und endokrinen System in Zusammenhang stehende Strukturen
(6) Funktionen des Urogenital- und reproduktiven Systems	(6) Mit dem Urogenital- und dem Reproduktionssystem in Zusammenhang stehende Strukturen
(7) Neuromuskuloskeletale und bewegungsbezogene Funktionen	(7) Mit der Bewegung in Zusammenhang stehende Strukturen
(8) Funktionen der Haut und der Hautanhangsgebilde	(8) Strukturen der Haut und Hautanhangsgebilde

Aktivitäten und Teilhabe

Aktivitäten bezeichnen die Durchführung von Aufgaben oder Handlungen durch eine Person. Teilhabe ist das Einbezogensein einer Person in eine Lebenssituation oder einen Lebensbereich.

(1) Lernen und Wissensanwendung
(2) Allgemeine Aufgaben und Anforderungen
(3) Kommunikation
(4) Mobilität
(5) Selbstversorgung
(6) Häusliches Leben
(7) Interpersonelle Interaktionen und Beziehungen
(8) Bedeutende Lebensbereiche
(9) Gemeinschafts-, soziales und staatsbürgerliches Leben

Kontextfaktoren

Kontext beschreibt in der ICF den „Lebenshintergrund“ einer Person. Die Kontextfaktoren stehen – anders als die Körperfunktionen und -strukturen – nicht in einem ursächlichen Zusammenhang mit dem Gesundheitsproblem einer Person. Es werden zwei Arten von Kontextfaktoren unterschieden: Umweltbezogene und personbezogene Faktoren. Die personbezogenen Kontextfaktoren werden in der MDK-Version dargestellt.

Umweltbezogene Faktoren

(1) Produkte und Technologien
(2) Natürliche und vom Menschen veränderte Umwelt
(3) Unterstützung und Beziehungen
(4) Einstellungen, Werte und Überzeugungen anderer Personen und der Gesellschaft
(5) Dienste, Systeme und Handlungsgrundsätze

Personbezogene Faktoren

(1) Soziodemografische und biografische Faktoren
(2) Genetische Faktoren
(3) Faktoren des Alters und der Alterung
(4) Physische Faktoren
(5) Psychische Faktoren
(6) Lebensstil- und Schutzfaktoren der Gesundheit
(7) Andere Gesundheitsprobleme und Interventionen

Insgesamt enthält die ICF in ihren vier Teilklassifikationen 1424 Beschreibungsmerkmale (Kodes), sich auf die vier Gliederungsebenen Klassifikationsbereiche, Klassifikationsgruppen, Klassifikationseinheiten und Klassifikationselemente verteilen. Das folgende Beispiel verdeutlicht die Struktur:

MENTALE FUNKTIONEN	(Klassifikationsbereich)
b114 Funktionen der Orientierung	(Klassifikationsgruppe)
b1142 Orientierung zur Person	(Klassifikationseinheit)
b11420 Orientierung zum eigenen Selbst	(Klassifikationselement)
b11421 Orientierung zu anderen Personen	(Klassifikationselement)
b11428 Orientierung zu Personen, anders bezeichnet	(Klassifikationselement)
b11429 Orientierung zu Personen, nicht näher bezeichnet	(Klassifikationselement)

Im Anhang 2 „Kodierungsleitlinien für die ICF" (DIMDI 2005) wird darauf hingewiesen, dass „die Annahme nicht praxisgerecht ist, auf jeden Untersuchungsfall alle möglichen Kodes zu verwenden. [Deshalb] sollen Anwender in Abhängigkeit von den Umständen der Untersuchung die für ihre Zwecke wichtigsten Kodes zur Beschreibung der gesundheitlichen Sachverhalte auswählen". Das bedeutet, dass in keinem Fall alle bedeutsam erscheinenden Kodes genutzt werden sollen oder müssen. Vielmehr muss die notwendige und hinreichende Zahl an Kodes festgelegt werden, um einen bestimmten Sachverhalt darzustellen.

Für diese Festlegung wird es sehr oft ausreichend sein, die Ebene der Klassifikationsgruppen zu nutzen. Sie sind durch einen Kode aus einem Buchstaben und drei Ziffern gekennzeichnet. Die Buchstaben weisen auf die Teilklassifikation hin:

- „**b**" = Körperfunktionen (**b**ody function),
- „**s**" = Körperstrukturen (body **s**tructure),

- „**d**" = Aktivitäten/Partizipation [Teilhabe] (**d**omain [Bereich]),
- „**e**" = Umweltbezogene Kontextfaktoren [**e**nvironmental factor),
- „**i**" = personbezogene Kontextfaktoren [**i**ndividual factor).

Da es sich bei Aktivitäten/Partizipation [Teilhabe] um eine „Doppelklassifikation" handelt, gibt es die Möglichkeit einer getrennten Bezeichnung. Wenn sich die Kodes auf die Partizipation [Teilhabe] beziehen kann „p" (**p**articipation) benutzt werden. Wenn Aktivitäten kodiert werden, wird „a" (**a**ctivity) verwendet.

Es stehen 314 Klassifikationsgruppen zur Verfügung, z. B. bei den Körperfunktionen die Klassifikationsgruppe „b114 Funktionen der Orientierung". Die folgende Liste zeigt die Anzahl der Klassifikationsgruppen für die fünf Klassifikationsbereiche.

Köperfunktionen (b)	85 Klassifikationsbereiche
Körperstrukturen (s)	37 Klassifikationsbereiche
Aktivitäten/Partizipation [Teilhabe] (d/p/a)	93 Klassifikationsbereiche
Umweltbezogene Kontextfaktoren (e)	64 Klassifikationsbereiche
Personbezogene Kontextfaktoren (i)	35 Klassifikationsbereiche

Die ICF stellt mit den Teilklassifikationen eine sehr umfangreiche Möglichkeit zur Verfügung, die Funktionsfähigkeit einer Person zu veranschaulichen. Alle Instrumente, die zur Beschreibung von Menschen angewendet werden, können für bestimmte Zwecke nutzbar gemacht werden. Dies betont auch die WHO im Anhang 6 „*Ethische Leitlinien zur Verwendung der ICF*": „Jedes wissenschaftliche Werkzeug kann falsch gebraucht oder missbraucht werden. Es wäre naiv zu glauben, ein Klassifikationssystem wie die ICF könnte nie in einer Weise verwendet werden, die für Menschen verletzend oder schädlich ist. Selbstverständlich kann keine Zusammenstellung von Leitlinien alle möglichen Missbräuche einer Klassifikation oder anderer wissenschaftlicher Werkzeuge vorwegnehmen oder diese verhindern; dieses Dokument ist davon nicht ausgeschlossen. Es bleibt zu hoffen, dass die nachfolgenden Maßnahmen beachtet werden und die Gefahr verringern helfen, dass die ICF in für Menschen mit Behinderungen entwürdigender und verletzender Art und Weise verwendet wird." Nachfolgend die ethischen Leitlinien in Kurzform:

- Anwendung auf der Grundlage der Wertschätzung der Person.
- Respektierung der Selbstbestimmung der Person.
- Keine Zuschreibung von Eigenschaften („Etikettierung").
- Zustimmung der Person oder ihrer Interessenvertreter zur Anwendung.
- Beteiligung der Person oder ihrer Interessenvertreter am Prozess der Klassifizierung.
- Gewährleistung des Datenschutzes (informationelle Selbstbestimmung).
- Ganzheitliche Verwendung der ICF durch Berücksichtigung des Kontextes.
- Erhöhung der Teilhabemöglichkeiten der Person.
- Keine Gruppierung von Personen mit gleichen Merkmalen.

Die ICF bietet eine interdisziplinäre Möglichkeit, die Funktionsfähigkeit einer Person als Grundlage für ihre Arbeitstätigkeit zu beschreiben. Die von der Arbeitswissenschaft als Ziel der Arbeitsgestaltung vertretenen Kriterien Ausführbarkeit, Beeinträchtigungs- bzw. Schädigungslosigkeit und Persönlichkeitsförderlichkeit können auf der ICF-Basis als Erhaltung, Wiedergewinnung oder Entwicklung der Funktionsfähigkeit einer Person beschrieben werden.

4.1.2 Person und Arbeit: Ergonomie

Der Begriff Ergonomie ist eine Kombination „der beiden griechischen Wortstämme ‚ergon' (= Arbeit) und ‚nomos' (= Regel, Gesetz)" (Laurig 1997, 125). Ihre wissenschaftlichen Grundlagen hat die Ergonomie in der Physiologie, der Psychologie und der funktionellen Anatomie, aber auch in der Arbeitsmedizin, der Physik und den Ingenieurwissenschaften. Sie „sollte klassische, naturwissenschaftlich arbeitende Humanwissenschaften in sich vereinigen" (Laurig 1997, 125).

Ziel der Ergonomie ist die Verhinderung einer „Beeinträchtigung des Menschen [...], besonders durch Ausschaltung aller Einflüsse, die die Leistungsfähigkeit verringern [...] können oder körperliche Beeinträchtigungen [...] verursachen können" (Murrell, n. Laurig 1997, 125). In anderer Form beschreibt Bechterew (n. Laurig 1997, 126) die Programmatik der Ergonomie folgendermaßen: „Nicht auf die Taylorisierung der Arbeit kommt es an, nicht in ihr liegt das endgültige Ideal des Problems Arbeit, sondern in einer solchen Realisierung der Arbeit selbst, die bei einem Optimum oder einem Maximum an Gesundheit, beim Fehlen nicht nur der Übermüdung, sondern auch bei der Garantie der vollen Gesundheit und Entwicklung der Persönlichkeit der Werktätigen ein Maximum an Produktivität ergibt".

Allerdings hat sich schon 1857 der polnische Naturwissenschaftler Jastrzebowski in seinem „Grundriß der Ergonomie oder Lehre von der Arbeit gestützt auf die aus der Naturgeschichte geschöpften Wahrheit" mit Arbeitsaspekten befasst. „Nach Jastrzebowski lässt sich menschliche Arbeit einteilen in: ‚nützliche Arbeit' zur Verbesserung der Lebensbedingungen der Menschen und ‚schädliche Arbeit', die nur Zerstörung bedeutet" (Laurig 1997, 126). Ergonomie hat sich mit den „nützlichen Arbeiten" zu beschäftigen, deren „Verbesserung sollte ‚der Sache, den Menschen und uns selbst dienen'. Die für nützliche Arbeit notwendigen ‚Lebenskräfte' müssten vor Erschöpfung durch ‚Missbrauch' – aber auch durch ‚Untätigkeit (!)' – geschützt werden, so dass Arbeitserleichterung vermehrten Nutzen bringt: ‚. . . um reichlichst Früchte zu erhalten mit geringster Mühe und größter Zufriedenheit für das eigene und allgemeine Wohl. . .'" (Laurig 1997, 126).

Ergonomie als Optimierungsproblem

Aufgabe der Ergonomie als Wissenschaft ist es, Möglichkeiten für die Beurteilung und Gestaltung menschlicher Arbeit zu entwickeln und anzubieten. Ergonomie hat jedoch in der betrieblichen Wirklichkeit die Optimierung der Arbeitsproduktivität durch eine „Aufwand-Nutzen-Betrachtung" (Laurig 1997, 127) zu berücksichtigen. Daraus ergeben sich für die Beantwortung der Frage der Arbeitsgestaltung zur Erreichung einer optimalen Arbeitsproduktivität zwei Suchrichtungen (vgl. Laurig 1997, 126):

- **Aspekt**: Geringste Gefährdung des Menschen
  Fragestellung: Aufwand
  Ziele: Gesundheit und Unversehrtheit der Person
- **Aspekt**: Noch vertretbare Beanspruchung
  Fragestellung: Nutzen
  Ziele: Arbeitsproduktivität und Arbeitsqualität

Als generelles zusätzliches Ziel hat die Ergonomie auch die Förderung der Persönlichkeit zu berücksichtigen (Hacker in Laurig 1997, 126). Für die Bearbeitung dieser Fragen kann die Ergonomie auf Erfahrungen zurückgreifen, die in der folgenden Aufzählung der Schwerpunkte ergonomischer Gestaltung dargestellt werden (Laurig 1997, 127):

„1 Arbeitsplatz
1.1 Räumliche Gestaltung (Körpermaße)
1.2 Sehbedingungen
1.3 Aktionskräfte (Heben und Tragen)
2 Arbeitsmittel
2.1 Anzeigen und Signale
2.2 Bildschirme
2.3 Arbeitsstühle
2.4 Griffe und Stellteile
2.5 Arbeitshilfen und Werkzeuge
3 Arbeitsumgebung (physikalisch)
3.1 Schall
3.2 Schwingungen
3.3 Licht und Farbe (Beleuchtung)
3.4 Klima (Belüftung)
4 Arbeitszeit
4.1 Schichtsystem
4.2 Flexibilisierung
4.3 Pausenregelung
5 Arbeitsstruktur
5.1 Arbeitsinhalt
5.2 Arbeitsverteilung (Gruppenarbeit)“

Korrektive und prospektive Ergonomie

Eine Arbeitsgestaltung, die nicht bewusst ergonomische Gesichtspunkte berücksichtigt, kann dazu führen, dass Probleme entstehen. Die nachträgliche Berücksichtigung ergonomischer Gesichtspunkte „wird als korrektive Ergonomie bezeichnet“ (Laurig 1997, 127). Diese „nachgehende“ Form der Ergonomie „wird zunehmend durch das Konzept der prospektiven Ergonomie ersetzt“ (Laurig 1997, 128). Prospektiv bedeutet zum einen „die Möglichkeit einer Vorhersage zukünftiger Auswirkungen von Arbeitsbedingungen. Beispiel: Vorhersage des Risikos für eine Berufskrankheit [, zum anderen] die Erschließung von Reserven der Arbeitsproduktivität [im Sinne der] Nutzung ergonomischer Erkenntnisse zur Verbesserung der Arbeitsproduktivität. Beispiel: Gestaltung der Beleuchtungsbedingungen zur Verbesserung der Qualität“ (Laurig 1997, 128).

In der prospektiven Ergonomie werden „ergonomische Gestaltungsziele“ und „fertigungstechnische oder organisatorische Planungsziele“ miteinander abgestimmt. Dabei sollen vorrangig die „Humanziele“ der Arbeit – Ausführbarkeit, Beeinträchtigungslosigkeit, Schädigungslosigkeit und Persönlichkeit – im Vordergrund stehen. Die Komplexität der prospektiven Ergonomie werden im folgenden „Ergonomischen Viereck“ verdeutlicht (vgl. Laurig 1997, 128):

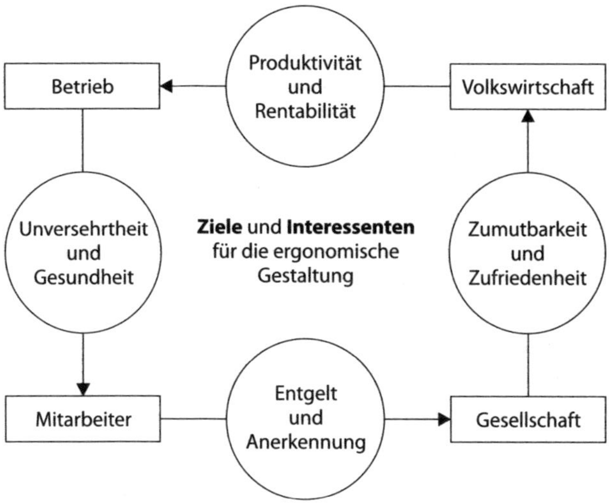

Abb. 14: Das „Ergonomische Viereck“

4.1.3 Mensch und Maschine: Anthropotechnik

Die Anthropotechnik befasst sich mit der „Analyse, Gestaltung und Bewertung von Mensch-Maschine-Systemen [und hat das] Ziel [der] Optimierung dieser Funktionseinheit hinsichtlich Leistung, Zuverlässigkeit, Wirtschaftlichkeit und Arbeitsbefriedigung durch Anpassung der Technik an den Menschen“ (Kraiss 1997, 129). Sie ist eine Antwort auf das Problem, dass in Arbeitssystemen mit vielen Teilprozessen Fehlbedienungen und Unfälle auftreten, die ihre Ursache im System selbst haben. Erste anthropotechnisch begründete Aktivitäten waren die „Gestaltung von Arbeitsplätzen, Anzeigen und Bedienelementen“ (Kraiss 1997, 129). Im weiteren Verlauf stand „die Anwendung der Regelungstechnik und [...] die Entwicklung mathematischer Modelle für den Menschen als Regler" (Kraiss 1997, 130) im Zentrum des Interesses. Durch die weitere Automatisierung der Arbeit verlagerten sich die Interessen der Anthropotechnik auf „das Zusammenwirken zwischen Menschen und intelligenten bzw. teilautonomen Automaten" (Kraiss 1997, 130).

Anwendungsschwerpunkte

Zentrale Arbeitsschwerpunkte der Anthropotechnik sind die Verkehrs- und Prozessleittechnik. Dabei können unterschiedliche Komplexitätsstufen auftreten. So kann eine Einzelperson ein System nutzen (z. B. einen PC zum Versenden einer E-Mail benutzen). Sie kann aber auch in ein System eingebunden sein, in dem andere Personen und Systeme vorhanden sind (z. B. in einer Flugleitzentrale arbeiten). Anthropotechnik betrachtet es als Aufgabe, den Personen, die mit und in Systemen arbeiten, Unterstützung zur fehler- und unfallfreien Bewältigung ihrer Aufgaben anzubieten. Die Unterstützung kann in der Erleichterung der Ausführung von Tätigkeiten bestehen (z. B. Bremskraftverstärker im Auto). Es ist jedoch auch möglich, dass Teilfunktionen der Person durch eine Automatik übernommen werden (z. B. Autopilot in Flugzeugen). Diese Automatik kann von der Person zu- oder abgeschaltet werden. „Wenn diese Automatiken auch mit unvorhergesehenen Situationen und Aufgaben fertig werden, spricht man von teilautonomen Systemen" (Kraiss 1997, 130). Die Aufgaben des Menschen verändern sich mit dem Komplexitätsgrad. Sie reichen von der Einstellung und Regelung bis zur Entscheidung und Überwachung.

Die folgende Abbildung zeigt die Formen des Zusammenwirkens zwischen Mensch und Maschine sowie die Eingliederung von Assistenzfunktionen in ein Mensch-Maschine-System (Kraiss 1997, 130):

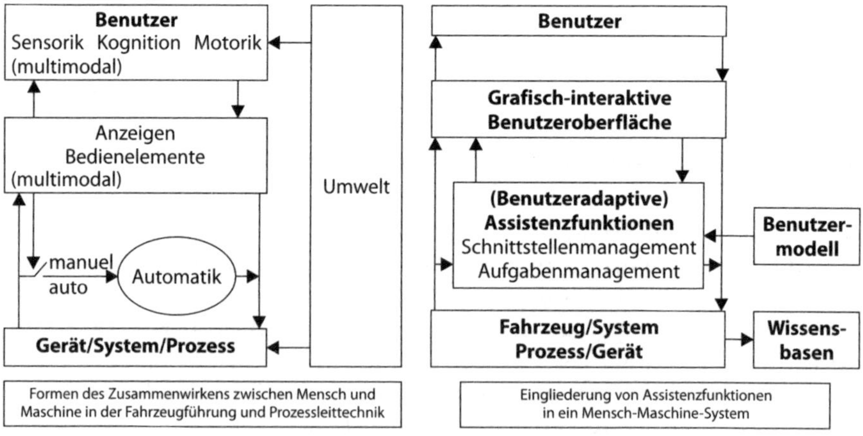

Abb. 15: Formen des Zusammenwirkens im Mensch-Maschine-System

Anthropotechnische Gestaltungsschwerpunkte

Im Zentrum der Anthropotechnik stehen die folgenden Bereiche:

- **Schnittstellentechnik**: Hier geht es um die Eingabe von Informationen in die Maschine durch den Menschen und um die Ausgabe von Informationen durch die Maschine an den Menschen. Eingabemittel sind: „Hand- und Fußbewegungen, Sprache (gesprochen, geschrieben), Gestik, Mimik und Biopotenziale (EEG, EMG). Formen der Informationsausgabe durch Maschinen sind Text, Grafik, Bilder, Bildsequenzen, akustische Signale, Sprache und propriozeptiv/haptische Anzeigen. Fortgeschrittene Mensch-Maschine-Interaktion zielt darauf ab, die Kommunikation mit Maschinen, unter Berücksichtigung der Sensorik und Motorik, ähnlich flexibel und fehlertolerant wie die zwischenmenschliche Kommunikation zu gestalten (Kraiss 1997, 130).
- **Dialoggestaltung**: Sie hat das Ziel, „komplexe Systeme leicht erlernbar und beherrschbar zu machen“ (Kraiss 1997, 130). Mittel dazu sind z.B. Online-Handbücher. Struktur und Prozesse in einem komplexen System werden visualisiert, um dem Menschen die Entwicklung und Speicherung einer entsprechenden Vorstellung zu ermöglichen. „Dies macht dem Benutzer die Funktionen, Informationen, Zugriffspfade, Ordnungskriterien, Nutzungs- und Kontrollmöglichkeiten und Bearbeitungszustände eines Dialogsystems deutlich“ (Kraiss 1997, 130). Ein weiteres Mittel der Erleichterung für den Menschen ist die Benutzerführung. Der ausführenden Person werden aufgaben- bzw. situationsbezogene Handlungsmöglichkeiten angeboten und so die Wahrscheinlichkeit von Fehlhandlungen verringert.
- **Funktionsaufteilung Mensch-Automatik**: Es ist bekannt, dass eine zu geringe Automatisierung zu inakzeptabler Arbeitsbelastung und Ermüdung [, eine zu hohe] Automatisierung [...] dagegen [zu] Langeweile, Übungsverlust und Kritiklosigkeit gegenüber automatischen Abläufen [führt]. Eine menschgerechte Automatisierung soll die effiziente Zusammenarbeit zwischen Mensch und Automatik sicherstellen, indem sie Defizite menschlicher Informationsverarbeitung durch die Aufbereitung, Bewertung und geeignete Darbietung von Information kompensiert“ (Kraiss 1997, 131). Ziele sind die Verringerung der Anforderungen an Gedächtnis-, Planungs-, Problemlöse- und Rechenleistungen, die Unterstützung des Lernprozesses und die Begrenzung und den Ausgleich von Fehlhandlungen. „Entsprechend stellen moderne Automatisierungskonzepte an der Benutzungsoberfläche intelligente Assistenzfunktionen bereit, die Operateure nicht ersetzen, sondern entlasten“ (Kraiss 1997, 130).

4.2 Biologieorientierte Konzepte und Methoden

In diesem Abschnitt werden die biologischen Grundlagen der Arbeitstätigkeit dargestellt. Es geht dabei um die Themen Aktivierung, Anpassung und Gewöhnung, biologische Rhythmen, Belastung und Beanspruchung sowie Ermüdung und Erholung.

4.2.1 Aktivierung

Arbeitsprozesse erfordern, wie alle menschlichen Tätigkeiten, die „Aktiviertheit" der ausführenden Person. Sie ist ein Zustand, der durch den Prozess der Aktivierung erreicht wird bzw. erreicht werden soll. „In der Arbeitspsychologie wird Aktivierung überwiegend als ein Konzept verstanden, das sich auf eine Erhöhung von Handlungs- bzw. Reaktionsbereitschaft bezieht" (Boucsein 1997, 309).

Grundlage des Aktivierungsprozesses ist ein Aktivierungssystem im Gehirn (Formatio reticularis [FR]). Dessen sensorischer, für die Reizwahrnehmung verantwortlicher Teil – auch aufsteigendes retikuläres Aktivierungssystem (ARAS) genannt – bestimmt maßgeblich das allgemeine Aktivierungsniveau des Organismus und ist damit auch bedeutsam für die Bewusstseinslage. Er gilt auch als physiologische Basis des Antriebs. „Infolgedessen würde bei einer Zunahme äußerer oder innerer Reize eine allgemeine Aktivierung bzw. Steigerung der Aufmerksamkeit erfolgen, während Anpassung und Gewöhnung an solche Reize eine allgemeine Desaktivierung bzw. Ermüdung zur Folge haben sollten" (Boucsein 1997, 309). Damit wird eine – umgekehrt U-förmige – Beziehung zwischen „Aktiviertheit und Leistung [deutlich], nach der stets ein von der Aufgabenkomplexität abhängiges optimales Aktivierungsniveau existieren sollte" (Boucsein 1997, 309).

Das eindimensionale Aktivierungskonzept in Verbindung mit der Formatio reticularis wird heute infrage gestellt und durch mehrdimensionale Konzepte abgelöst. Diese gehen von „Zusammenhängen zwischen Aktivierungs- und Informationsverarbeitungsvorgängen, deren Abhängigkeit von emotionalen und motivationalen Einflüssen sowie ihre Auswirkungen auf zentral- und peripher-psychophysiologische Parameter" aus (Boucsein 1997, 309). Dieses Konzept enthält drei Aktivierungssysteme:

1. Das aufsteigende retikuläre Aktivierungssystem (in der Formatio reticularis), das von den äußeren Wahrnehmungen gesteuert wird und die allgemeine motorische Aktivierung beeinflusst.
2. Ein System, das durch das Gehirnzentrum zur Wahrnehmung von Erregung (Amygdala) gesteuert wird und die Aufmerksamkeit, die Orientierungsreaktionen und das Verhalten beeinflusst und vor allem Auswirkungen auf die gefühlsbezogenen Anteile der Aktivierung hat.
3. Ein System, das durch unter der Hirnrinde gelegene, aus Nervenzellen bestehende Kerne (Basalganglien) kontrolliert wird, mit motorischen und prämoto-

rischen Gebieten der Hirnrinde im Austausch steht und schwerpunktmäßig auf die Motivation und die Tätigkeit wirkt.

Instrumentell kann die Aktivierung über die Kurven eines Elektroenzephalogramms (EEG) erfasst werden. Allerdings bezieht sich diese Form schwerpunkthaft auf das allgemeine Aktivierungssystem mit der Formatio reticularis. Wenn das oben angeführte dreiteilige Aktivierungskonzept akzeptiert wird, müssen über die mit dem EEG gemessenen Hirnströme hinaus weitere Werte erhoben werden. Dazu gehören z. B. der elektrische Hautwiderstand, der Puls, die Körpertemperatur oder die Muskelspannung. Insgesamt ergibt sich daraus ein umfangreiches „Messprogramm", dessen Verwendung in der Praxis wenig wirklichkeitsnah erscheint, aus wissenschaftlichem Interesse jedoch angezeigt sein kann.

4.2.2 Anpassung und Gewöhnung

Anpassung kann als Reaktion auf bestimmte Bedingungen verstanden werden. Anpassungsleistungen sind immer dann erforderlich, wenn das Verhalten einer Person und/oder die Verhältnisse der Umwelt nicht mehr „passen". Ergebnis der entsprechenden Veränderungen des Verhaltens und/oder der Verhältnisse ist dann z. B. die Ausführung einer Arbeitsaufgabe. Für den Lebensbereich Arbeit stehen für die Anpassung der Person bestimmte Methoden zur Verfügung (vgl. Abschnitt 4.5 Personorientierte Konzepte und Methoden) und ebenso für die Anpassung der Umwelt.

In diesem Abschnitt geht es allerdings ausschließlich um die Anpassung des Verhaltens. Für die Person bedeutet Anpassung die „Einstellung des Organismus auf einen bestimmten Arbeitsbereich" (Bösel 1997, 313). Dazu benötigt diese die Fähigkeit zur Wahrnehmung der Anforderungen und das Vorhandensein bestimmter Verhaltensweisen. „Durch die Verfügbarkeit solcher Mechanismen ist eine Person befähigt, wechselnde Umwelten zu ertragen und sie bei zielgerichteten Tätigkeiten zweckmäßig zu nutzen" (Bösel 1997, 313). Anpassung hat nach Bösel (1997, 313) „Anpassungskosten" zur Folge. Diese können sich bei der Konzentration auf einen Reiz in der Ausblendung von weniger intensiven Reizen zeigen. Bei der Anpassung durch die Aktivierung von „gewohntem" Verhalten können jedoch Fehler auftreten.

Die Anpassungsleistung der Person hängt davon ab, wie Reize wahrgenommen werden. Ausgangspunkt dafür sind Sinneszellen (Sensoren), die den Reiz empfinden. Sie lösen in der dazugehörigen Nervenzelle (Rezeptor) eine Spannung aus. Zu Beginn der Reizwahrnehmung hat diese Spannung eine bestimmte Stärke, die jedoch mit der Reizdauer durch die Verringerung der Empfindlichkeit der Sinneszelle (Sensoren-Adaptation) ab- oder zunehmen kann (Erhöhung oder Senkung der Reizschwelle) (vgl. Bösel 1997, 313). Allerdings ist die ursprüngliche Empfindlichkeit nach Beendigung des Reizes wieder vorhanden.

Die durch die Sensoren aufgenommenen und an die Rezeptoren weitergeleiteten Reize lösen bei der Person Reaktionen aus, die sich in ihrem Verhalten zeigen.

„Normale" Reaktionen sind die Grundlage für die Erledigung einer Aufgabe. Allerdings kann auch eine „Überempfindlichkeitsreaktion (synonym: Sensibilisierung) [auftreten]. Besonders intensive Reize führen nämlich zu niedrigen Reizschwellen und oft umfangreichen Anpassungsreaktionen" (Bösel 1997, 313). Diese erschweren dann angemessene Aktivitäten.

Die durch die Sensoren ausgelösten Reize der Rezeptoren werden in der Regel im Gehirn verarbeitet. Dabei spielen Erwartungen und Einstellungen der Person eine wichtige Rolle. Nur Reize, die überhaupt registriert werden, können Verarbeitungsprozesse und in der Folge Verhaltensänderungen auslösen. Anzeichen der Reizwahrnehmung zeigen sich in der „Orientierungsreaktion" (Bösel 1997, 314), die aus dem Vergleich gespeicherter und wahrgenommener Daten herrührt. Die Orientierungsreaktionen werden jedoch abgebaut, wenn ein Reiz regelmäßig auftritt – es tritt eine Gewöhnung (Habituation) ein.

Als Ergebnis der Reizverarbeitung zeigen sich „motorische und vegetative Anpassungsreaktionen" (Bösel 1997, 315). Die motorischen Reaktionen können klassisch mit den Varianten „flüchten" bzw. „standhalten" bezeichnet werden. Vegetative Reaktionen können sich in der Veränderung von Herzfrequenz und Hautleitfähigkeit sowie der „Verengung peripherer Blutgefäße [zeigen. ...] Ein Beispiel für eine umfangreiche, jedoch ebenfalls rasch erfolgende körperliche Anpassungsreaktion ist die auf dynamische Arbeit. Sie ist mit einer Erhöhung des Muskeltonus, der Herzrate (und der Erholungspulssumme) und des Blutdrucks verbunden" (Bösel 1997, 315).

Die Verarbeitung der Reize muss nicht immer bewusst, sondern kann auch unbemerkt erfolgen. Sehr oft führt sie zu „weitgehend automatisierte[n] Reaktionsabläufe[n], die man auch als Gewohnheiten bezeichnet. Mit weiterer Wiederholung und vermutlich auf der Grundlage von Habituationsprozessen automatisieren Gewohnheiten zunehmend (Habitualisierung). Eine nützliche Menge automatisierter Verhaltenskomponenten wird dann auch als Fertigkeit (Skill) bezeichnet" (Bösel 1997, 316). Allerdings kann beim Vorliegen entsprechender Bedingungen – Reizstärke und Situationsbewertung – „gewohnheitsmäßiges Verhalten durch kontrollierte Verarbeitung unterstützt oder gar unterbrochen [werden]. Die entsprechende Zu- oder Umschaltung dürfte von den Aufmerksamkeitssystemen des Stirnhirns aus geleistet werden. Ist diese Funktion intakt, dann können auch geplante oder regelgeleitete Handlungen rasch und vollständig ausgeführt werden" (Bösel 1997, 316).

4.2.3 Biologische Rhythmik

In ihrer langen Geschichte lebten und arbeiteten Menschen in einer „natürlichen Zeitordnung" (Hildebrandt & Moog 1997, 317). Künstliches Licht und veränderte Produktionsformen geben arbeitenden Personen heute andere Zeitordnungen vor, die wie Schichtarbeit, der „sozialen und biologischen Zeitordnung widerspricht. Letztere hat sich als fundamentale Umweltanpassung bei der Entwicklung der

Arten herausgebildet, die praktisch allen Lebewesen, auch Bakterien und sogar Zellteilen eigen ist" (Hildebrandt & Moog 1997, 317).

Grundsätzlich ist die Leistungsfähigkeit mit dem – etwa 24-stündigen – Tagesrhythmus verbunden. Der Tagesrhythmus gehört zu den „langwelligen" Rhythmen (> 24 Stunden). Diese äußeren natürlichen Rhythmen „schwingen" in Übereinstimmung mit den inneren Rhythmen des Menschen. Sie kontrollieren und synchronisieren diese inneren Rhythmen aber auch. Deshalb kann sich der Mensch auch den Veränderungen der äußeren Bedingungen anpassen (z. B. Schichtarbeit). Bei „kurzwelligen" Rhythmen (< 24 Stunden) nimmt der Einfluss der äußeren naturbezogenen Rhythmen ab und die inneren Rhythmen werden unabhängig davon aktiv.

Im Arbeitsleben hat der Tagesrhythmus für die Schichtarbeit eine besondere Bedeutung. Er verschiebt sich, da die Leistungsbereitschaft auch in Zeiten gefordert wird, in denen im „Regel"-Tagesrhythmus soziale Aktivitäten oder Ruhephasen vorgesehen sind. Der übliche Tagesrhythmus wird von „Zeitgebern" gesteuert. Das sind periodisch auftretende Umweltreize (Hell-Dunkel-Wechsel, soziale Kontakte), die „eine externe Synchronisation der individuellen circadianen Systeme mit dem sozialen und geophysikalischen Tag [bewirken]" (Hildebrandt & Moog 1997, 318). Sie wirken dann, wenn sie ausreichend oft auftreten und genügend Aktivitäten auslösen.

Auch bei Ausschaltung aller Umweltzeitgeber in Versuchen blieb der Tagesrhythmus der Personen erhalten. Allerdings zeigten sich „vom 24-Stunden-Tag abweichende Perioden, die circadianen Systeme laufen frei" (Hildebrandt & Moog 1997, 318). Die Individualität der Tagesrhythmen zeigt sich auch in der Verschiebung der Phasen in Laufe der 24 Stunden. Dabei zeigen sich zwei Typen: Morgentyp („Lerche") und Abendtyp („Nachtigall"). Sind durch Veränderung der externen Zeitgeber Anpassungen erforderlich, hängen diese von der Form der Zeitgeber-Veränderung ab. Wenn sich alle Zeitgeber durch Flugreisen über mehrere Zeitzonen gleichmäßig verschieben ergibt sich nach einer individuellen Übergangszeit im „jet-lag" eine Anpassung an die neue zeitliche Ordnung. Bei Nacht- oder Schichtarbeit verändert sich jedoch die zeitliche Lage des Zeitgebers Arbeitszeit, die übrigen bleiben erhalten oder treten gar nicht mehr auf (natürliches Licht, soziale Aktivitäten).

Allerdings ist die Anpassung an Nachtschichtarbeit nicht jeder Person möglich – Abendtypen haben jedoch in der Regel weniger Schwierigkeiten als Morgentypen. Eine Anpassung an ausbleibendes Tageslicht kann durch helles Licht (> 2500 Lux) am Arbeitsplatz erreicht werden. Die Anpassung an komplette Zeitumstellungen (Zeitzonenverschiebung) erfolgt deutlich schneller als die Anpassung an wechselnde Zeitgeber in Schicht- bzw. Nachtarbeit. Über die Typ-Unterschiede der Anpassung hinaus können auch bestimmte Lebensbedingungen oder das Alter die Anpassung beeinflussen (vgl. Hildebrandt & Moog 1997, 320).

Störungen des Tagesrhythmus bedeuten gleichzeitig auch Störungen des vegetativen Systems. Deshalb stehen bei der Schichtarbeit Schlafstörungen und Stimmungsbeeinträchtigungen im Vordergrund. Darüber hinaus treten vermehrt

Magen-Darm-Beschwerden auf und es besteht ein Risiko für Herz-Kreislauf-Erkrankungen. Im Hinblick auf die Arbeit erklären „mangelnde physiologische Leistungsbereitschaft und Schlafdefizite, warum es im Prinzip innerhalb der biologischen Nacht schwieriger ist, effizient und fehlerfrei zu arbeiten [und] auch die Unfallneigung [steigt]" (Hildebrandt & Moog 1997, 320). Zur Einhaltung der Humankriterien der Arbeit und Aufrechterhaltung der Produktivität sind also entsprechende Maßnahmen angezeigt.

Dabei sind „aus rein physiologischer Sicht [...] im Prinzip zwei Strategien möglich, um Störungen des circadianen Systems durch Nacht- und Schichtarbeit zu reduzieren. [So kann]

- die Adaptation an Nachtarbeit durch möglichst viele aufeinanderfolgende Nachtschichten und möglichst intensive Zeitgeber, die mit der Arbeitszeit kohärent sind, [gefördert werden];
- die Adaptation durch möglichst wenige aufeinanderfolgende Nachtschichten (möglichst nur einzelne „eingestreute Nachtschichten" mit nachfolgenden Erholungszeiten) und Betonung der mit einer tagaktiven Lebensweise kohärenten Zeitgeber [verhindert werden].

Schon aus sozialen Gründen sind in der Regel allerdings schnell rotierende Schichtsysteme zu wählen. Sie kommen auch für Personen in Betracht, die nicht an Nachtschichtarbeit adaptieren können oder dies aus Altersgründen nicht mehr können. Wenn soziale Gründe zurücktreten müssen, etwa weil die Kosten von Fehlern in der Produktion sehr hoch sind oder die möglichen Folgen solcher Fehler sogar die Beschäftigten oder die Umgebung gefährden, kann für den Teil der Belegschaft, dem eine Adaptation an Nachtarbeit möglich ist, auch permanente Arbeit zu Nachtzeiten erwogen werden" (Hildebrandt & Moog 1997, 320).

4.2.4 Belastungs-Beanspruchungs-Konzepte

Belastungs-Beanspruchungs-Konzepte sollen „menschbezogene Wirkungen von Arbeitssystemen analysierbar, messbar, beurteilbar und gestaltbar [...] machen" (Luczak & Rohmert 1997, 326). Grundidee der Konzepte ist es, eine Beziehung zwischen Arbeitsbedingungen und deren Wirkungen auf Arbeitspersonen darzustellen. Der Begriff Belastungen bezeichnet die objektiven Bedingungen des Arbeitssystems, der Begriff Beanspruchungen die subjektiv empfundenen Auswirkungen der Belastungen. Allerdings hängen die empfundenen Beanspruchungen nicht nur von den Belastungen ab, sondern auch von individuellen Faktoren der Arbeitspersonen. Diese Faktoren müssen nicht stabil sein, sondern können sich bei einer Person verändern. Daraus folgen zeitabhängige veränderliche Belastungsempfinden bei einer Person (interindividuelle Unterschiede). Das Belastungsempfinden kann aber auch zwischen verschiedenen Personen unterschiedlich sein (intraindividuelle Unterschiede).

Mit der Verwendung der Begriffe Belastungen und Beanspruchungen werden unterschiedliche Teilbelastungen und Teilbeanspruchungen angesprochen, die zusammen mit den individuellen Faktoren in der folgenden Abbildung aufgezeigt werden:

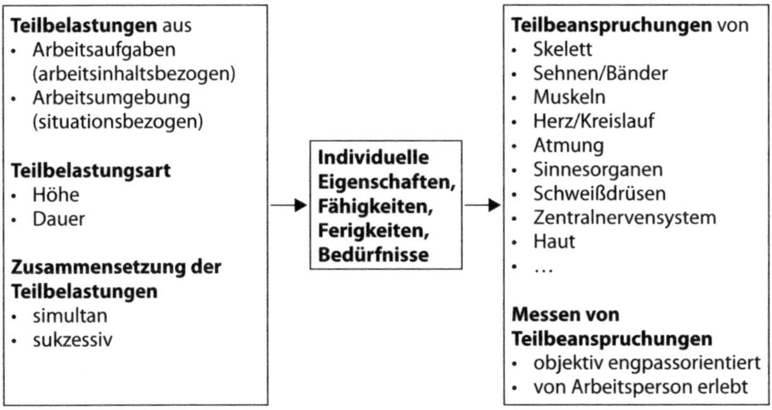

Abb. 16: Phänomenorientiertes Belastungs-Beanspruchungs-Konzept (Luczak & Rohmert 1997, 326)

Das Konzept, nach dem Belastungen und Beanspruchungen unmittelbar miteinander verbunden sind, stößt aus verschiedenen Gründen an Grenzen, die in erweiterten Konzepten überwunden werden. „Eine erste sinnvolle konzeptionelle Erweiterung besteht darin, zwischen die Konstrukte der Belastung und der Beanspruchung ein Konstrukt [Bewältigung] einzuführen, das dem unterschiedlichen Verhalten der Arbeitspersonen bei der Bewältigung von Belastungen Rechnung trägt (Luczak & Rohmert 1997, 327). Das Konstrukt „Bewältigung" zielt auf die bei Arbeitstätigkeiten bestehenden „Handlungsspielräume, die Art und Umfang von Aktivität und Nichtaktivität, Leistung und Fehlleistung, Verhalten im Sinne der Aufgabenerfüllung und Verhalten im Sinne individueller Abweichungen, Zwangsbereiche und Freiräume einschließen" (Luczak & Rohmert 1997, 327).

Ein erweitertes Belastungs-Beanspruchungs-Konzept berücksichtigt „objektive Sacherfordernisse", „subjektive Interessen", sowie die „Erfüllung der Zwecksetzung des Arbeitssystems" (vgl. Luczak & Rohmert 1997, 328). Diese drei Gesichtspunkte bilden die Grundlage für eine Analyse von Arbeitstätigkeiten.

Die „tätigkeitsbezogene Arbeitsanalyse" verdeutlicht, wie sich aus den Ausführungsbedingungen und den Anforderungen einer Arbeit eine Belastung für die Person ergibt. Diese besteht aus der Summe der äußeren Einwirkungen (Bedingungen und Anforderungen) auf die Person (vgl. folgende Abbildung).

Die weiteren Analysen beziehen sich auf das Handeln der Person als Reaktion auf die Belastung durch eine Arbeitsaufgabe und die daraus folgende Beanspruchung. Sie können auf der Basis der folgenden Abbildung verdeutlicht werden.

Belastungen „werden von der Arbeitsperson aktiv verarbeitet oder passiv erduldet" (Luczak & Rohmert 1997, 329). Die Person „reguliert" ihr Handeln (vgl. Abschnitt 4.5.1 Handlungsregulation). Grundlage dafür sind ihre Kenntnisse, Fertigkeiten und Einstellungen. Ergebnis der „regulierten" Handlung ist die Leistung der Person. Ihre Erbringung wird in Abhängigkeit von den Teilbelastungen der unterschiedlichen Organsysteme als individuelle Beanspruchung empfunden.

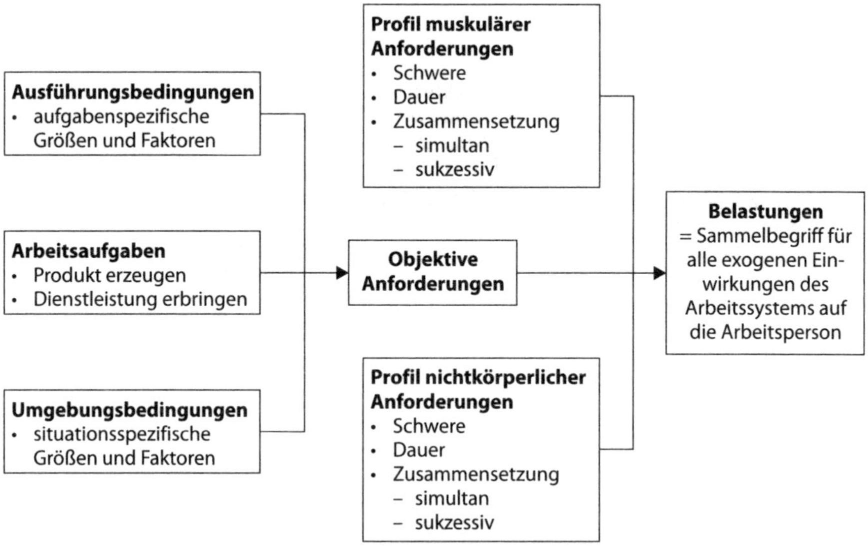

Abb. 17: Tätigkeitsbezogene Arbeitsanalyse im Belastungs-Beanspruchungs-Konzept (Luczak & Rohmert 1997, 329)

Luczak und Rohmert (1997, 331) betonen, dass das Belastungs-Beanspruchungs-Konzept den „logische[n...] Entwurf einer Forschungsstrategie darstellt (Paradigma), das dem Grundgedanken der Prävention und Arbeitsgestaltung im Interesse des arbeitenden Menschen folgt und dabei seinen Platz neben anderen Konzepten einnimmt".

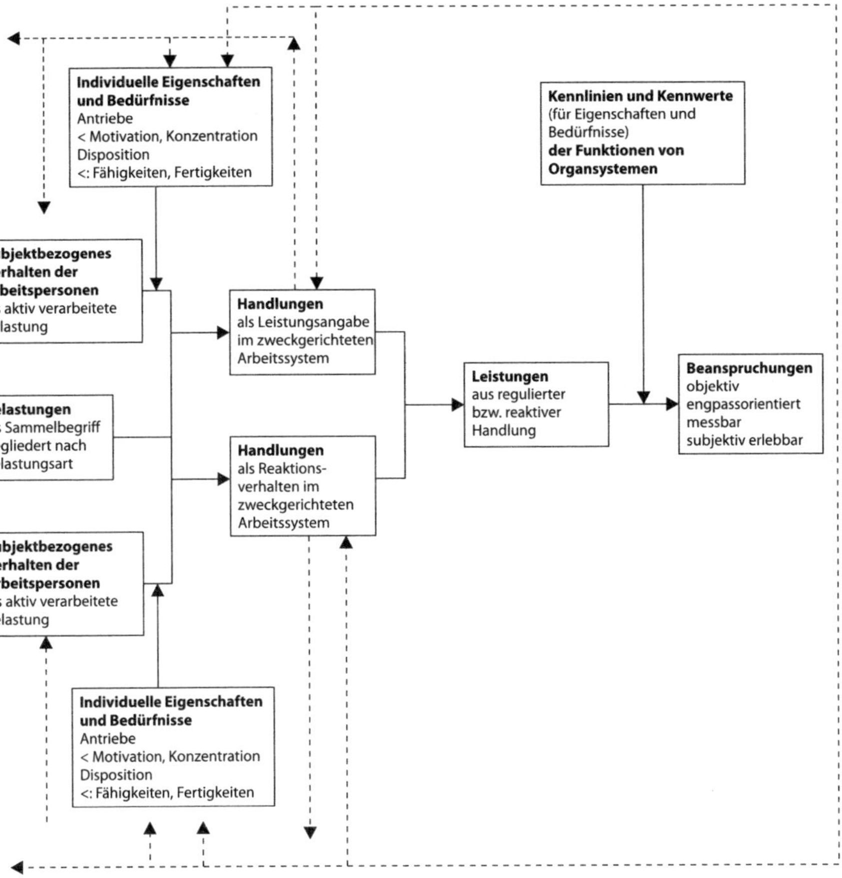

Abb. 18: Handlungsregulation und Beanspruchung im Belastungs-Beanspruchungs-Konzept (Luczak & Rohmert 1997, 330)

4.2.5 Ermüdung und Erholung

Grundsätzlich kann mit den Begriffen „Ermüdung" und „Erholung" sowohl ein Verlauf als auch ein Zustand beschrieben werden. Im Lebensbereich Arbeit ist der Zustand der Ermüdung ein Ergebnis der Beanspruchung der Person durch Belastungen der Arbeitstätigkeit. Sie entsteht dann, wenn die Person die Beanspruchung nicht ausgleichen kann. Abzugrenzen ist sie von der „normalen" Ermüdung im Tagerhythmus oder durch Schlafmangel (Quaas 1997, 347). Der Prozess der Ermüdung kann von einer „Verringerung der Leistungsmotivation, [und einem] gesteigerte[n] Anstrengungsgefühl" begleitet werden (Quaas 1997, 347).

Die Ermüdung ist in der Regel ein zeitlich begrenzter Zustand, der durch eine Erholungsphase wieder ausgeglichen werden kann. „Erholung kann allgemein verstanden werden als Wiederherstellung der individuellen Handlungsvoraussetzungen durch Abbau beanspruchungsbedingter Beeinträchtigungen. [Allerdings:] Ermüdung und Erholung sind keine passiv und zeitlich nur streng nacheinander ablaufenden Prozesse bzw. auftretende Zustände“ (Quaas 1997, 347). Sie werden von den Personen auch selbst verursacht und gesteuert, indem diese ihre Arbeitstätigkeit selbst regulieren und sich dabei an bestimmten äußeren Vorgaben oder inneren Zielen orientieren.

Ermüdung

Ermüdung weist trotz „der Ganzheit der Person als bio-psycho-soziales System (Quaas 1997, 347) verschiedene Schwerpunkte auf. Sie kann sich auf das motorische Teilsystem (muskuläre Ermüdung), das psychische Teilsystem (psychische Ermüdung) oder biologische Teilsysteme (visuelle Ermüdung) als unterscheidbaren Ermüdungsarten beziehen“ (vgl. Quaas 1997, 347). In der Regel sind an der Ermüdung jedoch alle Arten in unterschiedlichem Ausmaß beteiligt. Dabei kommt den psychischen Beanspruchungen als Faktoren der Ermüdung in der Gegenwart die größte Bedeutung zu. Ermüdung als Prozess hat – in der Regel – negative Auswirkungen auf das Erleben, die Befindlichkeit, die Leistung und das Verhalten sowie auf physiologische und biochemische Merkmale einer Person (vgl. Quaas 1997, 348).

Das Ergebnis des Ermüdungsprozesses kann als „Ermüdungsgrad“ – Stufe 0: optimale Leistungsfähigkeit, Stufe 1: volle Kompensation, Stufe 2: labile Kompensation, Stufe 3: anhaltend verminderte Effektivität, Stufe 4: funktionelle Störungen – eingeschätzt werden. Der Ermüdungsgrad „ist allgemein eine Funktion von Beanspruchungsintensität und Beanspruchungsdauer. Sie steigt – bei Überschreiten der Dauerleistungsgrenze – exponentiell mit beiden Faktoren an“ (Quaas 1997, 348).

In der Arbeitswissenschaft wird Ermüdung von anderen ähnlichen Begriffen wie folgt abgegrenzt:

- Müdigkeit „ist ausschließlich ein Sachverhalt des Erlebens bzw. der Befindlichkeit (Gefühl müde zu sein, Mattigkeit, Schläfrigkeit, Arbeitsunlust...). [...] Müdigkeit kann bei Ermüdung – zumindest zeitweise – ausbleiben (Hochmotivation, aktivierende Tätigkeitsinhalten, Einnahme von Stimulanzien). Müdigkeit kann [aber auch] ohne Arbeitsermüdung auftreten (Motivationsdefizite, Monotonie, depressive Stimmungslagen [...] Arzneimittelwirkungen)“ (Quaas 1997, 349).
- „Ermüdungsähnliche Zustände können mit anderen Ursachen verbunden sein – Monotonie, [...] psychische Sättigung und Stress“ (Quaas 1997, 349). Sie erfordern damit unter arbeitswissenschaftlichen Gesichtspunkten auch andere Maßnahmen als sie bei Ermüdung angezeigt sind (vgl. Quaas 1997, 349).
- „Erschöpfung tritt ein, wenn nach zeit- oder/und intensitätsmäßig extremer Beanspruchung die Leistungsreserven des Organismus verbraucht sind.

Erschöpfung führt zum Tätigkeitsabbruch und erfordert unbedingt Erholungspausen. Im Extremfall kann es zu – auch lebensbedrohlichen – Zusammenbrüchen von Regulationssystemen kommen" (Quaas 1997, 349).
- Übermüdung ist das Ergebnis einer lang andauernden Überforderung einer Person, ohne dass diese ausreichende Erholungsmöglichkeiten hat. Sie hat eine dauerhafte Verringerung der Leistungsfähigkeit zur Folge und erreicht sehr oft einen Krankheitswert.

Die Feststellung und Messung von Ermüdung kann auf der Basis unterschiedlicher Instrumente erfolgen:

- Befragungen zur Erfassung und Bewertung des subjektiven Erlebens und der Befindlichkeit;
- Beobachtung des Verhaltens während des Arbeitsprozesses und Bewertung von Arbeitsergebnissen;
- Durchführung spezieller Tests vor und nach der beanspruchenden Arbeit;
- Erfassung physiologischer und elektrophysiologischer Aktivitätsindikatoren sowie biochemischer Indikatoren (vgl. Quaas 1997, 350)

Erholung

Erholung zielt auf die (Wieder-)Herstellung der durch Ermüdung verminderten Leistungsfähigkeit. Dies geschieht z. B. durch Arbeitsunterbrechungen oder Belastungswechsel innerhalb einer Arbeitstätigkeit. Weitere Möglichkeiten bieten Erholungspausen, die „das vorübergehend vollständige – auch psychische – Lösen von der beanspruchenden Tätigkeit [ermöglichen], damit der volle Erholungseffekt erreicht wird" (Quaas 1997, 351). Die Auswirkungen „von Pausen sind insbesondere abhängig von:

- der Pausenlänge,
- der zeitlichen Lage der Pause, der Pausenhäufigkeit und den Pausenintervallen,
- der Pausenform bzw. Art der Pausenauslösung (z. B. organisiert – frei wählbar, zeitkonstant – zeitflexibel),
- den Reproduktionsbedingungen während der Pause,
- dem Pauseninhalt bzw. der Pausennutzung (passive Erholung durch Ruhe oder aktive Erholung durch kompensatorische Ausgleichstätigkeit bzw. Nutzung von physischen und psychischen Entspannungsverfahren)" (Quaas 1997, 351).

Arbeitswissenschaft darf sich beim Thema Ermüdung keineswegs auf den Ausgleich durch Erholung beschränken, sondern muss „eine ermüdungsprophylaktische bzw. -begrenzende Arbeitsgestaltung [im Blick haben, die] insbesondere gerichtet [ist] auf

- die Gewährleistung einer angemessenen Beanspruchungsintensität durch entsprechende Gestaltung der Arbeitsaufgaben und Leistungsvorgaben,

- die Vermeidung erschwerender Ausführungsbedingungen und von Regulationshindernissen der Arbeit,
- die Begrenzung der Belastungsdauer und damit insbesondere der täglichen und wöchentlichen Arbeitszeit (auch bei flexiblen Arbeitszeitregelungen),
- die Gewährleistung von Beanspruchungswechsel durch Arbeitsaufgaben- und -methodengestaltung,
- die Ermöglichung effizienter Ausführungsweisen der Arbeit durch Qualifikation und Erfahrungstransfer sowie adäquate psychische Belastungsverarbeitung,
- die Ermöglichung der individuellen Regulierbarkeit der Beanspruchung durch zeitliche und inhaltliche Freiheitsgrade in der Arbeit (Tätigkeitsspielraum) und Nutzung sozialer Kooperation und Unterstützung,
- ausreichende Erholungszeiten (Erholungspausen) innerhalb der täglichen Arbeit" (Quaas 1997, 353).

4.3 Fähigkeitsorientierte Konzepte

In diesem Abschnitt sind die Fähigkeiten von Personen als Voraussetzung für Aktivitäten im System Arbeit Gegenstand und Inhalt. Sie wird in folgenden Bereichen beschrieben: Körperliche Fähigkeiten, sensumotorische Fähigkeiten, sensorische Fähigkeiten, kognitive Fähigkeit (speziell Intelligenz) sowie affektive Fähigkeiten.

4.3.1 Körperliche Leistungsfähigkeit

Körperliche Leistungsfähigkeit bezeichnet die Möglichkeit des Organismus einer Person zur Bewältigung von Anforderungen, „die für die verschiedenen Organsysteme spezifischen Funktionen verstärkt auszuführen, [ohne dabei] die Grenzen zur Überbeanspruchung [zu überschreiten]" (Berndt 1997, 473). „Aktive" Komponenten der Leistungsfähigkeit sind die Skelettmuskulatur, das Herz-Kreislauf- und das Atmungssystem, das Nervensystem und die Sinnesorgane. Eine eher „passive" Komponente ist die Beweglichkeit („Flexibilität") des Rumpfes. Ergänzende Bedingungen der körperlichen Leistungsfähigkeit ergeben sich aus dem Ernährungs-/ Stoffwechselsystem und dem Temperatur-Regelsystem, aber auch psychischen Bedingungen wie Motivation oder Aufgabenverständnis (vgl. Berndt 1997, 473).

Die körperliche Leistungsfähigkeit einer Person kann eingeschätzt (Beobachtung) oder ermittelt werden (Messung). Beide Formen der Datenerhebung erfordern die Beschreibung der Bedingungen, unter denen beobachtet oder gemessen wird. Die Leistungsfähigkeit der Muskeln wird mit einem „Dynamometer", die Leistungsfähigkeit von Herz und Atmung mit einem „Ergometer" bestimmt. Die sensorische Leistungsfähigkeit wird mit „Motorik-Tests" erfasst (vgl. Berndt 1997, 474).

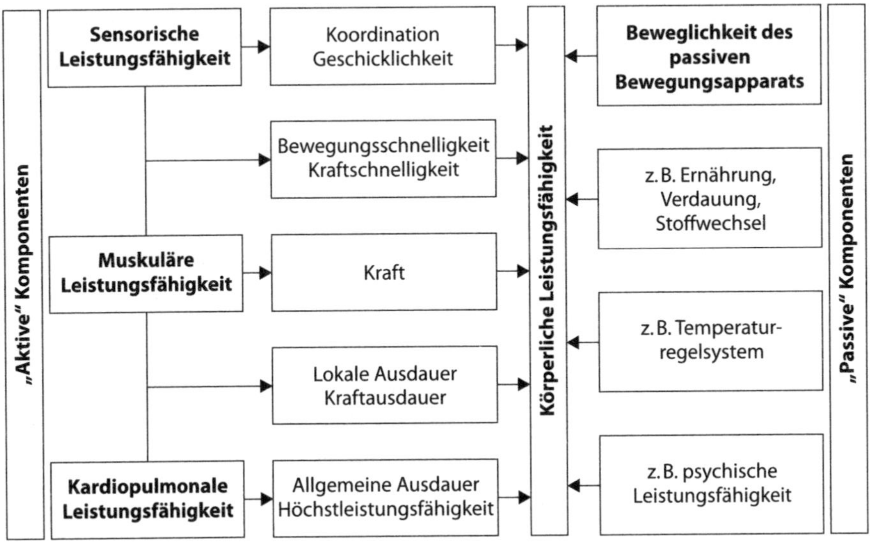

Abb. 19: Komponenten der körperlichen Leistungsfähigkeit

Die Grundlage der körperlichen Leistungsfähigkeit bilden:

- die genetisch bedingte körperliche Konstitution eines Menschen;
- die durch Training erreichte körperliche Fitness;
- das Geschlecht und das Lebensalter;
- die Ernährung;
- der Tagesrhythmus:
- der aktuelle Gesundheitszustand (Berndt 1997, 474f.).

Das Alltags- und Berufsleben ist „für viele Menschen durch zahlreiche Hilfsmittel inzwischen „physisch bequem" geworden [...] Das führt zur strukturellen und funktionellen Verkümmerung von Funktionssystemen und reduziert damit deren Belastungswiderstandsfähigkeit; die Defizite an Leistungsfähigkeit wirken sich als Risikofaktoren für die körperliche Gesundheit aus" (Berndt 1997, 476). Während sich die Anforderungen an die aktiven motorischen Komponenten der Leistungsfähigkeit im Berufsleben stark verringert haben, werden die passiven Komponenten immer stärker beansprucht. „Häufig wiederholte Bewegungselemente, wie sie z.B. bei manchen maschinellen Schreibarbeiten, beim Bedienen von Dateneingabegeräten oder bei manueller Fließbandmontage vorkommen, führen zu Veränderungen in den beteiligten Gelenken, an Sehnen und Sehnenscheiden. Und die vielfach dominierende Arbeitshaltung im Sitzen belastet die Muskulatur des Rumpfes (Schultergürtel, Rücken, Beckengürtel) überwiegend „statisch" (d.h. ohne größere Bewegungsanteile); derartige Beanspruchungsformen verursachen Überdehnung und rasche Ermüdung von Muskeln, die deshalb ihre Stabilisierungsfunktion der Gelenke dieser Körperabschnitte nicht mehr ausführen können.

Fehlhaltungen und chronische Schmerzzustände sind die Folge“ (Berndt 1997, 473).

4.3.2 Sensumotorische Fähigkeiten

Sensumotorische Fähigkeiten sind nicht direkt zu beobachten. Sie beschreiben eine „Tiefenstruktur“ (Kompetenz), die sich als „Oberflächenstruktur“ (Performanz) in sensumotorischen Fertigkeiten zeigt. „Die sensumotorischen Fähigkeiten lassen sich in ein System allgemeiner motorischer Fähigkeiten einordnen (vgl. Abb. 20: Differenzierung motorischer Fähigkeiten). Auf einer ersten Ebene lassen sich dabei energetisch bestimmte (konditionelle) von informationsorientierten (koordinativen) Fähigkeiten unterscheiden. Die nächste Differenzierungsebene führt zu den motorischen Grundanforderungen Ausdauer, Kraft, Schnelligkeit und Koordination, sowie außerhalb dieser Fähigkeitsdifferenzierung zur Einordnung der Beweglichkeit. Schnelligkeit bezieht sich auf Schnellkraft (SK), Aktionsschnelligkeit (AS) und Reaktionsschnelligkeit (RS). Bei den koordinativen Fähigkeiten werden Fähigkeiten zur genauen Kontrolle von Bewegungen (KP) und zur Kontrolle unter Zeitdruck (KZ) unterschieden (Munzert 1997, 478).

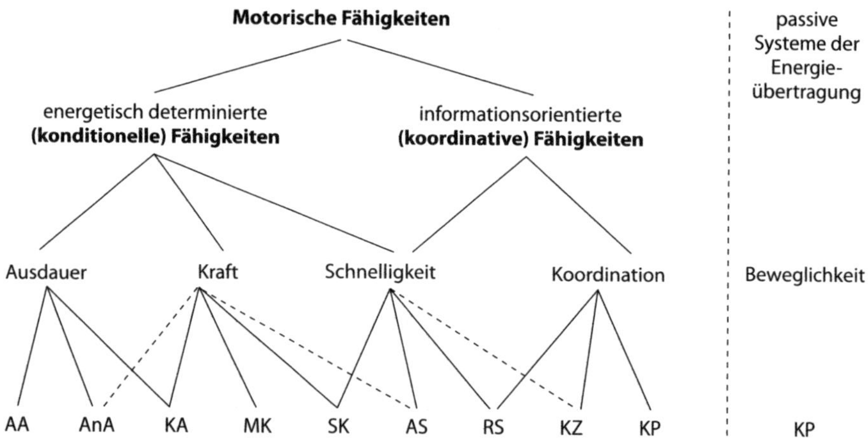

Abb. 20: Differenzierung motorischer Fähigkeiten (Munzert 1997, 478)

Die koordinativen Fähigkeiten können für unterschiedliche Leistungsformen erforderlich werden:

- „Zeitdruckleistungen“ (Minimierung der Ausführungszeit bei einem Mindestmaß an Genauigkeit).
- „Präzisionsleistungen“ (Höchstmaß an Genauigkeit bei einem Mindestmaß der Ausführungszeit).

- „Kombinationsleistungen (Höchstmaß an Genauigkeit bei Minimierung der Ausführungszeit).

Bei Kombinationsleistungen „zeigt sich, dass ein Bezug zwischen der Aufgabenlösung und übergeordneten Persönlichkeitsmerkmalen besteht. In Experimentaluntersuchungen ergibt sich häufig die Beobachtung, dass Personen relativ unabhängig von der Instruktion entweder stärker die Genauigkeits- oder die Schnelligkeitsanforderungen bewältigen" (Munzert 1997, 478).

Die koordinativen sensumotorischen Fähigkeiten können mit unterschiedlichen Tests erfasst werden. Die Motorische Leistungsserie (MLS) enthält die folgenden fünf Aufgaben:

1. „Bei der Aufgabe Steadiness ist die Spitze eines Metallgriffels möglichst ruhig in einem 4,8 mm großen Loch zu halten unter Vermeidung von Randberührungen.
2. Beim Tapping ist mit dem Metallgriffel eine Kontaktplatte möglichst häufig zu berühren.
3. Beim Aiming sind 20 Zielpunkte möglichst schnell zu berühren.
4. Der Test Liniennachfahren beruht darauf, dass eine ausgestanzte Linie ohne Randberührung möglichst schnell zu durchlaufen ist.
5. Bei der Aufgabe Umstecken müssen 25 Stifte möglichst schnell in einer Reihe montiert werden" (Munzert 1997, 479).

Die Entwicklung der koordinativen Fähigkeiten weist bestimmte allgemeine Trends auf: In der Kindheit steigt die Leistung relativ gleichmäßig an, verharrt dann im Verlauf der Pubertät und erreicht im frühen Erwachsenenalter die höchsten Werte. „Spätestens ab dem 30. Lebensjahr kommt es zu Rückentwicklungen. Dabei ergeben sich größere Leistungseinbußen bei Geschwindigkeits- als bei Präzisionsleistungen. Die koordinativen Fähigkeiten nehmen im Verlauf des Erwachsenenalters kontinuierlich ab. Im späten Erwachsenenalter ist dies besonders markant bei der Rhythmusfähigkeit und der Koordination simultaner Bewegungen zu beobachten" (Munzert 1997, 480).

Allerdings sind diese „Durchschnittswerte" aus einer Datenbasis mit großen Schwankungen abgeleitet. Deshalb darf „vor allem der Abbau von Leistungspotenzialen im Erwachsenenalter [...] nicht allein auf altersbedingte Abbauerscheinungen zurückgeführt werden. Gleichzeitig mit dem Alter ergibt sich häufig ein teilweise berufsbedingter Rückgang von Bewegungsanforderungen und -möglichkeiten. Teilpopulationen mit entsprechendem Übungsaufwand weisen einen geringeren Abbau bei den koordinativen Fähigkeiten auf" (Munzert 1997, 480). Hier zeigt sich deutlich, dass eine am arbeitswissenschaftlich begründeten Kriterium „Persönlichkeitsförderlichkeit" orientierte Arbeitsgestaltung positive Auswirkungen hat.

4.3.3 Sensorische Fähigkeiten

Heuer (1997, 483) betont, dass „für die meisten Arbeitstätigkeiten die sensorischen und reaktiven Fähigkeiten als Leistungsvoraussetzungen nahezu bedeutungslos [sind], solange sie im Normalbereich liegen. Außerhalb dieses Bereichs aber werden sie belangvoll". Das bedeutet, dass mehr oder weniger massive Abweichungen, z. B. beim Sehen, bei entsprechenden Anforderungen der Arbeitsaufgaben Probleme verursachen. Diese Abweichungen sollen deshalb in Eignungsuntersuchungen festgestellt werden.

Aufgrund der Zunahme von Bildschirmarbeit liegt ein Schwerpunkt der Überprüfung auf der Sehfähigkeit. So werden in der arbeitsmedizinischen Erstuntersuchung für Bildschirmarbeitsplätze vor der Arbeitsaufnahme „in einem Sehtest neben der Sehschärfe auch der Farbensinn, das beidäugige Tiefensehen, die Stellung der Augenachsen und das zentrale Gesichtsfeld geprüft" (Heuer 1997, 481).

Neben dem Sehen werden im Zusammenhang mit Arbeitstätigkeiten oft auch das Gehör, andere Sinnesorgane jedoch sehr selten geprüft. Beim Gehör wird in der Regel die Hörschwelle bei unterschiedlichen Frequenzen gemessen und mit Regelwerten verglichen. In Einzelfällen ist auch das Richtungshören oder die Hörreizdifferenzierung Gegenstand einer Prüfung.

Da auch Reaktionszeiten ein Faktor für Leistung und Sicherheit im Arbeitsleben sind, finden hier Prüfungen statt. Aber es geht, wie beim Sehen und Hören, vor allem um extreme Abweichungen von Durchschnittsmaßen – z. B. sehr lange Reaktionszeit. Reaktionszeiten werden z. B. dadurch gemessen, dass auf einen Reiz (akustisches/optisches Signal) eine Reaktion (Drücken einer Taste) erfolgt. Die „Standard-Reaktionszeit" (ca. 200 Millisekunden) wird dann unterboten, wenn die Aufmerksamkeit auf die Reaktion statt auf den Reiz gerichtet wird (vgl. Heuer 1997, 482). An diesem Beispiel zeigt sich, dass es „die einfache Reaktionszeit eines Menschen nicht gibt" (Heuer 1997, 482). So können sich unter verschiedenen Bedingungen gemessene Reaktionszeiten ebenso deutlich voneinander unterscheiden wie die Reaktionszeiten auf verschiedene Reize.

4.3.4 Intelligenz

Die folgende Intelligenzdefinition macht deutlich, dass dieser Gegenstand der Psychologie eine hohe Bedeutung für die Ausführung von Arbeitsaufgaben hat. „Intelligenz ist danach: ‚... der Oberbegriff für die hierarchisch strukturierte Gesamtheit jener allgemeinen geistigen Fähigkeiten (Faktoren, Dimensionen), die das Niveau und die Qualität der Denkprozesse einer Persönlichkeit bestimmen und mit deren Hilfe die für das Handeln wesentlichen Eigenschaften einer Problemsituation in ihren Zusammenhängen erkannt und die Situation gemäß dieser Einsicht entsprechend bestimmten Zielstellungen verändert werden kann'" (Guthke, in Lammers & Holling 1997, 484). Es geht um geistige Strukturen, die Erkennen, Planen und Handeln in Arbeitssituationen ermöglichen bzw. steuern.

Für das Konstrukt Intelligenz hat die Psychologie im zeitlichen Verlauf mehrere Modelle formuliert:

- Globale Intelligenzmodelle
  Binet hat 1905 im Rahmen der Entwicklung eines Schulreifetests Intelligenz als in sich geschlossene Fähigkeit gesehen, die nicht aufgeteilt werden kann. Es handelt sich dabei um ein Ein-Faktoren-Modell, das die Grundlage des „Stanford-Binet-Intelligenztests" ist. Das Zwei-Faktoren-Modell von Spearman (1938) enthält einen allgemeinen Faktor, der an allen Intelligenzleistungen beteiligt ist sowie eine prinzipiell unbegrenzte Zahl spezifischer Faktoren. Getestet wird allerdings nur der allgemeine Faktor, z.B. mit dem „Standard" bzw. „Advanced Progressive Matrices Test" (vgl. Lammers & Holling 1997, 484).
- Hierarchische Intelligenzmodelle
  Für dieses Modell gibt es mit Vernon (1972) und Cattell (1971) zwei Hauptvertreter. Grundlage von Vernons Modell sind ein Generalfaktor mit zwei Hauptgruppen (sprachliche Fähigkeit und räumlich-praktisch-mechanische Fähigkeit). Diese werden weiter untergliedert, z.B. für sprachliche Fähigkeit in „Kreative Fähigkeiten" oder „Wortflüssigkeit", für räumlich-praktisch-mechanische Fähigkeit in „Räumliches Vorstellungsvermögen" oder „Physikalische Kenntnisse". Die unterste Ebene des Vernon'schen Modells bilden spezifische Fähigkeiten, z.B. „Lese-" und „Schreibfähigkeiten". Dieses Intelligenzmodell ist nicht in Tests umgesetzt worden.
  Auch Cattells Modell besitzt einen Generalfaktor, der in zwei unterschiedliche „Subgeneralfaktoren" unterteilt ist: eine „fluid general intelligence" und eine „crystallized general intelligence". Die fluide Intelligenz enthält Fähigkeiten zur Bewältigung neuartiger Situationen. In der kristallisierten Intelligenz finden sich die Lern- und Lebenserfahrungen einer Person. „Die fluide Intelligenz wird nach Cattells Vorstellungen mit zunehmendem Lebensalter geringer, während die kristallisierte Intelligenz im gleichen Zeitraum beständig wächst. Ältere Menschen gleichen also nach Cattell bei Intelligenzanforderungen ihre mangelnde Flexibilität durch ihre bis dahin erworbenen Lebenserfahrungen aus" (Lammers & Holling 1997, 485). Zu seinem Modell hat Catell selbst Tests entwickelt, die in der Praxis eingesetzt werden.
- Nichthierarchische Intelligenzmodelle
  Diese Modelle haben keinen allgemeinen Faktor, sondern mehrere Grundfaktoren, die aber keine unter- bzw. übergeordnete Struktur bilden. Beispielhaft für dieses Konzept sind das Primärfaktoren-Modell von Thurstone und das Berliner Intelligenz Strukturmodell zu nennen (Jäger 1984 in Lammers & Holling 1997, 485). Thurstone postuliert „sieben gleichberechtigt nebeneinanderstehende „primäre" Intelligenzfaktoren [...]: Wahrnehmungsgeschwindigkeit, Rechenfähigkeit, Wortflüssigkeit, verbales Verständnis, räumliches Vorstellungsvermögen, Merkfähigkeit und schlussfolgerndes Denken" (Lammers & Holling 1997, 485). Neben den „Primärfaktoren", von denen für jede Leistung eine bestimmte Anzahl zusammenwirken, gibt es keine „Sekundärfak-

toren“. Das Modell der Primärfaktoren ist die Grundlage mehrerer Intelligenztests.
Das Berliner Intelligenz-Strukturmodell (BIS) enthält „sieben sehr allgemein gehaltene Hauptkomponenten [in zwei Formen], die als Funktionenbündel anzusehen sind“ (Lammers & Holling 1997, 346). Die Komponenten, die den Operationen zugeordnet werden, sind „Bearbeitungsgeschwindigkeit“, „Gedächtnis“, „Einfallsreichtum“ und „Verarbeitungskapazität“. Als Fähigkeiten werden „figural-bildhafte“, „verbale“ und „numerische“ Fähigkeiten genannt. „Im Zusammenspiel der verschiedenen Operationen mit den unterschiedlichen Inhalten entstehen die multifaktoriell bedingten Leistungskomponenten, die somit keine Primärfaktoren im Sinne Thurstones darstellen“ (Lammers & Holling 1997, 346). Das BIS beinhaltet auch einen Kreativitätsfaktor. Dadurch werden Intelligenz (konvergentes Denken) und Kreativität (divergentes Denken) miteinander verbunden.
- Kombinationsmodell
  Das als Basis des bekannten Intelligenz-Struktur-Tests (I-S-T 70) genutzte Modell von Amthauer (1973) weist „konzeptionelle Ähnlichkeiten zum hierarchischen Modell von Vernon [allgemeiner Faktor mit zwei Hauptgruppen] und zum Modell von Thurstone [sieben Hauptgruppen] auf“ (Lammers & Holling 1997, 346). Intelligenz umfasst danach vier Faktoren: sprachliche und rechnerische Intelligenz, räumliche Darstellung und Merkfähigkeit. Diese werden mit zehn unterschiedlichen Untertests erfasst.
  Da Intelligenz und Leistungsfähigkeit miteinander zusammenhängen, werden im System Arbeit auch Intelligenztests verwendet. „Allerdings wird dabei in der Regel unter ‚Intelligenz‘ lediglich eine allgemeine Intelligenzleistung im Sinne eines g-Faktors nach Spearman verstanden. In einer Reihe von Untersuchungen verschiedener Autoren zeigte sich nun, dass die Annahme eines solchen g-Faktors tatsächlich zu einer guten prognostischen Validität, also einer hohen Vorhersagekraft, bzgl. des Berufserfolgs führt“ (Lammers & Holling 1997, 486–487). Allerdings wird das zugrunde liegende Modell kritisch diskutiert und darauf hingewiesen, dass für den Berufserfolg sowohl „akademische“ Intelligenz (Kenntnisse) als auch „praktische“ Intelligenz (Fertigkeiten) wichtig sind (vgl. Lammers & Holling 1997, 487).

4.3.5 Affektive Fähigkeiten

Affekte sind starke Gefühle, die durch innere oder äußere Einflüsse ausgelöst werden. Wie bei vielen anderen Begriffen gibt es auch hier einen gewissen Raum der Verwendung des Begriffes. So wird z.B. zwischen Affekten (unwillkürlich vor der bewussten Wahrnehmung entstehend) und Emotionen (als Folge bewusster Wahrnehmung entstehend) unterschieden (Wegge 1997, 489). Allerdings wird eine solche gefühls- und verstandesbezogene Aufspaltung in der Gegenwart durch die synonyme Verwendung der Begriffe Affekt, Gefühl und Emotion abgelöst.

Psychologische Theorien enthalten in der Regel mehrere Teilbereiche, z. B. die Bereiche

- der nur der Person bewussten Erlebnisse und Empfindungen (Lust oder Unlust),
- der Veränderungen von Körperzuständen (Erhöhung des Blutdrucks oder der Atemfrequenz),
- der Verhaltensänderungen (Bewegung, Mimik, Gestik) (vgl. Wegge 1997, 489).

Emotionen haben die Entwicklung der Menschheit begleitet und in großen Teilen erst möglich gemacht. Vor allem bei der Steuerung von Handlungen spielen sie eine wichtige Rolle:

- Die Verbindung der auftretenden Gefühle mit Reizen einer Situation kann zur Grundlage von Aktivitäten werden.
- Gefühle können die Durchhaltemotivation bei Widerständen fördern.
- Mimik und Gestik sind wichtige Gesichtspunkte des Austauschs und des Zusammenhalts in Gruppen.
- Ergebnisse des Handelns einer Person sind mit Gefühlen verknüpft. Sie verstärken positiv stimmende Aktionen und hemmen solche, die negative Gefühle auslösen.

Das Auftreten und Erleben von Gefühlen wie Überraschung, Ärger, Abscheu, Freude, Furcht und Trauer gelten als „Erbe“ der menschlichen Entwicklung. Ihre Beschaffenheit und ihr Ausmaß weisen jedoch individuelle Unterschiede auf. Es ist deshalb davon auszugehen, dass hier im Verlauf der Entwicklung einer Person Lern- und Verstärkungsprozesse stattgefunden haben.

Gefühle sind in der Arbeitswissenschaft vor allem im Zusammenhang mit der Arbeitszufriedenheit oder Stressforschung von Bedeutung. Wegge (1997, 491) äußert die Erwartung, „dass eine präzisere Analyse von Emotionen während der Arbeit dazu beitragen kann, die Arbeitsbedingungen in höherem Ausmaße menschengerecht und zugleich produktivitätsfördernd zu gestalten als dies bisher der Fall ist. Um dieses Ziel erreichen zu können, müssen wir mehr darüber wissen, wie die Beziehungen zwischen Emotionen und verschiedenen Merkmalen von Arbeitsaufgaben und Organisationsabläufen ausfallen, welchen Einfluss interindividuelle Unterschiede im emotionalen Erleben auf die Arbeit in Organisationen haben, wie das Auftreten bestimmter Emotionen (z. B. Stolz, Furcht) durch die Gestaltung von Arbeitsbedingungen eher gefördert bzw. vermieden werden kann und wie bzw. mit welchen Hilfsmitteln eine aufgabenangemessene Bewältigung von Emotionen zu unterstützen ist“.

4.4 Organisationsorientierte Konzepte

Dieser Abschnitt befasst sich mit der Organisation des Arbeitssystems als Einflussfaktor auf die Arbeitsleistung von Personen. Dabei stehen vor allem die Humankriterien der Arbeit als Ziele der Arbeitsgestaltung im Zentrum. Zu Beginn geht es um die aufgaben- und kriterienbezogene Gestaltung von Arbeitsstrukturen. Darauf folgen Gesichtspunkte einer differenziellen und dynamischen Arbeitsgestaltung. Weiterhin geht es um betriebliche Qualifizierung als Möglichkeit der Erhaltung und Entwicklung der Arbeitsfähigkeit der Arbeitspersonen. Als Konzept werden dann die integrative Gestaltung von Arbeitssystemen sowie die methodische Auswahl und Bewertung von Arbeitssystemlösungen vorgestellt.

4.4.1 Aufgaben- und kriterienbezogene Gestaltung von Arbeitsstrukturen

Aus Sicht der – dem Ziel humaner Arbeit verpflichteten – Arbeitswissenschaft geht es bei der „Gestaltung von Arbeitsstrukturen [um die] Veränderung technischer, organisatorischer und sozialer Arbeitsbedingungen mit dem Ziel, diese an die Leistungsvoraussetzungen der arbeitenden Menschen anzupassen, sodass sie der Entwicklung der Persönlichkeit und der Gesundheit der arbeitenden Menschen im Rahmen effizienter und produktiver Arbeitsprozesse dienen“ (Dunckel & Volpert 1997, 791). Die Gestaltung der Arbeitsstrukturen kann sich auf die Technologie und die Technik, die Arbeitsmittel, die Organisation oder die Person beziehen.

Zentraler Gesichtspunkt der Arbeitsstruktur ist die Arbeitsaufgabe. Sie legt fest, „...an welchen Gegenständen unter welchen Bedingungen welche Veränderungen mit welchen Mitteln und auf welchen Wegen von wem vorgenommen werden sollen“ (Hacker, in Dunckel & Volpert 1997, 791). Orientierung für die Gestaltung von Arbeitsaufgaben sind die dauerhafte Ausführbarkeit, die physische und psychische Schädigungslosigkeit und Beeinträchtigungsfreiheit sowie die Persönlichkeitsförderlichkeit.

Grundlage der Gestaltung ist „die Erkenntnis, dass Arbeitssysteme aus einem sozialen System, d.h. den Organisationsmitgliedern mit ihren Kenntnissen, Fähigkeiten und Bedürfnissen, und einem technischen System, d.h. den technologischen und räumlichen Bedingungen, bestehen“ (Dunckel & Volpert 1997, 972). Dieser sozio-technische Ansatz entspringt den Untersuchungen des Tavistok Institute for Human Relations London, die in den 50er-Jahren durchgeführt wurden. Daraus können folgende Prinzipien abgeleitet werden, die auch für die Gruppenarbeit gelten:

- Kleine relativ unabhängige Organisationseinheiten aus mehreren Personen.
- Weitgehend selbstständige Regulierung von Schwankungen und Störungen.

- Verknüpfung der Teilaufgaben unter Orientierung an einer vollständigen Handlung (Vorbereitung, Planung, Ausführung, Kontrolle, Nachbereitung).
- Erstellung eines „eigenen" Produkts als Grundlage der Identifizierung mit der Arbeitsaufgabe (vgl. Dunckel & Volpert 1997, 972).

Meistens wird im Rahmen der „korrektiven" Arbeitsgestaltung mit z. T. hohem Aufwand auf Probleme reagiert. Sinnvoller wäre eine „präventive" Arbeitsgestaltung „bei der arbeitswissenschaftliche Konzepte und Erkenntnisse bereits im Stadium der Planung und des Entwurfs von Arbeitsplätzen bzw. Arbeitssystemen eingebracht werden können, spätestens jedoch zu dem Zeitpunkt, zu dem Arbeitsaufgaben und Ausführungsbedingungen der Arbeit festgelegt werden. In einigen Fällen ist es sogar angebracht, arbeitswissenschaftliche Überlegungen beim Entwurf von Arbeitsprodukten einzubringen, da diese in nicht unerheblichem Maße die Arbeitsverfahren festlegen" (Dunckel & Volpert 1997, 793). Ein „guter" Arbeitsgestaltungsprozess erfüllt folgende Bedingungen (vgl. Dunckel & Volpert 1997, 974):

- Organisation und Technik werden als Einheit betrachtet.
- Die Erarbeitung erfolgt in interdisziplinären Teams auf der Basis klarer Vorgaben und Entscheidungsrechte.
- Der Prozess ist auf mehrere Durchgänge ausgerichtet und ergebnisoffen.

4.4.2 Differenzielle und dynamische Arbeitsgestaltung

Wie an mehreren Stellen betont, ist es ein Hauptziel der Arbeitswissenschaft, Grundlagen für eine humane Gestaltung der Arbeit zu entwickeln. Dabei „kommt dem Kriterium der Persönlichkeitsförderlichkeit zentraler Stellenwert zu" (Ulich 1997, 796). Die Förderung bzw. Entwicklung der Persönlichkeit durch Arbeit ist sowohl von der Arbeitsgestaltung als auch von den Merkmalen der konkreten Personen – z. B. Motivation, Informationsverarbeitung, Lernen u. a. – abhängig.

Deshalb bezeichnet es Ulich (1997, 796) als „einen grundlegenden und folgenschweren Irrtum traditioneller Arbeitsgestaltung, [davon auszugehen, dass es eine] einheitliche, für alle Mitarbeiter optimale Arbeitsstruktur geben kann". Untersuchungen haben gezeigt, dass sich bei der Erledigung derselben Arbeitsaufgabe individuell unterschiedliche Formen der Ausführungen zeigen. Diese beruhen auf der Ausnutzung der durch die Arbeitsgestaltung bestehenden Möglichkeiten und erbringen vergleichbare Ergebnisse. Ulich (1997, 796) folgert daraus, dass das „strikte Vorschreiben von vermeintlich ‚optimalen' Arbeitsabläufen im Einzelnen sogar zu ineffizienter Arbeitsweise führen kann" und schlägt die „differentielle Arbeitsgestaltung" als Prinzip vor. Es wird unter Orientierung an der zeitbezogenen Entwicklung der Persönlichkeit durch das Prinzip der „dynamischen Arbeitsgestaltung" erweitert.

Die differenzielle Arbeitsgestaltung orientiert sich am ‚Fix-Vario-Prinzip', das im folgenden Kasten beschrieben wird (Zink in Ulich 1997, 797):

> Angebot unterschiedlicher Arbeitsstrukturen nach dem Fix-Vario-Prinzip
> Für das Angebot unterschiedlicher Arbeitsformen bzw. Wahlmöglichkeiten „hat es sich als positiv erwiesen, Systeme nach dem ‚Fix-Vario-Prinzip' zu entwickeln. Basis dieses Konzepts ist die Überlegung, dass in Endprodukten, die in unterschiedlichen Varianten angeboten werden, ein gewisser Prozentsatz aller Einzelteile und Baugruppen und somit auch der Anteil der entsprechenden Fertigungs- und Montagearbeiten ‚fix' ist. Außerdem gibt es variantenbedingt variable Arbeitsinhalte mit unterschiedlichem Komplexitätsgrad. Diese unterschiedlichen Aufgaben werden nun in einem Arbeitssystem so verknüpft, dass der einzelne Mitarbeiter zwischen fixen und variablen Tätigkeitsinhalten sowie zwischen Einzel- und Gruppenarbeitsplätzen wählen kann. . . Das dem Fix-Vario-System zugrunde liegende Konzept, die Aufgaben eines Arbeitssystems in ‚fixe' und ‚variable' Tätigkeitsinhalte aufzuspalten und den Mitarbeitern eine Wahlmöglichkeit bezüglich der Zuordnung zuzugestehen, muss jedoch auch im Zusammenhang mit technologischen Nebenbedingungen gesehen werden. So ist diese Organisationsform zunächst für den Montagebereich konzipiert. . . Wesentlich weniger Möglichkeiten für einen Fix-Vario-Einsatz ergeben sich unter anderem im Bereich ‚klassischer Prozessfertigung' (wie z. B. in der chemischen Industrie). Die Übertragbarkeit auf den Verwaltungsbereich in Organisationen ist dagegen weitgehend uneingeschränkt möglich."

Untersuchungen konnten nachweisen, dass die Berücksichtigung von individuellen Unterschieden durch das Angebot unterschiedlicher Arbeitsabläufe – „von technologisch voneinander getrennten Einzelarbeitsplätzen bis hin zu Fertigungsnestern, bei denen jedes Gruppenmitglied alle vorkommenden Tätigkeiten beherrscht [. . .] – als interessant und motivierend erlebt [wurde]" (Ulich 1997, 797). Positive Auswirkungen ergaben sich auch bei den Durchlaufzeiten und den Werkstattbeständen (Zwischenlager an den Arbeitsplätzen).

Grundsätzlich ist eine differenzielle Arbeitsgestaltung für alle – auch automatisierte – Arbeiten geeignet,

- „die mehrere (in der Regel 4 bis 10) Mitarbeiter erfordern,
- die im häufigen Wechsel an verschiedenen Typen und Varianten auszuführen sind,
- die nur mit geringen Werkstattbeständen auskommen müssen,
- die einen maßgeblichen Beitrag zur Verkürzung der Durchlaufzeiten leisten können" (Ulich 1997, 797).

Bei Untersuchungen zum Einsatz von Computern in Büros zeigte sich, dass am Anfang fast übereinstimmend von allen anwendenden Personen eine intensive Benutzerführung gewünscht wurde. Erfahrungen bei der Anwendung ließen jedoch im Lauf der Zeit Unterschiede zwischen den Personen über das weitere Ausmaß der „Fremdsteuerung" durch das Programm deutlich werden. Daraus ergibt sich die Forderung eines Angebotes unterschiedlicher „Dialogformen" zwischen Mensch und Maschine. Sie ist auch „eines der wichtigsten Mittel zur „Beanspruchungsoptimierung, Stressprävention und Persönlichkeitsförderlichkeit „ (Ulich 1997, 798).

Auch für das Konstruieren als Tätigkeit konnte in einer Untersuchung gezeigt werden, dass vergleichbare Lösungen einer Konstruktionsaufgabe durch unterschiedliche Vorgehensweisen der Personen zustande kamen. Das bedeutet, dass es keinen für alle Personen gleich effizienten Lösungsweg gibt, sondern dass unterschiedliche Handlungsstile und Motivationsgrundlagen zu einer Individualisierung des Handelns führen (vgl. Ulich 1997, 798ff.).

4.4.3 Gestaltung betrieblicher Qualifizierungsprozesse

Die Geschichte der betrieblichen Qualifizierung reicht vom Anlernen am Arbeitsplatz über eine systematische Arbeitsunterweisung, das Training (sensu)motorischer Fertigkeiten, psychologische und therapeutische Verfahren bis zu arbeitsorganisatorischen Konzepten mit der Kombination von Arbeit und Lernen (vgl. Heeg 1997a, 800). Diese Konzepte entsprechen der Forderung nach „Persönlichkeitsförderlichkeit als Kennzeichen einer humanen Arbeitsgestaltung [mit dem Ziel,] dass der Einsatz und die Weiterentwicklung der individuell vorhandenen Fähigkeiten und Fertigkeiten durch die Bereitstellung von Handlungsspielräumen ermöglicht wird" (Heeg 1997a, 800). „Lernhaltige" Arbeit soll beim „Individuum den Einsatz und die Weiterentwicklung komplexer Planung und Handlungsstrukturen bewirken, die das Problemlösen gleichzeitig fördern und ermöglichen" (Volpert et al. in Heeg 1997a, 800).

Das sensumotorische Training verändert sich durch die Berücksichtigung „mentaler" Anteile. Ein „rein mechanisches Einüben von Bewegungsabläufen [ist] nicht sinnvoll, da auch Bewegungen kognitiv reguliert werden" (Heeg 1997a, 801). Deshalb werden das bisherige Lernen durch Beobachtung und aktives Tun durch die Aktivierung von Sprechen, Denken und Vorstellen ergänzt. Zielsetzung dieser später „psychoregulativ akzentuiert" genannten Trainingsmethoden ist eine stärkere geistige Durchdringung einer zu erlernenden berufspraktischen Fertigkeit. Motorische Fertigkeiten werden somit vorwiegend über die Vermittlung leistungsbestimmender geistiger Prozesse trainiert" (Heeg 1997a, 801).

Die Veränderung der Arbeitsprozesse – auch als Folge persönlichkeitsförderlicher Gestaltung – erfordert von den ausführenden Personen „kognitive" Kompetenz. Der Einsatz von Denken, Planen und Entscheiden ist ebenso notwendig wie Anforderungen zu erkennen und die passenden Handlungen auszuführen. Grundlage der Qualifizierung für diese Form des Handelns ist „das Konzept der kombinierten Unterweisung, das die Elemente mentales, observatives, verbales und aktives Training einbezieht" (Heeg 1997a, 801).

Die bisher vorgestellten Qualifizierungsformen können als „fremdgesteuertes" Lernen angesehen werden, da die Prozesse von außen angeregt und begleitet werden. Als „selbstgesteuertes" Lernen werden in der beruflichen Qualifizierung die „Projektmethode und die Leittextmethode sowie die Teilnahme an betrieblichen Problemlöse- und Lerngruppen [bezeichnet]" (Heeg 1997a, 801).

In Projekten kann eine Person „in der Gruppe in konkretem Handeln an einem Produkt oder an einer Dienstleistung in einem wirklichkeitsnahen Lernsystem selbstbestimmend und in Interaktion mit anderen Gruppen [lernen]" (Heeg 1997a, 801). Die Leittextmethode stellt den lernenden Personen schriftliche Materialien mit Arbeitsaufgaben zur Verfügung. Sie enthalten Informationen zu Tätigkeiten und ihrer Einbettung in übergeordnete Prozesse. Die Erledigung wird durch Leitfragen und Leitsätze sowie einen Arbeitsplan und Kontrollmaterialien gesteuert und von Fachgesprächen begleitet.

Problemlöse- und Lerngruppen sind in der Praxis der betrieblichen Qualifizierung z. B. der Qualitätszirkel oder die Lernstatt. Qualitätszirkel haben die Aufgabe, auftretende Qualitätsprobleme zu bearbeiten und zu lösen. In der Lernstatt treffen sich Personen, um „neben der Tagesarbeit Verbesserungen [zu planen] bzw. Kompetenzen [zu erwerben]. Daneben sind die Gruppen, die der Erledigung der Tagesarbeit dienen (teilautonome Gruppen, Gruppen im Rahmen der differenziell-dynamischen Arbeitsgestaltung) auch als Lerngruppen von großer Bedeutung" (Heeg 1997a, 802). Ziel der selbst gesteuerten Gruppenarbeit ist der Erwerb beruflicher Handlungskompetenz. Diese hat nach (Heeg 1997a, 802) vier Ebenen:

- *Fachkompetenz*: Fähigkeit zur systematischen Suche nach fachgerechten Lösungen für Probleme in Arbeitsprozessen.
- *Methodenkompetenz*: Fähigkeit zur Anwendung des systematischen Vorgehens bei Planung und Steuerung, Zielanalyse und Ideenfindung, Prioritätensetzung, Bewertung und Entscheidung, vorbeugender, prozessvergleichender und nachfolgender Qualitätssicherung, Kommunikation, Moderation und Präsentation.
- *Sozialkompetenz*: Fähigkeit, gemeinsam mit anderen Aufgaben und Probleme zu bearbeiten und die Kenntnisse, Fertigkeiten und Einstellungen der anderen zu berücksichtigen.
- *Individualkompetenz*: Fähigkeit, eigenes Verhalten und dessen Auswirkungen auf andere zu überprüfen und erforderlichenfalls zu verändern.

Die betriebliche Qualifizierung ist Teil der Personalentwicklung und in der Form selbst gesteuerter Gruppenarbeit auch der Organisationsentwicklung. Deshalb sollte die Selbstorganisation im Sinne einer „partizipativen Selbstqualifizierung" den Rahmen bilden. Ein Gesamtkonzept der integrierten Qualifikations- und Organisationsentwicklung zeigt die folgende Abbildung 21.

In diesem Konzept sind die betroffenen Personen in allen Phasen beteiligt und mitverantwortlich. Ausgangspunkt sind die Anforderungen z. B. aus einer Arbeitsaufgabe. Diese werden im Schritt 1 erhoben und dokumentiert. Daraus wird das Arbeitskonzept abgeleitet (Schritt 2) und es werden die notwendige Technik (Schritt 3) sowie die Teamaufgaben (Schritt 4) bestimmt. Nach der Aufgaben- und Tätigkeitsanalyse (Schritt 5) wird der zu erreichende Zustand im Sollkonzept (Schritt 6) festgelegt. Dann erfolgen die Ermittlung des Qualifizierungsbedarfs

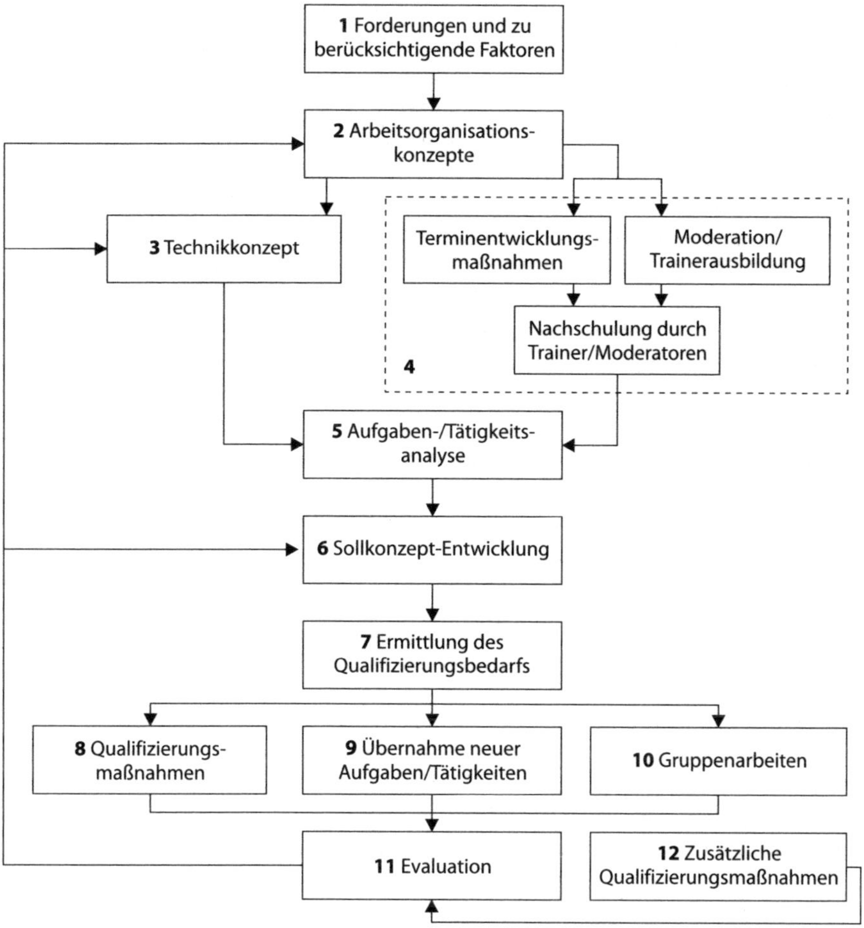

Abb. 21: Handlungsorientiertes, dynamisches Qualifizierungskonzept (HDQ) (Heeg 1997 a, 803)

(Schritt 7) und die Durchführung der Qualifizierungsmaßnahmen (Schritt 8). Die neu erworbenen Qualifikationen werden schließlich bei der Ausführung neuer Aufgaben (Schritt 9) bzw. der Organisation der Gruppenarbeit (Schritt 10) angewendet. Zum Schluss wird Qualifikationserwerb dann ebenso ausgewertet wie die Erledigung der Aufgaben und die Praxis der Gruppenarbeit (Schritt 11). Eventuelle zusätzlich durchgeführte Qualifizierungen werden ebenfalls bewertet.

4.4.4 Integrative Arbeitssystemgestaltung

Die Gestaltung von Arbeitssystemen umfasst die Gestaltungsbereiche Technologie (Verfahren), Technisierung (Funktionsverteilung zwischen Technik bzw. Maschine und Mensch), Organisation der menschlichen Arbeit und Ergonomie (Arbeitsgestaltung im engeren Sinne) (vgl. Kirchner 1997, 805). Bei der integrativen Arbeitssystemgestaltung werden diese Bereiche nicht in „konsekutiver" Form – aufeinander folgend – sondern in „simultaner" Form – miteinander verknüpft – bearbeitet. Ziel dabei ist es, die Produktivität zu verbessern und gleichzeitig bessere Arbeitsbedingungen zu schaffen (Kirchner 1997, 805).

In der Praxis gibt es erprobte Verfahren und Instrumente, die zwar unterschiedliche Grundlagen, jedoch eine integrierte Betrachtungsweise des Systems Arbeit aufweisen. Eine technisch orientierte Richtung betont eher formale Gesichtspunkte von Systemen. Andere sozialwissenschaftlich basierte Konzepte richten den Blick dagegen auf die Personen und deren Beteiligung an der Gestaltung.

Die oben genannten groben Ziele der Gestaltung von Arbeit können weiter in folgende Teilziele aufgefächert werden:

- „**Wirksamkeit** (Effektivität) der menschlichen Arbeit bzw. des menschlichen Beitrags bezüglich des Arbeitsergebnisses
- **Menschengerechtheit** (Humanität) für das Betroffensein des arbeitenden Menschen durch die Auswirkungen
- **Wirtschaftlichkeit** als Verhältnis von Aufwand zu Ertrag, welches wiederum betriebswirtschaftlich – aber auch volkswirtschaftlich – durch die beiden anderen Zielbereiche mitbestimmt wird" (Kirchner 1997, 806).

Die Beurteilung der ersten beiden – arbeitswissenschaftlich bedeutsamen – Ziele wird anhand von Indikatoren vorgenommen. Für „Wirksamkeit" sind dies: die Menge, die Güte, die Zuverlässigkeit/Verfügbarkeit und die Sicherheit bzw. Schadensfreiheit. Die „Menschengerechtheit" orientiert sich an den eingesetzten Qualifikationen, den Beanspruchungen, dem Gesundheitszustand, der Einstellung zur Arbeit und der Persönlichkeitswirkung der Arbeit (Kirchner 1997, 807).

Die für beide Zielbereiche aufgeführten Indikatoren stehen z. T. miteinander in Beziehung, wie Kirchner (1997, 807 f.) verdeutlicht:

- „Qualifikation, besonders Geschicklichkeit, aber auch Erfahrung, ist Voraussetzung einerseits für geringe bzw. optimale Beanspruchung beim Arbeiten durch zweckmäßigen Einsatz der eigenen Fähigkeiten und Fertigkeiten und andererseits für Mengenleistung, Qualität der Arbeit, Zuverlässigkeit und Sicherheit.
- Qualität der Arbeit durch den menschlichen Leistungsbeitrag kann zur Zufriedenheit beitragen, wenn sie als Ergebnis eigener Anstrengung erlebt wird (‚Stolz auf das Geschaffte').
- Geringe bzw. optimale Beanspruchung ist Voraussetzung für erhöhte Mengenleistung durch den menschlichen Beitrag (z. B. durch das ‚Prinzip der lohnenden Pause').
- Zufriedenheit kann einerseits als Motivationsanreiz für erhöhte Mengenleistung und Qualität der Arbeit durch den menschlichen Leistungsbeitrag wirken, ande-

rerseits aber auch zur Akzeptanz des Zustandes ohne weiteren Handlungsantrieb führen (‚Ausruhen auf dem Erreichten').

- Qualität der Arbeit durch den menschlichen Leistungsbeitrag steht oft in Widerspruch zur Mengenleistung, da qualitätvolle Arbeit meist mehr Zeit erfordert.
- Persönlichkeitsentfaltung wirkt als Handlungsantrieb für Qualität der Arbeit durch den menschlichen Leistungsbeitrag; sie kann einerseits durch Motivation zu einem für Sicherheit bzw. Schadensfreiheit durch den menschlichen Leistungsbeitrag führenden Handeln beitragen, andererseits kann sie auch davon ablenken."

Neben den Gestaltungsbereichen der Arbeit gibt es auch Gestaltungsfelder, die in einer integrativen Arbeitssystemgestaltung zu berücksichtigen sind, nämlich

- „das Arbeitsmittel einschließlich Arbeitsobjekt und Technologie (Verfahren)
- der Arbeitsplatz mit Arbeitsraum
- die Arbeitsumgebung
- die Arbeitsmethode
- die Arbeitsstrukturierung (Tätigkeitsstrukturierung)
- der Arbeitsablauf
- die Aufbauorganisation mit Führung und Zusammenarbeit
- die zeitliche Arbeitsorganisation (Lage; Dauer; Unterbrechungen)
- die Leistungsvorgabe und die Entlohnung" (Kirchner 1997, 809).

Die Gestaltungsfelder weisen vielfältige Verbindungen und Wechselwirkungen auf. Deshalb sind sie alle in der Konstruktion eines Arbeitssystems zu berücksichtigen. Daraus ergibt sich allerdings für die Praxis das Problem der Strukturierung des Gestaltungsprozesses. Grundsätzlich sollte der Prozess alle Beteiligten einschließen und kreative sowie konvergente Phasen aufweisen. Kreativ sollen Ideen und Möglichkeiten gesucht und gefunden werden. Kreatives Denken geht von einem Punkt aus und führt zu vielen verschiedenen Möglichkeiten. Konvergentes Denken führt die vielen verschiedenen Möglichkeiten wieder in einem Punkt zusammen. Kreatives Denken hat die Produktion von Ideen zum Ziel, konvergentes Denken wird bei der Bewertung der Ideen eingesetzt. Beide Verfahrensweisen dienen im Prozess der integrativen Arbeitssystemgestaltung den Hauptzielen Wirksamkeit und Menschengerechtheit der Arbeit.

4.4.5 Auswahl und Bewertung von Arbeitssystemlösungen

Die Einführung neuer oder die Veränderung bestehender Arbeitssysteme wird in der Regel mit Zielen für das Unternehmen (Erhöhung der Produktivität) und die arbeitenden Personen (Humanisierung der Arbeit) verbunden. Sie erfordern deshalb Maßnahmen im Rahmen von Organisationsentwicklung und Personalentwicklung, die mit einem hohen Aufwand verbunden sind. Deshalb benötigen die Entscheidungsträger belastbare Daten auf der Basis einer Bewertung der Arbeitssysteme. Grundlage der Bewertung ist eine ganzheitliche Betrachtung aller Gesichtspunkte in einem Prozess, der mehrere Ebenen umfasst (vgl. Staudt & Meier 1997, 810 f.):

- Strategische Ebene
  Hier müssen Entscheidungen mit mittel- bzw. langfristiger Wirkung getroffen werden, die das Unternehmen in seiner Gesamtsituation im Blick haben.
- Dispositive Ebene
  Diese Ebene erfordert Überlegungen zu Maßnahmen unter technischen, personellen und organisatorischen Gesichtspunkten.
- Operative Ebene
  Hier kommen finanzielle Erwägungen zum Tragen, aber auch die Frage nach Umfang und Qualität bestimmter Systeme sowie die Begleitung der Einführung.

Die folgende Darstellung gibt einen Überblick über die Faktoren der Bewertung von Arbeitssystemen:

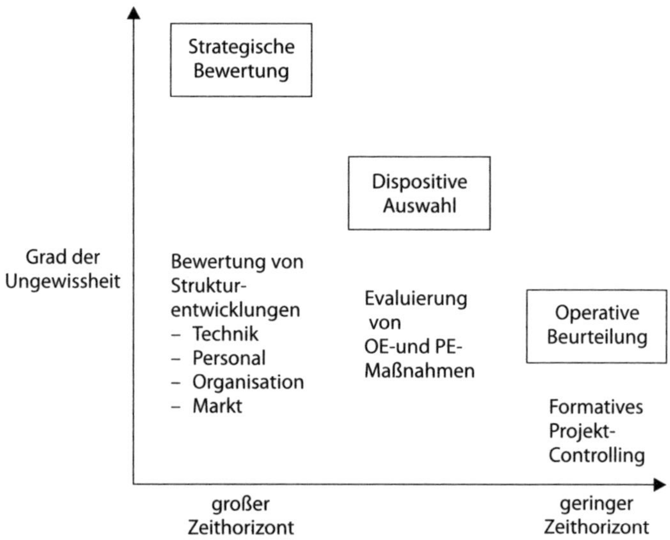

Abb. 22: Beurteilungshilfen für Arbeitssysteme im Spannungsfeld von Ungewissheit und Zeithorizont (Staudt & Meier 1997, 810)

Für die drei in der Abbildung aufgeführten Ebenen gibt es verschiedene Bewertungsgesichtspunkte. Strategische Entscheidungen beziehen sich auf einen lang- bzw. mittelfristigen Zeitraum und orientieren sich an „Anforderungen, die sich einerseits aus der unmittelbar zu erfüllenden Arbeitsaufgabe und andererseits aus übergeordneten ökonomischen und sozialen Komponenten ableiten“ (Staudt & Meier 1997, 811). Die Erfüllung der Anforderungen hängt von Erfolgsfaktoren ab.

Dabei handelt es sich um Qualität, Flexibilität, Produktivität/Wirtschaftlichkeit, Durchlaufzeit, Humanität, Reaktionsgeschwindigkeit bei Fehlern, Transparenz (vgl. Staudt & Meier 1997, 812). Die Entscheidung für ein Arbeitssysstem erfolgt nach einem Vergleich der im Rahmen des jeweiligen Systems zu schaffenden technischen, personellen und organisatorischen Voraussetzungen in Verbindung mit den Erfolgsfaktoren.

Auf der dispositiven Ebene spielen unternehmensspezifische Gesichtspunkte bei der Bewertung der technischen, organisatorischen und personellen Gestaltungselemente von Arbeitssystemen eine wichtige Rolle. Mit den Ergebnissen können unter Hinzuziehung arbeitswissenschaftlicher, vor allem ergonomischer Vorstellungen unterschiedliche Systeme dargestellt werden. Zusätzlich „werden die vorhandenen personellen Potenziale im Unternehmen zu einem zusätzlichen Ausgangspunkt gestalterischer Überlegungen, denn sie wirken einerseits limitierend, andererseits initiierend auf arbeitsorganisatorische Entwicklungen (Staudt & Meier 1997, 812).

Entscheidungen müssen immer das Gesamt von Technik, Organisation und Personal berücksichtigen. Dabei sind eine erfolgreiche Organisations- und Personalentwicklung als Grundlage einer erfolgreichen Einführung mindestens ebenso wichtig wie die Bereitstellung der notwendigen Technik. „Am Ende der dispositiven Phase ist der infrage kommende Arbeitssystemtyp bestimmt und die damit verbundenen Maßnahmen der Personal- und Organisationsentwicklung sind bekannt“ (Staudt & Meier 1997, 813).

Unter operativen Gesichtspunkten sind Arbeitssysteme danach zu beurteilen, welchen Aufwand die Einführung erfordert. Dabei geht es um die Begleitung der Einführung, die Aufbereitung der Informationen für die Anwendung, die Festlegung der notwendigen Indikatoren für die Erfolgsmessung und die Dokumentation der Prozesse und Produkte.

Eine ganzheitliche Bewertung als Grundlage der Auswahl von Arbeitssystemen bedeutet die Einbeziehung und Verbindung von

- strategischer, dispositiver und operativer Beurteilungsebene,
- monetären, quantitativen und qualitativen Beurteilungskriterien, die sich parallel zum Prozess konkretisieren, und
- modular aufgebauten Instrumententeilen, die je nach Informationsbedarf der Entscheidungsträger die verschiedenen Aufgaben im Zeitablauf des Implementationsprozesses unterstützen“ (Staudt & Meier 1997, 813 f.).

4.5 Personorientierte Konzepte und Methoden

Dieser Abschnitt beinhaltet das Thema Handlungsregulation als spezifisches Konzept für das System Arbeit. Es umfasst eine Theoriebasis und verschiedene Hinweise für die praktische Umsetzung. Sie werden unter den Stichworten Personalplanung, Personalauswahl und Personalentwicklung als Fragen des Human Resource Managements behandelt.

4.5.1 Handlungsregulation

Der Begriff Handlungsregulation bezeichnet die bewusste Steuerung des eigenen Verhaltens einer Person zur Erreichung eines Zieles. Die Handlungsregulationstheorie ist eine spezifisch arbeitswissenschaftlich begründete Methode zur Analyse und Gestaltung von Arbeitsprozessen. Sie orientiert sich am „Modell der hierarchisch-sequenziellen Handlungsorganisation" (Volpert 1997, 453). Das bedeutet, dass ein übergeordnetes Ziel zwar das Handeln steuert, dieses jedoch in Teilziele auf unterschiedlichen Ebenen „heruntergebrochen" wird (Hierarchisierung). Aus den Teilzielen ergibt sich eine Abfolge „notwendiger" Handlungen zur Erreichung des Gesamtziels (Sequenzierung). In der folgenden Abbildung einer „Handlungspyramide" (Volpert 1997, 454) stehen die Dreiecke für die voneinander abgeleiteten Ziele und die Pfeile für die aufeinander folgenden Handlungen sowie den Vergleich der Handlungsergebnisse mit den Zielen:

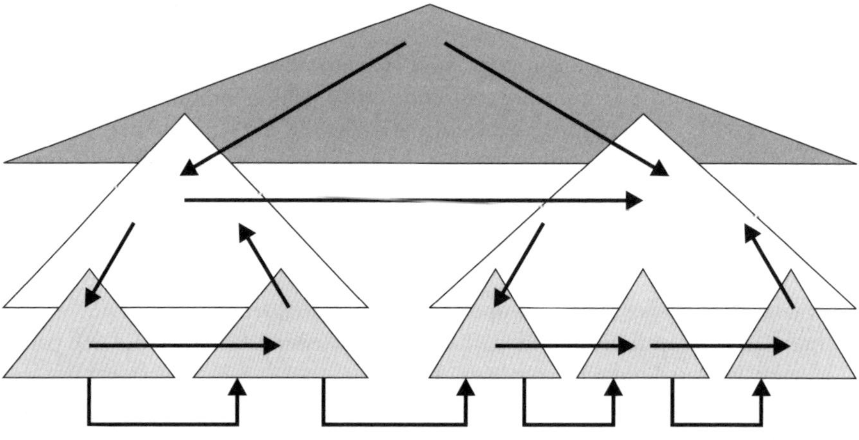

Abb. 23: Das formale Modell der hierarchisch-sequenziellen Handlungsorganisation (Volpert 1997, 454)

Das formale Grundmodell der Handlungsorganisation verdeutlicht, dass die Person Handlungsentscheidungen treffen muss, die sich zwar am Gesamtziel orientieren, jedoch ein konkretes Teilziel beinhalten. Im Sinne der Humankriterien der Arbeit ist zu diskutieren, ob die Ziele ausschließlich von außen vorgegeben werden sollen oder ob die ausführende Person an deren Formulierung auf allen Ebenen beteiligt werden soll, da die Ziele und die damit verbundenen Handlungen die Arbeitsaufgabe bestimmen. Dieser bedingungsbezogene Gestaltungsansatz muss durch eine personbezogene Sicht ergänzt werden. Das bedeutet, dass Arbeitsaufgaben so gestaltet werden, „dass sie (hierarchisch und sequenziell) vollständige Handlungen ermöglichen“ (Volpert 1997, 456).

Arbeitswissenschaftlich begründete Arbeitsgestaltung muss aus handlungsregulatorischer Sicht Verfahren der „psychologischen Arbeitsanalyse und -bewertung [anwenden. Daneben sind aber auch die] Kommunikationsanforderungen und -möglichkeiten“ zu bedenken (Volpert 1997, 456). Weiterhin sind die Bereiche Arbeitsorganisation, technische Mittel und Qualifizierung der Arbeitspersonen als gestaltungswirksam mit einzubeziehen.

Im Hinblick auf die Weiterentwicklung der Handlungsregulationstheorie spielt der Gesichtspunkt des Erfahrungswissens eine wichtige Rolle. In diesem Zusammenhang muss davon ausgegangen werden, dass „hochkompetente Bewältigung komplexer Situationsanforderungen nicht hinreichend durch ein Modell des streng rationalen Planens erklärbar ist. [...] Wesentliche Merkmale des Erfahrungswissens sind:

- Es ist eng mit sinnlicher Anschauung und praktischem Handeln verbunden; exakte Vorgehensregeln sind nicht immer zu formulieren.
- Situationen und Personen werden ganzheitlich, etwa aufgrund komplexer Ähnlichkeitskriterien, beurteilt.
- Die richtige Lösung wird schnell und intuitiv erfasst, auch wenn sich dem häufig Phasen des rationalen Prüfens anschließen.
- Eine emotionale Sicherheit des Bei-sich-Seins ist gepaart mit einem Gefühl des Bei-den-Dingen-Seins.

Inwieweit im Rahmenkonzept der Handlungsregulation die menschliche Körperlichkeit und das leibgebundene Können hinreichend erfasst sind bzw. welcher weiterführenden Interpretationen dies bedarf, ist noch genauer zu klären“ (Volpert 1997, 457).

Aufgabenstruktur und Handlungsregulation

Der Begriff Aufgabe beschreibt den Zweck oder das Ziel, das in einem Arbeitssystem (Mensch und Technik) unter festgelegten Bedingungen zu erreichen ist. Zur Erreichung von Zweck oder Ziel sind bestimmte Arbeitstätigkeiten auszuführen. In der Arbeitsaufgabe wird beschrieben, „an welchen Gegenständen welche Veränderungen unter welchen Bedingungen mit welchen Mitteln und auf welchen Wegen von wem vorgenommen werden sollen“ (Dunckel 1997, 458).

Die Struktur einer Arbeitsaufgabe ergibt sich aus bestimmten Rahmenbedingungen der Aufgabenstruktur:

- „Gesellschaftlich-ökonomische Ausgangs- und Folgebedingungen (z. B. Eigentumsverhältnisse, Arbeitszeitregelungen, Entlohnungsformen, Arbeitsteilung, gesellschaftliche Werte und Normen).

- Raum-zeitliche und Arbeitsumweltbedingungen (z. B. Arbeitsort und -raum, Arbeitsstoffe, Klima).
- Arbeitsplatzspezifische Arbeitsbedingungen (z. B. Technologien und technische Einrichtungen, Arbeitsmittel, arbeitsplatzbedingte Kooperations- und Kommunikationsformen).
- Arbeitstätigkeitsspezifische Arbeitsbedingungen (z. B. Entscheidungsspielraum, Zeitbindung, Vorgabezeiten und Toleranzen).
- Schließlich wird die Aufgabenstruktur auch wesentlich durch die habituellen und aktuellen Leistungsvoraussetzungen des Menschen bestimmt, der die jeweilige Aufgabe bearbeitet" (Dunckel 1997, 459).

Grundsätzlich ist aus arbeitswissenschaftlicher Sicht dafür zu sorgen, dass Aufgabenstrukturen „Freiheitsgrade" aufweisen, die es der ausführenden Person ermöglichen, selbstständige Entscheidungen über ihr Handeln zu treffen. Damit können Aufgaben als „Handlungsforderungen" an eine Person verstanden werden. Sie muss zur Erfüllung der Anforderungen entsprechende Handlungen planen, ausführen und bewerten. Die Wirklichkeit begrenzt jedoch die Handlungsmöglichkeiten und setzt einen bestimmten Handlungsrahmen. Dieser Widerstand verändert die Anforderungen und erfordert von der Person Handlungsflexibilität. Damit wird die Aufgabenstruktur zur Möglichkeit der Persönlichkeitsförderung im Sinne der Humankriterien der Arbeit (vgl. Dunckel 1997, 460).

Regulationserfordernisse

Der Begriff „Regulationserfordernisse" steht in Zusammenhang mit der Theorie der Handlungsregulation und beschreibt die Ebenen, auf denen Personen ihr Arbeitshandeln regulieren müssen, um eine Arbeitsaufgabe auszuführen. In einem ersten Modell nennt Oesterreich (1997, 461) folgende fünf Ebenen in der Reihenfolge von unten nach oben:

- Erschließung neuer Bereiche
- Bereichsplanung
- Zielplanung
- Handlungsplanung
- Handlungsausführung.

In der Arbeitspraxis erscheint es problematisch, „dass das Arbeitshandeln auf untere Ebenen der Handlungsregulation eingeschränkt sein kann (z. B. lediglich Handlungsausführung oder Handlungsplanung ohne Zielplanung)" (Oesterreich 1997, 461). Mit dieser Beschränkung besteht die Gefahr, dass die für eine Arbeitsaufgabe nicht erforderlichen Denk- und Planungsfunktionen einer Person auch nicht geübt und entwickelt werden. Das hat zur Folge, dass sie bei Bedarf weder in der Arbeit noch im Alltag eingesetzt werden können. Hier muss die Gestaltung der Arbeitssysteme sich daran orientieren, Aufgaben mit Regulationserfordernissen auf möglichst allen Ebenen zu versehen.

Für die Praxis der Arbeitsgestaltung stellt Oesterreich (1997, 461) ein Modell vor, dessen fünf Ebenen jeweils zwei Regulationsvarianten enthalten. So ergibt sich ein auf zehn Stufen erweitertes Modell, das im folgenden Beispiel für die Anwendung auf eine Bürotätigkeit dargestellt wird.

Tab. 2: Kurzdefinitionen des 10-Stufen-Modells der Regulationserfordernisse (Oesterreich 1997, 462)

Ebene	**Stufe**	**Beschreibung**
5: Einrichtung neuer Arbeits-prozesse	5	Organisatorische Bedingungen für die Einrichtung neuer Arbeits-prozesse werden konzipiert, wobei bestehende Arbeitsprozesse in neuartiger Weise integriert werden sollen
	5R	Organisatorische Bedingungen für die Einrichtung neuer Arbeits-prozesse werden konzipiert, wobei bestehende Arbeitsprozesse möglichst wenig verändert werden sollen.
4: Koordination von Teilprozessen	4	Es müssen Strategieentscheidungen in (mindestens) zwei Teil-prozessen der Arbeitsaufgabe getroffen und miteinander koordiniert werden.
	4R	Es muss eine Strategieentscheidung getroffen und dabei berücksichtigt werden, dass die Realisierung von (Strategie-)Entscheidungen in Teil-prozessen, die von anderen bearbeitet werden, nicht gefährdet wird.
3: Strategie-entscheidungen	3	Es muss eine Strategieentscheidung getroffen werden; aus dieser leitet sich ab, welche weiteren Entscheidungen zu treffen sind.
	3R	Es müssen mehrere Entscheidungen getroffen werden; das Abwägen verschiedener Möglichkeiten ist mindestens zweimal im Verlauf eines Arbeitsauftrages erforderlich.
2: Entscheidung	2	Vor oder während der Bearbeitung eines Arbeitsauftrages müssen verschiedene Möglichkeiten abgewogen werden. Für eine von ihnen ist eine Entscheidung zu treffen.
	2R	Es ist erforderlich, sich vor oder während der Bearbeitung eines Arbeitsauftrages die Vorgehensweise zu vergegenwärtigen.
1: Regel-anwendung	1	Bei der Bearbeitung eines Arbeitsauftrages ist die Bestimmung der Vorgehensweise erforderlich.
	1R	Die Arbeitsaufträge werden in immer der gleichen Weise mit den gleichen Arbeitsmitteln bearbeitet.

Ein Ziel der Anwendung des Verfahrens ist „auch die Gewinnung von konkreten Vorschlägen zur Erhöhung der Regulationserfordernisse“ (Oesterreich 1997, 463), um so entwicklungsförderliche Arbeitsaufgaben zu gestalten. Untersuchungen in der Praxis konnten zeigen, dass die Einbeziehung höherer Ebenen und die dadurch bedingten „höhere[n] Regulationserfordernisse weder mit höheren psychischen Belastungen verbunden sind, noch zu Wirkungen führen, wie sie für psychische Arbeitsbelastungen feststellbar sind“ (Oesterreich 1997, 463).

Neben den – positiv zu bewertenden – Regulationserfordernissen gibt es auch Regulationshindernisse, die negative Auswirkungen zeigen. „Regulationshindernisse sind Arbeitsbedingungen, die den Weg zum Arbeitsergebnis durch ungünstige Arbeitsorganisation oder Arbeitsinstrumente erschweren und für den Arbeitenden zusätzlichen Aufwand erbringen – ohne geistige Anforderungen [...] zu stellen" (Oesterreich 1997, 463). Arbeitsgestaltung muss deshalb sowohl die Erhöhung von Regulationserfordernissen wie die Vermeidung von Regulationshindernissen im Auge haben, denn fordernde Arbeit ist in der Regel fördernde Arbeit.

Erwerb und Optimierung der Regulationsgrundlagen

Die Erfüllung der Anforderungen einer Arbeitsaufgabe verlangt von der ausführenden Person angemessenes Handeln. Dieses bezieht sich auf alle Komponenten des Arbeitssystems: eingesetzte Technik und notwendige Organisation sowie Kommunikation und Kooperation mit anderen Personen. Die konkreten Regulationserfordernisse können dann verwirklicht werden, wenn die entsprechende Handlungskompetenz vorhanden ist. Diese wird in einem Lern- und Übungsprozess erworben. Dabei können Erfordernisse aller zehn Regulationsebenen (vgl. Abschnitt 4.5.1 Handlungsregulation) Lern- bzw. Übungsinhalt werden, um „die intellektuellen Voraussetzungen für ein durchdachtes und aufwandsökonomisches Arbeitshandeln auszubilden. [Auf den] niedrigeren Handlungsebenen [bilden sich durch die Übung] vielseitig kombinierbare und einsetzbare Teilhandlungen aus, die auf höheren Ebenen durch Entscheidungsregeln, Strategien und mentale Repräsentationen koordiniert werden und im zeitlichen Verlauf ein persönliches Handeln bewirken, das über eine zunehmende Eigenständigkeit (Selbstregulation) bis hin zur Meisterschaft (Expertise) zu charakterisieren ist" (Sonntag 1997, 464 f.).

Ziel des Lernens und der Übung ist der Übergang vom Novizen-Status zum Experten-Status, der viel Wissen und umfangreiche Erfahrung sowie eine erfolgreiche Praxis umfasst. Die Expertiseforschung verweist auf folgende Komponenten (vgl. Sonntag 1997, 465): angelegte Begabung und umfangreiche Übung, allgemeine und bereichsspezifische Fähigkeiten, Wissen bzw. Gedächtnis und Handeln. Nach Hacker (in Sonntag 1997, 465) nutzen Experten „neben einer ganzheitlichen Wissensorganisation, hypothesengeleitetem Orientieren, flexiblen, aufgabenadäquaten heuristischen Prozeduren und erfahrungsabhängiger Wissensmodifikation [...] vermehrt das aufgrund psychischer Automatisierung Freiwerden mentaler Kapazitäten für bewusstes Verarbeiten".

Die Arbeitsaufgaben werden in der Praxis immer komplexer. Das ist im Sinne der Entwicklung durch Arbeit durchaus nicht unerwünscht, führt jedoch zur Frage nach dem Lern- und Übungsbedarf bei komplexen Aufgabenstellungen. „Hierbei reicht es nicht aus, nur die „Oberflächenstruktur" einer Tätigkeit anhand des sichtbaren Ablaufs bzw. der Folge von Arbeitsschritten zu analysieren, vielmehr ist es notwendig, die psychischen Regulationssachverhalte bzw. die ‚Tiefenstruktur' in Form von kognitiven Leistungsvoraussetzungen zu untersuchen" (Sonntag

1997, 465). Die folgende Abbildung verdeutlicht die Vorgehensweise und die Inhalte.

Zielsetzungen	Arbeits- und Wissensanalysen	Funktionen für die Lernbedarfsanalyse und Trainingsgestaltung
Abklärung des Lernbedarfs	Organisations- und Technikanalyse	Festlegung der Rahmenbedingungen und Konkretisierung des Bezugssystems für das Lernsetting
	Tätigkeits- und Anforderungsanalyse	Inventarisierung und Beschreibung erforderlicher und lehrbarer psychischer Leistungsvoraussetzungen
Gestaltung der Lernaufgaben und der didaktisch-methodischen Konzeption	Störungsanalyse	Auswahl bereichsspezifischer Lernaufgaben Sequenzierung der Lernaufgaben nach Komplexitätsstufen
	Strategie- und Wissensanalyse	Feinanalyse psychischer Regulationsgrundlagen Formulierung didaktisch-methodischer Prinzipien
	Vergleich der Leistungsvoraussetzungen bei unterschiedl. Expertise	Zielgruppenspezifische Aufbereitung der Lernaufgaben und ihrer didaktisch-methodischen Konzeption

Abb. 24: Zielsetzungen und Methodeneinsatz bei der Lernbedarfsanalyse komplexer Aufgabenstellungen (Sonntag 1997, 466)

Die Praxis von Übungen zum Erwerb handlungsregulatorischer Fähigkeiten soll es Personen ermöglichen, mentale Modelle und kognitive Strukturen zu entwickeln. Diese Übungen nutzen Konzepte der Lernpsychologie „wie etwa die etappenweise Ausbildung geistiger Handlungen (Interiorisationsprinzip), die Sprache zur Entwicklung von Handlungsschemata, die Anwendung regelgeleiteten Vorgehens (heuristische Regeln) oder die Verwendung von Selbstinstruktionstechniken (Sonntag 1997, 466; vgl. auch Hacker & Skell 1993). Neben dem Angebot von Übungssituationen trägt „Lernen während sinnvoller und zweckgebundener Tätigkeit innerhalb einer Experten-Novizen Gemeinschaft [dazu bei], dass flexibles-stabiles und nützliches Wissen sowie kompetentes Handeln erreicht werden kann“ (Sonntag 1997, 467).

Fehler und Fehlhandlungen bei der Handlungsregulation

Trotz aller handlungsregulatorischen Kompetenz der ausführenden Personen können bei Arbeitsaufgaben Fehler auftreten. Wehner (1997, 469) macht darauf aufmerksam, dass die „Bezeichnung von Fehlerereignissen [...] ein sozialer Akt [ist] und [. . .] von einem Beobachterstandpunkt aus vorgenommen [wird]; richtig und falsch sind keine systemeigenen, keine wesensimmanenten Kategorien. Verfehlt werden können darüber hinaus nur Intentionen und Handlungsziele. Die Kategorie des Fehlers ist damit an menschliche Verhaltensformen gebunden".

Fehler in diesem Sinn unterscheiden sich von zielverfehlendem Handeln oder bewusstem Nicht-Handeln dadurch, dass die Person, die ein „nichtintendiertes Handlungsresultat, ein unerwartetes Ereignis, erzielt, [. . .] nicht den Fehler [wollte], sondern im Gegenteil die Erreichung des intendierten Ziels. Der Handelnde war darüber hinaus davon überzeugt, dass er dieses Ziel mit dem vorhandenen Wissen, den verfügbaren Informationen sowie der geplanten und ausgeführten Handlungsweise auch erreicht" (Wehner 1997, 469).

Die Verfehlung von Zielen kommt trotz aller Vorsorge in der Praxis vor. Allerdings: „Die Gründe des Fehlers sind auch die wesentlichen Merkmale des gelingenden Handelns. Der Fehler macht deutlich, wie wir handeln." (Volpert in Wehner 1997, 469). Damit sind Fehler „der aussagekräftigste Fall für die Handlungsweisen und Organisationsprinzipien der tätigen Menschen" (Wehner 1997, 469). Die Nicht-Erreichung eines Zieles verdeutlicht die Unvereinbarkeit zwischen der Aufgabe, der Situation und der Person.

Die arbeitswissenschaftliche Forschung sucht nach den Gründen dieser Unvereinbarkeit, die in der Person liegen. So wird zu wenig, zu viel oder geteilte Aufmerksamkeit als Ursache der Nicht-Erreichung von Zielen angesehen. Hinzu kommt gewohnheitsmäßiges oder automatisiertes Handeln. Wehner (1997, 469) zeigt allerdings auf, dass die „selektive Zuwendung der Aufmerksamkeit [ein Zeichen] von Lernprozessen [ist]. Aufmerksamkeitsdefizite als Letztursache anzusehen, ignoriert dies und verkennt sowohl die oben genannte Wechselwirkung zwischen Aufgabe, Situation und Person als auch die zwischen Anforderungen und Gewohnheitsbildung. [. . .] Aufmerksamkeit verschiebt lediglich den Zeitpunkt des Eintritts, also die Fehlergrenze; aufzuheben jedoch vermag sie die Fehlhandlungsbedingungen nicht" (Wehner 1997, 469).

Neben Aufmerksamkeit als Fehlerfaktor werden „Begrenztheit und Unzulänglichkeit menschlicher Wahrnehmungs-, Denk- und Handlungsvollzüge [sowie] Tendenzen des Mechanisierens, des Beharrens und des Stabilisierens" [genannt]. Anforderungen und Situationen von Arbeitsaufgaben werden bezüglich ihrer Quantitäten (Auftretenshäufigkeit) und ihrer Qualitäten (Bewertungen) verarbeitet, um auf der personalen Seite stabile Wahrnehmungs-, Denk- und Handlungsmuster ausbilden und so lange anwenden zu können, bis es zu unerwarteten Ereignissen kommt, die eine Erweiterung derselben provozieren" (Wehner 1997, 470). Damit wird deutlich, dass ein Fehler dann entsteht, wenn in einer Situation Stabilität statt Flexibilität das Verhalten einer Person bestimmt. Wehner (1997, 470) bezeichnet dies als „Interferenz", bei der sich zwei Ereignisse – in der Physik Wellen – die aufeinandertreffen, gegenseitig löschen oder verstärken.

Die Tendenz zu Stabilisierung und Routinisierung findet sich auf allen Ebenen der Handlungsregulation, „der Ebene der Fertigkeiten oder Gewohnheitshandlungen, der der Regeln oder flexiblen Handlungsmuster und der des Wissens bzw. der bewussten Handlungsplanung. [Dabei konnte in Untersuchungen gezeigt werden, dass] sich die Fehler von Experten und Novizen in ihrem quantitativen Auftreten und in ihrer Verteilungscharakteristik, nicht jedoch in der Qualität, unterscheiden“ (Wehner 1997, 470).

Aus den Ergebnissen der arbeitswissenschaftlichen Forschung kann für die Praxis die Forderung nach einer „veränderte[n] Haltung gegenüber den eigenen oder auch fremden Fehlern [abgeleitet werden]. Es ist die Haltung

- der bewussten Hinwendung und nicht der Tabuisierung von Fehlern,
- der reflexiven Betrachtung und nicht der bloßen Korrektur,
- der Aneignung von Bewältigungskompetenzen und nicht der Ruf nach Vermeidungsstrategien“ (Wehner 1997, 471).

4.5.2 Personalplanung

Personalplanung ist eine Komponente des „Human Resource Managements“. Die Human Resources sind als „Humanvermögen die Summe aller Leistungspotenziale, die einem Unternehmen oder einer Organisation durch ihre Mitglieder (Arbeitnehmer) zur wirtschaftlichen Nutzung zur Verfügung stehen. Dabei soll nicht der Arbeitnehmer selbst, sondern sein dem Unternehmen zur Verfügung stehendes Leistungspotenzial erfasst werden. Das Leistungspotenzial ist das Produkt aus Leistungsangebot und Zeitraum, in dem der Arbeitnehmer die Leistung anbieten kann. Das Leistungsangebot ist bestimmt durch die individuelle Leistungsfähigkeit und Leistungsbereitschaft. [Neben der Personalplanung sind] Führung, Training und Entwicklung der Mitarbeiter [sowie] Entscheidungen und Aktivitäten, die sich auf das Personal beziehen und darauf abzielen, die Effektivität der Beschäftigten und der gesamten Organisation zu optimieren, [...] Bestandteil des Human Resource Managements“ (Hornung 1997, 962).

Personalplanung als Teil des Human Resource Managements bezeichnet Aktivitäten in Unternehmen, bei denen es darum geht, die für die Erreichung der Unternehmensziele notwendige „Arbeitskraft“ zu suchen, zu finden, zu pflegen und zu entwickeln. Nach Hornung (1997, 957) geht es um:

- „**Personalbedarfsermittlung**: Ermitteln der erforderlichen personellen Kapazität in quantitativer, qualitativer und zeitlicher Hinsicht. Feststellen einer personellen Unter- oder Überdeckung.
- **Personalbeschaffung**: Beschaffen von Personal zur Beseitigung einer personellen Unterdeckung in quantitativer, qualitativer und zeitlicher Hinsicht.
- **Personalentwicklung**: Entwickeln (d. h. Erweitern und/oder Vertiefen) des internen Angebots an menschlicher Arbeitsleistung (Leistungsfähigkeit und Leistungsbereitschaft) im Sinne von Ausbilden, Fortbilden, Weiterbilden und Umschulen von Personal.
- **Personaleinsatz**: Eingliedern in den betrieblichen Leistungsprozess, Anpassen der Arbeitsbedingungen an den Menschen.

- **Personalerhaltung**: Erhalten der menschlichen Arbeitsleistung (Leistungsfähigkeit und Leistungsbereitschaft). Diese Funktion enthält u.a. die Verantwortung für die Vergütung (Lohn und Gehalt), die Urlaubsregelung, die Altersvorsorge usw.
- **Personalfreistellung**: Freistellung von Personal zur Beseitigung einer personellen Überdeckung in quantitativer und zeitlicher Hinsicht."

Grundlage der Personalplanung ist die Analyse der Anforderungen, die an das Personal gestellt werden. In Anknüpfung an das Belastungs-Beanspruchungskonzept (4.2.4 Belastungs-Beanspruchungs-Konzepte) gibt die folgende Abbildung eine Übersicht über die Zusammenhänge:

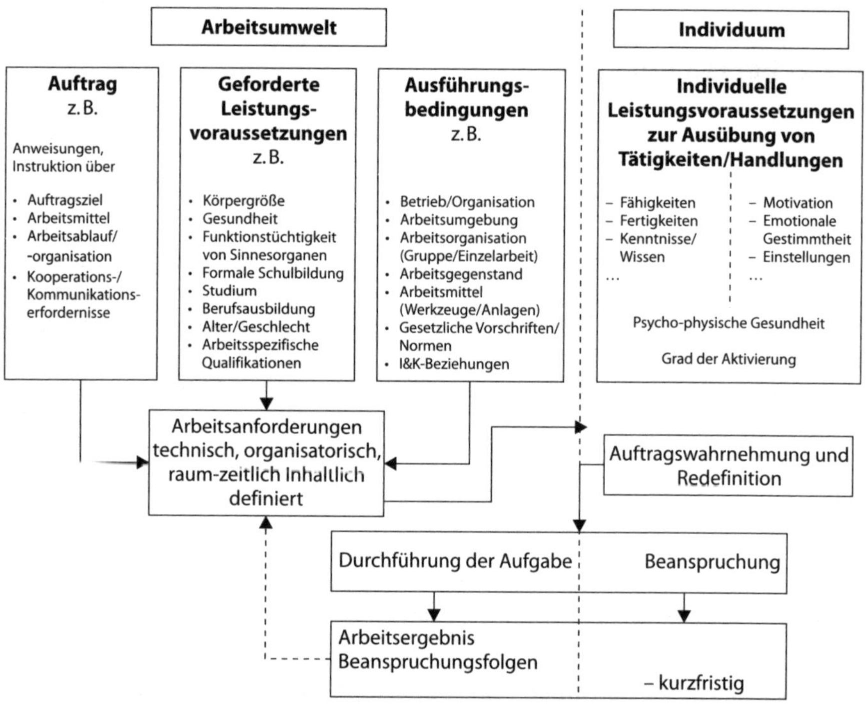

Abb. 25: Modell zur Beschreibung von Arbeitsanforderungen, Auftrag, Aufgabe, Belastung und Beanspruchung (Frieling 1997, 964)

Für den Gesamtprozess der Personalplanung bzw. der Ermittlung des Bedarfs erfolgt eine Orientierung an den Arten des Bedarfs (vgl. Arbeitsbereich Personalbedarfsarten):

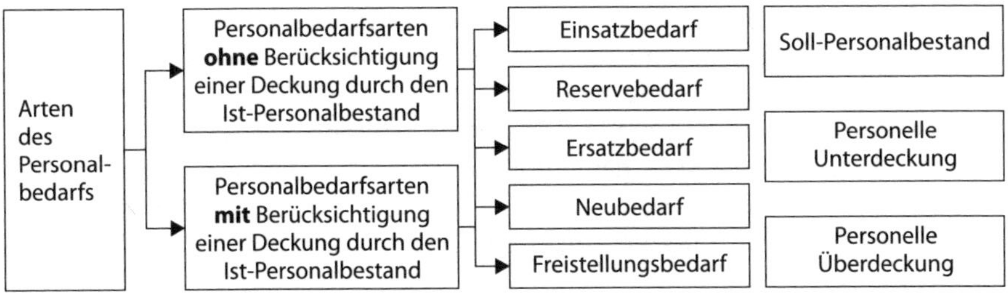

Abb. 26: Personalbedarfsarten (Hornung 1997, 959)

Wenn der Bedarf feststeht, erfolgt die „Beschaffung" des Personals. Hier zeichnen sich eine externe und eine interne Variante ab (vgl. Abb. 27: Methoden der Personalbeschaffung).

Abb. 27: Methoden der Personalbeschaffung (Hornung 1997, 961)

Der Personalbeschaffung folgt die Personalerhaltung. Sie dient dazu, die für das Unternehmen notwendige Arbeitskapazität dauerhaft zu sichern. „Folgende Einflussfaktoren auf die Personalerhaltung spielen eine Rolle und sind nach Möglichkeit durch geeignete Maßnahmen zu kompensieren bzw. zu steuern.

- Konstitutive und situative Rahmenbedingungen: Rechtliche Regelungen und konjunkturelle Einflüsse, die sehr schwer vom einzelnen Unternehmen beeinflusst werden können.
- Organisatorische Einflussfaktoren: Techno- und sozio-organisatorische Faktoren wie Automatisierungsgrad, Personalführung und Aus- und Weiterbildung sowie monetäre Anreizsysteme.
- Individuelle Einflussfaktoren: Personbezogene Faktoren wie anthropogene und soziokulturelle Voraussetzungen sowie beruflicher Entwicklungsstand" (Hornung 1997, 961).

Eine spezifische Stellung nimmt die Personalfreistellungsplanung ein. Sie „dient dem Abbau einer personellen Überdeckung in quantitativer, qualitativer, örtlicher und zeitlicher Hinsicht“ (Hornung 1997, 962). Freistellungen können saisonbedingt sein (z. B. Winterpause auf dem Bau), es können Absatzrückgänge eintreten (z. B. die aktuelle Krise der Autoindustrie), aber auch technische Veränderungen können Gründe sein (z. B. Einsatz von Fertigungsautomaten). Die einzelnen Komponenten der Personalfreistellung sind in der folgenden Abbildung (Freistellungsarten) dargestellt:

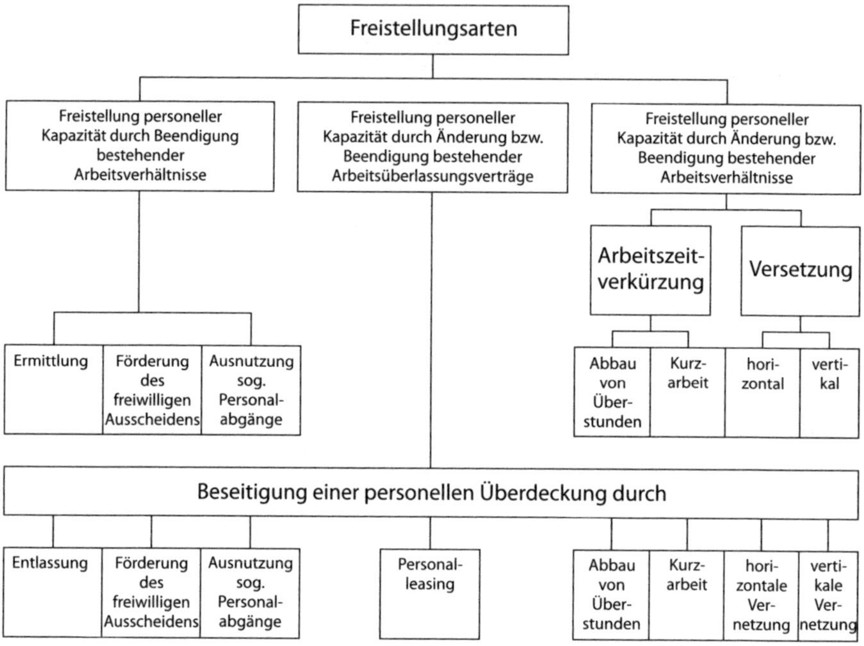

Abb. 28: Freistellungsarten (Hornung 1997, 962)

Die Überwachung und Steuerung der Personalplanung als Teil der Personalarbeit erfolgt durch das Personalcontrolling. „Dem Controlling als Arbeitsmethode des Managements liegt der Gedanke zugrunde, dem Unternehmen ein umfassendes Planungs-, Überwachungs- und Informationssystem bereitzustellen, das überwiegend strategisch und zukunftsorientiert ist“ (Hornung 1997, 963).

4.5.3 Personalauswahl

Im Abschnitt 4.5.2 wurde die Personalplanung als Teilaufgabe des Human Resource Managements dargestellt. In diesem Abschnitt werden unter dem Thema Personalauswahl methodische Gesichtspunkte der Personalbeschaffung aufgegriffen, die die Eignungsdiagnostik allgemein und das Assessment Center als spezifische Methode betreffen.

Betriebliche Eignungsdiagnostik hat die Aufgabe, die Arbeitskräfte zu finden, die benötigt werden, um die Betriebsziele zu erreichen. Dazu sind von den auszuwählenden Personen die richtigen Tätigkeiten auszuführen. Die Tätigkeiten stellen bestimmte Anforderungen an die Personen. Sie enthalten ein Befriedigungspotenzial für die Person und erfordern eventuell Veränderungen von der Person. Die Person selbst bringt zur Erfüllung der Anforderungen ihre Fähigkeiten ein, sie hat Interessen und Bedürfnisse, die durch die Tätigkeit erfüllt werden sollen und sie hat ein Entwicklungspotenzial, das Grundlage der Veränderungen ist.

Betriebliche Eignungsdiagnostik hat immer einen Bezug, d.h. es geht um bestimmte Anforderungen. „Die für die Eignungsdiagnostik wichtigsten Arten von Anforderungen sind – nicht immer scharf trennbar – formuliert als Eigenschaftsanforderungen (z.B. Fähigkeiten), Verhaltensanforderungen (z.B. Fertigkeiten), Qualifikationsanforderungen (z.B. Kenntnisse) oder Ergebnisanforderungen (z.B. Problemlösungen)“ (Schuler 1997, 969). Eignungsdiagnostik hat das Ziel einer Prognose über die Passung von Anforderungen und Fähigkeiten zu erstellen. Sie bedient sich dafür unterschiedlicher Auswahlverfahren:

- Einstellungsgespräch
  Hier gibt es eine breite Spanne, die „von der völlig freien Gesprächsform über teilstrukturierte bis zu vollstrukturierten Varianten mit standardisierten Abläufen und Fragestellungen [reicht] (Schuler 1997, 969). Am wenigsten prognostische Aussagekraft haben freie Gespräche, am höchsten ist die Treffsicherheit bei der Durchführung strukturierter Interviews.
- Biografischer Fragebogen
  Diese Form der Datenerhebung versucht „aus dem biographischen Hintergrund einer Person und aus ihrem Verhalten in der Vergangenheit ihr Verhalten in der Zukunft und damit ihren Berufserfolg vorherzusagen“ (Schuler 1997, 970). Dazu werden je nach Tätigkeitsfeld spezifische Fragebogen verwendet, die z.B. für Verkäufer oder für Wissenschaftler sehr gute Prognosen ermöglichen.
- Testverfahren
  Durch die „Messung individueller Verhaltensmerkmale [sollen] Schlüsse auf Eigenschaften der betreffenden Person oder auf ihr Verhalten in anderen Situationen gezogen“ (Schuler 1997, 970) und damit Prognosen über die Erfüllung von Anforderungen erstellt werden. Tests erfassen allgemeine Persönlichkeitsmerkmale, aber auch spezielle Fertigkeiten und Leistungen“.
- Arbeitsprobe
  Arbeitsproben sind „standardisierte Aufgaben“, für deren Ausführung ein bestimmtes Verhalten notwendig ist. Ihre Ergebnisse lassen Rückschlüsse auf vorhandene Fähigkeiten und damit Prognosen für zukünftigen Erfolg bei der Ausführung ähnlicher Aufgaben zu. Ein Beispiel für solche Arbeitsproben ist das Instrumentarium zur Diagnostik von Arbeitsfähigkeiten IDA. Es kann auch bei

behinderten Personen eingesetzt werden und „ist ein Set aus insgesamt 14 standardisierten Arbeitsproben. Dazu gehören neben verschiedenen ‚Papier- und Bleistift'-Verfahren auch eine Reihe eher manueller Aufgaben. Die 14 Arbeitsproben stellen Operationalisierungen dar, mit deren Hilfe primär kognitive Fähigkeiten, Fähigkeiten zur Art der Arbeitsausführung, psychomotorische Fähigkeiten und Fähigkeiten aus dem Bereich Kulturtechniken/Kommunikation beurteilt werden können" (Miro 2010).

- Computerunterstütztes Verfahren
  Als Beispiel für ein computerunterstütztes Verfahren sei der ERGOS® Arbeitssimulator genannt. Mit ihm kann die funktionale Belastbarkeit einer Person standardisiert überprüft und dokumentiert werden. Dazu stehen fünf Untersuchungsstationen zur Verfügung, an denen Kraft, Körperbeweglichkeit, Arbeitsausdauer sowie Arbeitsschnelligkeit und Arbeitsgenauigkeit gemessen werden (WREBV 2010). Der ERGOS® Arbeitssimulator wird in sehr vielen Berufsbildungs- und Berufsförderungswerken eingesetzt, um individuelle Leistungen bei definierten Anforderungen als Prognosebasis für die sich anschließende berufliche Qualifizierung zu erheben.
- Assessment Center (AC)
  Assessment Center (engl. to assess = bewerten, beurteilen, einschätzen) wurden als personbezogenes Verfahren „erstmals in den 20er-Jahren von der Deutschen Reichswehr zur Auswahl von Offiziersanwärtern eingesetzt" (Engels 2010). Assessment Center haben „wie alle personellen Auswahlverfahren [. . .] zwei Funktionen: [1.] Die Prüfung einer Auswahl von Kompetenzen (fachlich, sozial, . . .). Dabei wird auch die „Stressresistenz" (bedingt durch die prüfungsähnliche Situation) beobachtet. [2.] Die Rechtfertigung der Personalentscheidung: Um das Unternehmen vor Klagen zu schützen (Nichtbeachtung des Gleichheitsgrundsatzes), werden durch die Auswahlverfahren nachvollziehbare und überprüfbare Entscheidungskriterien geschaffen" (Wikipedia 2010).
  Im Assessment Center werden im Rahmen von Aufgabensimulationen unterschiedliche Verfahren eingesetzt: Rollenspiele, Planspiele, Gruppendiskussionen, Einzelvorträge, Fallstudien und psychologische Testverfahren. Damit sollen die aktuellen Leistungen (Performanz) eingeschätzt und Prognosen zur künftigen Leistungsfähigkeit (Kompetenz) erstellt werden. Da die Leistungen durch Beobachtung eingeschätzt werden, ist es wichtig, Beobachtung und Bewertung zu trennen. Allerdings gibt es auch Kritik am Assessment Center als Methode. So wird auf Interessenkonflikte zwischen den Beteiligten (Auftraggeber – Prüfer – Proband) und Manipulationsmöglichkeiten bei den Tests hingewiesen (ebd.).

4.5.4 Personalentwicklung

Personalentwicklung bezeichnet 1.) einen Prozess, 2.) eine Funktion und 3.) eine Organisationseinheit in einem Unternehmen. Ein Personalentwicklungsprozess enthält in zeitlicher Abfolge – eventuell aufeinander bezogene – Maßnahmen zur Erhaltung oder Steigerung der Leistungsfähigkeit des Personals. Personalentwicklung als Funktion bezeichnet die Tätigkeiten zur Planung, Durchführung und Auswertung der Maßnahmen. Als Organisationseinheit ist Personalentwicklung im Organigramm eines Unternehmens verankert.

Grundlage der Personalentwicklung ist die Ermittlung des Bedarfs „durch Aufgaben-, Ablauf- und Tätigkeitsanalysen sowie Schwachstellen-, Stärken-Analysen und den hieraus resultierenden Anforderungen an das die Aufgaben durchführende Personal und Abgleich mit dessen Qualifikations-Profilen und -Potenzialen" (Heeg 1997b, 981). Hier kann auf das Modell der beruflichen Handlungskompetenz (vgl. Abschnitt 4.4.3 Gestaltung betrieblicher Qualifizierungsprozesse) zurückgegriffen werden. Ergänzend kann für die Heilpädagogik das Konzept der Funktionsfähigkeit der Internationalen Klassifikation der Funktionsfähigkeit, Behinderung und Gesundheit (ICF) herangezogen werden (vgl. Abschnitt 4.1.1 Personale Grundlage der Arbeit: Funktionsfähigkeit).

Bereits im Abschnitt 4.4.3 ging es um Qualifizierung, die natürlich in das Thema Personalentwicklung einzuordnen ist. Allerdings stand dort die Person und ihre Qualifikationen bzw. Kompetenzen im Vordergrund. In diesem Abschnitt liegt der Schwerpunkt auf Personalentwicklung als Organisationseinheit. Das bedeutet, dass es vor allem um die personelle und materielle Struktur der Personalentwicklung geht.

Träger der betrieblichen Personalentwicklung sind folgende Personengruppen:

- „Direkt-Verantwortliche (Inhaber bzw. Unternehmensleitung, Führungskräfte, Mitarbeiter, Arbeitnehmervertreter).
- Indirekt-Verantwortliche bzw. koordinierend Tätige (Leiter und Mitarbeiter der betrieblichen Organisationseinheit Personalentwicklung und verwandter oder eingeschlossener oder übergeordneter Einheiten wie Aus- und Weiterbildung, Personalwesen, u. Ä.).
- In anderen betrieblichen Funktionen Tätige, deren Aufgabenerfüllung einen direkten Einfluss auf die betriebliche Personalentwicklung hat (z. B. Organisation, Organisationsentwicklung).
- Im Prozess der Personalentwicklung Tätige (interne und externe Berater, Trainer, Referenten usw.) (Heeg 1997b, 982f.).

Diese Personen(gruppen) planen und steuern aktiv die Übernahme von Arbeitsaufgaben und legen damit die Inhalte der Personalentwicklung fest. „Um diese Sicht des Mitarbeiters als unmündigem passivem Konsumenten von Bildungsmaßnahmen u. Ä. zu überwinden, müssen die Personalentwicklungs-Prozesse unter Mitverantwortung, Mitplanung und Mitsteuerung durch die Mitarbeiter ausgestaltet werden" (Heeg 1997b, 983). Gleichzeitig sind wichtige arbeitswissenschaftliche Humankriterien der Arbeit – Ausführbarkeit, Beeinträchtigungs- bzw. Schädigungslosigkeit und Persönlichkeitsförderlichkeit – zu beachten. Hinzu kommen die folgenden weiteren Prinzipien:

- „Förderung selbstgesteuerter Prozesse
  (aktives und erprobendes Lernen sollen gefördert werden, Eigeninitiative und Engagement sind zu unterstützen).
- Entwicklung umfassender beruflicher Handlungskompetenz (Handeln im Sinne von zielgerichtetem, selbstreflektiertem und verantwortetem Handeln).
- Förderung kooperativer Prozesse
  (Bearbeitung von komplexen Problemen und Aufgaben in gemeinsamer Arbeit betrieblicher Gruppen)“ (Heeg 1997b, 983).

Personalentwicklung ist auf Übertragung der erworbenen Kenntnisse und Fertigkeiten in die Arbeitssituation angelegt. Um die Lernergebnisse der Personalentwicklung tatsächlich anwenden zu können, wird von der Person eine Transferleistung erwartet. Oft wird dieser Transfer nur gelingen, wenn durch eine Veränderung der Arbeitsorganisation (Transformation) die Bedingungen geschaffen werden. Hier zeigt sich, dass Personalentwicklung und Organisationsentwicklung eng miteinander verknüpft sind.

Die Maßnahmen zur Personalentwicklung lassen sich den folgenden vier Kategorien zuordnen:

- „Entwicklungsmaßnahmen into the job bereiten auf einen Beruf und/oder ein Aufgabenfeld vor, beispielsweise der betriebliche Teil der beruflichen Erstausbildung, Praktika, Trainingsprozesse und Einführungsmaßnahmen für neue Mitarbeiter.
- Entwicklungsmaßnahmen on the job bedeutet Personalentwicklung im Prozess der Arbeit durch geeignete Ausgestaltung der Arbeitsorganisation, z. B. im Rahmen von job enlargement (Arbeitserweiterung), job enrichment (Arbeitsbereicherung; Übernahme anderer, auch ‚höherwertiger‘ Aufgaben), job rotation (Arbeitswechsel innerhalb von organisatorischen Einheiten, aber auch darüber hinaus), Gruppenarbeit, (teilautonome Gruppen bzw. Gruppen im Rahmen der differenzielldynamischen Arbeitsorganisation) und weitere unterstützende Formen wie Coaching (als Form der personbezogenen Beratung).
- Entwicklungsmaßnahmen near the job stehen nicht in einem direkten örtlichen und zeitlichen Zusammenhang mit der‚Tagesarbeit‘; hier sind Gruppenaktivitäten wie Qualitätszirkel, Werkstattzirkel, Lernstatt und die Projektarbeit zu nennen [. . .].
- Entwicklungsmaßnahmen off the job neben der formalisierten Fortbildung im Sinne des § 46 Abs. 1 BBiG sind [. . .] interne und externe Seminare [. . .] sowie Workshops, Assessment Center, Förderkreise, Erfahrungsaustauschgruppen, Selbsterfahrungsgruppen sowie diverse Übergänge zu therapeutischen Formen“ (Heeg 1997b, 983f.).

Personalentwicklung ist eine betriebliche Einheit mit der Aufgabe der kooperativen Planung, Durchführung und Auswertung von Maßnahmen zur Erhaltung oder Erhöhung der Funktionsfähigkeit von Personen. Als solche ist sie, „wie die übrigen betrieblichen Prozesse und Funktionen den Ansprüchen zeitgemäßer

Unternehmensführung, hier insbesondere Controlling und Qualitätsmanagement [unterworfen]. Controlling [ist] das Planungs-, Informations- und Bewertungssystem für Prozesse und Funktionen; Qualitätsmanagement [ist ein] ganzheitlicher Prozess zur Erhaltung optimierter Prozesse, Funktionen und Arbeitsergebnisse [...] unter Verantwortung der jeweils betroffenen Organisationsmitglieder)" (Heeg 1997b, 934).

5 Forschung und Heilpädagogik – exemplarische Beispiele

Ulrich Scheibner

5.1 Geschichtsforschung zur Heilpädagogik

Eine Forschungsbrache ist die Heilpädagogik durchaus nicht, obwohl der Schweizer Alois Bürli gegenteiliger Auffassung ist und seiner Fachdisziplin ins Stammbuch schreibt: „In der Heilpädagogik mangelt es in quantitativer und qualitativer Hinsicht an systematischer Forschung und Entwicklung. Es wird zu wenig geforscht. Es wird zu isoliert und zu punktuell geforscht. Es wird zu wenig systematisch geforscht. Forschungsergebnisse werden zu wenig in der Praxis bekannt gemacht und umgesetzt. Verstärkung der Forschung ist vonnöten, denn in der Heilpädagogik gibt es viele offene Fragen und wenig gesichertes Wissen. Initiativen aus der Praxis sind zu begrüßen und zu stärken sowie mit der Wissenschaft in Verbindung zu bringen. Auch in Sachen Forschung ist eine Annäherung von Regel- und Heilpädagogik anzustreben und zu realisieren“ (Bürli 2002, 14).

Seine Kritik an der isolierten, punktuellen und unsystematischen Forschung kann man durchaus nachvollziehen. Auffällig ist in jedem Fall, dass es offensichtlich so gut wie keine Forschungsprojekte über heilpädagogische Aspekte im Arbeitsleben und im regulären Erwerbsleben gibt. Zwar liegen über erwachsene Heimbewohner, denen eine Beteiligung am Arbeitsleben unterstellt werden kann, einige Forschungsergebnisse vor, aber diese Seite ihres Lebens wird darin nicht erwähnt. Auch über Schüler und Schülerinnen vor der Berufswahl oder in berufsvorbereitenden und -orientierenden Klassen von Förderschulen und in Berufsbildungswerken gibt es einige Forschungsergebnisse, aber in die Arbeitswelt, vor allem die erwerbswirtschaftliche, ist die heilpädagogische Forschung offenbar noch nicht vorgedrungen. Eine Ausnahme machen die Werkstätten für behinderte Menschen (im Folgenden: Werkstätten), doch auch sie zählen nicht zur Erwerbswirtschaft. Die Forschungsergebnisse über sie sind bei den Fachleuten der Heilpädagogik bislang auf wenig Resonanz gestoßen, werden in der heilpädagogischen Fachliteratur kaum erwähnt und spielen in den Studiengängen keine Rolle. Die wohl vollständigste allgemeine Übersicht über Forschungsprojekte dieser Art, die die Datenbank REHADAT beim Institut der deutschen Wirtschaft in Köln anbietet, offenbart diesen Mangel. Der folgende Beitrag will deshalb auf einige besonders exemplarisch erscheinende Forschungsergebnisse hinweisen, die für die Heilpädagogik von Bedeutung sein können. Sie gehen über den Bereich des Arbeitslebens hinaus und beziehen historische Aspekte mit ein.

5.1.1 Allgemeine Geschichtsforschung

Ein wissenschaftliches Forschungsergebnis besonderer Art hatten Walter Bachmann, ehemals Professor der Justus-Liebig-Universität Gießen, und Barczi Gusztáv, früherer Professor an der Hochschule für Heilpädagogik Budapest, 1985 vorgelegt: einen ausführlich kommentierten, umfangreichen Dokumentenband über die Haltung der Gesellschaft gegenüber körperlich, mental und psychisch auffälligen Menschen und den Umgang mit ihnen in der Zeitspanne nach dem Dreißigjährigen Krieg bis ins 20. Jahrhundert. Im Mittelpunkt steht dabei „der Wechselbalg". Das ist eine althergebrachte Bezeichnung für ein „missgestaltetes Kind" (vgl. Köbler 1995, 460 und Grimm'sches Wörterbuch). Sie ist seit dem deutschen Hochmittelalter, etwa ab der Herrschaft Heinrich III. (1017–1056), belegt.

Der Begriff „Wechselbalg" wurde noch bis in die Gegenwart verwandt und findet sich auch in anderen europäischen Sprachen. Schon diese Bezeichnung für einen Säugling oder ein Kleinkind lässt erahnen, dass solche Nachkommen wegen ihres auffälligen und ungewöhnlichen Aussehens und Verhaltens nicht als menschliche Leibesfrucht angesehen wurden und als „Missgeburt" galten. Wie mit ihnen umzugehen sei, hatte Martin Luther bereits vor der von Bachmann erforschten Zeitspanne in seinen Tischreden wiederholt und unzweifelhaft dargelegt: Als Satansbrut durfte sie getötet werden. In den Sammlungen der Volksmärchen, vor allem der Sprachwissenschaftler Jacob und Wilhelm Grimm (1785–1863 und 1786–1859), wird über Wechselbälge mehrfach berichtet.

Das Brisante im Forschungsergebnis von Bachmann ist die Auseinandersetzung mit der Haltung des Christentums und seiner Kirchen, die von ihnen verbreitete Dämonisierung jener auffälligen und ungewöhnlichen Menschen: „Denn die Überzeugung vieler Millionen gläubiger Christen wird diese Dokumentation als eine Attacke [...] auf die Christenheit im allgemeinen erachten und mit Empörung, Geringschätzung bzw. Nichtbeachtung reagieren" (Bachmann 1985, 9).

5.1.2 Geschichtsforschung über die Zeit nach 1933

Wegen des anhaltenden Disputs darüber, ob die Zeit der Reichsregierung unter Adolf Hitler und der NSDAP für die heutige Heilpädagogik von Bedeutung ist und stets „mitgedacht" werden sollte, sind Ergebnisse von Forschungsarbeiten zu diesem Gegenstand besonders beachtenswert. Am 14. Juli 1933 trat das „Gesetz zur Verhütung erbranken Nachwuchses" in Kraft. Fünf Jahre später, am 6. Juli 1938, wurde das „Reichsschulpflichtgesetz" erlassen. Kinder, die als schwach begabt galten, wurden dadurch zum Besuch der Sonderschule verpflichtet. Sonderschulfachleute wollten mit diesem Gesetz aus den Sonderschulen „ein Sammelbecken für die notwendige Sterilisierung, für die Auslese der Unterwertigen" machen, wie es der Sonderschulrektor Martin Breitbarth 1934 formulierte. Diesen völkischen und rasseideologischen Entwicklungsprozess verfolgte und kommentierte befürwortend die Nazi-Zeitschrift „Die deutsche Sonderschule", seit 1934 Nachfolgerin der Publikation „Die Hilfsschule".

„Die Einheit der Sonderpädagogik in ihrer nationalsozialistischen Zeitschrift 1934–1943" heißt das Forschungsprojekt, das sich mit der Thematik auseinandersetzt, welche Rolle Heilpädagogik und die heilpädagogischen Fachleute zur NS-Zeit gespielt haben. Im Ergebnis wird deutlich, dass Sonder- und Heilpädagogik nicht nur von staatlicher Macht und Einflussnahme abhängig sind, sondern dass sie sich auch selbst und im vorauseilenden Gehorsam staatlichen Zielen unterwarfen, sogar dann, wenn sie ganz offensichtlich der humanistischen Ethik zuwiderlaufen. Die staatlich verordnete und auch selbst initiierte Gleichschaltung wird ebenso erkennbar wie der Fakt, dass die spätere Bundesrepublik Deutschland in ihrer „Sonderschulpolitik" seit den 1950er-Jahren eine fragwürdige Kontinuität herstellte.

Dieses Forschungsergebnis ist von besonderer Wichtigkeit, weil die Rolle der Sonder- und Heilpädagogik und ihrer Vertreter während des Großdeutschen Reiches immer wieder beschönigt und verfälscht worden ist: „Die Auseinandersetzung [...] mit der Ära des Dritten Reiches [...] dokumentiert zum einen die bis in die jüngste Vergangenheit andauernde weitgehende Ausklammerung dieser Zeitspanne aus der Fachdiskussion und zum anderen eine unangemessene Form historischer Analyse, indem der Eindruck erweckt wird, als wäre die Zeit des deutschen Faschismus gewissermaßen ein Betriebsunfall der deutschen Geschichte, der verhängnisvoll auch über die Heilpädagogik hereinbrach und zudem ohne jeden Bezug zur Vor- und Nachgeschichte steht" (Ellger-Rüttgardt 1988, 147).

Ebenso herausragend ist das Projekt, das vom Diakonischen Werk der Evangelischen Kirche in Deutschland mit dem Deutschen Historischen Museum Berlin erarbeitet und publiziert worden ist. Unter dem Titel „Die Macht der Nächstenliebe: Einhundertfünfzig Jahre Innere Mission und Diakonie 1848–1998" wurde eine umfangreiche und beeindruckende Ausstellung erarbeitet, ein Katalog herausgegeben und ein fast 400-seitiger Band publiziert. Das Forschungsspektrum reicht u. a. von den „Wurzeln des Wohlfahrtsstaates im Deutschen Kaiserreich von 1871" über die kritische Auseinandersetzung der Fürsorgekonzeption in den fünfzig Jahren zwischen 1880 und 1930 – „Zwischen Rettungshaus und Fürsorgehöllen" – bis zur Verstrickung in die Eugenik, Zwangssterilisation und Vernichtung. Das Projekt umfasst auch die Nachkriegszeit bis zum Ende der 1990er-Jahre. Es legt die Rolle der „Diakonie im real existierenden Sozialismus" ebenso dar wie die „im westdeutschen Sozialstaat". Die kritische Auseinandersetzung mit der Rolle, Funktion und Wirkung von evangelischer Diakonie und Innerer Mission in der jeweiligen historischen Epoche verliert sich allerdings in der Bewertung der jüngeren deutschen Zeitspanne und lässt an Offenheit und Klarheit zu wünschen übrig. Dennoch gehört dieses Forschungsergebnis zu den Standardwerken für die anspruchsvolle, geschichts- und demokratiebewusste Heilpädagogik.

5.2 Forschung seit dem „Jahrzehnt der Rehabilitation“

In seiner Regierungserklärung vom 28. Oktober 1969 sagte der Bundeskanzler Willy Brandt zu, dass die Bundesregierung um verstärkte Maßnahmen bemüht sein wird, die den „Benachteiligten und Behinderten in Beruf und Gesellschaft“, wo immer dies möglich sei, Chancen eröffnen wolle. Schon sechs Monate später legte die Bundesregierung das „Aktionsprogramm zur Förderung der Rehabilitation der Behinderten“ vor. Seine Fortschreibung beschloss die Bundesregierung am 9. Juli 1980 mit ihrem Aktionsprogramm „Rehabilitation in den 80er Jahren“. Seit dieser Zeit hatte sich das damalige Bundesministerium für Arbeit und Sozialordnung (BMA) auch auf dem Forschungsgebiet außergewöhnlich engagiert. Seitdem ist das Bundesarbeitsministerium auf dem Gebiet der Rehabilitation der größte Auftraggeber und Finanzier für Forschungsprojekte und -arbeiten zu diesem Themenkomplex in der Bundesrepublik Deutschland.

Diese Möglichkeit eröffnete sich das Ministerium mit den damals neuen gesetzlichen Bestimmungen zur Erhebung einer Ausgleichsabgabe (§ 8 SchwbG 1974): Die Verwaltung dieses Ausgleichsfonds oblag von jetzt an dem Bundesarbeitsministerium (§ 9 SchwbG 1974), dem ein gesetzlich geregeltes Beratergremium zur Seite stand: der „Beirat für die Rehabilitation der Behinderten“ (§ 32 SchwbG 1974). Die Schwerbehinderten-Ausgleichsabgabeverordnung (SchwbAV) sah in ihren Zweckbestimmungen ausdrücklich vor, dass Mittel dieses Fonds für „Aufklärungs-, Fortbildungs- und Forschungsmaßnahmen auf dem Gebiet der Teilhabe schwerbehinderter Menschen am Arbeitsleben, sofern diesen Maßnahmen überregionale Bedeutung zukommt“ (u. a. § 41 SchwbAV 1988), verwendet werden können.

Tab. 3: Auswahl von über 90 Forschungsarbeiten des BMA zwischen 1988 und 1997

Thema/Titel	**Ausgabe Nr.**	**Erscheinungsdatum**
Frauen in der beruflichen Rehabilitation	177	12/88
Zusammenwirken begleitender Fachdienste in Berufsförderungswerken	187	11/89
Vermittlung sozialer Qualifikationen in der beruflichen Rehabilitation	192	04/90
Berufliche Wiedereingliederung von schwerbehinderten psychisch Kranken	195	04/90
Bewegung, Spiel und Sport mit Behinderten und von Behinderung Bedrohten – Indikationskatalog, Methodenmanual	199	07/90
Erstellung eines Merkmalkataloges als Voraussetzung für die Entwicklung eines Verfahrens zur behinderungsbezogenen Beschreibung von Arbeitsanforderungen	202 202 a	11/90 05/93

Thema/Titel	Ausgabe Nr.	Erscheinungsdatum
Maßnahmen zur stufenweisen Wiedereingliederung Behinderter in den Arbeitsprozess	204 249	01/91 10/95
Entwicklung von didaktischen-methodischen Konzepten für den Unterricht von Hörbehinderten im Stoffgebiet CNC-Technik	205	03/91
Didaktik der Mikroelektronik und Zugangserleichterungen für Lernbeeinträchtigte	217 243	03/92 09/94
Arbeitsmarktpolitische Potenziale und Perspektiven von Gesellschaften zur Arbeitsförderung, Beschäftigung und Strukturentwicklung (ABS)	219	06/92
Beschäftigung und berufliche Rehabilitation psychisch Behinderter in Selbsthilfefirmen	228	05/93
Verbesserung der Eingliederungschancen von älteren langzeitarbeitslosen Schwerbehinderten	234	03/94
Ratgeber zur beruflichen Rehabilitation von Personen mit fortschreitender Sehbehinderung	237	07/94
Förderlehrgänge für psychisch behinderte Jugendliche	241	08/94
Berufsfindung und Arbeitserprobung für psychisch Behinderte	245	10/94
Vorbereitung des Übergangs körperbehinderter Jugendlicher von der Schule ins Arbeitsleben	248	08/95
Bestandsanalyse der besonderen Betriebe zur Beschäftigung Schwerbehinderter	255	05/96
Begleitende Hilfen im Arbeitsleben für psychisch Kranke und Behinderte	257	11/96
Psychologische Merkmalprofile zur Eingliederung Behinderter in Arbeit	259	12/96
Verbesserung der sprachlichen Kompetenz am Arbeitsplatz für schwerhörige und gehörlose Arbeitnehmer	268	08/97

Explizit heilpädagogische Erkenntnisse finden sich in diesen Forschungsberichten nicht. Die Mitarbeit von heilpädagogischen Fachleuten wird in den Forschungsergebnissen nicht ersichtlich. Inwieweit die aus Mitteln des Ausgleichsfonds finanzierten Forschungen von den heilpädagogischen Hochschulen ausgewertet und eigenen Forschungszwecken zugrunde gelegt wurden, lässt sich nicht feststellen. Es ist wohl auch für bundesdeutsche Verhältnisse zutreffend, was Alois Bürli (s. o.) für die Schweiz bedauert. Forschungsergebnisse werden zu wenig bekannt gemacht und umgesetzt. Eine bundesweite Übersicht heilpädagogisch relevanter Forschungsprojekte der deutschen (Fach-)Hochschulen existiert nicht. Synergieeffekte treten offenbar hinter Selbstdarstellungszielen zurück.

5.3 Forschungsbeispiele in der Zeitspanne seit dem sogenannten Paradigmenwechsel

Nach dem Ausscheiden des langjährigen, prominenten Bundesministers für Arbeit und Sozialordnung, Norbert Blüm, aus der Bundesregierung (Arbeitsminister von 1982 bis 1998), wurde das Ministerium von SPD-Politikern geführt, mehrmals umorganisiert, umbenannt und einmal sogar aufgelöst. Auf die Forschungsintensität hatte dieser Wechsel keine Auswirkungen, dafür aber die Novellierung der Ausgleichsabgabenverordnung, die ganz besonders seit 2003 eine Umverteilung des Ausgleichsfonds an die Länder und zulasten des Bundes einleitete. Ebenso stark wie der Mainstream – Erwerbsarbeit hat Priorität – wirkte sich die fortschreitende Mittelknappheit des Ausgleichsfonds auf die Forschung aus: „Die Einnahmen aus der Ausgleichsabgabe waren seit Jahren rückläufig, inzwischen stagniert die Einnahmenentwicklung", stellten die Integrationsämter fest (BIH 2007, 15). Der politische Schwerpunkt und auch der für die zukünftige Forschungsarbeit verlagerten sich fast vollständig auf das Ziel, die gesetzlich als behindert oder schwerbehindert geltenden Personen ins allgemeine Wirtschaftsleben oder in ihre abgewandelten, semi-erwerbswirtschaftlichen Formen einzugliedern. Für Themen, die z. B. die Werkstätten betreffen, wurden seitdem keine Forschungsmittel mehr bewilligt. Darüber hinaus heben die Integrationsämter hervor: „Eine Mitförderung von Werkstätten und Wohnstätten für behinderte Menschen aus Mitteln des Ausgleichsfonds des Bundes erfolgt seit der Rechtsänderung zum 1. Januar 2005 nicht mehr" (BIH 2007, 32).

Tab. 4: Forschungsprojekte zu Werkstätten für behinderte Menschen

Forschungsprojekte	**Ausgabe Nr.**	**Erscheinungsdatum**
Die Entwicklung einer Marketing-Konzeption der Werkstätten für Behinderte	208	03/91
Mitwirkung Behinderter in Werkstätten für Behinderte	209	04/91
Werkstätten für Behinderte als Lieferanten der öffentlichen Hand	232	10/93

Dass es im institutionalisierten Bereich am Rande des allgemeinen Arbeitsmarktes keine aktuellen Forschungsschwerpunkte zu pädagogischen, sonder- oder heilpädagogischen Themen im Zusammenhang mit der Erwachsenenförderung gibt, ist sicher für sich schon bemerkenswert. Immerhin sind gerade die Berufsbildungswerke (BBW), für erwachsene und als schwerbehindert geltende abhängig Beschäftigte die Berufsförderungswerke (BFW), Zentren für arbeitsfördernde und -unterstützende pädagogische wie handwerklich-technische, industrielle und kaufmännische Leistungen. Unter diesen Einrichtungen fällt besonders das Berufsförderungswerk Düren mit seiner regen anwendungsbezogenen Projekt- und Forschungsarbeit auf. Im Mittelpunkt seiner Forschungstätigkeit steht indessen die Entwicklung von technischen und elektronischen Hilfen für den Arbeitsalltag blinder Menschen und solcher mit erheblichen Sehschwächen.

Doch haben auch die gesetzlich definierten Integrationsprojekte – Unternehmen, Betriebe und Abteilungen nach § 132 SGB IX – den Auftrag, den schwerbehinderten Beschäftigten in ihren Belegschaften „arbeitsbegleitende Betreuung" anzubieten (§ 133 SGB IX). Das schließt auch heilpädagogische Leistungen ein. Auf diesem Gebiet ist neben einem beträchtlichen Bedarf an Informationsaustausch zwischen den Firmen und den heilpädagogischen Fachleuten nach wie vor ein Forschungsbedarf erkennbar. Der letzte umfassende Forschungsauftrag stammte noch vom früheren Bundesministerium für Arbeit und Sozialordnung (BMA) und betraf die wissenschaftliche Begleitung des BMA-Modellversuches zur Schaffung eines bundesweiten Netzes von Integrationsfirmen.

Das Ergebnis liegt seit 2002 vor: „Beschäftigungs-/Integrationsprojekte (-firmen, -betriebe, -abteilungen) zur Eingliederung schwerbehinderter Menschen in das Arbeitsleben. Abschlussbericht der wissenschaftlichen Begleitung zur Arbeit der Modellprojekte im Auftrag des Bundesministeriums für Arbeit und Sozialordnung", Nr. 298, 05/02. Darin wird der Informationsmangel über die Heilpädagogik und ihr Leistungsspektrum deutlich erkennbar. Soweit pädagogische Leistungen überhaupt erwähnt oder als notwendig erachtet werden, sind es ausschließlich sozialpädagogische, ausnahmsweise auch arbeits- und rehabilitationspädagogische. Eine nähere Beschreibung dieser Leistungen oder eine inhaltliche Begründung fehlen. Andere pädagogische Disziplinen und deren Leistungsspektrum werden gar nicht erwähnt. Da sind die arbeitsmarktpolitischen Fachleute ein Stück weiter in ihrer Erkenntnis, dass heilpädagogische Leistungen zu den unverzichtbaren Instrumenten der individuellen Förderung und Unterstützung gehören. Allerdings beschränken sich auch ihre Forschungen häufig auf junge Menschen, wie z. B. bei der Begleitforschung für eine diagnosegeleitete Maßnahmesteuerung zur besseren personbezogenen Förderung.

5.3.1 Forschung zur Verbesserung diagnostischer Arbeit

Unter dem Kürzel DIK-1 und DIK-2 wurden in einem langfristigen und umfangreichen Forschungsprojekt für die Arbeitsverwaltung diagnostische Kriterien erarbeitet, um den individuellen Förderbedarf bei Erwerbsarbeit suchenden Menschen mit einstellungshinderlichen „körperlichen, psychischen, geistig-intellektuellen, sozialen und kulturellen Eigenschaften" (DIK-2/2004) zu erkennen. Die Abkürzung „DIK" steht für „diagnostische Kriterien", die Ziffern informieren über das erste und zweite Forschungsergebnis. Die beiden DIK-Forschungsprojekte stehen selbst wiederum in einem größeren Forschungszusammenhang und sind Teilaspekte eines umfassenden Projektes „Diagnosegeleitete Maßnahmesteuerung und Entwicklung zur Verbesserung der individuellen Förderung und Steuerung von Maßnahmen (DIMA)". „Der Ausgangspunkt für die Entwicklung des DIK war die unbefriedigende Definition des Begriffs der Lernbehinderung bei Jugendlichen [. . .]. Es fehlte an einheitlichen und verständlichen Begrifflichkeiten zur individuellen und exakten Beschreibung der Störungen und Ressourcen, welche mit der

Diagnose ‚Lernbehinderung' verbunden wurden. Die beteiligten Fachdisziplinen wie etwa die Pädagogik, die Psychologie oder die Medizin standen inselartig nebeneinander und benutzten ihre je eigenen Definitionen, Methoden und Verfahren für den Umgang mit lernbehinderten jungen Menschen" (DIK-2/2004, 3).

Das Ergebnis „ist ein Katalog von standardisierten Beschreibungen berufsbezogener Personenmerkmale" (DIK-2/2004, 3). Für neunzehn Bereiche hat das Forschungsteam mehr als 250 Merkmale nach einheitlichen Kriterien beschrieben. Diese Bereiche sind: Arbeit, Berufswahl, Familie, geistige Fähigkeiten, Hilfen, Körper, Kulturtechniken, Lebenspraxis, Lebensumstände, Lernen, Mitwirkung, Motivation, Motorik, Persönlichkeitsentwicklung, Psyche, Selbstbestimmung, Sinne, soziale Integration und Sozialverhalten. Der Bereich „Arbeit" z. B. ist in acht Hauptmerkmale untergliedert: Motivation, Arbeitsverhalten, Fachkompetenz, Identifikation, Leistungsfähigkeit, Methodenkompetenz, Mobilität und Sozialkompetenz. Jeder dieser Begriffe wird sorgfältig und leicht verständlich erklärt. Einige der Hauptmerkmale sind in weitere Untermerkmale geteilt. So beinhaltet das Hauptmerkmal „Arbeitsverhalten" zusätzliche zehn Untermerkmale: Anstrengungsbereitschaft, Durchhaltevermögen, Fehlzeiten, Flexibilität, Ordnung, Pünktlichkeit, Selbsteinschätzung, selbstständiges Arbeiten, Sorgfalt, Verantwortungsbereitschaft.

„Die Merkmale lassen eine sehr umfassende und detaillierte Beschreibung körperlicher, psychischer, geistig-intellektueller, sozialer und kultureller Eigenschaften einer jeden Person zu. Für jedes Merkmal werden verschiedene Ausprägungsformen unterschieden, die exakte und sehr differenzierte Aussagen über das Ausmaß von Schwächen, Beeinträchtigungen oder Störungen und von Stärken oder Ressourcen hinsichtlich des jeweiligen Merkmals ermöglichen. Auch wenn alle Lebensbereiche einer Person berücksichtigt sind, so werden berufsbezogene Themen in besonderer Ausführlichkeit behandelt: Sie reichen von der schulischen und beruflichen Bildung über alle Fragen der beruflichen Vermittlung und Weiterbildung bis hin zur beruflichen Rehabilitation" (DIK-2/2004, 3). Bei zahlreichen auffälligen Besonderheiten im Verhalten der Zielgruppe empfiehlt die Studie heilpädagogische Maßnahmen.

Die Beschreibung des Forschungsansatzes trifft für die Heilpädagogik ins Schwarze: Ressort übergreifende Forschung ist ebenso selten wie nötig. Dieses Forschungsbeispiel mit seiner Kritik an der Eigenbrötlerei im Wissenschaftsbetrieb ist deshalb auch für die Heilpädagogik verallgemeinerbar.

5.3.2 Forschung zur Förderplanung und Entwicklung von Fähigkeiten

Dieses Forschungsprojekt ist in mehrfacher Hinsicht ungewöhnlich: Es macht erstens eine Ausnahme von der Regel, dass nur noch Forschungen, die im Mainstream liegen, aus Mitteln des Ausgleichsfonds finanziert werden. Zweitens zieht es seine Forschungsgrundlagen aus Erfahrungen und Normen eines Staates im Nahen Osten. Drittens ist der Projektträger untypisch, ein Verein, hinter dem die Pflege von politischen und wissenschaftlichen Partnerschaften steht. Dieses besondere Forschungsprojekt ließ sich von Erfahrungen in Israel leiten: das Projekt „zur Diagnose, Evaluation und das Individuelle Programm zur Entwicklung der Fähigkeitspotenziale von Menschen mit geistiger Behinderung". Es umfasst einen Zeitraum von drei Jahren – von 2002 bis 2005. Der „Deutsch-Israelische Verein für Rehabilitation und soziale Eingliederung für behinderte und von Behinderung bedrohte Menschen" in Gießen hatte es initiiert.

Dem Projekt lagen die Grundsätze und Erfahrungen mit der „Interdisziplinären Diagnostik" in Israel und dem dort gesetzlich vorgeschriebenen Förderplan, dem sogenannten „Individuellen Programm", zugrunde. Es ist eines der ganz wenigen Forschungsprojekte mit ausdrücklich pädagogischen Zielen und für eine Personengruppe, die in der Regel keinen Zugang zur Erwerbswirtschaft erhält: „Teilnehmer/-innen des Projektes waren Menschen mit geistiger Behinderung im Alter zwischen ca. 15 und 38 Jahren, die in Einrichtungen für Menschen mit geistiger Behinderung arbeiteten, wohnten oder unterrichtet wurden. Hierzu gehörten Tagesförderstätten, Werkstätten oder Wohnstätten sowie Schulen für Menschen mit geistiger Behinderung" (Müller-Erichsen 2006, 22 f.). Von den ursprünglich vorgesehenen einhundert Projektteilnehmern hatten schließlich 63 in allen Forschungs- und Entwicklungsphasen mitgearbeitet, davon 28 aus Werkstätten und eine Person, die auf dem allgemeinen Arbeitsmarkt tätig war. Das Durchschnittsalter betrug 23 Jahre.

Die zur Datenerhebung notwendige Kommunikation konnte nur mit 40 Personen geführt werden. Die übrigen verfügten „über keine alternativen Kommunikationsmöglichkeiten [...] (wie z. B. über Sprachcomputer, Bildkarten o. Ä.) und [konnten] sich nicht adäquat mitteilen" (Müller-Erichsen 2006, 51). In einem Zwischenergebnis wird resümiert: „Wenn ‚Personzentriertheit, Selbstbestimmung und Teilhabe für Menschen mit geistiger Behinderung' mehr als nur Worte sein sollen, und wenn es ein wirkliches Interesse daran gibt, mehr darüber zu erfahren, wie Menschen mit einer geistigen Behinderung ihre persönliche Lebenssituation, ihre Teilhabe an der Gesellschaft und ihre Wünsche, Ziele und Bedürfnisse empfinden und beschreiben, dann ist das persönliche Gespräch, abgestimmt auf das individuelle Tempo und die individuellen Ausdrucksmöglichkeiten der einzelnen Person unter den beschriebenen Bedingungen unabdingbar" (Müller-Erichsen 2006, 55).

Im Berichtsteil über die medizinische Diagnostik kommt Gerhard Neuhäuser u. a. zu dem Ergebnis, dass das Wissen von Einrichtungsangestellten über Bedeutung und Wirkung z. B. von Psychopharmaka „relativ gering" ist, „was zu falschen Erwartungen führte. Es muss deshalb vermittelt werden, dass Verhaltensauffälligkeiten bei Menschen mit schwerer Behinderung vielfach nicht eindeutig zu erklären sind und eine sorgfältige Beobachtung erfordern, damit dann individuell am besten geeignete pädagogische oder aber auch psychopharmakologische Maßnahmen zu planen und durchzuführen sind" (Müller-Erichsen 2006, 77).

Neuhäuser, ehemals Leiter des Zentrums für Kinderheilkunde des Klinikums der Universität Gießen und einer der Urheber des Begriffs „therapeutische Erziehung“, hält medizinische Kompetenzen zur wirkungsvollen interdisziplinären Förderung für unverzichtbar: „Die ärztliche Untersuchung hat sich als eine wichtige Voraussetzung für die Planung des individuellen Programms erwiesen. Mit dem aktuellen körperlichen, neurologischen und psychiatrischen Befund wurde ein Beitrag zur interdisziplinären Diagnose geleistet. Die ursprüngliche Diagnose musste zwar nur selten revidiert werden, es zeigten sich aber immer wieder entwicklungsbedingte Veränderungen bzw. aktuelle Befunde, die dann unmittelbar Konsequenzen hatten und Behandlung erforderten“ (Müller-Erichsen 2006, 78). Er verlangt deshalb: „Für Menschen mit geistiger Behinderung, die in Wohneinrichtungen leben und/oder in der WfbM (Werkstatt) arbeiten, sollten in einer übersichtlichen, vergleichbaren medizinischen Dokumentation die wesentlichen Befunde festgehalten und auf mögliche Komplikationen, vor allem aber auch notwendige präventive Maßnahmen hingewiesen werden. Dabei müssen Haus- und Fachärzte, die von den Familien aufgesucht werden, eng mit den Ärzten zusammenarbeiten, die Einrichtungen betreuen“ (Müller-Erichsen 2006, 79).

Ein selbstverständlich scheinendes Argument stellt der Forschungsbericht als hervorgehobenes Fazit heraus: „Resümierend kann gesagt werden, dass jede Diagnostik stets interdisziplinär angelegt sein sollte. Menschen mit geistiger Behinderung sind häufig aufgrund ihrer Schwierigkeiten, sich hinreichend darzustellen, darauf angewiesen, dass sehr genau und aus verschiedenen Blickwinkeln nach ihren Kompetenzen, Wünschen, Zielen und Bedürfnissen, der gesundheitlichen Auswertung der Daten-Situation und ihren Zukunftsperspektiven geschaut wird. Der Blick lediglich einer Profession birgt die Gefahr einer Fehleinschätzung, die dem einzelnen Menschen in bedeutsamer Weise zum Nachteil hinsichtlich der Einschätzung ihrer Kompetenzen und Möglichkeiten sein kann“ (Müller-Erichsen 2006, 113 f.).

Wenn die Schlussbemerkung im Forschungsbericht als Zusammenfassung des Gesamtergebnisses gelten soll, bleiben viele Fragen offen: „Die Ergebnisse des Modellversuches zeigen auf, dass Menschen mit geistiger Behinderung ihre Fähigkeitspotenziale ausbauen können und dass sie mit Unterstützung mehr Selbstbestimmung und Teilhabe erlangen können. Mit dieser Erkenntnis ist zu hinterfragen, ob das derzeitig relativ statische System der Feststellung des Hilfebedarfs nicht zu hinterfragen ist“ (Müller-Erichsen 2006, 258). Hilfreicher für die weitere wissenschaftliche und praktische Arbeit ist dagegen der abschließende Forderungskatalog (s. Müller-Erichsen 2006, 259), wenn man sich auch etwas konkretere Forderungen und Hinweise darauf gewünscht hätte, wie die Ergebnisse bundes- oder zumindest landesweit bekannt gemacht werden und welche Konsequenzen die Einrichtungen selbst ziehen, die an diesem Forschungsprojekt beteiligt waren.

5.3.3 Forschung, Mainstream und Kommodifizierung: Erwerbswirtschaft statt Werkstatt

Am Anfang dieses Kapitels wurde behauptet, dass seit der 14. Legislaturperiode des Deutschen Bundestages und damit seit den sozialdemokratischen Bundesarbeitsministern keine Forschung mehr über Werkstätten aus Ausgleichsfondsmitteln finanziert worden sei. Das stimmt nicht ganz: Es sind 2003 und 2008 umfangreiche Berichte über zwei Forschungsprojekte zur Entwicklung der Zugangs- und Belegschaftszahlen in Werkstätten erschienen. Beide Studien sind den mit Werkstattangelegenheiten vertrauten Fachleuten in der Bundesregierung, bei den Sozialhilfe- und Werkstattträgern bestens bekannt, weil sie aus unterschiedlichen Gründen zumindest leichte politische Erschütterungen zur Folge hatten:

- die „Consens-Studie“ von 2003, benannt nach der Beratungsfirma „con_sens Consulting für Steuerung und soziale Entwicklung GmbH“ in Hamburg. Dieses Unternehmen wurde 1998 vom früheren Leiter des Hamburger Landessozialamtes, Helmut Hartmann, gegründet;
- die „ISB-Studie“ von 2008, benannt nach der „Gesellschaft für Integration, Sozialforschung und Betriebspädagogik gGmbH“ in Berlin. Deren Vorgängerin, der ISB e. V., wurde 1979 als „Institut für Sozialforschung und Betriebspädagogik“ von ehemaligen Pädagogik-Studenten der Freien Universität Berlin gegründet. 1996 wurde das Institut in eine gemeinnützige GmbH umgewandelt, an der als Gesellschafter auch Träger Berliner Werkstätten beteiligt sind.

Beide Studien wurden vom jeweiligen Bundesarbeitsministerium in Auftrag gegeben und hatten das Ziel, zuverlässiges Datenmaterial über den Bestand von Werkstattplätzen, Prognosen und Handlungsempfehlungen für ihre weitere Entwicklung zur Verfügung zu stellen. Der Grund war der anhaltende und zeitweilig enorme Anstieg der Anzahl von Werkstattbeschäftigten. Die erste Studie war kaum veröffentlicht, da war das von ihr prognostizierte Datenmaterial schon von der Wirklichkeit überholt: Während die Arbeitslosigkeit 2003 mit über 4,3 Millionen Menschen den höchsten Stand seit 1997 erreichte, hatten sich die Plätze im Arbeitsbereich der Werkstätten im gleichen Zeitraum von rd. 172 000 auf 236 000 und damit um 64 000 oder 37 Prozent erhöht.

Mit der anhaltend hohen Massenarbeitslosigkeit am Ende dieses Jahrzehnts korrespondiert der anhaltende Anstieg von besetzten Werkstattplätzen in ihrem Arbeitsbereich. Diese Realität veranlasste die Arbeits- und Sozialministerien in den Bundesländern, die Sozialhilfeträger und das Bundesarbeitsministerium, mithilfe einer neuen Untersuchung die Gründe für diese Entwicklung festzustellen. Man erhoffte sich Argumente für einschneidende Maßnahmen, aber auch Belege für die Behauptung, in den Werkstätten gäbe es eine beträchtliche „Fehlbelegung“. Vor allem in einigen neuen Bundesländern setzte die Landespolitik Zahlen über eine bis zu zwanzigprozentige „Fehlbelegung“ in die Welt. Politik und öffentliche Kostenträger behaupteten immer wieder, die Werkstattträger selbst wären für diese

Tab. 5: Werkstattplätze in Tsd. (Quelle: BMA/BMAS/BAG: WfbM)

Jahr	Consens-Prognose	tatsächliche Werkstattplätze	Differenz
2003	229	236	7
2006	244	268	24
2007	248	275	27
2009	253	277*	24*
2010	254	285**	

* nach Angabe der Bundesarbeitsgemeinschaft der Werkstätten
** geschätzt

Zunahme verantwortlich, weil sie sich Personengruppen öffnen würden, die keinen Anspruch auf Werkstattleistungen haben. Das Forschungsergebnis von 2008 ließ diesen politischen Kurzschluss nicht zu: „Der Anstieg der Werkstattbeschäftigten ist sowohl auf die Zunahme der Abgänger/-innen von Sonder- bzw. Förderschulen zurückzuführen als auch auf die Zunahme der Quereinsteiger, d. h. von Personen, die nicht direkt nach der Schule, sondern erst nach einem kürzeren oder längerem Umweg in die Werkstatt kommen" (ISB 2008, 6). Und: „Dass immerhin mehr als 2 % der Zugänge in WfbM aus Betrieben des allgemeinen Arbeitsmarktes erfolgen, verweist auf Mängel des ‚Betrieblichen Eingliederungsmanagements' und der ‚betrieblichen Prävention'" (ISB 2008, 10). Abgesehen davon, dass das Werkstättenrecht den Einrichtungsträgern gar keine Akquisition von Werkstattbeschäftigten ermöglicht und die letzte Entscheidung ausschließlich beim Kosten tragenden Sozialhilfeträger, bei der Bundesagentur für Arbeit oder dem Rentenversicherungsträger liegt, resümiert das Forschungsergebnis zehn vorrangige Gründe für den steten Zuwachs an Werkstattplätzen, die alle außerhalb der Werkstattmöglichkeiten liegen. Die sind von so großer Bedeutung, dass sie auch verwandten Eingliederungs- und Teilhabebereichen wichtig sein sollten:

- „Im Zuge des Prozesses der Bildungsexpansion werden die intellektuellen Anforderungen auch auf den noch vorhandenen Einfach-Arbeitsplätzen angehoben, reine ‚Muskelarbeit' gibt es immer weniger, auch bei einfachen Tätigkeiten steigen die Anforderungen an das Allgemeinwissen;
- der Anstieg der Absolventen von Sonder- und Förderschulen;
- obwohl diese Schulabgänger im Gesetz als Zielgruppe der Integrationsfachdienste (IFD) ebenso vorgesehen sind wie Werkstattbeschäftigte, stellten beide zusammen im Jahr 2005 bundesweit weniger als 4 % der Klienten aller IFD, wobei der ‚Löwenanteil' dieser 4 % auf die Bundesländer Baden-Württemberg und Nordrhein-Westfalen entfiel [...];
- Vorbehalte aufseiten der Arbeitgeber (Leistung; Kündigungsschutz) und der nichtbehinderten potenziellen Kolleginnen und Kollegen (Konkurrenz, ‚Berührungsängste') gegenüber schwerbehinderten Bewerber/-innen;
- wirtschaftlich strukturschwache Regionen mit hoher Arbeitslosenquote;

- der Sozialisationseffekt in die WfbM (Werkstätten für behinderte Menschen) hinein (Status-Problem, Freundschaften);
- die Schere zwischen den Schwächen in der räumlichen Orientierung und Mobilität der behinderten Personen und einem schwach ausgebauten ÖPNV in ländlichen Regionen;
- der Mangel an Arbeitsalternativen für den steigenden Anteil seelisch behinderter Menschen in unserer Gesellschaft. Indizien dafür werden in Teil A, Kap. 4.6.5 angeführt. Ein Teil der psychischen Erkrankungen von lernbehinderten Jugendlichen entsteht möglicherweise erst im Rahmen von zwar gut gemeinten, aber kontraproduktiven ‚Maßnahmekarrieren';
- die Tradition, dass viele der an der beruflichen Rehabilitation beteiligten Organisationen je für sich und in ihrer Kooperation miteinander noch eher auf den Zugang in die WfbM (Stichwort: Automatismus) und den Verbleib darin (Stichwort: Zielkonflikt der WfbM ihre Leistungsträger betreffend) orientiert sind und schließlich auch
- der besondere Kündigungsschutz für schwerbehinderte Arbeitnehmer, was insbesondere bei der Frage der Umwandlung von Außenarbeitsplätzen in reguläre Beschäftigungsverhältnisse zutage tritt" (ISB 2008, 15).

Die erste und ausdrücklich vom Projektträger hervorgehobene Handlungsempfehlung, um den Bedarf und die Nachfrage von Werkstattplätzen zu verringern, heißt: „Betriebliche Integration von auf dem allgemeinen Arbeitsmarkt besonders benachteiligten Menschen bei den beteiligten Akteuren als Leitbild verankern" (ISB 2008, 389). Als Methode wird empfohlen: „Der einzig gangbare Weg, auf dem man bei mehr Personen ausgeprägteres Engagement für die Integration auch wesentlich behinderter Menschen auf dem allgemeinen Arbeitsmarkt erzeugen kann, bestünde demnach darin, mehr nachvollziehbare (Lebens-)Geschichten von Menschen mit Lernschwierigkeiten verfügbar zu machen, in denen deutlich wird, dass es ihnen in einem ‚normalen' Betrieb besser gefällt und besser geht als zuvor in der WfbM (Werkstatt). Daher sollten z. B. in der Sonderpädagogischen Zusatzausbildung für das Fachpersonal von Werkstätten, vom Werkstattleiter bis zum Gruppenleiter, geeignete narrative Texte behandelt werden" (ebd.).

Mit diesem Vorschlag entsprechen die sechs Autoren des Abschlussberichtes den politischen Zielen der Bundesregierung, der Landesregierungen und der gesetzlichen Leistungsträger nach weiterer Kommodifizierung der Arbeitskraft. Der sperrige Begriff „Kommodifizierung" kam Ende der 1970er-Jahre auf, findet sich in jüngster Zeit häufiger in der wissenschaftlichen Literatur und beschreibt ein politökonomisches Phänomen: die planmäßige Schaffung eines immer größer werdenden Arbeitskräftereservoirs. Dabei ist es zunächst unerheblich, ob die Arbeitskräfte auch tatsächlich auf dem Markt nachgefragt werden, ob sie wirklich einen Marktwert haben und ob sie einen „Verkaufspreis" erzielen können.

Unterstellt, die Lohntarife wären eine Art Preisliste für die Arbeitskraft und würden den Verkaufspreis ausdrücken, der gesetzliche Mindestlohn würde ferner eine Art preisliches Mindestgebot darstellen, dann hat die Arbeitskraft großer

Bevölkerungsteile weder einen Marktwert noch einen Verkaufspreis. Sie ist im wirtschaftlichen Prozess nicht verwertbar; sie wird deshalb gar nicht erst nachgefragt. Das gilt gerade und erst recht für die weit überwiegende Mehrzahl der Werkstattbeschäftigten, die nach Rechtslage „wegen Art oder Schwere der Behinderung nicht, noch nicht oder noch nicht wieder auf dem allgemeinen Arbeitsmarkt beschäftigt werden können" (§ 136 Abs. 1 SGB IX), formalrechtlich nicht als „Arbeitnehmer" gelten, sich deshalb auch nicht auf Tarifwerke für ihre Entlohnung stützen können, im Einzelfall weder geschäftsfähig sind (§ 104 BGB) noch eine vertragswirksame Willenserklärung abgeben können (§ 105 BGB), keinen Lohn als Leistungsäquivalent erhalten, sondern ein gesetzlich definiertes Arbeitsentgelt (§ 138 Abs. 2 SGB IX) und auch nicht der gesetzlichen Arbeitslosenversicherung unterliegen.

Kommt hinzu, dass der Zuwachs von Werkstattbeschäftigten, die vom allgemeinen Arbeitsmarkt verdrängt werden, zehnmal so hoch ist wie der Anteil derer, deren Arbeitskraft an Erwerbsbetriebe „verkauft" werden kann. In Wirklichkeit findet in der Regel auch gar kein derartiger Kaufvorgang statt – weder bei den betreffenden Werkstattbeschäftigten noch bei den anderen Erwachsenen, deren Arbeitskraft nicht nachgefragt wird und die dennoch in der Erwerbswirtschaft platziert werden sollen. Sie selbst kaufen sich faktisch auf einen Arbeitsplatz ein, damit sie ihre Arbeitskraft verausgaben oder wenigstens am Arbeitsort anbieten können. Allerdings müssen sie diese Mittel nicht persönlich aufwenden. Die Finanzierung wird durch gesetzlich oder verordnungsrechtlich vorgeschriebene Förderleistungen gesichert, zumindest zeitweilig und degressiv. In einer solchen Situation sind nicht etwa nur Werkstattbeschäftigte, sondern z. B. Tausende kleinwüchsiger Menschen. Das legt das Ergebnis des zweiten Forschungsauftrages ihres Bundesverbandes von 2004 dar, der vom damaligen Bundesministerium für Gesundheit und Soziale Sicherung finanziert wurde.

Fast 450 kleinwüchsige Menschen waren beteiligt, 80 % von ihnen besaßen den Abschluss einer Regelschule. Ihr „Qualifikationsniveau war insgesamt hoch, was damit zusammenhängen mag, dass sich viele Berufszweige z. B. im handwerklichen Bereich objektiv und subjektiv als verschlossen erwiesen, sodass eine bessere Qualifikation berufliche Optionen in den übrigen Bereichen" möglich machen sollte (BMGS 2004, 6). Das Forschungsergebnis resümiert: „Auch in der zweiten Untersuchung bestätigt sich das überdurchschnittliche Qualifikationsniveau der Befragten gegenüber dem der Gesamtbevölkerung. [...] Die anhaltende Massenarbeitslosigkeit, aber insbesondere die strukturellen Bedingungen regionaler Arbeitsmärkte in den neuen Bundesländern tragen dazu bei, dass aktive Elemente der Arbeitsförderung bzw. der Rehabilitationsträger aufgrund mangelnder Beschäftigungsalternativen nicht greifen. Es kommt zu Verschiebungstendenzen zwischen den Leistungsträgern, also von der Arbeitslosigkeit in die Erwerbsunfähigkeit. Das hat zur Folge, dass die Betroffenen von den sozialen Leistungen der Arbeitsmarkt- und Beschäftigungspolitik entkoppelt werden" (BMGS 2004, 124).

Eine andere Situation liegt bei denen vor, deren Arbeitskraft auch ohne Subventionen in ihren Marktpreis nachgefragt ist und wirtschaftlich verwertet werden kann, die aber das notwendige Existenzminimum nicht über den Preis ihrer Arbeitskraft sichern können. Das sind diejenigen, die sogenannte prekäre Arbeitsverhältnisse eingehen müssen. „6 500 000 Beschäftigte arbeiteten im Jahr 2007 in Deutschland für Stundenlöhne unterhalb der Niedriglohnschwelle von 9,62 Euro im Westen und 7,18 Euro im Osten", zitierten Tageszeitungen das Institut für Arbeit und Qualifikation in Duisburg. „80 Prozent davon hatten eine abgeschlossene Berufsausbildung oder einen akademischen Grad" (CZ 2009, 3). Kommen diejenigen hinzu, die dem Arbeitsmarkt zur Verfügung stehen, aber zur Existenzsicherung „Hartz-IV"-Leistungen beanspruchen müssen. Ein Teil der mit maximal 400 Euro monatlich vergüteten sogenannten Mini-Jobs und der „Ein-Euro-Jobs" zählen ebenso zu dieser Reservearmee des regulären Arbeitsmarktes wie die 850 000 Leiharbeiter, die „wie Tagelöhner nur für die tatsächliche Einsatzzeit bezahlt" werden (FR-online 2009). Mit den arbeitslosen Menschen und denen, die wegen privater Vermittlung nicht mehr statistisch ausgewiesen werden, den in arbeitsmarktpolitischen Maßnahmen befindlichen, ist diese Reservearmee inzwischen auf über 14 Millionen Menschen angewachsen. Klaus Dörre, Professor für Arbeits-, Industrie- und Wirtschaftssoziologie der Universität Jena, skizziert die Situation: „All dies zeigt, dass die Wiederkehr sozialer Unsicherheit Erschütterungen auslöst, die weit über die sozialen Randschichten hinaus ausstrahlen. Der Kapitalismus ohne Reservearmee ist auch in Deutschland vorerst Geschichte; die damit verbundenen Folgen erreichen auch den geschützten Teil der Beschäftigten. Es sind vor allem Arbeiterinnen und Arbeiter mit unregelmäßiger Beschäftigung und Lebensbedingungen deutlich unter dem ‚Durchschnitt der Klasse', deren bloße Präsenz die Festangestellten diszipliniert. Einem Bumerangeffekt gleich sorgt die Konkurrenz der Prekarier dafür, dass die Stammbelegschaften ihre Festanstellung als Privileg empfinden, das es mit Zähnen und Klauen zu verteidigen gilt. Auch die Mobilisierung von Ressentiments gegen Andere, weniger Leistungsfähige, Arbeitslose und Arme kann dafür ein Mittel sein" (Dörre 2008).

Dieser Prozess der Kommodifizierung (vgl. auch Mohr 2007), der arbeitsfähige, aber nicht unbedingt erwerbsfähige Menschen grundsätzlich und undifferenziert zu Sonderangeboten auf dem allgemeinen Arbeitsmarkt werden lässt, offenbart sich besonders deutlich in der Erwerbsquote. Die Erwerbsquote entspricht dem Anteil der Erwerbspersonen, die Arbeit haben oder suchen, an der gleichaltrigen Gruppe in der Gesamtbevölkerung:

Tab. 6: Erwerbsquoten zwischen 1977 und 2007

Jahr	Erwerbsquote in %
1977	44,2
1987	49,8
1997	50,2
2007	52,6

Trotz dieser Situation sprechen sich Politik und gesetzliche Leistungsträger (vgl. § 42 SGB IX) wie das ISB-Forschungsteam einzig dafür aus, auch die Werkstattbeschäftigten dem Prozess der Kommodifizierung zu unterwerfen. Damit das Erfolg verspricht, müssen nach Meinung der Autoren zuallererst die ideellen und ideologischen Voraussetzungen bei den Werkstattzuständigen geschaffen werden, insbesondere bei den Werkstattträgern, -leitungen und -fachleuten. In ihrer Zusammenfassung stellen sie über die derzeitige Arbeitssituation der Werkstattbeschäftigten beklagend fest: „Die Erwerbsbiografie der im Arbeitsbereich beschäftigten Personen endet mit Eintritt in das Rentenalter, ohne dass sie sich mit den Anforderungen des allgemeinen Arbeitsmarktes auseinandersetzen mussten" (ISB 2008, 323). Dieses Bedauern ist auch deshalb nicht nachzuvollziehen, weil ein großer Teil der Bevölkerung zeitlebens nie eine „Erwerbsbiografie" erlangt. Außerdem ist der Begriff „Erwerbsbiografie" unzutreffend: Werkstattbeschäftigte im Arbeitsbereich der Werkstätten leisten keine Erwerbsarbeit und sind auch nicht ihres Erwerbs wegen in der Werkstatt tätig.

Als „Beispiele gelungener Integration" versteht das Forschungsergebnis ausschließlich den Übergang ins allgemein übliche Erwerbsleben. Damit bestätigen die Autoren die Auffassung der für die Werkstätten politisch und finanziell Verantwortlichen, dass „ein glückliches Leben" nur in einem erwerbswirtschaftlichen Beruf möglich ist (ISB 2008, 198). Im Abschlussbericht kommt das Wort „alternativ" in verschiedenen Formen 88-mal vor, kein einziges Mal allerdings im Zusammenhang mit Alternativen zur Erwerbswirtschaft. Da Werkstattbeschäftigten der Weg zum Abschluss eines anerkannten Ausbildungsberufes in aller Regel nicht offensteht und ein verbesserter beruflicher Bildungsabschluss in den Werkstätten auch kein politischer Wille ist, würden sie mit dem Heer an unzureichend qualifizierten Arbeitssuchenden konkurrieren. Ihre auffälligen und ungewöhnlichen körperlichen, mentalen oder psychischen Eigenschaften lassen ihre Erfolgschancen im Arbeitsplatzwettbewerb drastisch sinken.

Die beiden Forschungsprojekte sind eindrucksvolle Beispiele für den Versuch, wissenschaftlich zu begründen, dass der Prozess der Kommodifizierung für alle arbeitsbereiten Menschen der einzige Weg zur Zufriedenheit und einem hohen Selbstwertgefühl ist. Alle anderen institutionalisierten Arbeitsformen, so bilanzieren die Autoren, die nicht zum Erwerbsleben „draußen" gehören, wären „ein diskreditierendes Merkmal" (ISB 2008, 415).

6 Heilpädagogik auf der Suche nach der neuen Arbeit

Ulrich Scheibner

„Heilpädagogen und -pädagoginnen erziehen, fördern und unterstützen Menschen jeden Alters, die unter erschwerten Bedingungen und mit Beeinträchtigungen leben, z. B. Kinder, Jugendliche und Erwachsene mit geistiger Behinderung, Sinnes- und Mehrfachbehinderung [...]." So allgemein beschreibt die Bundesagentur für Arbeit (BA) die Tätigkeit dieser Fachleute sowohl mit Fachschul- als auch mit Hochschulabschluss. Sie zählt mögliche Betätigungsfelder auf, nennt aber nicht die Unternehmen der Erwerbswirtschaft, auch nicht die der Gemeinwirtschaft, z. B. Werkstätten für behinderte Menschen (im Folgenden „Werkstätten" oder „Werkstatt"). Dieses Kapitel will deutlich machen, wie sehr heilpädagogische Fachlichkeit in der Arbeitswelt erforderlich ist. Denn es geht darum, im Arbeitsleben den Anspruch durchzusetzen, alle Arbeitsabläufe, Arbeitsinhalte, Arbeitsformen und Arbeitsmethoden den Bedürfnissen und Möglichkeiten jedes einzelnen arbeitenden Menschen anzupassen. Es geht um die Mitwirkung heilpädagogischer Fachleute bei der Entwicklung einer neuen Arbeit, einer inhalts- und lehrreichen Betätigung zur Befriedigung gesellschaftlicher wie persönlicher Bedürfnisse. Das erscheint angesichts der Arbeitsmarkt- und Beschäftigungssituation wirklichkeitsfremd. Doch die Diskussion über notwendige Veränderungen der Arbeit und der Arbeitswelt ist seit der Industrialisierung nie verstummt. Sie wird in wirtschaftlichen Krisenzeiten intensiver und grundsätzlicher. In der Geschichte der Bundesrepublik Deutschland war das besonders in den Wirtschaftskrisen von 1961/62, 1974/75 und erst recht in der sogenannten Finanzmarktkrise seit Anfang 2008 der Fall. Die Aktionen und Programme der Bundesregierung machen das deutlich: 1974 startete das Bundesforschungsministerium seine Kampagne „Humanisierung des Arbeitslebens". Die damit verbundenen Ziele wurden immer wieder aktualisiert und publiziert. Seit 2001 bis heute steht diese Arbeit der Bundesregierung unter dem Thema „Innovative Arbeitsgestaltung – Zukunft der Arbeit".

6.1 Das Arbeitsleben: zentrales heilpädagogisches Betätigungsfeld

Die Debatte über neue Arbeitsinhalte und Arbeitsformen ist nach wie vor in vollem Gange und hat sogar an Intensität zugenommen, auch deshalb, weil der neue Typus wirtschaftlicher Krisen die staatlichen Grundlagen ganz prinzipiell bedroht (Hickel 2009). Die Diskussionen und Modelle für eine neue Arbeitswelt werden nicht nur im Kreis von Wissenschaftlern, sondern öffentlich geführt und erreichen selbst solche Publikationen, die sich bislang keinen wirtschaftskritischen Ruf erworben haben: „Angesichts des aktuellen Fehlverhaltens von Politikern und Managern rückt immer öfter die Frage nach dem verantwortlichen Handeln des Einzelnen für das gesellschaftliche Ganze in den Vordergrund“, stellte z.B. die Zeitung „Die Welt“ schon vor fast zehn Jahren fest (Welt-Online 2002) und schlussfolgerte für die Aufgabe „guter, glaubwürdiger Politiker und Manager“: „Dabei ist Verantwortung für sich und für alle nicht teilbar, auch nicht limitierbar, nicht selektierbar und schon gar nicht delegierbar. Sie ist immer eine Verantwortung des ganzheitlichen Ansatzes für den einzelnen Menschen und die Gesellschaft im Ganzen“ (Welt-Online 2002). Der ganzheitliche Ansatz schließt das Wirtschaftsleben und die Gestaltung der Arbeitswelt mit ein.

Die gleiche Quelle, die sich nicht gerade als pädagogisch fortschrittliches Publikationsorgan bekannt gemacht hat, beschreibt als Ziel mit geradezu heilpädagogischem Ansatz: „Mit dem Übergang in eine kreative und innovative Ökonomie gilt es, Anschluss zu halten und die Menschen weiter zu integrieren. Humane Schule bedeutet, dass der Mensch sich selbstständig verhält und seine Verantwortung sich selbst und der Gemeinschaft gegenüber wahrnimmt. Der selbstgefällige Homo oeconomicus ist auf Dauer nicht überlebensfähig, überlebensfähig sind nur selbstbewusste, urteilsstarke Menschen, die Entscheidungen fällen, Verantwortung übernehmen, Konsequenzen ziehen und zugleich respektvoll und wertschätzend den Blick aufs große Ganze richten. Die eigentlichen Ziele von Schule sind Persönlichkeitsentwicklung und Urteilskraft, also die Fähigkeit, sich auch in schwierigen Kontexten eine Meinung bilden zu können, nicht wankelmütig zu sein. [...] Jeder sollte sein Wohlergehen im Sinne einer Verwirklichung selbst formulierter Ziele aus eigener Kraft anstreben können. Wer arm ist, darf nicht isoliert werden, sondern muss um jeden Preis Zugang zur Arbeitswelt erhalten. Zu spüren, dass man selbst wirksam ist, wird zum höchsten Wohlstandsziel“ (Welt-Online 2009b). Eine weitere heilpädagogische Erkenntnis formuliert die gleiche Zeitung in Frageform: „Warum trauen wir sogenannten ‚einfachen Menschen‘ einfach nicht zu, selbstständig zu denken? Wieso ist Kreativität ein Privileg von Akademikern und Führungskräften oder Künstlern? All das ist nicht zeitgemäß und behindert die Entwicklung der Gesellschaft und blockiert den Fortschritt“ (Welt-Online 2009a).

Dieses „höchste Wohlstandsziel“, die gemeinnützige Wirksamkeit einer jeden einzelnen Person innerhalb ihrer sozialen Gemeinschaft, muss die Gesellschaft als Ganzes erreichen und es jedem einzelnen Mitglied ermöglichen, es nach seinen individuellen Fähigkeiten und Bedürfnissen ebenfalls zu erlangen. Zu den Kernaufgaben gehört die Gestaltung der Arbeitswelt zu einem humanen Lebensbereich. Denn noch immer „stellt die Arbeit einen zentralen Lebensmittelpunkt aller Menschen dar“ (Greving & Ondracek 2009, 227), die abhängige Arbeit gegen Lohn auf dem allgemeinen Arbeitsmarkt mehr noch als alle anderen Arbeitsformen. Für die Heilpädagogik bedeutet das eine neue Herausforderung: „Die Wahrnehmung integrativer Prozesse bzw. gesellschaftsverändernder Funktionen im Rahmen inkludierender Vorgänge gerät mehr und mehr in den Mittelpunkt einer Didaktik und Methodik der Heilpädagogik, welche sich nicht mehr nur ausschließlich individuumsorientiert versteht, sondern vielmehr Vernetzungsprozesse zwischen Gesellschaft, Organisation und Subjekt zu realisieren hat" (Greving & Ondracek 2009, 228).

Heilpädagogische Wissenschaftler warnen nachdrücklich vor den „Selektionstendenzen der Gesellschaft", die dazu führen, dass Menschen mit nicht vermarktbaren Eigenheiten oder solchen, die ihre wirtschaftliche Verwertung erheblich stören, „aus gesellschaftlich relevanten Systemen ausgeschlossen werden" (Greving & Ondracek 2009, 51). Zum Selbstverständnis der Heilpädagogik gehört deshalb, ergänzend zu den vier Grundlagen nach Greving und Ondracek (2009, 60), ein differenziertes Recht auf Arbeit, wie es im „Gesetz zu dem Übereinkommen der Vereinten Nationen vom 13. Dezember 2006 über die Rechte von Menschen mit Behinderungen" im Artikel 27 zum Ausdruck kommt: „das Recht auf die Möglichkeit, den Lebensunterhalt durch Arbeit zu verdienen, die in einem offenen, integrativen und für Menschen mit Behinderungen zugänglichen Arbeitsmarkt und Arbeitsumfeld frei gewählt oder angenommen wird" (BGBl. 2008, 1439). Das erfordert Vorschläge der Heilpädagogik, welche Merkmale einen offenen, integrativen und für alle Interessierten zugänglichen Arbeitsmarkt ausmachen. Denn der bisherige und derzeitige Arbeitsmarkt erfüllt diese Anforderungen bei weitem nicht. Das Angebot einer neuen Art von Arbeit muss den UNO-Forderungen entsprechen, das „Recht von Menschen mit Behinderungen auf gerechte und günstige Arbeitsbedingungen, einschließlich Chancengleichheit und gleichen Entgelts für gleichwertige Arbeit, auf sichere und gesunde Arbeitsbedingungen, einschließlich Schutz vor Belästigungen, und auf Abhilfe bei Missständen" (BGBl. 2008, 1440) zu gewährleisten. Die Leistungen der Heilpädagogik richten sich also nicht nur auf die physischen und psychischen Körperfunktionen des einzelnen hilfebedürftigen Menschen, auf seine geschädigten oder gefährdeten Körperstrukturen, auf Einschränkungen in seinen Aktivitäten und auf seine Chancen zu interpersonellen Interaktionen. Ein ebenso wichtiges heilpädagogisches Betätigungsfeld ist die Einflussnahme auf „die materielle, soziale und einstellungsbezogene Umwelt, in der Menschen leben und ihr Dasein entfalten" (vgl. DIMDI 2005, 123). Die Arbeitsaktivitäten im Arbeitsleben, gerade im erwerbswirtschaftlichen, spielen dabei eine zentrale Rolle.

6.2 Auf der Suche nach einer „neuen Arbeit"

Die Gestaltung einer humanen Arbeitswelt ist nicht nur eine Verpflichtung der Arbeitswissenschaft, der Arbeitspädagogik, Arbeitspsychologie oder Ergonomie, sondern nicht minder der Heilpädagogik. Zu ihren Gestaltungsaufgaben „für die Arbeitswelt von morgen" (BMBF 2009) gehören neben der Arbeitssicherheit und dem Arbeits- und Unfallschutz vor allem der Arbeitsvorgang und die Arbeitstätigkeit. Die sollen „an den Bedürfnissen der Menschen ausgerichtet“ sein, „einen sozialverträglichen Strukturwandel ermöglichen und gleichzeitig wichtige beschäftigungspolitische Impulse geben“, heißt es in der Darstellung der Bundesregierung über ihr Rahmenkonzept „Innovative Arbeitsgestaltung – Zukunft der Arbeit“ (BMBF 2009).

Eine humane Arbeitswelt ist ohne „humane Arbeit“ nicht denkbar. Die Humanisierung betrifft im ersten Fall den Arbeitsvorgang mit allen seinen Faktoren (humanes Arbeitsleben), im zweiten Fall die Arbeitstätigkeit mit allen ihren Konstellationen (humane Arbeit, neue Arbeit). Für die Entwicklung einer heilpädagogischen Konzeption „Neue Arbeit“ ist es unverzichtbar, den vieldeutigen Arbeitsbegriff zu präzisieren. Denn der Terminus „Arbeit“ beschreibt sehr unterschiedliche Sachverhalte; vor allem fünf sind als Arbeitsfelder für die Heilpädagogik von zentraler Bedeutung:

- der *Arbeitsgegenstand*, also das zu schaffende, zu gestaltende oder zu verändernde Objekt in seinem vorgefundenen oder vorgegebenen materiellen oder immateriellen Zustand;
- der *Arbeitsauftrag*, also die zu bewältigende Aufgabenstellung mit den ggf. dazugehörigen Festlegungen über Art, Menge und Qualität sowie den entsprechenden Anweisungen;
- der *Arbeitsvorgang*, also der Arbeitsprozess mit seinen Arbeitsabläufen, Arbeitsbedingungen, Arbeitsstrukturen und Arbeitsverhältnissen, den Vorgaben zur Arbeitszeit und Arbeitsdauer;
- die *Arbeitstätigkeit*, also der eigentliche menschliche Leistungsakt, die Anwendung und Veräußerung der Arbeitskraft, ihre Betätigung, somit die physische und intellektuelle Aktion oder Handlung;
- das *Arbeitsergebnis*, also die Wirkung der Arbeitstätigkeit beim Arbeitsvorgang auf den ursprünglichen Arbeitsgegenstand.

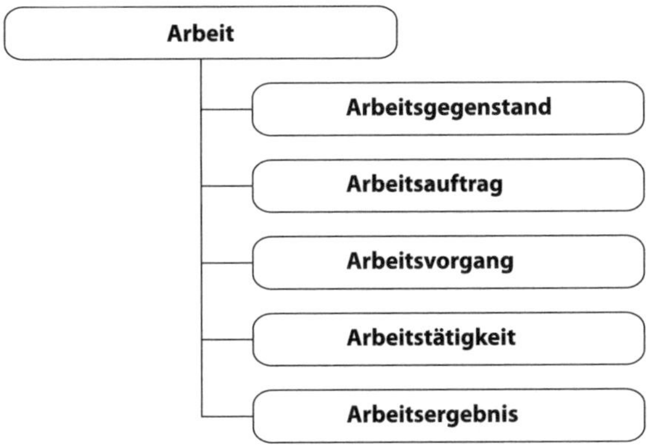

Abb. 29: Arbeitsfelder für die Heilpädagogik

Diese Differenzierung des Arbeitsbegriffs trifft auf alle Arbeitsformen zu. Immer wieder wird unter Arbeit aber auch die Summe dieser fünf einzelnen Faktoren verstanden. Dagegen verdeutlichen die umgangssprachlichen Formulierungen „zur Arbeit gehen“ oder „auf Arbeit sein“ eine räumliche, oft auch inhaltliche und emotionale Distanz zwischen dem Arbeitsleben und der übrigen Lebenszeit. Solche Redewendungen beschreiben die Veräußerung und Anwendung der eigenen Arbeitskraft in einer fremden Arbeitsstelle oder auf einem fremden Arbeitsplatz. Der Ausdruck „in Arbeit sein“ stellt den Sachverhalt dar, bezahlte Arbeitsmöglichkeiten zu haben – „in Lohn und Brot“ zu sein. Die Präpositionen „auf“, „in“ oder „zur“ beschreiben in diesen Fällen den Ort der fremdbestimmt zu leistenden Arbeit, einem abhängigen, auf Anweisung und gegen Lohn zu leistenden Dienst für andere. Diese Arbeit wird nicht ganz korrekt als „Erwerbsarbeit“ bezeichnet (vgl. 2.1.2). Denn Erwerbsarbeit verrichten im offiziellen Sprachgebrauch nicht nur die abhängig Beschäftigten, sondern auch die Selbstständigen. Das widerspiegelt sich in der Übersicht des Statistischen Bundesamtes: Danach waren 2008 zwar 40,279 Millionen Personen erwerbstätig, aber nur 4,434 Millionen davon selbstständig, mithin 35,845 Millionen oder 89 Prozent abhängig beschäftigt (DESTATIS 2009). Das ist die bislang höchste Zahl in der Geschichte der Bundesrepublik und verdeutlicht den rasanten Prozess der Kommodifizierung (vgl. 5.3.3).

Industrielle Erwerbsarbeit als gesellschaftlich prägende Form der Sicherung des Lebensunterhaltes für die überwiegende Mehrheit der arbeitenden Bevölkerung galt schon seit den Anfängen ihrer Geschichte als unmenschlich. Nicht nur die deutsche Arbeiterbewegung, die christliche wie die sozialdemokratisch oder sozialistisch orientierte, sondern auch die Kirchen selbst, vor allem die katholische, haben die menschenfeindlichen Auswüchse der Industriearbeit in unzähligen Publikationen, besonders in den Sozialenzykliken, kritisiert. Arbeitsbedingte Erkrankungen und Arbeitsunfälle in ungeheurer Anzahl, zunehmendes Massenelend aufgrund unmäßiger Arbeit auch für Kinder und Frauen führten zu Demoralisierung, abnehmender Arbeitsmotivation und wachsenden Widerständen in der Arbeiterschaft. Daher drängten nach und nach die Unternehmer selbst und der Staat auf Abhilfe. Die einen wegen der zunehmenden Arbeitskämpfe und sinkenden Arbeitsproduktivität, die anderen wegen mangelnder militärischer Verwendungsfähigkeit des männlichen Teils der Arbeiterschaft.

Neue Arbeitsformen sind seit Ende des 19. Jahrhunderts mit den Namen der US-Amerikaner F. W. Taylor (1856–1915) und Henry Ford (1863–1947) untrennbar verbunden. Sie sind die Namensgeber für eine optimierte industrielle Massenproduktion durch Fließbandfertigung und fortschreitende Technisierung. Ford suchte innerhalb seiner hoch spezialisierten, repetitiven Fertigungsweise nach einer sozialen Partnerschaft zwischen der Arbeiterschaft, den Maschinen und dem Unternehmen (Fordismus). Ein wichtiges Instrument dafür war die vergleichsweise bessere Entlohnung, quasi als Ausgleich für die immer stärker entfremdete Arbeit (instrumentelle Arbeitshaltung). Taylor glaubte an eine Wissenschaft des Managements, durch die die Arbeitsbereitschaft und der Arbeitserfolg nachhaltig gesteigert, die Arbeitszufriedenheit ebenfalls durch bessere Entlohnung deutlich erhöht werden können. Sein Konzept kennzeichnen eine hochentwickelte Arbeitsteilung, die planmäßige Trennung von Hand- und Kopfarbeit, die Rolle des betrieblichen Managements als Anleiter der Arbeiterschaft und der Lohn als Motivationsinstrument. Taylor blieb in einer mechanistischen Betrachtung der Arbeiterschaft befangen, die als lebendiges Maschinenanhängsel funktionieren sollte. Die Anschauungen von Ford und Taylor sind zwar historisch überholt, haben aber noch heute ihre Anhänger

Deutschland hat in der Auseinandersetzung um eine menschlichere Arbeitswelt eine weitreichende Geschichte, die bis in die Zeit des demokratischen Aufbruchs der Paulskirchenbewegung zurückreicht. Am Ausgang des 19. Jahrhunderts steht dafür die in Europa beispiellose sogenannte Bismarck‘sche Sozialgesetzgebung. Sie war eine sozialpolitische Reaktion der Monarchie auf die unerträgliche Not der arbeitenden Bevölkerung, vor allem auf die erstarkende Arbeiterbewegung und die politische Sozialdemokratie. Die treibende Kraft in der Regierung war der „Reformkaiser“ Wilhelm II. (1859–1941; Kaiser von 1888–1918). Diese in Europa beispielgebende Sozialreform war von Bismarck nicht gewollt, geschah widerwillig, voller Entrüstung gegenüber dem Monarchen und mit Rücktrittsgedanken. Sie wurde vor allem wegen der kaiserlichen Beharrlichkeit durchgesetzt: Krankenversicherungspflicht (1883) und Unfallversicherungspflicht (1884) erleichterten der Arbeiterschaft und ihren Familien zwar die Lebenschancen, veränderten aber durchaus nicht die Arbeitsbedingungen und -verhältnisse. Erst in der Weimarer Republik gelangen beachtliche Fortschritte bei der Verbesserung der Arbeitsbedingungen. Die sind mit dem Kürzel REFA verbunden, dem Reichsausschuss für Arbeitszeitermittlung, der sich 1924 gegründet hatte. Seit 1965 ist er ein eingetragener Verein, 2008 ergänzte er den programmatischen Namenszusatz „Verband für Arbeitsgestaltung, Betriebsorganisation und Unternehmensentwicklung“. Doch schon in den 1920er-Jahren beschränkte sich seine Tätigkeit nicht auf die Arbeitszeitermittlung. Vielmehr sollte das von REFA entwickelte System zur Zerlegung von Arbeitsvorgängen in deren kleinstmögliche Einheiten dazu dienen, effiziente und sinnvolle Arbeitsabläufe zu gestalten und dafür menschenwürdige Arbeitsbedingungen zu empfehlen. Das Hauptziel aber war es, nach Rationalisierungsmöglichkeiten in den Betrieben zu suchen, um die Arbeitseffizienz zu steigern.

Zur Auseinandersetzung über die Entwicklung einer menschenwürdigen Arbeitswelt in der Erwerbswirtschaft haben im 20. Jahrhundert vor allem US-amerikanische Experten beigetragen. Als ursprünglich gegen die tayloristische Konzeption gewandt, entstand ein „neuer Ansatz, die Psychotechnik, die v.a. von Hugo Münsterberg entwickelt wurde. Ihre hauptsächlichen Anwendungen bezogen sich auf die Nutzung psychologischer Erkenntnisse für die Betriebsführung. [...] Aufgrund dieser anwendungsbezogenen Orientierung wurde die Psychotechnik aber schließlich tayloristischer als dieser selbst, denn es ging auch dabei um Leistungssteigerung, nun allerdings durch Abstellen auf individuelle menschliche Verhaltensgesetzmäßigkeiten“ (Mikl-Horke 1994, 106). Ebenfalls als letztlich tayloristisch wird auch das „human factor movement“ eingeschätzt. Diese Bewegung

„Faktor Mensch" versuchte, „physiologische und psychische Aspekte des Arbeitsverhaltens in ihrer Bedeutung für die Arbeitsproduktivität zu erfassen und zu beeinflussen" (Mikl-Horke 1994, 107). Im Mittelpunkt stand der Arbeitsvorgang mit seinen konkreten Arbeitsbedingungen, Arbeitsabläufen und Arbeitsstrukturen. Besonders wichtig war die menschengerechte Arbeitsumgebung mit optimalen und gesunden Bedingungen bei der Raumtemperatur, den Licht- und Luftverhältnissen. Der menschenwürdig gestaltete Faktor Zeit spielte eine herausragende Rolle bei der Arbeitsorganisation, z. B. bei der Dauer des Arbeitstages und der Wochenarbeitszeit, Lage und Dauer der Pausen. Wie alle anderen Konzepte zur Steigerung des wirtschaftlichen Outputs war auch die „human-factor"-Bewegung auf der Suche nach geeigneten Instrumenten zur Anhebung und Stabilisierung der Arbeitsmotivation und Arbeitsleistung.

Von zentraler Bedeutung bei der Entwicklung einer menschenwürdigen Arbeitswelt ist die „Human Relations School" um den Soziologen George Elton Mayo (1880–1949). Ihr sollte die Heilpädagogik mehr Aufmerksamkeit schenken als sie es bisher getan hat. Mit seiner Auffassung, dass Unternehmen nicht nur wirtschaftlich-technische Organisationen, sondern gleichrangig auch soziale Organisationen sind, geht eine völlig neue Bewertung von innerbetrieblicher Kommunikation und Kooperation einher, in der die arbeitende Person als Mensch mit individuellen sozialen Bedürfnissen und Teil einer sozialen Gruppe gesehen wird. Dabei geht es nicht um die formellen, für den Betriebsablauf notwendigen und angeordneten Arbeitsgruppen, sondern um die spontane informelle Gruppenbildung. Die „Human Relations School" legte hohes Gewicht auf den „sozial-emotional bestimmten Prozess von menschlichen Interaktionen", die zu einer höheren „Arbeitszufriedenheit und Arbeitsfreude der Mitarbeiter" führen (Mikl-Horke 1994, 114). Nach diesem Konzept ist die Arbeiterschaft nicht vorrangig Anhängsel der Maschinerie oder bloß „humanes Kapital", sondern besteht aus sozial handelnden Menschen mit individuellen Bedürfnissen, vor allem nach Anerkennung, Einbeziehung in stimulierende Gruppenstrukturen und Aufstiegsmöglichkeiten.

Bei allen Konzeptionen und Theorien steht die Motivationsförderung und mit ihr die Leistungssteigerung im Mittelpunkt. Der grundlegende Unterschied zwischen ihnen besteht in der Rolle und Würdigung des einzelnen arbeitenden Menschen mit seinen sozialen Bedürfnissen. Muss er sie außerhalb der Arbeit befriedigen wie bei Taylor und Ford, oder kann er sie innerhalb des Arbeitsvorganges und seiner Arbeitstätigkeit erfüllen; sind sie gleichsam der sozial-emotionale Teil des Arbeitsergebnisses? Für die Heilpädagogik finden sich hier der Ansatzpunkt ihrer Betätigung im Arbeitsleben und zugleich die Verpflichtung, sich mit den verschiedenen Vorstellungen über eine humane Arbeitswelt auseinanderzusetzen. Dieser Teil der pädagogischen Wissenschaften sieht eine seiner Hauptaufgaben bekanntlich darin, die einzelne Person im sozial-emotionalen Bereich zu unterstützen und ihr zu helfen, dass sie ihre Bedürfnisse nach Anerkennung, Zuneigung und Unabhängigkeit befriedigen kann. Dazu gehört ebenso, sich in sozialen Situationen angemessen und selbstsicher zu verhalten, dabei Selbstbewusstsein und Selbstständigkeit entwickeln zu können. Das schließt die Arbeitswelt als Betätigungsfeld der Heilpädagogik mit ein und verlangt von den Fachleuten ein komplexes Handeln, das sich sowohl auf das Individuum als Subjekt richtet, als auch auf die objektive Welt, die es umgibt. Die Strukturen der Arbeitswelt menschenwürdig zu gestalten, gehört deshalb mit zum heilpädagogischen Aufgabenkatalog.

6.3 Humane Arbeitswelt: unkonventionelle Konzepte

Für die Heilpädagogik hat der Begriff „Bedürfnis" eine zentrale Bedeutung. Er steht gleichsam synonym für die einzelne Person und im Brennpunkt heilpädagogischer Theorie und Praxis. Ein Grundanliegen des heilpädagogischen Qualitätsmanagements ist es, die individuellen Bedürfnisse des Menschen festzustellen und differenziert zu beschreiben und daraus den Bedarf an heilpädagogischen Leistungen zu ermitteln. Erst auf der Basis dieser Ergebnisse ist es sinnvoll, mit der betreffenden Person den konkreten Bedarf an Hilfeleistungen zu beraten. Zum heilpädagogischen Selbstverständnis gehört gleichermaßen, die Umweltfaktoren zu erkennen, zu bedenken und einzubeziehen, die entwicklungshemmend oder entwicklungsfördernd auf die Person einwirken. Eben deshalb muss sich die Heilpädagogik in ihrer Aufgabenstellung als arbeitsweltorientierte Wissenschaft mit dem Konzept der Motivationstheorie des Psychologen Abraham Maslow (1908–1970) und seiner Theorie der „Hierarchie der Bedürfnisse" auseinandersetzen. Berühmt geworden ist die von ihm entwickelte „Bedürfnispyramide" des Menschen (Abb. 30) und seine Auffassung von der Dynamik, dem Wachsen und der Rangordnung von Bedürfnissen: Danach entstehen „höhere" Bedürfnisse erst und drücken sich erst aus, nach dem „niedere" Bedürfnisse befriedigt sind (vgl. Kirchler 2008).

Das Prinzip der Bedürfnisorientierung verpflichtet die heilpädagogische Wissenschaft und Praxis gleichermaßen dazu, behindernd wirkende Umweltfaktoren zu verändern. Deren Bedeutung wurde von der Weltgesundheitsorganisation (WHO) in ihrer „Internationalen Klassifikation der Funktionsfähigkeit, Behinderung und Gesundheit (ICF)" hervorgehoben. Ihr Konzept und ihre aktuelle Definition von „Behinderung" haben diese Umweltfaktoren als integralen Bestandteil aufgenommen und klassifiziert. Wegen deren herausragenden Wirkung auf die einzelne Person, ihre Teilhabemöglichkeiten am Leben in der Gemeinschaft und den Grad ihrer Einbeziehung in ihr soziales Umfeld enthält die ICF „eine Liste von Umweltfaktoren, die den Lebenshintergrund von Menschen beschreiben" und nachhaltig beeinflussen (vgl. DIMDI 2005, 10 und 123 ff.). Gerade für die Heilpädagogik und ihr Aufgabenfeld „Arbeitswelt" ist das definitorische Herangehen der ICF vorbildlich und handlungsleitend: „Die ICF verwendet den Begriff ‚Behinderung', um das mehrdimensionale Phänomen zu bezeichnen, das aus der Inter-

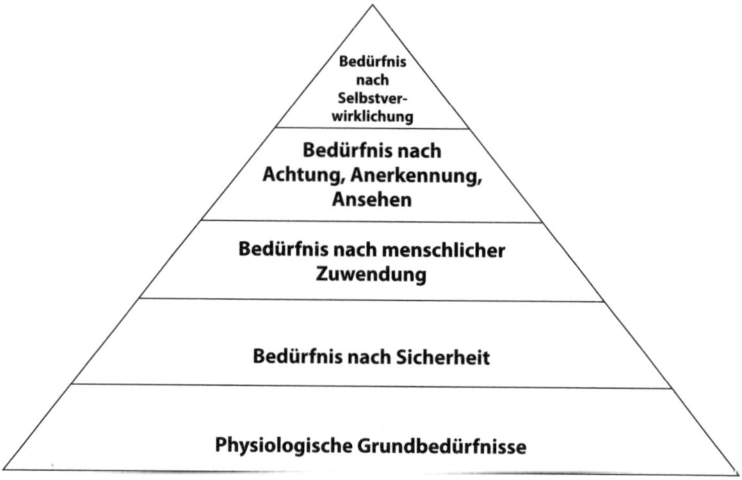

Abb. 30: Die Bedürfnishierarchie nach Maslow

aktion zwischen Menschen und ihrer materiellen und sozialen Umwelt resultiert" (DIMDI 2005, 171).

Die Heilpädagogik bezieht in ihren Blick auf das Individuum die gesellschaftlichen Bedingungen gleichermaßen mit ein. Ihr Mitbegründer, Jan Daniel Georgens (1823–1886), wies ausdrücklich darauf hin, dass „die eigentliche Bedeutung der Heilpädagogik nicht in ihren nächsten Erfolgen bei den heil- und besserungsbedürftigen Individuen, sondern in der Vorarbeit liegt, die sie [...] in dem systematischen Kampfe gegen bedrohliche Gesellschaftsübel zu leisten vermag und leisten muss" (Georgens & Deinhardt 1861, VI). Somit darf die Heilpädagogik gerade die Arbeitswelt, vor allem die erwerbswirtschaftliche, nicht als exterritoriales Gebiet ansehen, sondern muss darauf einwirken, deren Determinanten zu verändern, die sich hinderlich auf die Entwicklung der Person auswirken, die heilpädagogischer Unterstützung bedarf. In diesen Bemühen stand und steht sie nicht allein.

Um das Arbeitsleben und vor allem die Erwerbsarbeit erträglicher zu gestalten oder gar tiefgreifend zu verändern, ihr neue Inhalte zu geben oder sie auf ein Minimum der Lebenszeit zu begrenzen, haben sich bis heute Arbeitswissenschaftler, Geistliche, Pädagogen, Philosophen, Politiker, Soziologen und Wirtschaftsfachleute immer wieder bemüht. Als besonders exponiert und aktuell gelten derzeit das Konzept „New Work" des Sozialphilosophen Frithjof Bergmann und das „Bedingungslose Grundeinkommen" von Götz Wolfgang Werner, dem Gründer der dm-Drogeriemärkte.

Frithjof Bergmann geht in seinem Entwurf „New Work – Neue Arbeit" davon aus, dass sich die heutige Erwerbsarbeit, er nennt sie „klassische Erwerbsarbeit", immer mehr auflöst und darum Arbeitsalternativen zwingend sind. Zugleich aber kritisiert er diese Art des Wirtschaftens als zerstörerisch: „Bisher hat die Arbeit den

Menschen verkrüppelt, jetzt besteht dank intelligent genutzter Hochtechnologie die Möglichkeit, befriedigender, kreativer, phantasievoller und selbstbestimmter zu arbeiten. Massenproduktion und Massenkonsum zerstören diesen Planeten, nachhaltige Individualproduktion erhält ihn und befreit uns von der Last des Überflüssigen. Die Ökonomie kann zur Randerscheinung werden, und wir können die menschlichen Beziehungen in den Mittelpunkt rücken. Eine neue, sinnlichere, humanere, kreativere, flamboyantere und intelligentere Kultur ist jetzt möglich" (Bergmann 2009).

Um das zu erreichen, sollen „innovative Formen der Gemeinschaftsproduktion" ins Leben gerufen werden, vor allem aber soll die Erwerbsarbeitszeit nur noch ein Drittel der Arbeitszeit einnehmen. Das zweite Drittel ist nach Bergmann nötig, um die wichtigen Produkte des alltäglichen Lebens selbst herzustellen, in Gemeinschaftszentren oder „Zentren für Neue Arbeit". Damit das möglich wird, braucht der Mensch als Partner und Produktionshelfer den „persönlichen Fabrikator", der ihn bei der „High-Tech-Eigenproduktion" unterstützt und ihm z. B. die notwendigen Baupläne liefert: „Ein Fabrikator ist ein Computer, der nicht zweidimensional auf Papier druckt, sondern [...] dreidimensionale Gegenstände druckt" (Welt am Sonntag 2007, 34). Das letzte Drittel ist die Zeit, in der der Mensch diejenige Arbeit leistet, die er „wirklich, wirklich will", wie es das New-Work-Konzept beschreibt (Welt am Sonntag 2007, 34). Bergmann lässt keinen Zweifel daran, dass es ein durchaus langwieriger Prozess ist, die Menschen zu ermuntern und zu unterstützen, ihre eigene Kreativität zu entdecken und sie dann auch in der von ihnen gewünschten und gefundenen Arbeit anzuwenden. Die Beschreibung der Arbeitsinhalte für das dritte Drittel des Arbeitstages ist wenig konkret. Doch das ist volle Absicht: Es soll eben nur die Arbeit erfolgen, „die ich wirklich und von Herzen tun will" (Welt am Sonntag 2007, 34).

Tab. 7: Aufteilung der Arbeitszeit (des Gesamtarbeitstages) (nach Bergmann 2009)

1/3 Erwerbsarbeit	**1/3 „High-Tech-Eigenproduktion"**	**1/3 „Arbeit, die man wirklich, wirklich will"**

Obwohl es auf den ersten Blick eher als völlige Abkehr vom üblichen Erwerbsleben erscheinen mag, ist das bedingungslose Grundeinkommen nach den Vorstellungen von Götz W. Werner durchaus ein Versuch, die Arbeitswelt menschlicher zu gestalten. In seinem Konzept, das in der Bundesrepublik Deutschland bekannter ist als andere Vorschläge für ein Grundeinkommen, wird wiederum der Arbeitsmotivation ein herausragender Stellenwert eingeräumt. Der anthropologisch orientierte Werner teilt die Kritik an den tayloristischen Konzeptionen, die die Arbeitsbereitschaft und Arbeitsleistung vor allem durch die Höhe des Arbeitseinkommens erreichen wollen: „Die Einkommenssicherung zwingt uns zur Arbeit, aber dieser Zwang ist als Motivation denkbar ungeeignet, er leitet letztlich Arbeit fehl. Die Menschen wollen arbeiten, wenn es Sinn ergibt und ihren Fähigkeiten entspricht. Außerdem hätte es niemand mehr nötig, bei einem Unternehmen zu arbeiten, das einen schlechten Ruf hat oder mit dessen Produkten er sich nicht identifizieren kann“ (Werner 2005, 25). Wie andere Vertreter der Forderung nach „neuer Arbeit“ hebt auch Götz Werner hervor, dass durch sein Konzept des bedingungslosen Grundeinkommens die sozialen Verhältnisse verändert werden könnten. Dabei stellt er das Ziel nach Freiheit und Selbstbestimmung der arbeitenden Menschen in einer Kulturgesellschaft in den Vordergrund: „Gelingt es uns, den Arbeitsbegriff noch einmal auszuweiten und die zahlreichen und für unsere Gesellschaft existenziellen Tätigkeiten der Kulturarbeit anzuerkennen, sind wir auch mit unserem Bewusstsein auf dem Weg in die Kulturgesellschaft, den wir realwirtschaftlich bereits mit großen Schritten beschreiten. Das Grundeinkommen wäre ein äußeres Zeichen dieser Anerkenntnis und einer zeitgemäßen Weiterentwicklung unseres Verständnisses von Arbeit und Wirtschaft. Durch ein Grundeinkommen wird der wichtigste Faktor einer Wirtschaft befreit, um selbstbestimmt initiativ zu werden: die menschliche Arbeitskraft“ (Werner & Presse 2007b, 7).

So sozialromantisch die Auffassungen von Frithjof Bergmann und Götz W. Werner erscheinen, so wenig sie derzeit in das international gängige Wirtschaftskonzept zu passen scheinen, haben sie doch eine beträchtliche Zahl von Anhängern im Wissenschaftsbereich. „Die Notwendigkeit eines Grundeinkommens“ hatte schon 1997 der Club of Rome begründet (Giarini & Liedtke 1998, 176). Auch das „Arbeitsdrittel“-Modell von Bergmann ist in dem Bericht an den Club of Rome nachzulesen, wenn auch nicht in der formalisierten arithmetischen Aufteilung: Die Autoren empfehlen in der deutschen Übersetzung ein „Drei-Schichten-Modell“. Danach sollte jeder arbeitsfähigen Person „als erste Schicht [. . .] ein Minimum an bezahlter produktiver Tätigkeit“ angeboten werden, eine freiwillige Grundsicherungsschicht für 20 Wochenstunden (Liedtke 1998). In einer „zweiten Schicht produktiver Tätigkeit würde jede bezahlte Arbeit über die erste Schicht [. . .] hinaus“ bezahlt werden, die allerdings „von staatlichen Eingriffen völlig frei bleiben“ sollte. „Das ist das, was wir als bezahlte Erwerbsarbeit kennen. Damit ist all das gemeint, was sich heute schon auf den Märkten abspielt, wo Arbeit im Austauschprozess bezahlt wird“ (Liedtke 1998). „Eine dritte Schicht produktiver Tätigkeit würde sich schließlich für uns alle aus Tätigkeiten in Eigenleistung oder nichtbezahlten freiwilligen Tätigkeiten zusammensetzen“ (Giarini & Liedtke 1998, 231).

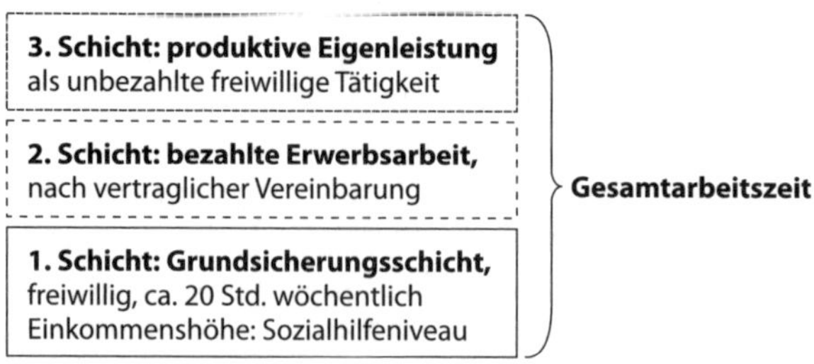

Abb. 31: Das „Drei-Schichten-Arbeitszeitmodell“ (nach Giarini & Liedtke 1998)

Eine solche Entwicklung hatte der Philosoph, Politiker und Unternehmer Friedrich Engels (1820–1895) nicht voraussehen können. In seiner Auseinandersetzung mit sozialkritischen Zeitgenossen um die von ihm und Karl Marx (1818–1883) entwickelte soziale Gesellschafts- und Wirtschaftstheorie träumte Engels von Arbeitsbedingungen innerhalb gesellschaftlicher Verhältnisse, „wo Jeder nicht einen ausschließlichen Kreis der Tätigkeit hat, sondern sich in jedem beliebigen Zweige ausbilden kann, die Gesellschaft die allgemeine Produktion regelt und mir eben dadurch möglich macht, heute dies, morgen jenes zu tun, morgens zu jagen, nachmittags zu fischen, abends Viehzucht zu treiben, nach dem Essen zu kritisieren, wie ich gerade Lust habe, ohne je Jäger, Fischer, Hirt oder Kritiker zu werden" (Marx & Engels 1969, 33).

6.4 „Neue Arbeit": mehr als Erwerbsarbeit

Es gibt im Wesentlichen drei Gründe für die Überlegungen zur Neugestaltung des Arbeitslebens und für seine Humanisierung. Zum einen drängt die gesetzmäßige Krisenhaftigkeit des privat- und erwerbswirtschaftlich organisierten Wirtschaftssystems zu Alternativen: In der Bundesrepublik trat 1975 erstmals seit 1950 wieder eine Massenarbeitslosigkeit von über einer Millionen Menschen auf (1950: 1,9 Mio.; 1975: 1,1 Mio.). Die „stille Reserve" betrug fast 0,5 Millionen Menschen. Das Institut für Arbeitsmarkt- und Berufsforschung wies damals in seinen Statistiken noch die sogenannte stille Reserve aus, den arbeitsuchenden Bevölkerungsteil, der offiziell nicht als arbeitslos registriert war (Bach et al. 1979, 510). Knapp 1,9 Millionen Menschen waren 1990, fünfzehn Jahre später, allein in der „alten" Bundesrepublik arbeitslos, 1,1 Millionen im sogenannten Beitrittsgebiet (Bach et al. 1990, 456). Seither ist die Arbeitslosigkeit nicht mehr unter die 3-Millionengrenze gesunken. Für das Jahr 2010 werden 4 bis 5 Millionen „offizielle" Arbeitslose prognostiziert.

Ein solches Wirtschaftssystem produziert selbst in einem sozialstaatlichen Gemeinwesen wie der Bundesrepublik millionenfach Armut, Obdachlosigkeit und Perspektivlosigkeit bei den abhängig Beschäftigten und ihren Familien, enormen Reichtum bei einer immer kleiner werdenden sozialen Schicht nicht auf Lohnarbeit Angewiesener (vgl. Armuts- und Reichtumsberichte der Bundesregierung, Bundestagsdrucksache 2001, 2005 und 2008). Darum reichen die Konzepte von Bergmann und Werner über die derzeitigen Strukturen in Wirtschaft und Politik weit hinaus. Dadurch haben sie zahlreiche Anknüpfungspunkte mit der wissenschaftlichen Heilpädagogik, ganz besonders bei ihren Kernthemen „Selbstständigkeit", „Selbstverantwortung" und „Freiheit": „So sind die Stichworte ‚Mündigkeit', ‚Selbstverantwortung' und ‚Freiheit' für die Begründung der Heilpädagogik notwendig gewesen – ja sie sind auch heute in diesem Kontext noch relevant und ggf. zu verifizieren" (Greving & Ondracek 2009, 45).

Zum anderen ist es die erwerbswirtschaftliche Form des Wettbewerbs, der im Einzelnen bis zur ruinösen Konkurrenz und im Allgemeinen zur Beseitigung der nicht mehr verwertbaren produzierten Waren führt, auch der Arbeitskraft. Das verlangt eine enorme innerbetriebliche „Arbeitsplatzflexibilität" und „Arbeitsplatzmobilität". Damit ist in diesem Zusammenhang nicht die Fähigkeit und Notwendigkeit der abhängig Beschäftigten gemeint, ihre Arbeitsplätze und ggf. ihren Wohnort zu wechseln, sondern das Verhalten von Unternehmen. Sie müssen außerordentlich flexibel und mobil auf die politischen, wirtschaftlichen und technologischen Entwicklungen und die daraus resultierenden Marktveränderungen reagieren. Dabei setzen sie vor allem vier wirkungsvolle Instrumente ein, um sich den neuen Vermarktungsbedingungen anzupassen: Arbeitsplätze werden kurzfristig abgebaut wie z. B. die 57 234 gemeldeten Stellenstreichungen allein von 53 Unternehmen in Deutschland (FAZ 2009, 14). Arbeitsplätze werden einstweilig ins Ausland verlagert wie die 188 000 aus deutschen Unternehmen mit mehr als 100 Beschäftigten in den Jahren 2001 bis 2006 (DESTATIS 2008). Arbeitsplätze werden umstrukturiert und durch diese Maßnahmen „Schätzungen zufolge [...] in jedem Mitgliedsstaat (der EU, d. Verf.) täglich im Durchschnitt 5000 bis 15 000 Arbeitsplätze geschaffen und vernichtet" (Europäische Kommission 2005). Arbeitsplätze werden in Deutschland neu geschaffen wie die 32 620 allein in 16 beispielhaft genannten Unternehmen (FAZ 2009, 14). Dieses unternehmerische Reaktionsvermögen bedeutet existenzielle Unsicherheit für die Beschäftigten, eine beständige Bedrohung ihrer Lebenssituation.

Schließlich sind es die konkreten Arbeitsvorgänge und Arbeitstätigkeiten, die Gegenstand der Humanisierung der Arbeitswelt sind, weil in der Erwerbswirtschaft andere Ziele den Vorrang haben vor der Qualität der Arbeitsplatzkultur, vor allem beim Arbeitsvorgang und der Arbeitstätigkeit. So stehen z. B. menschenwürdige Arbeitsbedingungen, menschlicher Tatendrang und Arbeitsfreude hinter dem Gewinn- oder Rentabilitätsstreben, Umsatz- und Wirtschaftlichkeitsstreben zurück (Gabler 2009). Um die Arbeitsplatzkultur in der deutschen Wirtschaft zu verbessern, will die Bundesregierung bis zum Jahr 2015 die Unternehmen mit rund 3,5 Milliarden Euro aus Mitteln des Europäischen Sozialfonds fördern (BMAS 2008). Franz Müntefering, Bundesminister für Arbeit und Soziales (BMAS) von 2005 bis 2007, erinnerte kurz vor seiner Demission die Betriebe an die Bedeutung des Faktors Arbeitsplatzkultur. Für diesen Begriff wird synonym der Ausdruck „Arbeitsqualität" verwandt, der nicht das Arbeitsergebnis meint: „Die Qualität der Arbeit bestimmt über Motivation und Leistungsfähigkeit der Mitarbeiterinnen und Mitarbeiter" (BMAS 2007, 6). Der Bundesminister publizierte einige wesentliche Maßstäbe zur Beurteilung der Struktur- und Prozessqualität des Arbeitsvorgangs: „Arbeit individuell gestalten [...], das Individuum achten und nutzen [...], moderne Technologien zulassen [...], Kommunikation als bedeutend identifizieren [...], selbstverantwortliche Weiterbildung" ermöglichen (BMAS 2007, 4). Als ebenso wichtige Qualitätsmaßstäbe für die erwerbswirtschaftliche Arbeit sah das BMAS faire Löhne, die Gesundheit der Beschäftigten, rechtlich gesicherte Mitspracherechte, Bildung und die Schaffung eines Freiraums für die

Familienplanung, gute Arbeitsbedingungen, „Arbeitsschutz – also die Wahrung der Gesundheit der Mitarbeiterinnen und Mitarbeiter, Arbeit darf nicht krank machen. Augen, Ohren, Rücken, aber auch die Psyche der Beschäftigten müssen vor schädigenden Belastungen bewahrt bleiben. Nur gesunde Arbeitnehmerinnen und Arbeitnehmer fühlen sich wohl und sind produktiv. Durch Mitbestimmung und Arbeitnehmerrechte fühlen sich Mitarbeiter sicherer und motivierter“ (BMAS 2007, 2).

Solche Maßstäbe fehlen im groß angelegten Forschungsprojekt des Bundesarbeitsministeriums, dessen fast 260-seitiger Abschlussbericht im Jahr 2005 vorgelegt worden war. Dieses Projekt, das „Unternehmenskultur, Arbeitsqualität und Mitarbeiterengagement in den Unternehmen in Deutschland“ (Hauser, Schubert & Aicher 2005) untersucht hatte, stützte sich auf Befragungsergebnisse von mehr als 35 000 Beschäftigten aus über 300 Betrieben über deren Arbeitszufriedenheit. Die genauen Daten über die vier verschiedenen Grade der Unzufriedenheit wurden allerdings nicht publiziert, sondern nur die positiven Zufriedenheitswerte: „Völlig zufrieden“ waren 6 %, „sehr zufrieden“ waren 31 % und „ziemlich zufrieden“ waren 40 %. Allerdings macht der Bericht auf zwei bemerkenswerte Aspekte aufmerksam: „Die Betrachtung der Arbeitszufriedenheit gegenüber der Situation von 2001 ergibt, dass auch hier eine Veränderung stattgefunden hat: Zwar ist der Anteil der Beschäftigten, die insgesamt zufrieden sind, etwa gleich geblieben, der Anteil der besonders zufriedenen Beschäftigten (‚völlig zufrieden‘) ist aber um etwa 10 Prozentpunkte gesunken. Kurz: Auch wenn keine generelle Zunahme der Unzufriedenheit festgestellt werden kann, hat das relative Niveau der Arbeitszufriedenheit doch erkennbar abgenommen. [. . .] Die akut Unzufriedenen weisen einen leicht erhöhten Anteil an Akademikern auf (26 %) und sind im Durchschnitt etwas jünger; 49 % sind jünger als 40 Jahre“ (Hauser, Schubert & Aicher 2005, 23, 117).

„Neue Arbeit“, nicht im Sinne von Bergmann oder des Club of Rome, muss im weitesten Sinne sowohl emanzipativ als auch persönlichkeitsfördernd sein. Emanzipativ ist die Arbeit, wenn sie weitgehend frei von Bevormundung, Unterordnung und Willfährigkeit ist, Selbstständigkeit und Selbstverantwortung verlangt und fördert. Persönlichkeitsfördernd ist die Arbeit, wenn sich durch sie die arbeitende Person weiterentwickeln kann.

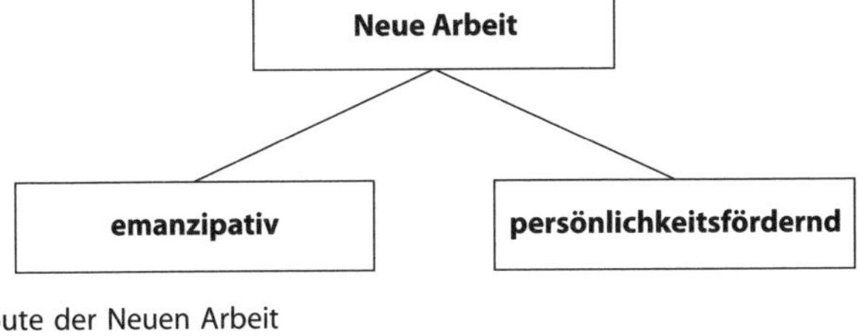

Abb. 32: Attribute der Neuen Arbeit

Das verlangt eine menschenwürdige Arbeitstätigkeit innerhalb eines human gestalteten Arbeitsvorganges und setzt die Entwicklung, weitere Entfaltung und die Bereitschaft zur fortwährenden Gestaltung eines humanen Arbeitslebens voraus. Eine zentrale Rolle spielt dabei die Ergonomie, die interdisziplinäre Wissenschaft mit ihren vielfältigen Verbindungen zu den Ingenieur- und Humanwissenschaften. Die Heilpädagogik ist daran entscheidend beteiligt. Die Ergonomie will dem Menschen angemessene Arbeitsbedingungen schaffen und das Arbeitssystem human gestalten. Die Heilpädagogik beansprucht, sich die Dynamik dieser Entwicklung zunutze zu machen, diesen strukturellen und individuellen Anpassungsprozess mit ihren pädagogischen Instrumenten zu begleiten, mitzugestalten und voranzubringen. Sie muss aber noch einen Schritt weitergehen: Der Arbeitsvorgang mit seinen Arbeitsgegenständen und Arbeitsmitteln muss die Fähigkeiten und Fertigkeiten jeder einzelnen Person erweitern. Folglich müssen im Arbeitsvorgang die Talente des Einzelnen wachsen, die fachlichen wie die kognitiven. Es gibt wenig Bereiche in der Arbeitswelt, in denen dieser Anspruch ausdrücklich formuliert und als Konzeption verpflichtend ist. Dazu gehören die Produktionsschulen (vgl. Bojanowski u.a. 2005) und die im geltenden Recht als Werkstätten für behinderte Menschen bezeichneten Einrichtungen (§ 136 SGB IX) des gemeinnützig organisierten Arbeitslebens.

6.5 Werkstattarbeit: ein Schwerpunkt der Heilpädagogik

Die Wirtschaft gehört zu den Betätigungsfeldern der Heilpädagogik. Diesem Selbstverständnis fehlt es nach wie vor an praktischen Beweisen und Ergebnissen.

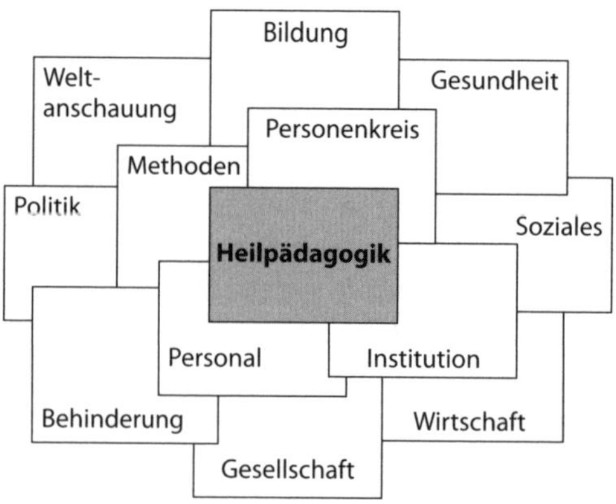

Abb. 33: Aspekte der Heilpädagogik und ihre Kontexte (Bürli 2002. Mit freundlicher Genehmigung der Stiftung Schweizer Zentrum für Heil- und Sonderpädagogik, Bern)

Aber nicht nur der erwerbswirtschaftliche Sektor des Arbeitslebens, auch der gemeinnützige ist heilpädagogisches Handlungsfeld. Vor allem in diesem Bereich existieren Institutionen, die als Marktteilnehmer mit dem Anspruch angetreten sind, ihre Arbeitswelt völlig anders als die übliche Erwerbswirtschaft zu organisieren und mit humanen Inhalten auszugestalten – die Werkstätten für behinderte Menschen (im Weiteren kurz Werkstatt oder Werkstätten). Wilfried Windmöller, Vorsitzender ihrer Bundesarbeitsgemeinschaft von 1976 bis 1984 und Befürworter der Bezeichnung „Werkstätten zur Arbeits- und Berufsförderung", hatte das Ziel beschrieben, das man ursprünglich erreichen wollte: „In den Werkstätten sollte sich eine neue Arbeit durchsetzen, eine Arbeit, die eng mit Bildung, Entwicklung und Freude verbunden ist, eine Arbeit als Mittel zum Zwecke der Persönlichkeitsförderung. Es sollte eine neue Gemeinschaft entstehen, die sich von den althergebrachten Hierarchien und Zwängen lösen darf und kann, die den Nächsten nicht nach einem sozialen oder wirtschaftlichen Wert misst, der aus seiner Arbeitsfähigkeit und Arbeitsleistung resultiert. Der neue, der humanistische Maßstab war die Akzeptanz der Ungleichheit aller und der gleichzeitige Respekt vor der gleichen Menschenwürde eines jeden einzelnen. Christlich ausgedrückt: Vor Gott sind alle Menschen ebenbildlich. Sowohl die christliche als auch die humanistische Ethik verpflichten im Alltag nicht nur zur Unantastbarkeit der Würde eines jeden, sondern auch zu seiner Einbeziehung in die Gemeinschaft. Das Gegenteil wäre soziale Isolation, eine unterschwellige Form nicht nur der Abhängigkeit, sondern der sozialen Vernichtung. In den Werkstätten wollten wir eine konstruktive Gegenwelt verwirklichen, einen Lebensraum schaffen, der diesen Namen verdient" (Windmöller 2005, 7).

Mit den vom Deutschen Bundestag beschlossenen Grundsätzen zur Konzeption der Werkstätten (BT-Dr. 7/3999 vom 1975) hatte ihnen der Staat die Chance gegeben, das Ziel zu erreichen, durch „neue Arbeit" eine neue Arbeitswelt zu schaffen. Besonders in vier von acht werkstattbezogenen Grundsätzen hatte der Souverän einen solchen Werkstattzweck verpflichtend gemacht und damit die politischen Rahmenbedingungen dafür geschaffen. Im Duktus der 1970er-Jahre, wenn auch betriebswirtschaftlich nicht ganz korrekt, formulierte er:

„1. Die Werkstatt für Behinderte ist eine Einrichtung der beruflichen Rehabilitation und hat als solche neben den übrigen beruflichen Rehabilitationseinrichtungen eine spezifische Aufgabe zu erfüllen, nämlich denjenigen Behinderten, die auf dem allgemeinen Arbeitsmarkt keinen Arbeitsplatz finden können, eine berufliche Eingliederung zu ermöglichen und ihr Recht auf Arbeit zu verwirklichen.

2. Es gilt der Grundsatz der einheitlichen Werkstatt, der ein Nebeneinander von Werkstätten mit leistungsfähigen und solchen mit weniger leistungsfähigen Behinderten ausschließt. [...]

6. Die Ausstattung mit begleitenden Diensten, die auf die jeweiligen Bedürfnisse der beschäftigten Behinderten am Arbeitsplatz abgestellt sind, ist ein selbstverständlicher Bestandteil der Werkstatt.

7. Die Werkstatt soll so weit wie möglich wirtschaftliche Arbeitsergebnisse anstreben und einen Teil der Kosten durch Erträge selbst aufbringen. [...]" (BT-Dr. 7/3999 1975)

Am gemeinwirtschaftlichen Charakter der Werkstätten besteht bei ihrer Mehrheit kein Zweifel. Als Teil der Volkswirtschaft streben sie keine Gewinnmaximierung an, sondern erfüllen übergeordnete gesellschaftliche Ziele. Dem entsprechen die drei Prinzipien, die ihren prägenden Charakter ausmachen: Erstens das *gemeinwirtschaftliche Prinzip*, für einen gesetzlich eindeutig definierten Bevölkerungsteil (vgl. §§ 136, 137 SGB IX) den volkswirtschaftlichen Bedarf an Plätzen zur sinnvollen und Werte schaffenden Arbeit zu decken. Das können sie nur durch öffentliche Finanzierung verwirklichen. Zweitens das *Prinzip der Gemeinnützigkeit*, das sie zur Wahrnehmung gesellschaftlicher Aufgaben, zur Wahrung daraus resultierender gesellschaftlicher Interessen und zur Nachhaltigkeit verpflichtet. Drittens das *Prinzip des Gemeinwohls*, das in diesem Zusammenhang den Nutzen der sozialen Gemeinschaft über den betriebswirtschaftlichen Nutzen stellt. Mehr als die anderen beiden Prinzipien ist das Gemeinwohlprinzip zu Recht ständiger Streitgegenstand, weil die Werkstätten wie jede Institution Gefahr laufen, sich selbst a priori als gemeinwohlorientiert darzustellen und dabei die individuellen Bedürfnisse und Interessen der Beschäftigten vernachlässigt werden könnten. Diese strukturbedingte Schwäche auszugleichen, kann durch konsultative Kommunikation mit den Beschäftigten verringert werden (vgl. auch Habermas 1983). Dafür fehlte es in den ersten Entwicklungsphasen der Werkstätten bis Mitte der 1990er-Jahre an den weltanschaulichen, finanziellen und fachlichen Voraussetzungen. Darum ist bei der Personalausstattung der Werkstätten die Verbindung von volks- und betriebswirtschaftlichen, arbeitswissenschaftlichen und pädagogischen Kompetenzen, eben auch heilpädagogischen, so entscheidend.

Die Devise „Im Mittelpunkt steht der Mensch" ist weit verbreitet und wird geradezu inflationär benutzt. In den Werkstätten könnte sie durch die Heilpädagogik inhaltlich gefüllt werden. Denn im Mittelpunkt der Werkstattarbeit steht nicht ein x-beliebiger, sondern der Mensch mit seinen besonderen körperlichen, kognitiven und psychischen Eigenheiten, deretwegen er auf persönlich angepasste Arbeitsbedingungen am Arbeitsplatz und auf ein humanes Arbeitsleben angewiesen ist. Sein inzwischen unbestrittener Anspruch, gleichberechtigt und solidarisch in die demokratische Gemeinschaft einbezogen zu werden, muss sich in den konkreten und planmäßigen Werkstattleistungen widerspiegeln, die für ihn und mit ihm erbracht werden. Daraus resultiert die zentrale werkstatttypische Verpflichtung, die Arbeit und das gesamte Arbeitsleben den individuellen Bedürfnissen so anzupassen, dass zur Entwicklung der Leistungsfähigkeit gleichrangig die persönlichen Lern- und Entwicklungserfolge gehören. Damit öffnet sich der Pädagogik, insbesondere der Heilpädagogik, in der Werkstatt ein enormes Arbeitsfeld, das schon beim sozialen Grundbedürfnis des Menschen beginnt – seinem Anspruch auf Kontakt und Einbeziehung:

- Das Informations- und Kommunikationswesen muss alle und jeden einzelnen Beschäftigten erreichen und einbeziehen, gerade diejenigen ohne Sprach-, Lese- und Schreibfähigkeiten. Es muss zu einem *Konsultationssystem* werden.
- Das Beteiligungs-, Mitwirkungs- und Mitbestimmungswesen muss den gleichberechtigten Dialog zwischen allen am Arbeitsprozess Beteiligten und die Übernahme von Mitverantwortung ermöglichen. Es muss zu einem *Partizipationssystem* werden.
- Das System der beruflichen Bildung und das werkstattinterne Eingliederungsmanagement zum allgemeinen Arbeitsmarkt oder auf dessen Vorfeld müssen den gleichen Teilhabegrundsätzen entsprechen, wie sie für die Werkstattarbeit gelten. Nur so können Verfahren eine konsequente Emanzipierung der Betroffenen unterstützen. Es muss zu einem *Emanzipationssystem* werden.

Abb. 34: Anforderungen an das Arbeitsleben

Das Fundament eines solchen Arbeitslebens in den Werkstätten ist die bewusst und planmäßig vorbereitete, individuell angepasste, pädagogisch und wirtschaftlich sinnvolle Arbeit, bereits während der beruflichen Bildung im Berufsbildungsbereich und im Anschluss daran im Arbeitsbereich. Eine solche Arbeit ist das Resultat eng miteinander verknüpfter Kompetenzen der Werkstattfachleute – ergonomischer, pädagogischer, psychologischer, therapeutischer und ökonomischer. Das gemeinsame Ziel ist es, Selbstbewusstsein, Selbstsicherheit, Selbstständigkeit und Selbstverantwortung der Beschäftigten zu entwickeln, zu stärken und sich im Arbeitsleben ausdrücken, bewähren und weiterentwickeln zu lassen. Etliche Werkstätten sind auf diesem Wege.

Abb. 35: Aladdin Detlefsen, Werkstatt Bremen, Betriebsstätte Westerdeich (Foto: Werkstatt Bremen)

6.6 „Neue Arbeit" in Werkstätten: Werkstättenrecht und Heilpädagogik als Fundamente

„Arbeit ist zugleich Mittel und Zweck [. . .] der Erziehung", erläutern die Autoren der Enzyklopädie des Erziehungswesens von 1859 ihrer Leserschaft (Schmid 1859, 225). „Kein religiöses, kein sittliches Leben ist denkbar ohne Arbeit; kaum das physische, vegetative; nichts thun heißt nichts sein. [. . .] Wird nun für das Leben erzogen, so muss auch zur Arbeit erzogen werden." Dabei gilt die Regel, dass zwar „die Kraft der Schwächsten zum Maßstab" gemacht werden soll, aber dem „Stärkeren in gleicher Zeit das Maß der Aufgabe" zu erhöhen ist. Es gilt obendrein, „je und je bis zur

Erschöpfung arbeiten zu lassen", denn das „ist durch den Zweck der Erziehung, welche für das Leben erziehen soll, gerathen" (Schmid 1859, 227). Auch Werkstätten ist diese Einstellung noch aus ihrer früheren Entwicklungszeit geläufig.

Die Auffassung „nichts tun heißt nichts sein" war das pädagogische Fundament nicht erst seit dem 19. Jahrhundert. Selbst zur Sisyphosarbeit wird geraten, schütze noch so sinnlose Arbeit doch vor Versklavung besonderer Art: „Das zur Arbeit nicht angeführte [...] Kind wächst zu einem unglücklichen Menschen heran, [...] es wird seine Pflichten nicht erfüllen und Sklave der Leidenschaften werden. Die Langeweile wird es plagen, der Müßiggang wird es lasterhaft und unglücklich machen; allgemeine Verachtung wird sein Loos seyn. Also früh, sehr früh müssen Kinder [...] für das Vergnügen, welches die Arbeitsamkeit gewähret, empfänglich gemacht werden. Keine Stunde des Tages soll das Kind müßig zubringen, und sollte es auch weiter nichts thun, als Steine aus dem Hofe in das obere Stockwerk und wieder herab tragen" (Wenzel 1797, 45). Diese Art der Arbeit, Sisyphosarbeit, hat sich in der Volkswirtschaft als *Sisyphismus* einen Namen gemacht: Arbeit um ihrer selbst Willen, ungeachtet ihres wirtschaftlichen Ergebnisses.

Die rigide Auffassung, dass Arbeit an sich schon pädagogisch wertvoll wäre, gehörte im 19. Jahrhundert zu den Grundüberzeugungen in den Anstalten und ist bis heute nicht überwunden. Sie hat auch vor den Werkstätten keinen Halt gemacht. Sisyphismus ist folglich den Werkstätten nicht fremd: In wirtschaftlichen Krisenjahren, z. B. zwischen 1991 und 1994 wie zwischen 2001 und 2003, gingen in nicht wenigen Werkstätten die Aufträge aus der Erwerbswirtschaft zeitweilig und deutlich zurück. Strukturveränderungen in der Wirtschaft, Verlagerung von Aufträgen und Arbeitsplätzen in Niedriglohnländer und ökologisch begründete Entscheidungen führten immer wieder zu Auftragsrückgängen. Lohn- und Auftragsfertigung, darunter vor allem Konfektionierungsarbeiten wie etwa Abwiegen, Einschweißen, Einzählen, Montieren, Verpacken und Schrumpfen, machen bundesweit den überwiegenden Anteil des Werkstattumsatzes aus: sechzig und mehr Prozent. Weil Kurzarbeit oder Entlassungen wie in der Privatwirtschaft werkstattfremd sind, suchten die Einrichtungen bis zum Ausgleich des Auftragsausfalls vor allem für die besonders schwer behinderten Beschäftigten, wie es heißt, nach einer Zeit füllenden einfachen Betätigung. Wenn es keine neuen „einfachen" Aufträge gab, wurden auch schon mal die bereits erledigten hergenommen. Es kam vor, dass z. B. nach Art und Größe sortierte und eingezählte Schrauben und Muttern wieder zusammengemischt und den Beschäftigten erneut zur Auslese vorgesetzt wurden.

Diese Art von Sisyphosarbeit vernachlässigt nicht nur den wirtschaftlichen Faktor, sondern in den Werkstätten vor allem den pädagogischen und ethischen: Eine solche Arbeit dient vorzugsweise dazu, Zeit totzuschlagen. Diese Arbeitsaufträge, ein Notbehelf für die Fachkräfte in Ausnahmesituationen, sind als Scheinarbeit ein böses Gaukelspiel, weil weder die schon vollbrachte Arbeitsleistung noch das bereits erzielte Arbeitsergebnis anerkannt werden. Arbeit in dieser Form hat nur noch disziplinierenden, im Kern sogar nichtsnutzigen Charakter und verliert ihren förderlichen. Sie verletzt die Menschenwürde.

Die Suche nach „einfachen“ Arbeiten ist nicht nur für Werkstätten typisch. „Auch Berufsberater und Jobvermittler bedauern, dass insbesondere für bildungsbedürftige und verhaltensauffällige Menschen geeignete einfache Tätigkeiten fehlen. Diese Auffassung lässt sich in dem schlichten Satz zusammenfassen: ‚Einfache Arbeit für einfache Menschen.‘ Was Werkstattfachleute eigentlich davon halten sollen, wird schlagartig deutlich, wenn in diesem Slogan statt des deutschen Wortes das lateinische Lehnwort benutzt wird: ‚primitive Arbeit für primitive Menschen.‘ Dahinter steht das Menschenbild der Kolonialzeit. Ganze Völker wurden mit diesem Attribut herabgesetzt: Primitive. Sie leisteten primitive Arbeit, Arbeit für Banausen. Für sie galt primitive Arbeit geradezu als einzig angemessene. Das hat eine lange abendländische Tradition, die bis zu den antiken Griechen reicht. Auf der Suche nach einfacher, nach primitiver Arbeit sucht man eigentlich nach einer geeigneten Tätigkeit für einfache, für primitive Menschen. Das kollidiert mit einer humanistischen Arbeitsethik. Mit Arbeitswissenschaft, Arbeitspädagogik und professioneller Arbeitsorganisation hat das nichts zu tun. Es entlastet vielmehr die verantwortlichen Fachkräfte, ihr Können zu beweisen und zu entwickeln, um komplizierte oder komplexe Arbeiten dem Menschen adäquat anzupassen. Eigentlich sollen sie doch für Menschen mit besonderem Bildungs-, Förder- und Motivationsbedarf im Arbeitsleben in jeder Arbeit einen individuell nutzbringenden Anteil herausfinden und ihn in einem arbeitsbezogenen Bildungsprozess an die Arbeitenden vermitteln“ (Springmann 2008).

Das ist der Anspruch der arbeitswissenschaftlich kompetenten Einrichtungsleitungen. Die Wirklichkeit ist vielfach genügsamer: „In der Kosmetikindustrie oder in der Produktion anderer Massenwaren wird aber trotz des Einsatzes großer Verpackungsmaschinen auf lange Sicht noch ausreichend Handarbeit für die Werkstätten anfallen. [. . .] Die Rüstzeiten für solche Maschinen sind [. . .] so hoch, dass sich eine Umrüstung z. B. für 300 000 Teile für das Weihnachtsgeschäft gar nicht lohnt. Auch die Anschaffung einer Spezialmaschine rentiert sich [. . .] nicht. Solche Spezialaufträge bieten hervorragende Möglichkeiten für Werkstätten“ (Asche & Hildebrandt 2009, 38). Die Suche nach förderlichen Inhalten in der konkreten Arbeit unterbleibt, wenn der Arbeitsauftrag und der Arbeitsvorgang so weit taylorisiert worden sind, dass es nur noch einfachste Handgriffe erfordert, um das gewünschte Arbeitsergebnis zu erreichen.

Die enge Verbindung von Arbeiten und Lernen, wie sie die Produktionsschulen für sich beanspruchen (Gentner 2008, 186), kann unter diesen Umständen nicht stattfinden. Eine Arbeitskultur, an die hohe Ansprüche gestellt und in der „neue Arbeit“ möglich wird, kann sich nicht entwickeln: „Arbeitskultur geht über eine ästhetisch-funktionale Neugestaltung des Arbeitslebens hinaus und bezieht neben der Arbeitsumwelt, also der Arbeitsplatzgestaltung und der Arbeitssicherheit, die Arbeitsinhalte und damit beispielsweise den Abbau von Arbeitsmonotonie und die Arbeitsbeziehungen [. . .] sowie die Arbeitsmittel mit den Problemen der Technisierung und Rationalisierung mit ein“ (zit. n. Markmann & Gillen, 1988). Jede noch so fortschrittliche Form der industriellen Arbeitsorganisation erfordert die Einordnung des einzelnen unter die vorgegebenen Arbeitsstrukturen und in die festgelegten Arbeitsabläufe. Das gilt für Fließbandarbeit nicht anders als für Gruppen- oder Teamarbeit. Die Gruppendynamik unterliegt dem Produktionsziel, wird von ihm bestimmt und ist nicht vorrangig Ausdruck individueller Interaktionen. Industrielle Arbeit galt und gilt infolgedessen als disziplinierende Schule der Nation, ähnlich dem Militär (Brozat u.a. 1977, 199). Dass Arbeit erzieht, in ganz besonderer Weise die industriell organisierte, ist eine Binsenwahrheit. Nichts anderes gilt für die in Werkstätten geleistete Arbeit. Entscheidend ist, ob Werkstattarbeit als eine „neue Arbeit" gestaltet werden und sich etablieren kann, mit neuen Zielen, Inhalten und Methoden.

Für die Einbeziehung von Menschen in das Erwerbsleben, die wegen ihrer besonderen körperlichen, kognitiven oder psychischen Eigenschaften einen speziellen Unterstützungsbedarf haben, hat die Bundesregierung in jüngerer Zeit weitere Eingliederungsinstrumente geschaffen: Integrationsfirmen und Arbeitsassistenz im Jahr 2000, Integrationsfachdienste im Jahr 2001, Unterstützte Beschäftigung im Jahr 2008 und seit 2009 auch dauerhaft in Betrieben der Erwerbswirtschaft ausgelagerte Arbeitsplätze der Werkstätten. Der Deutsche Bundestag hob in seinem Beschluss über Unterstützte Beschäftigung hervor, dass dieses neue Instrumentarium notwendig wurde, damit „eine Beschäftigung in Werkstätten für behinderte Menschen ausschließlich jenen Personen" vorbehalten bleibt, „die aus behinderungsbedingten Gründen nur dort am Arbeitsleben teilhaben können" (BT-Dr. 16/10 487 2008, 2). Dadurch machte der Bundestag erneut deutlich, dass das Arbeitsleben in den Werkstätten etwas anderes ist als abhängige Arbeit in der Erwerbswirtschaft oder in Einrichtungen, die wie die Integrationsfirmen ein „entschärfter" Teil der Erwerbswirtschaft sind. Die gravierenden Unterschiede, die zu tiefgreifenden Konsequenzen für die Werkstattarbeit führen müssen, hat der Gesetzgeber in vier Merkmalen festgelegt:

1) Menschen mit solchen körperlichen, kognitiven oder psychischen Eigenschaften, dass sich ihnen die Erwerbswirtschaft verschließt, sollen dennoch Werte schaffend tätig sein können. Dafür müssen sie verlässlich zwei Bedingungen erfüllen: Sie dürfen sich oder andere nicht gesundheitlich gefährden und müssen nach geeigneter Förderung wenigstens ein Mindestmaß wirtschaftlich verwertbarer Arbeitsleistung erbringen (§ 136 Abs. 2 SGB IX).
2) Diese Menschen, die trotz individueller Betreuung, Förderung und begleitender Unterstützung nicht im Erwerbsleben tätig sein können, haben Anspruch auf einen Werkstattplatz, wenn ein Fachgremium das empfiehlt und ein öffentlicher Kostenträger zustimmt (§§ 39, 41 und 136 SGB IX, § 54 SGB XII, § 2 Abs. 2 WVO).
3) Werkstätten sind vor allem dazu verpflichtet, ihre gesamten Kompetenzen auf diese Personengruppen zu richten und alle ihre Fähigkeiten als fachkundige Institutionen den in ihnen Tätigen zugute kommen zu lassen. Dazu gehört besonders die Pflicht zu individuellen, differenzierten Leistungen der Werkstattfachkräfte (§ 1 Abs. 2 WVO), zu einer Leistungsbeschreibung in einem Eingliederungsplan (§ 3 Abs. 1 WVO), zu Förderempfehlungen (§ 3 Abs. 4 WVO), zu

persönlichkeitsfördernden Berufsbildungsmaßnahmen (§ 4 WVO) und zu individuellen Förderleistungen im Arbeitsleben der Werkstatt (§§ 5 und 9 WVO).

4) Werkstätten sind nicht verpflichtet, vor allem wirtschaftliche Arbeitsergebnisse zu erzielen, wohl aber, „die besonderen Bedürfnisse der behinderten Menschen soweit wie möglich zu berücksichtigen, um sie [sic!] in die Lage zu versetzen, wirtschaftlich verwertbare Arbeitsleistungen zu erbringen" (§ 5 Abs. 2 WVO). Dafür müssen die Werkstätten die Arbeitsabläufe und Arbeitsplätze entsprechend gestalten (§ 5 Abs. 2 WVO).

Ein innerhalb und außerhalb der Werkstätten weit verbreitetes Missverständnis ist die angebliche rechtliche Vorschrift, sich erfolgreich wirtschaftlich betätigen zu müssen. Das wird von etlichen Werkstattleitungen als Verpflichtung verstanden, so erwerbswirtschaftlich wie möglich zu agieren. Daraus entsteht der als unlösbar erscheinende Konflikt „Produktion kontra Pädagogik". Da diesen Konflikt vor allem die sozialpädagogischen und sozialarbeiterischen Fachkräfte formulieren, wird er von den betriebswirtschaftlich orientierten Fachleuten oft als „Pädagogisierung" übergangen oder zurückgewiesen. Deshalb haben sich viele Werkstätten schon früh in ihrer Geschichte als verlängerte Werkbänke der Industrie verstanden, in der die Produktion überwiegend erwerbswirtschaftliche Merkmale aufweist und de facto den Vorrang vor allen anderen Aufgaben erhält. Im geltenden Recht findet sich zur wirtschaftlichen Verpflichtung der Werkstätten tatsächlich eine Muss-Bestimmung. Die ordnet sich indes der Pflichtleistung der Werkstätten zugunsten ihrer Beschäftigten unter: „Die Werkstatt muss wirtschaftliche Arbeitsergebnisse *anstreben*, um an die im Arbeitsbereich beschäftigten behinderten Menschen ein ihrer Leistung angemessenes *Arbeitsentgelt* [...] zahlen zu können" (§ 12 Abs. 3 WVO).

Aufgabe der Werkstätten war es seit ihrer ersten gesetzlichen Begriffsbestimmung im Schwerbehindertengesetz von 1974, Menschen, „die wegen Art oder Schwere der Behinderung nicht, noch nicht oder noch nicht wieder auf dem allgemeinen Arbeitsmarkt tätig sein können, einen Arbeitsplatz oder Gelegenheit zur Ausübung einer geeigneten Tätigkeit" zu geben (§ 52 Abs. 1 SchwbG a. F.). Diesem Bevölkerungsteil haben es die Werkstätten zu ermöglichen, wirtschaftlich verwertbare Arbeitsergebnisse zu erbringen, ohne irgendeinen Produktivitätsmaßstab zugrunde zu legen. In diesem Prozess sollen die Beschäftigten ihre individuelle Leistungsfähigkeit und zugleich ihre Persönlichkeit weiterentwickeln können (§ 41 Abs. 2 Nr. 2 SGB IX, § 5 Abs. 3 WVO). Dieser fachlichen Anforderung an eine andere Art der Arbeit in den Werkstätten ging eine jahrzehntelange Auseinandersetzung und Entwicklung voraus, die bis heute nicht abgeschlossen sind. Gesetzgeber und das damalige Bundesministerium für Arbeit und Sozialordnung nahmen damals wesentlichen Einfluss auf die drei Werkstattvorläufer: Die kirchlichen Anstalten, die in den 1960er-Jahren vor allem von Eltern initiierten „Anlernwerkstätten" und die späteren „Beschützenden Werkstätten" (Lebenshilfe 1959) wurden ab 1974 gesetzlich auf die Erfüllung von fünf grundlegenden Rechtsnormen verpflichtet (vgl. §§ 52 ff. SchwbG 1974):

1) Arbeitsplätze sollen angeboten, dem besonders schwer behinderten Teil der Leistungsberechtigen zumindest Gelegenheit zur Ausübung einer geeigneten Tätigkeit gegeben werden. Diese Angebote sollen dazu dienen, die Leistungsfähigkeit der Beschäftigten zu entwickeln, zu erhöhen oder wiederzugewinnen.
2) Ein möglichst breites Angebot an Arbeitsplätzen soll zur Verfügung stehen, also ein abwechslungsreiches und vielfältiges.
3) Zusätzlich zu den Arbeitsplätzen und weiteren Möglichkeiten zur Ausübung einer geeigneten Tätigkeit sollen Plätze für ein „Arbeitstraining“ vorhanden sein, also Plätze zur Vorbereitung auf die Arbeit, zu Übungs- und Schulungszwecken. Eine differenzierte berufliche Bildung war gesetzlich zunächst nicht vorgesehen. Sie wurde von vielen Werkstattleitungen lange Zeit auch nicht für möglich oder nötig gehalten.
4) Eine besondere Personalausstattung mit „begleitenden Diensten“ wurde vorgesehen. Bei dieser Vorschrift wurden seit 1980 sozialpädagogische und sozialarbeiterische Fachleute bevorzugt und nicht vorrangig arbeitswissenschaftlich qualifizierte, pädagogische, psychologische oder therapeutische Dienste. Es waren etliche Bundesländer im Bundesrat, die das gesetzgeberische Konzept aus Kostengründen weiter verwässert und einen völlig unzureichenden Personalschlüssel verlangt hatten.
5) Die Zahlung eines Arbeitsentgeltes an die Beschäftigten wurde in den frühen Rechtsnormen zwar noch nicht verbindlich vorgeschrieben, war aber zumindest schon als anzustrebendes Ziel vorgegeben.

Das Neue im Schwerbehindertengesetz war u. a., dass die Werkstätten nicht einfach nur weniger produktive Erwerbsbetriebe für leistungsgeminderte Beschäftigte sein sollten, sondern ein völlig neuer Einrichtungstypus, in dem sich Arbeit, Bildung und Persönlichkeitsförderung zu einer bislang nicht bekannten Art von neuer Arbeit vereinen. Doch konnte sich dieses weitreichende Ziel in vielen Werkstätten nicht durchsetzen. Tradierte Arbeitsauffassungen konnten nicht überwunden werden. Begriffe wie „Bildungsunfähigkeit“ und „Gemeinschaftsunfähigkeit“ wurden zwar nach und nach verpönt, blieben aber vielerorts praxisrelevant.

Zudem bestand der Deutsche Bundestag selbst zu lange auf der historisch diskreditierten „Gemeinschaftsfähigkeit“ als Aufnahmekriterium in die Werkstatt: Er legte in seiner Werkstattkonzeption von 1974 fest: „Es ist zu verlangen, dass die Behinderten [...] gemeinschaftsfähig [...] sind“ (BT-Dr. 7/3999 1975). Im Werkstättenrecht galt das Kriterium der „Gemeinschaftsfähigkeit“ bis 1996 und gehörte durchaus zur Umgangssprache von Werkstattfachleuten. So ist es nicht verwunderlich, wenn sich darüber hinausgehende oder im Widerspruch dazu stehende Auffassungen, etwa nach gleichberechtigter Teilhabe, erst im Verlauf von Jahrzehnten durchsetzen konnten.

Der Gesetzgeber hat das Werkstättenrecht immer wieder den Entwicklungen angepasst und sich in den vergangenen zwanzig Jahren dabei auf Vorschläge aus dem besonders radikal denkenden Kreis der Werkstattexperten gestützt. Das Neunte Buch im Sozialgesetzbuch (SGB IX) von 2001 mit seinen Rechtsverordnungen war der vorläufige Höhepunkt dieser Emanzipationsentwicklung. Diese Rechtsgrundlage macht deutlich, dass die Institutionen des erwerbswirtschaftlichen Arbeitslebens einerseits und die des gemeinwirtschaftlich orientierten Arbeitslebens der Werkstätten andererseits zwei entgegengesetzte Pole der Arbeitswelt bilden. Bei aller äußerlichen Ähnlichkeit und ihrer Marktabhängigkeit steht die Werkstattarbeit als wohlverstandene neue Art der Arbeit in einem inhaltlichen Gegensatz zur abhängig zu leistenden Erwerbsarbeit.

6.7 Neue Arbeit als Förderinstrument: neue Inhalte, neue Gestalt, neue Kultur

Arbeit in den Werkstätten ist nicht schon deshalb eine neue Arbeit und damit förderliche *Werkstattarbeit*, weil sie in ihren Räumen geleistet wird. Weiter verbreitet als eine neue Arbeit ist in den Werkstätten immer noch eine bloß entschärfte und entschleunigte Form der in der allgemeinen Wirtschaft üblichen Erwerbsarbeit. Doch selbst das ist eine Umformung der herkömmlichen abhängigen Arbeit. Selbst dieser Ansatz einer Arbeitsreform hat beträchtliche positive Wirkungen für die Beschäftigten. Nach wie vor sind deshalb tayloristische Strukturen der Arbeitsabläufe weit verbreitet: Teilung der Arbeit in möglichst kleine und einfache Tätigkeiten statt mehrteilige und abwechslungsreiche Arbeitshandlungen, Trennung von geistiger und körperlicher, von kognitiver und handwerklicher Arbeit, Kontrolle statt Mit- oder Selbstverantwortung.

Da sich die wissenschaftlichen Voraussetzungen und fachlichen Kenntnisse für eine grundlegende Humanisierung der Arbeitswelt in den Werkstätten nicht ausreichend entwickeln konnten, wird von ihnen nur ausnahmsweise auf bereits vorhandene Modelle der Erwerbswirtschaft zurückgegriffen. So spielt die bewusste Auseinandersetzung über die Human-Relations-Theorie, die gruppendynamische Organisationsentwicklung, die Theorie der lernenden Organisation oder die Ergebnisse der staatlichen Programme und Initiativen zur Humanisierung des Arbeitslebens seit 1974 bis heute in der Arbeitsorganisation der meisten Werkstätten keine ausschlaggebende Rolle. Das vielseitige Gestaltungsreservoir, z. B. der gesetzlichen Bestimmungen des Arbeitsschutzes und der Vorschriften zur Unfallverhütung, wird zur aktiven Ausformung des Arbeitslebens wenig genutzt. Dabei ist es gerade für die Werkstätten und ihr ständiges Ringen um sichere Finanzierung bedeutungsvoll, dass schon das Arbeitsschutzgesetz von 1996 „Maßnahmen der menschengerechten Gestaltung der Arbeit" verlangt (§ 2 Abs. 1 ArbSchG). Weil in der gesetzlichen Liste der zu Schützenden auch die Beschäftigten in den Werkstätten ausdrücklich genannt sind (§ 2 Abs. 2 Ziff. 7 ArbSchG), ist besonders die Anforderung werkstattrelevant, „Technik, Arbeitsorganisation, sonstige Arbeitsbedingungen, soziale Beziehungen und Einfluss der Umwelt auf den Arbeitsplatz

Abb. 36: Mit freundlicher Genehmigung des AOK-Mediendienstes. Die AOK-Bildunterschrift lautet: Behindertenwerkstatt: Körperlich oder geistig behinderte Menschen arbeiten im handwerklichen Bereich.

sachgerecht zu verknüpfen" (§ 4 Nr. 4 ArbSchG). Das ist eine disziplinübergreifende Aufgabe, an der sich gerade die heilpädagogischen Fachleute beteiligen müssen. Diese Forderung des Arbeitsschutzgesetzes greift durchaus schon der richtungweisenden ICF voraus, die sich als „bio-psycho-soziales Modell" versteht und Behinderung als komplexe Wirkungsweise von sozialer Beeinträchtigung, Umweltfaktoren und personbezogenen Faktoren versteht (DIMDI 2005, 5).

Es ist für ein neues, humanes Arbeitsleben in den Werkstätten selbstverständlich, reicht aber nicht aus, „die Arbeit [...] so zu gestalten, dass eine Gefährdung für Leben und Gesundheit möglichst vermieden und die verbleibende Gefährdung möglichst gering gehalten wird" (§ 2 Abs. 1 Nr. 1 ArbSchG). Solche Normen berücksichtigen die besondere Belegschaftsstruktur der Werkstätten nicht genügend: Die Arbeit in den Werkstätten wird von Menschen mit Eigenschaften verrichtet, die in der erwerbswirtschaftlichen Produktion nicht zugelassen werden. Darum hat das allgemeine Recht die besonderen Bedingungen für Menschen mit ungewöhnlichen körperlichen, kognitiven oder psychischen Eigenschaften noch gar nicht ausreichend berücksichtigen können. Gefahrenquellen für diesen Personenkreis bestehen nicht nur auf der arbeitstechnischen Ebene; die kognitiven und psychomotorischen kommen hinzu. Gefährlich oder gar inhuman sind eben nicht nur auf den Körper wirkende gesundheitsschädliche Arbeitsabläufe, Arbeitsbedingungen und deren Folgen. Die konkreten Werkstattverhältnisse sind zu überprüfen, ob, bei wem und in welchem Umfang sie z. B. Ängste oder Entmutigungen, Aggressionen, Depressionen, Stress, Beziehungs- oder Kontaktmangel, Lethargie, Erschöpfung, das Absinken oder Übersteigern der Reizschwelle, Über- oder Unterforderung auslösen. Werkstätten sind gefordert, den Gefährdungsbegriff im Arbeitsschutzrecht zugunsten der Beschäftigten und im Sinne der ICF zu erweitern.

Letztlich hängt die Arbeitsgestaltung vom Menschenbild und seiner praktischen Anwendung im Arbeitsprozess ab. Schon früh hatte die Arbeitswissenschaft für die humane Umgestaltung des Erwerbslebens den Anspruch, „aus dem Schatten der reinen Betrachtung, Analyse, Beschreibung und Bewertung herauszutreten und aktiv an der Gestaltung einer menschengerechten Fabrik der Zukunft mitzuwirken, in der sich technische, wirtschaftliche und humane Interessen nicht ausschließen, sondern ergänzen sollen“ (Schreuder 1986, 211). In den Werkstätten hat sich das zunächst nicht stärker niedergeschlagen als in der Erwerbswirtschaft. Immer noch sind Reste der Weltanschauungen und Menschenbilder des 19. Jahrhunderts virulent. Ihr Kern ist das Nützlichkeitskriterium eines Menschen für die Gemeinschaft. Gefördert werden sollten in den damaligen Anstalten vorrangig „alle Idioten, die in irgend einer Weise sich und Anderen nützlich gemacht zu werden befähigt sind. Mögen die in ihnen ruhenden Keime, die sich als entwicklungsfähig erweisen, noch so geringe, mag der Nutzen noch so klein sein, der aus ihrem Tun ihrer größeren oder geringeren Umgebung erwächst: sie sind wesentlich von der Passivität jener Pfleglinge verschieden, aus denen nichts herauszulocken, deren Denk- und Willenskraft zu nichts zu verwenden ist“ (Sengelmann 1885, 168).

Der Nützlichkeitsmaßstab tritt in der Sozialpolitik häufig als Kosten- und Finanzierungskriterium auf. Deshalb fordern einige Werkstätten: „Die Diskussion muss wieder darüber geführt werden, was notwendig ist und nicht darüber, was bezahlbar ist“ (Mosen u.a. 2007, 5). In seinen vielfältigen und oft verschleierten Modifizierungen ist Nützlichkeitsdenken etlichen Rechtsnormen immanent, die auf die Werkstätten wirken. Die politische und rechtliche Prämisse des allgemeinen Arbeitsmarktes gehört dazu, die Vorrangstellung der Erwerbsarbeit vor anderen Arbeitsarten. Die gesetzliche Neufassung der Werkstattaufgaben drückt diese Dominanz aus: Die Werkstatt „fördert den Übergang geeigneter Personen auf den allgemeinen Arbeitsmarkt durch geeignete Maßnahmen. [...] Zum Angebot an Berufsbildungs- und Arbeitsplätzen gehören ausgelagerte Plätze auf dem allgemeinen Arbeitsmarkt. Die ausgelagerten Arbeitsplätze werden zum Zwecke des Übergangs und als dauerhaft ausgelagerte Plätze angeboten“ (§ 136 Abs. 1 Satz 3 SGB IX).

Allen Modellen, die der Entwicklung der Arbeitsorganisation dienen, ist die eine Prämisse gemeinsam: das Menschenbild. „[...] Wissenschaften, die sich mit der ‚menschlichen Arbeit‘ wesentlich intensiver auseinandergesetzt haben als die Arbeitswissenschaft – wie die Arbeits- und Industriesoziologie oder die Arbeitspsychologie – [...] belegen zunehmend zentrale Stellen in den Dialogen der unterschiedlichen Wissenschaften. Die breiter gewordene Diskussion über die Menschenbilder lässt zugleich den wachsenden Bedarf der Wissenschaften, die sich mit der ‚Arbeit‘ auseinandersetzen, durchscheinen, das stets in ihren Theorien und Modellvorstellungen implizierte Menschenbild darzustellen und es zu besprechen“ (Skarpelis 1986, 177).

Wenn Werkstattarbeit neue Arbeit sein soll, hat sie einen anderen Nützlichkeitsmaßstab: Es ist die Arbeit mit allen ihren Bestandteilen selbst, die ihre Nützlichkeit für die Beschäftigten beweisen muss. Von den Werkstattfachleuten muss die Nützlichkeit des Arbeitsauftrages, des Arbeitsgegenstandes, des Arbeitsvorganges, der Arbeitstätigkeit und des Arbeitsergebnisses für die Beschäftigten geprüft, nachgewiesen und begründet werden. Der Nützlichkeitsaspekt kehrt sich bei der neuen

Arbeit, bei der richtig verstandenen Werkstattarbeit um: Nützlich ist, was der durch die Arbeit zu fördernden Person nützt. Das Betriebsergebnis ist sekundär. Werkstattarbeit ist somit vorrangig Dienstleistung für die beschäftigte Person. Die Leitung der Bundesarbeitsgemeinschaft Werkstätten für behinderte Menschen e. V. (BAG:WfbM) mahnte deshalb: „Der Vorstand [...] hält es für notwendig, dass sich alle am Teilhabeprozess beteiligten Institutionen gegenüber den behinderten Menschen als das verstehen, was sie sind: Leistungserbringer, Dienstleister" (Mosen u. a. 2007, 12). Auf die Werkstätten bezogen heißt es deutlicher: „Zudem muss es die Zielsetzung einer gleichberechtigten Teilhabe am Arbeitsleben sein, Beschäftigten in Werkstätten entwicklungsgemäße Angebote anzubieten bzw. diese zu entwickeln" (Mosen u. a. 2007, 16).

Werkstattarbeit ist dann Synonym für eine neue Arbeit, wenn sie *sechs* gleichrangige Bedingungen erfüllt:

1) Sie muss *protektiv* sein – also frei von gesundheitlichen Gefahren und schädlichen Auswirkungen, unerwünschte Belastungen vermeiden, ergonomisch individuell angepasst, frei von Angstpotenzial, frei von repressivem Leistungsdruck, ergänzt durch fachlichen und emotionalen Beistand und die Möglichkeit beinhalten, dass die Werkstattbeschäftigten ein *existenziell gesichertes Leben* führen können.
2) Sie muss *kompensativ* sein – also individuelle und umweltbedingte leistungsbeschränkende Bedingungen ausgleichen helfen, individuelle Fähigkeiten, Interessen und Neigungen bestärken, Benachteiligungen weitgehend aufheben, unumgängliche Einschränkungen überdies außerhalb des Werkstattlebens erträglich machen und die Möglichkeit beinhalten, dass die Werkstattbeschäftigten ein *sozial gesichertes Leben* führen können.
3) Sie muss *emanzipativ* sein – also im Arbeitsvorgang Gelegenheiten zum fachlichen Lernen, zum Selbstbewusstsein und zur Selbstsicherheit eröffnen, zur Selbstständigkeit und Eigenverantwortung anregen und die Möglichkeit beinhalten, dass die Werkstattbeschäftigten *ein gleichberechtigtes Leben* führen können.
4) Sie muss *antizipativ* sein – also im Arbeitsvorgang und im Arbeitsleben die Sammlung und Auswertung eigener Erfahrungen ermöglichen, Fehler und das Lernen aus ihnen zulassen, den Erkenntnisgewinn planmäßig vergrößern, die Meinungsbildung und das Urteilsvermögen fördern und die Möglichkeit beinhalten, dass die Werkstattbeschäftigten *ein selbstständiges Leben* führen können.
5) Sie muss *partizipativ* sein – also in den Kommunikationsfluss der Werkstatt einbeziehen – gerade Menschen ohne Lese-, Schreib- und Sprechmöglichkeiten; sie muss Karrieren ermöglichen und fördern, somit für *ein selbstbewusstes Leben* in der Gemeinschaft innerhalb und außerhalb des Arbeitsalltags befähigen, Übergänge in andere Bereiche und Institutionen des Arbeitslebens oder zur Fort- und Weiterbildung schaffen und die Möglichkeit verbessern helfen, dass die Werkstattbeschäftigten ohne Zugangsbeschränkungen alle öffentlichen Angebote nutzen können.

6) Sie muss *inklusiv* sein – also in die Abläufe der Werkstatt einbeziehen, eigene Entscheidungen zulassen und stimulieren, gesellschaftlich relevante Normen und Konventionen begründend vermitteln und bei ihrer Aneignung helfen, weder separieren noch stigmatisieren, sondern in die lokalen und regionalen Strukturen des Arbeits- und gesellschaftlichen Lebens eingebettet sein und Möglichkeit schaffen oder unterstützen, damit Werkstattbeschäftigte von der Gesellschaft als gleichberechtigte Zugehörige ins *allgemein übliche Leben* einbezogen werden.

Abb. 37: Lernen im Arbeitsprozess (mit freundlicher Genehmigung des LWL)

6.8 Heilpädagogik: Bezugswissenschaft einer neuen Werkstattarbeit

Die Mehrheit der Arbeitsaufträge an die Werkstätten kommt von außen aus der Erwerbswirtschaft, vom Markt. Arbeitsauftrag und Arbeitsgegenstand haben deshalb alle Charaktereigenschaften des Marktes an sich. Der regelt sich über das Prinzip der Marktmacht. Das bedeutet für die Ziele bei der Vergabe von Lohn- und Auftragsfertigung an die Werkstätten: niedrigere Kosten als bei der Marktkonkurrenz oder beim Auftraggeber selbst, konkurrenzfähige Qualität der Waren oder Dienstleistungen, Liefer- und Termintreue und damit schließlich Ergebnisverbesserung, Wettbewerbs- oder Imagevorteile für den Auftraggeber. „Allerdings bringt der Markt nicht gerade geringe Anforderungen mit sich. Zum einen muss der Preis gehalten werden. Eine weitere Herausforderung ist es, lückenlos Aufträge zu akquirieren, damit die Arbeitsgruppen dauerhaft beschäftigt sind“ (Asche &

Hildebrandt 2009, 38). Die Anforderungen des Marktes und die den Werkstätten in Auftrag gegebenen Arbeiten kollidieren mit dem Anspruch auf förderliche Arbeitsabläufe. Aufträge mit seriellen, stereotypen und repetitiven Verrichtungen sind weit verbreitet. Sie gelten zwar als „einfache" Arbeiten, sind aber beim Arbeitsvorgang und der Arbeitstätigkeit oft genug mit besonderen Schwierigkeiten verbunden: Zeitdruck und Just-in-time-Produktion sind in Werkstätten nicht ungewöhnlich. „Auch die Fachkräfte sind gefordert. Sie müssen die Fähigkeiten der Beschäftigten im Auge behalten und Anforderungsprofile festlegen, damit die Aufträge auch die nötigen Anforderungen für die individuelle Weiterentwicklung der behinderten Menschen beinhalten" (Asche & Hildebrandt 2009, 38). Dieser Aspekt, die förderliche Beschäftigung und der Entwicklungsfortschritt bei der arbeitenden Person im Sinne von § 140 SGB IX spielen für die erwerbswirtschaftlichen Auftraggeber keine Rolle. Sie liegen in der Alleinverantwortung der Werkstattleitungen und Werkstattfachkräfte.

Unter diesen Bedingungen das Ziel zu erreichen, durch eine neue Arbeit eine neue Gemeinschaft zu entwickeln und die Arbeit mit erwerbswirtschaftlichem Charakter in Werkstattarbeit umzuformen, erscheint immer noch phantastisch und realitätsfern. Die Transformation von Erwerbsarbeit in Werkstattarbeit verlangt, die persönlichkeits- und entwicklungsfördernden Inhalte zu erkennen, herauszuarbeiten und das als Aufgabe einer pädagogisch verantwortlichen Arbeitsvorbereitung zu erkennen. Es ist deshalb nicht verwunderlich, wenn sich in den Leitbildern der Werkstätten nur selten Hinweise darauf finden lassen, dass eine historisch neue Art von Arbeit notwendig und möglich ist. Wenige Werkstattträger formulieren diese Aufgabe überhaupt, kaum einer so deutlich wie die Lebenshilfe-Werkstätten Leverkusen/Rhein-Berg gGmbH. Dieser Träger mit vier Niederlassungen und insgesamt rund eintausend Plätzen, dessen Vorläufer 1965 und damit fünfzehn Jahre vor Inkrafttreten der Werkstättenverordnung gegründet wurde, formuliert in seinem Leitbild: „Wir verstehen Arbeit als Mittel, den eigentlichen Zweck der Werkstatt umzusetzen, nämlich die Bildung, die Entwicklung von Persönlichkeit und Leistungsfähigkeit behinderter Menschen zu steigern. So gesehen haben fördernde, betreuerische und pädagogische Aspekte Vorrang vor wirtschaftlichen Gesichtspunkten. Wir akquirieren Aufträge, die – entsprechend aufbereitet – einen arbeitspädagogischen Wert besitzen, also der Betreuungs- und Bildungsaufgabe des Trägers mit Hilfe der Arbeit entsprechen" (LH-WfbM 2009).

Es ist modisch, „den ganzen Menschen" zu beschwören. Das geht der Heilpädagogik nicht anders als den Werkstätten. Sie hat dem von 1861 stammenden, deshalb von einigen Kritikern als nicht mehr wissenschaftlich empfundenen Wortteil „Heil" eine zeitgemäße Definition angepasst: „Ganzheitlich" ist das Schlüsselwort. Obwohl zumindest einer der Schöpfer des Wortes „Heilpädagogik", Jan Daniel Georgens (1823–1886), obendrein Arzt war und in seinen Vorträgen durchaus eine Verbindung von Pädagogik und Medizin erkennen ließ, bestehen sämtliche neuere Definitionen darauf, dass „Heil" nicht das medizinische Heilen meint. Heutige Heilpädagogik will nicht gesund machen, sondern verlangt nach der ganzheitlichen Betrachtung des Einzelnen. Mit Bedacht wird darauf hingewiesen, dass „Heil" als griechisches Lehnwort nicht nur „ganz" bedeutet, sondern außerdem „Glück". Darin sind sich Heilpädagogik und neue Werkstattarbeit einig: Es geht beiden um die ganzheitliche Betrachtung und Entwicklung des Menschen und um sein Glück, um sein Wohlbefinden, wie es die ICF formuliert.

Solange diese Behauptung abstrakt bleibt, wird sie niemand bestreiten. Erst die Untersuchung der konkreten Arbeit in der Werkstatt lässt den Schluss zu, ob der Ganzheitsanspruch und der Anspruch auf persönliches Glück in der Arbeit, auf Freude, Wohlbehagen und Zufriedenheit, tatsächlich erfüllt werden. Die Arbeitsaufträge und Arbeitsgegenstände in Einrichtungen mit Beschäftigten, die die Arbeitsanforderungen und -abläufe des allgemein üblichen Wirtschaftslebens nicht einfach übernehmen können, müssen angepasst und umgewandelt werden. Anpassungsvorgänge dieser Art sind auch in erwerbswirtschaftlichen Betrieben nichts Ungewöhnliches. Dafür haben Arbeitsphysiologie, Arbeitspsychologie und Ergonomie der Erwerbswirtschaft längst Maßstäbe für eine menschenwürdige Arbeitsgestaltung entwickelt. Die bekanntesten stammen von Arbeitswissenschaftlern wie Winfried Hacker, Werner Rohmert oder Holger Luczak.

Die einschlägigen Gesetze zum Arbeits- und Unfallschutz beinhalten weitreichende Normen für eine menschengerechte Arbeitswelt. In den Werkstätten geht es aber um mehr, als Gefährdungen „möglichst" gering zu halten oder „möglichst" zu vermeiden, wie es das Arbeitsschutzgesetz formuliert. Das muss ganz selbstverständlich sein. Werkstattarbeit hat die besondere Pflicht und das Ziel, die persönlichen, fachlichen und sozialen Kompetenzen der Beschäftigten zu entwickeln. Sie muss also alle Faktoren der vom Markt kommenden Arbeitsaufträge und -aufgaben erkennen, die für das Werkstattziel förderlich oder hinderlich sind. Die in der erwerbswirtschaftlichen Lohn- und Auftragsarbeit vorhandenen Lern- und Entwicklungsmöglichkeiten müssen aufgedeckt und nutzbar gemacht werden. Die dem Werkstattauftrag hinderlichen Faktoren müssen beseitigt, wenigstens neutralisiert oder kompensiert werden. Dabei kann die Heilpädagogik wissenschaftliche und praktische Hilfestellung geben. Ihr stehen dafür die geeigneten Maßstäbe zur Verfügung:

Tab. 8: Menschenwürdige Arbeit: Maßstäbe für die neue Arbeit in Werkstätten

Nr.	**Allgemeine Maßstäbe (nach Luczak)**	**Maßstäbe für die neue Werkstattarbeit**
1	Arbeit darf nicht zu körperlichen, geistigen oder psychischen Störungen (Gesundheitsstörungen) führen.	Werkstattarbeit muss die körperliche, geistige und psychische Konstitution stabilisieren und aufbauen, die persönliche Kondition stärken und erhöhen.
2	Arbeit muss zumutbar, leistbar, beeinträchtigungsfrei und zufriedenstellend sein.	Werkstattarbeit muss lern- und entwicklungsfördernd sein, Arbeitsfreude und Arbeitszufriedenheit stimulieren.
3	Arbeit muss ausführbar sein.	Werkstattarbeit muss körperliche, geistige und psychische Besonderheiten berücksichtigen, sie ggf. ausgleichen oder ihnen abhelfen. Ihre Arbeitsabläufe müssen sich an der individuellen Ausführbarkeit messen lassen.

Nr.	Allgemeine Maßstäbe (nach Luczak)	Maßstäbe für die neue Werkstattarbeit
4	Arbeit muss die Zufriedenheit der Arbeitenden und ihre Persönlichkeit fördern.	Werkstattarbeit muss zu nachvollziehbaren Erfolgen bei der Persönlichkeitsentwicklung führen und sich an den Entwicklungsfortschritten messen lassen. Sie muss die Bereitschaft und Fähigkeit zur Mitentscheidung über Arbeitsabläufe und -ziele fördern. Sie muss die Identifikation der Beschäftigten mit dem Arbeitsvorgang und dem Arbeitsergebnis zulassen.
5	Arbeit muss soziologisch, ökonomisch und pädagogisch sozialverträglich sein.	Werkstattarbeit muss die Entscheidungs- und Handlungsmöglichkeiten erweitern und Gelegenheiten zur Selbstorganisation schaffen. Sie muss über Erlebnis-, Erfahrungs- und Lernpotenzial verfügen.
6		Werkstattarbeit muss als persönliche Leistung, als individueller Erfolg und zugleich als Gemeinschaftsleistung erkennbar und erlebbar sein.

Nahezu jeder Arbeitsgegenstand und Arbeitsvorgang kann Träger von Erlebnissen, Erfahrungen, Erkenntnissen und Einsichten sein. Allerdings lassen es erwerbswirtschaftlich organisierte Arbeitsabläufe selten zu, dass sich diese förderlichen Inhalte offenbaren. Erwerbsarbeit verlangt keine Lern- und Entwicklungsergebnisse für die Arbeitenden, sondern wirtschaftliche Ergebnisse für die Eigentümer. Werkstattarbeit dagegen muss den althergebrachten Anspruch erfüllen, der für die Arbeit generell erhoben wird, der üblichen abhängig geleisteten Erwerbsarbeit aber fremd ist: „Als wertschaffende, zweckbewusste Tätigkeit ist die Arbeit stets eine Verbindung von Denken und Tun“ (Meyers 1904, 1. Bd., 673). Zweckbewusstsein heißt für die Werkstattarbeit, sich des wesentlichen Ziels bewusst zu sein: Im kombinierten Arbeits- und Lernprozess der „Art und Schwere der Behinderung, der unterschiedlichen Leistungsfähigkeit, Entwicklungsmöglichkeit sowie Eignung und Neigung der behinderten Menschen soweit wie möglich Rechnung zu tragen“ (§ 5 Abs. 1 WVO). Dafür wird vom Werkstättenrecht eine grundsätzliche Verpflichtung für die konzeptive Ergonomie erhoben: „Bei der Gestaltung der Plätze und der Arbeitsabläufe sind die besonderen Bedürfnisse der behinderten Menschen soweit wie möglich zu berücksichtigen“ (§ 5 Abs. 2 WVO). „So weit wie möglich“ bedeutet keine Einschränkung und stellt die Anforderungen nicht ins Belieben, sondern ist im Gegenteil eine Erweiterung: *Weit* müssen Werkstattträger und -leitungen die Bedürfnisse der Beschäftigten berücksichtigen; das Denkbare muss auch *möglich* gemacht werden. Wissenschaftliche Kenntnisse der Werkstattleitungen und der leitenden Fachkräfte sind deshalb unverzichtbar. Neben der Arbeits- und Heilpädagogik und der (Arbeits-)Psychologie gehört ein Basiswissen der Ergonomie dazu, einer der werkstattrelevanten Schlüsselwissenschaften von der menschengerechten Gestaltung der Arbeit.

Eine besondere werkstattspezifische Aufgabe der Arbeitsvorbereitung ist schon in den Rechtsnormen des Arbeitsschutzes intendiert: Es muss das Gefahrenpotenzial im Arbeitsgegenstand und im Arbeitsablauf ebenso herausgefunden werden wie das Förder- und Entwicklungspotenzial. Der erste Teil der Aufgabe fällt den Werkstätten leichter als der zweite, obwohl schon die Gefahrenanalyse sich eher auf die körperlichen Gefährdungen konzentriert als in gleicher Weise auf die kognitiven und psychischen. Der zweite Teil der Aufgabe erfordert u. a. arbeits- und heilpädagogisch wie arbeitspsychologisch geschultes Personal. Werkstatt als Einrichtung zur Arbeits- und Berufsförderung verlangt wegen des unerlässlichen Zeitaufwandes für die umfangreichen pädagogischen und ergonomischen Leistungen eben eine andere Ablauforganisation als bei ihren erwerbswirtschaftlichen Kunden.

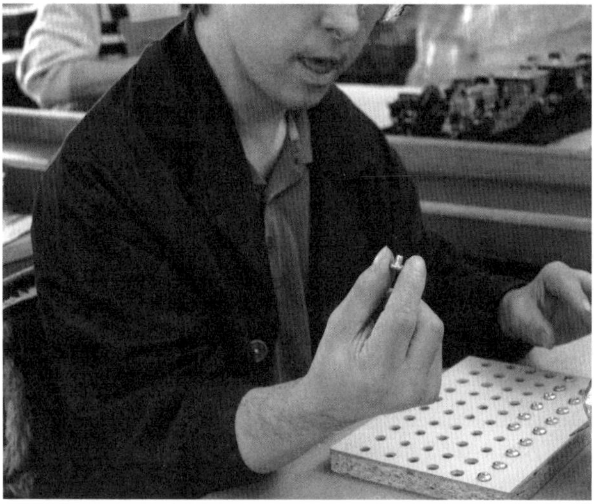

Abb. 38: In Werkstätten verbreitet: zahlenloses Lochbrett statt Zählbrett. „Was Hänschen nicht lernt ...

Ein primär erwerbswirtschaftlich geprägtes Werkstattverständnis, das Erfolg vorrangig am wirtschaftlichen Ergebnis, an der Entwicklung der Einrichtung und an den Beziehungen zur Erwerbswirtschaft misst, birgt die Gefahr, die Beschäftigten als billige Arbeitskräfte zu instrumentalisieren. Daran ändert sich auch dadurch nichts, wenn man die Werkstattbeschäftigten in Leitbildern zu „unserem eigentlichen Arbeitgeber" oder zu den „wichtigsten Auftraggebern" erklärt. Eine solche Darstellung gerät leicht zur ideologischen Überhöhung von Menschen mit besonderen körperlichen, kognitiven und psychischen Eigenschaften. In dem einen oder anderen Leitbild kommt das zum Ausdruck: „Es gilt: die Inhalte der Arbeit immer an den Fortschritten der einzelnen Einrichtungen zu messen und an deren Entwicklung mitzuwirken, [...] die Angebote durch ständigen Abgleich mit dem Bedarf der Kunden zu überprüfen und anzupassen", hat ein Werkstattträger in seinem Leitbild festgelegt. Als Kunden sind nicht die Werkstattbeschäftigten gemeint, sondern die erwerbswirtschaftlichen des Marktes.

Abb. 39: ...lernt Hans nimmermehr." Sortierkästen ohne Aufschriften oder Symbole, ohne kognitiven Lerneffekt.

Im Werkstattalltag offenbart sich vielfach im Kleinen, wie schwierig es ist, „die besonderen Bedürfnisse der behinderten Menschen" (§ 5 Abs. 2 WVO) zum allgemeinen Maßstab des Handelns zu machen: Zählbretter z. B. sind für bestimmte Konfektionierungsarbeiten durchaus sinnvoll. Immer wieder aber sind sie nichts weiter als „Lochbretter", Sortierhilfen ohne Zahlen und ohne jeglichen Anspruch auf eine noch so einfache Zahlenlehre, mit der kognitive Leistungen befördert werden könnten.

Sortier- oder Sammelkästen etwa sind viel zu oft nichts weiter als informationslose Behälter – ohne Aufschriften oder Symbole, ohne Lernanreize und ohne Konditionierungshilfen. Dementsprechend ist die Unterstützung am Arbeitsplatz und das Ziel der Arbeitshilfe auf den motorischen Arbeitsvorgang beschränkt. Schon das kann bei vielen Werkstattbeschäftigten durchaus ein beträchtlicher Fortschritt sein. Aber der weit komplexere Werkstattauftrag bleibt unerfüllt.

Dass zur qualitativen Erfüllung des Werkstattauftrages pädagogischer, sozialer, medizinischer und psychologischer Sachverstand erforderlich ist, u. U. ebenso pflegerischer und therapeutischer, berücksichtigt das Werkstättenrecht seit 1980 (§ 136 Abs. 1 SGB IX; § 10 WVO). Selbst darüber hinaus notwendige Fachleute schließt das Recht nicht aus, etwa solche mit ergonomischen Kompetenzen. All diese Fachkräfte werden den „begleitenden Diensten" zugeordnet (§ 136 Abs. 1 SGB IX; § 10 WVO). Ihre Leistungen sind vor allem als „arbeitsbegleitende Maßnahmen" definiert (§ 5 Abs. 3 WVO). Allerdings verfügen die wenigsten Werkstätten über ein Fachpersonal mit solchen Qualifikationen. Die personelle Zusammensetzung der begleitenden Dienste ist in der Regel auf sozialpädagogische, sozialarbeiterische und mitunter noch pflegerische Fach- oder Hilfskräfte beschränkt. Das hat historische Ursachen, die einerseits in der früheren Werkstattkonzeption gründen, andererseits in dem restriktiven Finanzierungsverhalten der öffentlichen Hand und den durch Rechtsnormen vorgeschriebenen Kompetenzen des Personals. Die derzeitigen Vorschriften über die Zusammensetzung der begleitenden Dienste sind überholt.

Das in den Werkstätten verbreitete Verständnis darüber, was mit „begleitend" oder „arbeitsbegleitend" gemeint ist, weicht weit voneinander ab. Die Auffassung ist besonders verbreitet, dass es sich bei den Leistungen der begleitenden Dienste um solche handelt, die außerhalb des eigentlichen Arbeitsprozesses erbracht werden. Üblicherweise stehen Freizeit- und Sportaktivitäten im Vordergrund. Eine bewusste und planmäßige Beziehung der begleitenden Dienste zum Arbeitsleben, zum Arbeitsvorgang und der Arbeitstätigkeit ist selten.

Bis heute hat sich nicht überall durchsetzen können, dass es sich bei den begleitenden Leistungen um Maßnahmen handelt, die vor allem während des Arbeitsvorgangs zu leisten sind.

Arbeitsbegleitende Maßnahmen:

- hilfestellende pädagogische, psychologische und therapeutische Maßnahmen *während* des Arbeitsvorgangs, z.B. von der Herstellung einer Lernsituation bis hin zu Bewegungs- und Haltungskorrekturen;
- ergänzende Leistungen *nach* einem Arbeitsabschnitt, aber durchaus *während* des Arbeitsvorgangs, z.B. um Ereignisse, Ergebnisse oder Lernschritte bewusst zu machen, für den nächsten Arbeitsgang Korrekturen beim Arbeitsverhalten, der Körperhaltung usw. zu ermöglichen und um neu zu stimulieren;
- außerdem *vor- und nachbereitende* Leistungen am Arbeitsplatz, z.B. um die Beschäftigten auf ihren Arbeitsauftrag vorzubereiten, um Arbeitsgegenstände und -abläufe zu erläutern, um erreichte Teilziele zu verdeutlichen und ggf. wiederum zu stimulieren, um Lernprozesse zu befördern;
- schließlich sind begleitende Maßnahmen jene, die traditionell darunter verstanden werden: Leistungen *außerhalb* des Arbeitsvorgangs, *außerhalb* der Arbeitszeit, *außerhalb* der Beschäftigungszeit und *außerhalb* der Werkstatt.

Gerade wegen der arbeitsbegleitend notwendigen Leistungen *während* des Arbeitsablaufs unterscheidet das Werkstättenrecht zwischen Beschäftigungs- und Arbeitszeit. Die *Beschäftigungszeit* umfasst maximal 40 Wochenstunden; die *Arbeitszeit* ist kürzer: Als Arbeitszeit gilt die verbleibende Zeitspanne, nachdem Erholungspausen und Zeiten für begleitende Maßnahmen von der Beschäftigungszeit abgezogen wurden (§ 6 WVO).

6.9 Heilpädagogik in einem personzentrierten Methodenrepertoire

In Werkstätten steht die von pädagogischer Zielsetzung geleitete Analyse von Lern- und Förderinhalten noch nicht im Vordergrund. Die notwendige Umformung der vom Markt aus der Erwerbswirtschaft kommenden Aufträge in Werkstattarbeit ist noch selten. Vielmehr geht es hier ebenso wie in der Erwerbswirtschaft eher um die umsatz- und ergebnisorientierte optimierende Gestaltung des Arbeitsplatzes, der Arbeitsinstrumente und die Anpassung der Beschäftigten an die jeweiligen Arbeitsanforderungen. Dafür gibt es bundesweit zahlreiche Modelle mit z. T. eindrucksvollen Erfolgen. Wichtige Ansätze, die Arbeitswelt in den Werkstätten auf diese Weise humaner zu gestalten, wurden bereits Ende der 1970er-Jahre von der Robert Bosch Stiftung mitgetragen. Sie ließen sich von den Regierungsprogrammen zur Humanisierung der Arbeitswelt inspirieren, die zwischen 1974 und 1989 initiiert wurden. Die Robert Bosch Stiftung stellte den Werkstätten dafür Fachleute an die Seite und Finanzmittel zur Verfügung. Lokale und regionale Erfolge mit durchaus nachhaltigen Resultaten haben aber nicht dazu geführt, dass die erzielten Ergebnisse bundesweite Wirkung entfalten konnten.

Erste wissenschaftliche Untersuchungen und konzeptionelle Grundlagen über Anforderungen an die Arbeit in den Werkstätten, an das Qualifikationsniveau der sogenannten Fachkräfte zur Arbeits- und Berufsförderung (§ 9 Abs. 3 WVO) und an die Werkstattbeschäftigten wurden 1981 von Gudrun Schmitz vorgelegt. Das darauf basierende Standardwerk „Lernwege zur beruflichen Rehabilitation in Werkstätten für Behinderte“ erschien 1984 in der zweiten Auflage und wurde zur Grundlage des Detmolder Lernwegemodells (DLM) (Schmitz u. a. 1984). Es unterstützt den Lernprozess und die Persönlichkeitsentwicklung speziell bei Werkstattbeschäftigten, die einen besonderen Entwicklungsbedarf bei ihrer Aufmerksamkeit, ihrem Denken, Erinnern, Lernen und Wahrnehmen haben. Zahlreiche Fachleute verschiedener Wissenschaftsdisziplinen, aus dem Fort- und Weiterbildungssektor und der Werkstattpraxis haben daran mitgearbeitet, es mehrfach aktualisiert und neuen Entwicklungen geöffnet, vor allem der elektronischen Datenverarbeitung. Als theoriegestütztes und anwendungsbezogenes Programm für ein dauerhaftes und nachhaltiges Lernen im Arbeitsleben der Werkstätten baut es systematisch auf den Anforderungsanalysen der Werkstattplätze auf und gibt dafür eine Vielzahl differenzierter Lernziel-Abfolgen vor.

In einem Drittel der bundesdeutschen Werkstätten wird dieses Modell oder minder modifiziert angewandt; vor allem in denen, die von den Elternvereinen der „Lebenshilfe für Menschen mit geistiger Behinderungen“ getragen werden. Es basiert auf einem wissenschaftlichen Fundament einschlägiger pädagogischer und psychologischer Konzepte, gründet u. a. auf Erkenntnissen der Handlungsstrukturtheorie des Arbeitspsychologen Winfried Hacker und auf Erkenntnissen der kognitiven Entwicklung aus der Entwicklungspsychologie des Schweizers Jean Piaget

(1896–1980). Mit dem DLM sollte die weitverbreitete Werkstattpraxis verändert werden, Lernprozesse im Arbeitsleben vorwiegend nach dem Grundsatz der „momentanen Strategie“, dem Prinzip von Versuch und Irrtum und dem Konditionierungsvorgang „Vormachen, Nachmachen, Üben“ zu gestalten. Stattdessen will es erreichen, dass die Arbeitenden Vorstellungen über die ablaufenden und durch ihr Handeln beeinflussten Prozesse gewinnen können („planende Strategie“). Die als bedeutsam erkannten Arbeitsanforderungen in den Werkstätten wurden darum in kognitiven, psychomotorischen und sozialen Lernziel-Abfolgen beschrieben, die sich auf die berufliche Bildung wie auf die Persönlichkeitsentwicklung beziehen. Mit ihrer Hilfe sollen in differenzierten Lernschritten von zunehmender Schwierigkeit die jeweils wesentlichen Arbeitsanforderungen eingeübt werden.

Viele Werkstätten bewerten das Detmolder Lernwegemodell als zu anspruchsvoll und zeitraubend. Denn es stellt Anforderungen an das Bildungsniveau der Fachkräfte, bedarf einer soliden, zeitintensiven Einweisung und verlangt regelmäßige Fortbildungsmaßnahmen. Zudem ist es mit einem täglichen Zeitaufwand verbunden, der an die Ablauf- und Arbeitsorganisation der Werkstätten und das Zeitbudget der Fachkräfte andere Ansprüche stellt als in einem Handwerks- oder Industriebetrieb üblich.

Für die individuellen Förderpläne der Werkstattbeschäftigten und ihre Umsetzung im Bildungs- und Arbeitsprozess bieten sich neben dem DLM die zwei „Arbeitspädagogischen Systeme zur Gestaltung von Bildung und Arbeit“ von Gerd Grampp an: das „Arbeitspädagogische Bildungssystem (ABS)“ (Grampp & Triebel 2007) und das „Arbeitspädagogische Arbeitsgestaltungssystem (AAGS)“. Alle drei Systeme, das DLM, das ABS und das AAGS, sind erfolgreiche und in zahlreichen Werkstätten praxiserprobte Handlungsorientierungen auf dem Weg der beruflichen Eingliederung und Persönlichkeitsförderung in der Werkstatt bis hin zum allgemeinen Arbeitsmarkt. Ein Methodenhandbuch, um bei der werkstattinternen Entscheidung über das am besten geeignet erscheinende Modell zu helfen und Anregungen für die Werkstattpraxis zu geben, wurde 2002 allen Werkstätten vom Bundesministerium für Arbeit und Sozialordnung kostenlos zur Verfügung gestellt: das „Methodisch-didaktische Handbuch für die berufliche Bildung in der Werkstatt für behinderte Menschen“.

So gut wie keine Rolle spielt im Werkstattalltag die Verbindung von medizinisch-psychologischem mit heilpädagogischem Fachwissen. Das ist besonders verwunderlich, weil es auch in den Werkstätten zum Standardwissen gehört, dass sich die verschiedenen Behinderungssyndrome unterschiedlich auf das Alltagsverhalten und die gesundheitliche Konstitution der Beschäftigten auswirken. Zudem informiert die „Bundesvereinigung Lebenshilfe für behinderte Menschen“ in ihren Periodika regelmäßig über Arten, Erscheinungsformen und Folgen der verschiedenen Syndrome geistiger Behinderung. Der Autor, Gerhard Neuhäuser, war Leiter des Sozialpädiatrischen Zentrums der Universitätsklinik Gießen. Auf ihn wird der Begriff „therapeutische Erziehung“ zurückgeführt. Neuhäuser hat den Eingliederungsfachleuten ein umfangreiches Werk zur Verfügung gestellt, das die klinischen Syndrome, ihre Behandlung und ihre Auswirkungen im alltäglichen Leben beschreibt (Neuhäuser/Steinhausen 2002). Es wäre für heilpädagogisch qualifizierte Fachleute eine besondere Herausforderung, sich auf die Wurzeln ihrer Fachwissenschaft zu besinnen und der medizinisch-psychologischen wie der heilpädagogischen Seite der Rehabilitationsarbeit die verdiente Anerkennung zu verschaffen.

Von Werkstattfachleuten wird immer wieder bedauert, dass Initiativen, die Arbeitswelt in den Werkstätten den Bedürfnissen ihrer Beschäftigten anzupassen, nur lokal stattfinden und bundesweit zu wenig bekannt werden. Es existiert kein regelmäßiges Forum, auf dem sie sich austauschen und der Kritik stellen können. Die Vereinzelung dieser Aktivitäten und ihre Beschränkung auf räumlich begrenzte Werkstattträger lassen darum kaum Synergieeffekte zu. In keinem Bundesland bestehen flächendeckende und trägerübergreifende Initiativen, um die Arbeitswelt in den Werkstätten tatsächlich so zu gestalten, wie es in etlichen Leitbildern der Werkstätten formuliert wird. Ein ermutigendes Beispiel findet sich in Niedersachsen und Bremen mit der gemeinsamen „Arbeitsgemeinschaft Pädagogische Systeme" unter der Leitung von Gerd Grampp, Diplompädagoge, Sonderschul- und Fachhochschullehrer. In ihr arbeiten zahlreiche Werkstätten mit dem Ziel, ihre Fachleute für die Bereiche Wohnen und Arbeiten kontinuierlich zu qualifizieren.

Leichter als in den Flächenländern hat es im Stadtstaat Hamburg der „Alsterdialog", ein von Hamburger Werkstätten mitgetragenes Institut für Personal- und Organisationsentwicklung. Dieses Institut hat sich auf die Fort- und Weiterbildung sowohl von Leitungen und Fachkräften als auch von Beschäftigten in den Einrichtungen spezialisiert, die Eingliederung in Arbeit und Teilhabe am Arbeitsleben als Weg und Mittel der Persönlichkeitsförderung ansehen. Seine hohen Kompetenzen waren Grund für Überlegungen, es mit Unterstützung der Bundesarbeitsgemeinschaft der Werkstätten zu einem bundesweiten Anbieter zu entwickeln. Das ist sowenig gelungen wie der Versuch, die erfolgversprechende Initiative „Aktionbildung" mit dem „Alsterdialog" zu verflechten. „Aktionbildung", ein im Jahr 2001 gegründetes Projekt, hatte die Weiterentwicklung und Verbesserung der Praxis beruflicher Bildung in den Werkstätten zum Ziel, wurde aber vom zuständigen Bundesministerium nicht weiter finanziert und konnte von den Werkstätten nicht im notwendigen Umfang erhalten werden.

Die Vielzahl an lokalen oder regionalen Aktivitäten, Initiativen, Modellen und Projekten auf dem Gebiet der Arbeitsgestaltung, Fort- und Weiterbildung von Fachkräften und Beschäftigten in den Werkstätten ist einerseits Ausdruck umfangreicher Bemühungen um ein neues Arbeitsleben in den Werkstätten. Andererseits vergeudet die Zersplitterung enorme Ressourcen, führt kaum zu landes- oder gar bundesweiten Synergien und bleibt wegen ihres engen Wirkungsfeldes ineffektiv. Selbst für die einzelnen initiativ gewordenen Werkstätten ist das oft mühsam mit großem Kraft- und Finanzaufwand erzielte Ergebnis letztlich nicht dauerhaft. Sie haben weder die finanziellen noch die personellen Ressourcen, es ständig in ihrer Praxis zu überprüfen, weiterzuentwickeln und den sich verändernden Bedingungen anzupassen.

Dabei sind einige lokale Fortbildungsinitiativen für die Fachkräfte oft von bundesweiter Bedeutung. Das vor allem dann, wenn verallgemeinerbare Erkenntnisse offen und kritisch dargelegt und Schlussfolgerungen daraus gezogen werden: „Die Persönlichkeit einer Fachkraft [. . .] spielt eine große Rolle für die Gruppenatmosphäre, aber auch für die Förderbedingungen und -möglichkeiten. Die Ausbildungen sind [. . .] sehr heterogen, es gibt wenig gemeinsames Wissen. [. . .] So findet man immer jemanden, der ein aktuelles Problem lösen kann, aber selten zwei Mitarbeiter mit den gleichen Kenntnissen, Standards, Problemlösestrategien und Meinungen“, analysierten Fachleute die Situation der Personalentwicklung in den Hannover‘schen Werkstätten (Batram 2007, 15). Die Geschäftsführerin dieser Einrichtung folgert: „Generell kann man eine grundsätzliche Veränderung der Bedürfnislage und Ansprüche der Werkstattbeschäftigten konstatieren. [. . .] Das Ziel bei der strategischen Personalentwicklung der Hannover‘schen Werkstätten ist es, die Kompetenzen der Mitarbeiter/-innen auf die aktuellen und künftigen Anforderungen vorzubereiten. [. . .] Die Hannoverschen Werkstätten befinden sich mitten in diesem Prozess“ (Neugebauer 2007, 38, 40).

6.10 Neue Arbeit: Werkstätten haben erst angefangen

Bei der Untersuchung, wie die Arbeitswelt der Werkstätten um- und neugestaltet werden soll und welche Konsequenzen das für die Personalstruktur und das Qualifikationsniveau hat, wird ein Randproblem erkennbar – die werkstattspezifische Terminologie oder zutreffender: das unzureichende Werkstattvokabular. Es gibt z. B. bundesweit keine einheitliche Bezeichnung für die angestellten Fachkräfte im Gruppendienst und keine für die Eingliederungshilfe berechtigten Beschäftigten. Die letzteren sind rechtlich keine Angestellten der Werkstätten und i. d. R. auch keine Arbeitnehmer. Die Fachkräfte werden häufig nichtssagend als „Gruppenleitungen“ bezeichnet. Unter der „Mitarbeiterschaft“ werden je nach Region entweder die eine oder die andere, oft beide Personengruppen verstanden.

Das Sprachproblem ist noch größer: Das Substantiv „Behinderte“ wird zwar wegen seines herabsetzenden Inhalts immer seltener benutzt, als Attribut aber ist es weiter gang und gäbe, nicht zuletzt in der rechtskonformen Bezeichnung „Werkstatt für behinderte Menschen“. Im Bereich der beruflichen Eingliederung ist diese semantische Übertreibung einmalig. Sämtliche Eingliederungseinrichtungen firmieren mit ihrer Aufgabe: Arbeitsförderungszentrum, Berufsbildungswerke, Berufsförderungswerke, Beschäftigungsfirmen, Integrationsprojekte, Unterstützte Beschäftigung usw. Nur die Werkstätten und ihr Personenkreis werden mit dem Etikett „behindert“ abgestempelt. Dabei trifft der Terminus „Werkstätten für behinderte Menschen“ gar nicht den Kern. Denn sie bieten ihre Leistungen nur einem recht kleinen Teil von Menschen mit Behinderung an, der durch Rechtsnormen genau beschrieben ist. Die authentische Bezeichnung dagegen, *Werkstatt zur Arbeits-*

und Berufsförderung, die sowohl eine Analogie zur Kernaufgabe als auch zur rechtmäßigen Bezeichnung der Fachkräfte herstellt und zeitweilig vom Vorstand der Bundesarbeitsgemeinschaft präferiert wurde, erhielt weder von der Werkstattträgermehrheit Zustimmung noch vom Bundesarbeitsministerium. Auch deshalb fand er bislang weder Eingang in die Werkstattpraxis noch in die Rechtsnormen.

Für die hauptamtlichen Lohn- und Gehaltsbezieher gibt es im Werkstättenrecht dagegen zutreffende Begriffe: Die unmittelbar dienstleistenden Angestellten werden als „Fachkräfte" bezeichnet (§ 9 Abs. 3 WVO), die einen als „Fachkräfte zur Arbeits- und Berufsförderung", die anderen als „Fachkräfte der begleitenden Dienste" (§ 9 Abs. 4 WVO). In vielen Werkstätten hat man sich jedoch von der Bezeichnung „begleitende Dienste" getrennt und nennt sie stattdessen „soziale Dienste". Die im Werkstättenrecht mit gutem Grund vorgesehene vielseitige Zusammensetzung dieser Fachdienste für die unterschiedlichen Leistungen an den Arbeitsplätzen der Beschäftigten wird auf diese Weise sprachlich auf nur noch einen kleinen Teilbereich begleitender Aufgaben reduziert – den sozialen. Die Arbeit tritt sprachlich zurück, die Verpflichtung zu einer neuen Arbeit wird semantisch aufgehoben. Die Fachkräfte der „sozialen" Dienste sind im geltenden Recht aber auf die sozialarbeiterischen oder sozialpädagogischen beschränkt – eine Fachkraft für 120 Beschäftigte (vgl. § 10 WVO). Damit bleibt die Bedeutung der pflegerischen und therapeutischen, besonders aber der unmittelbar arbeitsweltbezogenen begleitenden Dienste unbeachtet – z. B. der arbeits- und heilpädagogischen, arbeitstherapeutischen, ergonomischen, arbeitsmedizinischen. Die Begriffswahl „sozialer Dienst" trennt sich von der komplexen Hauptaufgabe der begleitenden Dienste, der Unterstützung im Arbeitsleben, im konkreten Arbeitsprozess und bei der Neugestaltung der Arbeit.

Die leistungsberechtigten Menschen werden in den Rechtsnormen verallgemeinert „behinderte Menschen" genannt, stellenweise auch tautologisch „*beschäftigte* behinderte Menschen". Zur besseren Unterscheidung gegenüber den Angestellten wird von einigen Werkstattexperten die attributlose Bezeichnung „*Beschäftigte*" bevorzugt und auf das Adjektiv „behindert" verzichtet. Etliche Werkstattfachleute aus dem Caritasbereich haben eine Zeitlang den aussagekräftigeren Begriff „Werktätige" verwandt. Der hat sich nicht durchsetzen können, weil er zu sehr an die DDR-Terminologie erinnert.

Sprache offenbart Realität: Hinter der Sprachverwirrung verbirgt sich ein tiefer liegendes Problem: Den Werkstätten fehlt eine gemeinsame, wissenschaftlich abgesicherte und praxisbewährte Identität. So verstehen und präsentieren sich etliche Werkstätten als „normale" Wirtschaftsbetriebe, andere als Anbieter geschützter Arbeitsplätze, wieder andere als Rehabilitationseinrichtungen und manche finden in einer Kombination ihr Leitbild. Den meisten ist in der Regel die Behauptung gemeinsam: „Der Mensch steht im Mittelpunkt." Das ist aber weder ein Alleinstellungsmerkmal der Werkstätten, noch ist es in einer dienstleistungsorientierten Einrichtung viel mehr als ein Gemeinplatz. Von den Bayer-Werken über die Feng-Shui-Heilkunde bis hin zur Polizei steht für alle der Mensch im Mittelpunkt. Ludwig Erhard hatte 1962 den Menschen im Mittelpunkt der Sozialen Marktwirtschaft gesehen: „Die wirtschaftenden Menschen in ihrer Gesamtheit [...] in den Mittelpunkt unserer Arbeit zu stellen, ihrem Wohl, der Wohlfahrt der deutschen arbeitenden Menschen zu dienen, [...] das betrachte ich auch als meine (Aufgabe)" (Erhard 1962, 111). Angesichts der gesellschaftlichen Wirklichkeit drängen sich Zweifel daran auf, ob solche Bekenntnisse wirksam sind.

Die Diskussion über das Selbstverständnis der Werkstätten, über die Gestaltung der Arbeit in ihnen, über das Qualifikationsniveau ihrer Fachkräfte und über den Status ihrer Beschäftigten hält an. Sie wurde und wird ihnen wiederum von außen aufgedrängt, vor allem von Selbsthilfeorganisationen, von den staatlichen Kostenträgern und der Politik. Sie müssen sich immer wieder mit dem Vorwurf auseinandersetzen, sie wären wenig fortschrittsorientiert, separierend und eigennützig – aber auch zu teuer. Dabei ist das Gegenteil leicht nachzuweisen, trotz mancher Unzulänglichkeiten. Vor allem die Bereitschaft und Fähigkeit nicht weniger Werkstattträger, sich ständig den sozialen, politischen und wirtschaftlichen Herausforderungen zu stellen und Veränderungen in Gang zu setzen, hat zu einer rasanten Weiterentwicklung der Werkstätten geführt: Aus den Anlernwerkstätten der späten 1950er-Jahre, den *Beschützenden Werkstätten* der späten 1960er-Jahre wurden die *Werkstätten für Behinderte* der 1980er-Jahre, aus ihnen am Ende des zweiten Jahrtausends die *Werkstätten für behinderte Menschen.* Mit den Bezeichnungen der Institutionen wandelten sich nach und nach der soziale und rechtliche Status der Beschäftigten und ihre gesellschaftliche Lage. „Es ist beeindruckend, wie sich in der kurzen Zeit von ca. 40 Jahren aus den Anfängen, geistig behinderte Menschen an Arbeit heranzuführen, ein Rehabilitationskonzept entwickelt hat, das behinderten Mitarbeitern die Chance gibt, als vollwertige Mitglieder der Gesellschaft zu lernen und zu arbeiten und Erfüllung in einem ihnen gemäßen Arbeitsleben zu finden" (Schmitz 2002, 9).

Der grundlegende Paradigmenwechsel in der institutionellen Förderung wurde 2001 durch das Neunte Buch im Sozialgesetzbuch (SGB IX) gesetzlich fixiert. Die Leistungsberechtigten wurden mit einem weitgehenden Wunsch-, Wahl- und Zustimmungsrecht ausgestattet. Ihnen müssen möglichst viele Gelegenheiten zur eigenverantwortlichen Gestaltung eingeräumt werden, und ihre Selbstbestimmung muss gefördert werden (§ 9 SGB IX). Das muss sich auf Inhalt und Art der Arbeit in den Werkstätten grundlegend auswirken und sich in ihrer Firmierung offenbaren. Wenige Werkstattträger haben sich inzwischen entschieden, die zutreffende und inhaltlich aussagekräftige Bezeichnung *Werkstatt zur Arbeits- und Berufsförderung* zu übernehmen, darunter die Alexianer-Werkstätten in Münster, die Lebenshilfe-Werkstätten in Remscheid und Solingen und etliche anthroposophisch geführte Werkstätten.

Eine bundesweit inhaltlich klare, Aufgaben beschreibende und einzigartige Namensgebung für die Werkstätten ist keine vorrangig linguistische Herausforderung, sondern eine notwendige, Identität stiftende wie Identität ausdrückende Bedingung. Noch fehlt eine wissenschaftlich begründete, Praxis leitende und Identität schaffende Theorie der Werkstätten und ihrer ganz spezifischen Arbeit. Wilfried Hautop, Leiter der Werkstatt Bremen, eine der größten Einrichtungen dieser

Art in der Bundesrepublik, nahm sich die Freiheit und wandelte angesichts dieser dringenden Aufgaben ein Wort von Willy Brandt um, das dieser anlässlich der Verleihung des Friedens-Nobelpreises 1971 in Oslo gesprochen hatte, und bezog es auf die Werkstätten: „Hier, im Verhältnis Deutschlands zu den behinderten Menschen, gab es nun die größten Belastungen, die höchsten Berge des Misstrauens. Hier lag die Aufgabe unserer Zeit. Sie ist noch längst nicht bewältigt. Wir haben erst angefangen damit, aber wir haben es getan und konnten es nur tun auf den Bahnen, die andere vor uns als erste gewagt hatten“ (modifiziert nach Brandt 1971).

7 Plädoyer für ein Manifest der Heilpädagogik

Ulrich Scheibner

Es ist an der Zeit, dass sich die engagierten Vertreter der allgemeinen Heilpädagogik zusammenschliessen, sich an ihre wissenschaftlichen und praxiserprobten Fachleute wenden und zu den tiefgreifenden gesellschaftlichen Veränderungen in den zurückliegenden beiden Jahrzehnten Stellung bezieht. Denn auch dieser pädagogische Wissenschaftszweig ist dem Wandel ausgesetzt, wird von ihm geformt, muss ihn mitprägen, mitgestalten und selbst initiieren. Doch auch gegenüber der Politik, der Wirtschaft und der allgemeinen Öffentlichkeit muss sich die Heilpädagogik äußern, ihre Gegenwartsanalyse darlegen, ihre zukünftigen Aufgaben im Rahmen sich ändernder sozialer Strukturen und Weltanschauungen begründen. Sie muss ein Zeichen setzen und den politischen Modebegriff „Paradigmenwechsel" mit eigenem Inhalt füllen. Das ist sie auch ihren Nachbargebieten und den ihr verwandten und verbundenen Wissenschaften schuldig.

Die arbeitsmarkt-, wirtschafts- und finanzpolitischen Ereignisse im ersten Jahrzehnt des 21. Jahrhunderts mit ihren dramatischen Folgen für große Teile der Bevölkerung, insbesondere der mit einem besonderen Hilfebedarf durch Staat und Gesellschaft, verstärken diese Verpflichtung. Aus etlichen Beiträgen kann die Schlussfolgerung gezogen werden, dass eine Art heilpädagogisches Grundsatzprogramm überfällig ist. Im Abschnitt 3.4.3 „Heilpädagogische Grundlegung im Kontext Arbeit" findet sich eine Auseinandersetzung über den „heilpädagogischen Eid", eine Analogie zum Eid des Hippokrates. Andere Formen als die einer Eidesformel sind weniger zeremoniell – nicht nur eine rituelle Selbstverpflichtung des Einzelnen – und bieten sich als analytische und zugleich programmatische Wegweisung eher an. Ein Manifest kann wissenschaftliche Ansprüche besser erfüllen und ist eine angemessene Form, auch deshalb, weil sie ein besonders enges Verhältnis zum Thema Arbeit eingegangen ist.

7.1 Der Ursprung des Begriffs „Manifest"

Wie unzählige lateinische Lehnwörter in unserer Sprache wurde uns auch das Wort „Manifest" von den antiken Römern hinterlassen. Das Verb „manifestare" bedeutet „offenbaren" oder „zeigen". So wird das Manifest zu einer öffentlichen und häufig politischen Offenbarung, in der Absichten und Ziele dargelegt werden. „Manifestus" steht außerdem für „handgreiflich" und „erwiesen". Es bedeutet darüber hinaus auch „überführen". Mit einem Manifest werden Sachverhalte klargemacht und Gegner überführt.

Ein eindrucksvolles Manifest aus der Zeit der römischen Antike richtet sich gegen die Römer selbst und ihre Welteroberung. Es ist der vom römischen Historiker Tacitus (58–116) überlieferte flammende Aufruf des schottischen Feldherrn Calgacus (55–115) an seine Truppen, Britannien entschlossen gegen die römischen Eroberer und Plünderer zu verteidigen. In seiner Beschreibung der damaligen Weltmacht berührt Calgacus ein Kernthema dieses Buches – abhängige Arbeit mit menschenunwürdigem Charakter, Kinderarbeit, Sklavenarbeit: „Stehlen, Morden, Rauben heißen sie mit falscher Bezeichnung ‚Herrschaft', und wo sie Einöde schaffen, nennen sie das ‚Frieden'. Dass einem jeden seine Kinder und Verwandten das Liebste seien, hat die Natur gewollt: Gerade sie werden durch Aushebung zum Sklavendienst außer Landes verschleppt; unsere Gattinnen und Schwestern werden, wenn sie der Gier des Feindes entrannen, unter dem Namen der Freundschaft und des Gastrechts geschändet. Güter und Vermögen werden zum Tribut, des Ackers jährlicher Ertrag zur Fruchtabgabe, die Leiber selbst und Hände unter Schlägen und Schimpf dazu verbraucht, Wälder und Sümpfe gangbar zu machen" (Tacitus, 30).

Als Synonym für „Programm" hatte sich „Manifest" dennoch erst spät seinen festen Platz in der deutschen Sprache gesichert. Noch bis ins 18. Jahrhundert war der Begriff eng mit der feudalen Herrschaft und ihrer Kriegsführung verbunden: „Manifest ist eine schriftliche Erklärung eines Landes = Herrn oder einer freyen Republic über eine oder die andere Staats = Angelegenheit, worinnen derselben Recht oder Vorhaben, und die Ursachen desselben insgemein bekannt gemacht werden. Also heisset auch ein Aufgebot zum Kriege, darinnen ein Potentate die Ursache, warum er denselben führet, kund machet, [...] die Manifeste aber an Freunde und Feinde ergehen" (Zedler 1754, 966).

Manifeste sind auf wesentliche Aspekte konzentrierte Programme. Corinna Atzmüller schreibt dazu im Zusammenhang mit der Geschichte der Heilpädagogik: „Die Geburtsstunde der modernen Sonder- und Heilpädagogik fällt zusammen mit dem Gedanken der Revolution. Programme der Revolution sehen den zukünftigen europäischen Menschen in Freiheit und Demokratie. Sie verbinden damit Rechte, die wir heute kennen, die auf Demokratie, Wahlrecht etc. zurückgehen: Schutz der Arbeit, Versammlungsfreiheit, Sicherstellung der menschlichen Bedürfnisse für alle" (Atzmüller o. J., 10).

7.2 Manifeste fordern Veränderungen

Denkt man beim Wort „Manifest" nicht gleich an das berühmte von 1848, das mit den Worten beginnt: „Ein Gespenst geht um in Europa [...]"? (Marx & Engels 1972, 461) Es endet mit dem weltbekannten Aufruf: „Proletarier aller Länder, vereinigt Euch!" Nicht minder radikal wie dieses Manifest der Kommunistischen Partei aus der Feder von Karl Marx und Friedrich Engels war bereits das Manifest an die Mansfeldischen Bergknappen von Thomas Müntzer aus dem Jahre 1525. Sein Schlussaufruf ist noch kategorischer: „Dran, dran, dieweil das Feuer heiß ist. Lasset euer Schwert nit kalt werden, lasset nit verlähmen! [. . .] Man kann euch von Gotte nit sagen, dieweil sie über euch regieren. Dran, dran, weil ihr Tag habt. Gott gehet euch vor, folget, folget!" (Müntzer 2001)

Nicht wenige Manifeste sind radikal. Zwei aus Braunschweig gehören dazu: das des dortigen Herzogs aus dem Jahr 1792, in dem er die Pariser Bevölkerung bedroht, „eine beispiellose und für alle Zeiten denkwürdige Rache nehmen und die Stadt Paris einer militärischen Exekution und einem gänzlichen Ruine preisgeben" zu wollen, wenn dem französischen König und seiner Familie auch nur ein Haar gekrümmt wird (Behschnitt 1978, 64). Das andere Braunschweiger Manifest stammt vom Zentralkomitee der Sozialdemokratischen Arbeiterpartei, in dem 1870 zur Beendigung des deutsch-französischen Krieges aufgerufen wird. „Braunschweiger Manifest" heißt aber auch eine Erklärung von 1994, in der der Erziehungswissenschaftliche Fachbereich der dortigen Technischen Universität über „pädagogische Herausforderungen an Politik und Gesellschaft, für eine arbeitsfähige und humane Schule" aufklärt (TU Braunschweig 1994). In zehn Thesen beschreibt dieses Manifest die Strukturprobleme und Mängel von Schule und Lehrerbildung.

Auf pädagogischem Gebiet haben zahlreiche Manifeste von sich reden gemacht, wenn auch nicht in der aufrührerischen Weise wie die beiden anfangs genannten. Dafür mussten die Autoren auch nicht das Schicksal von Thomas Müntzer teilen. Zu diesen „pädagogischen" Manifesten gehören u. a.

- das Personalistische Manifest von Emmanuel Mounier (1905–1950) aus dem Jahr 1936, dieses viel zu wenig bekannten Philosophen und Vertreters der katholischen Soziallehre. Im Mittelpunkt steht seine Auffassung, dass es keinen höheren Wert gibt als den Wert der Person des Menschen (Mounier 1936). Sein Manifest wurde von den Nazis verboten und kam zwei Jahre später auf die „Liste des schädlichen und unerwünschten Schrifttums";
- das Berliner Manifest der 6. Tagung der „Gesellschaft Erwachsenenbildung und Behinderung" von 1995, das in seiner Einleitung hervorhebt: „Die Umsetzung der Bildungsfähigkeit des Menschen in Bildungsprozesse ist ein zentraler Sinn des Lebens und zugleich Motor kultureller Entwicklung" (GEB 1995, 1);
- das „Landauer Manifest für Integration statt Isolation von pflegebedürftigen Menschen mit geistiger Behinderung" von 1997 (KLGH 1997);
- das Pädagogische Manifest 2005 von Hartmut von Hentig;
- das Erfurter Manifest zur Gründung einer „Initiative für integrative Pädagogik und Politik" von 2007;
- das Manifest „Inklusive Bildung jetzt!" aus dem Jahr 2009, das u. a. der Deutsche Behindertenrat mit unterzeichnet hatte und die Kernaussage enthält: „Bildung ist ein Recht, das zur Wahrnehmung anderer Rechte erst befähigt" (Inklusive Bildung – Jetzt! 2009, 4).

Zum Thema dieses Buches gehören aber auch solche Manifeste wie

- das Münchner Manifest „Demokratie braucht politische Bildung". Die Bundeszentrale und die Landeszentralen für politische Bildung hatten es 1997 herausgegeben, weil die Bevölkerung vor „grundlegenden politischen, sozialen, wirtschaftlichen und ökologischen Herausforderungen" steht, „die existenziell in das Leben gegenwärtiger und zukünftiger Generationen eingreifen. [. . .] Besonders deutlich zeigt sich diese Entwicklung z. B. bei der drastischen Reduzierung der Arbeitsplätze und den damit verbundenen einschneidenden Veränderungen in der Lebenssituation der Menschen" (LpB-BW 1997);
- das Manifest der Deutschen Gesellschaft für Zeitpolitik und der Arbeitnehmerkammer Bremen, „Zeit ist Leben" von 2005. Darin plädieren die Verfasser für eine „Zeitpolitik" mit dem „Ziel, jedem Menschen die Teilhabe an dem sozialen und kulturellen Leben zu ermöglichen, das in und jenseits der Arbeit stattfindet". In der Präambel heißt es: „Das Leben der Menschen besitzt einen Wert an sich, es schließt eine Vielfalt an Bedürfnissen und Möglichkeiten ein. Sie gehen weit über den engen Horizont der materiellen Notwendigkeit des wirtschaftlichen Nutzens hinaus, der das öffentliche Bild der Arbeitsgesellschaft prägt. Nimmt man demgegenüber das ‚Ganze der Arbeit' in den Blick, so bemisst sich deren soziale Qualität an der realen Chance der Menschen, in ihrem Leben das Verhältnis von Erwerbsarbeit, freier Tätigkeit und Muße möglichst frei zu gestalten" (DGZ 2005, 1);
- das „Manifest für eine gerechte Arbeitswelt: Gute Arbeit – gutes Leben" der Bundestagsfraktion „DIE LINKE" von 2007. Deren Überlegungen spiegeln sich auch im DGB-Index „Gute Arbeit" und der Gewerkschaftskampagne „Gute Arbeit – gutes Leben" wider. Die stellvertretende SPD-Vorsitzende Andrea Nahles (MdB) geht noch einen Schritt weiter und proklamiert „Gute Arbeit, gutes Leben und eine gute Gesellschaft" (Nahles 2009);
- das „Manifest für Gemeingüter – Gemeingüter stärken. Jetzt!" Ein Plädoyer aus dem „Interdisziplinären Politischen Salon" der den GRÜNEN nahestehenden Heinrich-Böll-Stiftung von 2009. Darin wird engagiert für eine „Kultur der Gemeingüter" geworben und erläutert, was darunter zu verstehen ist: „Gegenseitige Verantwortung anstatt Herrschaftsethik, Fairness und Gerechtigkeit anstatt einseitige Nutzenoptimierung, wechselseitige Abstimmung anstatt Alleingang" (Augsten et al. 2009, 2).

Ein Manifest von heilpädagogischen Fachleuten oder zur Heilpädagogik würde eine politische und pädagogische Lücke schließen. Es wurde bis heute nicht verfasst. Seine Notwendigkeit sollen die folgenden Überlegungen verdeutlichen.

7.3 Grundlagen für ein Manifest der Heilpädagogik

7.3.1 Heilpädagogik braucht und gestaltet den demokratischen und sozialen Rechtsstaat

Die Geschichte der Heilpädagogik in Deutschland ist eng mit den gesellschaftlichen Umbrüchen und der sie auslösenden rasanten wirtschaftlich-technischen Entwicklung verbunden. In ihrem Gefolge verfestigte sich die Auffassung, dass es unnütze und überflüssige Menschen und Menschengruppen gäbe. Das betraf vor allem diejenigen, die schon als Kinder und Jugendliche keine der allgemein geforderten schulischen Leistungen erbringen konnten, die als Voraussetzung für den Eintritt ins Erwerbsleben galten. Nicht anders wurden Erwachsene beurteilt, über Jahrhunderte sogar solche, die durch Kriege und Kriegsfolgen versehrt wurden. Nach moderner Erkenntnis muss „Behinderung als Verhältniskategorie zwischen Umwelt und Individuum begriffen werden" (EFH Darmstadt, 2009). Es hat vom ersten überlieferten Unterricht „taubstummer" Menschen im deutschen Reich durch den Hofprediger Joachim Pascha (1527–1578) bis zur deutschen Ausgabe der Internationalen Klassifikation der Funktionsfähigkeit, Behinderung und Gesundheit (ICF) über 400 Jahre gedauert, um den althergebrachten Behinderungsbegriff zu überwinden.

Heute gilt „Behinderung" als eine hochkomplexe Beziehung zwischen der Person mit ihren besonderen körperlichen, mentalen oder psychischen Eigenheiten und Erschwernissen und der daraus resultierenden Wirkung auf ihren Körper, ihre Aktivitäten und ihre Teilhabedynamik einerseits. Andererseits wirken die sogenannten Kontextfaktoren (ICF 4) gravierend – förderlich oder beeinträchtigend. Zu denen gehören die prägenden natürlichen oder von Menschen gemachten Umweltfaktoren (DIMDI 2005, 125 ff.) und die personbezogenen Faktoren wie „Geschlecht, ethnische Zugehörigkeit, Alter, andere Gesundheitsprobleme, Fitness, Lebensstil, Gewohnheiten, Erziehung, Bewältigungsstile, sozialer Hintergrund, Bildung und Ausbildung, Beruf sowie vergangene oder gegenwärtige Erfahrungen (vergangene oder gegenwärtige Ereignisse), allgemeine Verhaltensmuster und Charakter, individuelles psychisches Leistungsvermögen und andere Merkmale umfassen, die in ihrer Gesamtheit oder einzeln bei Behinderung auf jeder Ebene eine Rolle spielen können" (DIMDI 2005, 22).

Auf alle fünf wesentlichen und prägenden Bedingungen, die „Behinderung" charakterisieren, können die betreffende Person und die ihn unterstützenden Menschen am besten und am erfolgreichsten in einem demokratischen und sozialen Rechtsstaat einwirken: erstens auf die eigenen Körperfunktionen und zweitens auf die eigenen Körperstrukturen, drittens auf seine Aktivitäten und Teilhabedynamik, viertens auf die vielfältigen Umweltfaktoren und fünftens auf die personbezogenen Ursachen. Nur in einer solchen Staatsform zielt das soziale Staatsziel „auf die Integration der Gesellschaft. [...] Das schließt auch und gerade ein, die

Interessen von Menschen zu beachten, die durchsetzungsschwach, vermindert leistungsfähig, arm oder behindert sind" (Welti 2005, 745). Nur ein solcher Staat ist zudem eng mit anderen demokratischen Staaten, mit Staatengemeinschaften und ihren Organisationen verflochten und verpflichtet, sich ihren weiterreichenden Erkenntnissen und Handlungsempfehlungen wirkungsvoll zu öffnen.

7.3.2 Heilpädagogik will den sozialen Fortschritt

Im Mai 2009 hatten das SPD-Präsidium und der DGB-Bundesvorstand ein gemeinsames Positionspapier zum sozialen Fortschritt in Europa beschlossen. Der gewerkschaftlichen Forderung nach einer verbindlichen sozialen Fortschrittsklausel im Lissabon-Vertrag haben sich auch BÜNDNIS 90/DIE GRÜNEN angeschlossen. Der Europäische Gewerkschaftsbund (EGB) hat sich diese Vorschläge zu eigen gemacht und sie als „Protokoll zum sozialen Fortschritt" zur Ergänzung des Vertrages von Lissabon empfohlen. Die Fachleute der Heilpädagogik können sich an den darin enthaltenen Kerngedanken orientieren, sie für ihre wissenschaftliche Arbeit und als Maßstab für ihre heilpädagogische Praxis verwenden. Die Grundaussage des EGB bezieht sich auf die Gemeinwohlverpflichtung des Macht schaffenden Eigentums nach Art. 14 GG: Soziale Marktwirtschaft ist kein Selbstzweck, sondern dient dem Gemeinwohl. Sozialer Fortschritt und seine Anwendung bedeuten nach Auffassung des EGB:

- eine Verbesserung der Lebens- und Arbeitsbedingungen sowie jeder anderen sozialen Bedingung für die Bevölkerung (ETUC o. J., Art. 2);
- die wirksame Ausübung der sozialen Grundrechte und Prinzipien (ETUC o. J., Art. 2);
- den Schutz vor allem der Arbeitnehmerschaft und ihrer Rechte (ETUC o. J., Art. 2);
- den Schutz des erreichten sozialen Standards und die Verbesserung der Lebens- und Arbeitsbedingungen insbesondere für die Arbeitnehmerschaft (ETUC o. J., Art. 2);
- die Beibehaltung von Verbesserungen und die Verhinderung von sozialen Rückschritten (ETUC o. J., Art. 2);
- steten Vorrang der sozialen Grundrechte gegenüber allen anderen Freiheiten, besonders der wirtschaftlichen und wettbewerbspolitischen und Primat der sozialen Grundrechte im Konfliktfall (ETUC o. J., Art. 3);
- die Sicherung, Ausübung und Einforderung der sozialen Grundrechte, ohne Verletzung durch wirtschaftliche Freiheiten (ETUC o. J., Art. 3).

7.3.3 Heilpädagogik ist eine humanistische Gesellschaftswissenschaft

Als spezialisierte Pädagogik gehört die Heilpädagogik zu den Gesellschaftswissenschaften. Ihren Fachleuten ist deshalb bewusst, dass es auf dem Gebiet der sozialen Rechte, besonders der Grund- und Menschenrechte, keinen wirksamen und nachhaltigen Fortschritt nur für eine Bevölkerungsgruppe oder einzelne -gruppen geben kann. Soweit etwa das aus dem Völkerrecht abgeleitete politische Ziel der Selbstbestimmung überhaupt für die einzelne Person gelten kann, ist sie keinesfalls auf eine Auswahl von Menschen zu beschränken. „Selbstbestimmung" für die als schwerbehindert geltenden Arbeitnehmer in den Erwerbsbetrieben z. B. ist nur als generelles Recht für alle abhängig Beschäftigten sinnvoll und realisierbar. Die besonderen Schutz- und Mitwirkungsrechte der schwerbehinderten Arbeiternehmer in den Betrieben sind erst auf dem Fundament der Rechte der Beschäftigten und ihres Betriebsrates möglich geworden.

Nichts anderes gilt prinzipiell für den gesamtgesellschaftlichen Rahmen. Das grundgesetzliche Gebot, niemanden wegen seiner Behinderung zu benachteiligen, war eine politisch opportune Ergänzung im Gleichheitsgrundsatz und im generellen Benachteiligungsverbot des Artikels 3 GG. Inhaltlich notwendig war sie nicht. Zur Klarstellung und zur Widerspiegelung der sozialpolitischen Entwicklung ist sie hilfreich und zugleich eine öffentlich gezogene Lehre aus der deutschen Geschichte. Als grundgesetzliches Kompensationsgebot kann es nicht gelten. Das aber ist notwendig, um die Grundrechte, vor allem das auf Unantastbarkeit der Würde (Art. 1 Abs. 1 GG), auf freie Entfaltung der Persönlichkeit (Art. 2 Abs. 1 GG) und auf Leben, körperliche Unversehrtheit und Freiheit der Person im Alltag wirkungsvoll ausüben zu können.

Heilpädagogik muss darum Einfluss auf die gesellschaftlichen Rahmenbedingungen nehmen, innerhalb derer sie Wissenschaft und Praxis betreibt. Ihr soziales Ziel ist eine Gemeinschaft, in der die Grund- und Menschenrechte Maßstab und Handlungsprämisse zugleich sind. Das hätte zur Folge, dass das Gleichheitsprinzip im Grundgesetz und in der Menschenrechtserklärung der UNO für alle Menschen gleichermaßen gilt: „Alle Menschen sind frei und gleich an Würde und Rechten geboren" (Art. 1 Satz 1 Resolution 217 A). Die für das Alltagsleben in einem sozialen und demokratischen Rechtsstaat folgende Konsequenz dieses ungeteilten und für jede Person geltenden Naturrechts legt dem demokratischen und sozialen Rechtsstaat und seiner Gesellschaft fundamentale Pflichten auf. Zu denen gehört es, Bedingungen und Voraussetzungen zu schaffen, damit grundlegende Rechte wahrgenommen werden können. Die zehn wichtigsten sind:

- Chancengleichheit in allen Lebensphasen zur Herausbildung und Weiterentwicklung der Persönlichkeit,
- Herstellung und Sicherung der materiellen und personbezogenen Bedingungen zur bestmöglichen Entwicklung von Kindheit an,

- Entwicklung und Förderung von Selbstbewusstsein innerhalb solidarischer Gemeinschaften in allen Lebensabschnitten,
- Entfaltung und Entwicklung der persönlichen Neigungen, Interessen und Begabungen,
- Begünstigung und Förderung von vorschulischer, schulischer und außerschulischer Bildung, lebenslanger Fort- und Weiterbildung,
- Ausgleich oder Beseitigung von Erschwernissen, Hindernissen, Hemmnissen und Störungen in allen Abschnitten der Persönlichkeitsentwicklung,
- Gewährleistung einer adäquaten beruflichen Bildung und Ausbildung,
- Sicherstellung eines gemeindenahen angemessenen Arbeits- oder Beschäftigungsplatzes auf der Basis eines grundgesetzlichen Rechts auf Arbeit,
- Sicherung der materiellen Existenz auf dem konkreten Kulturniveau,
- Einflussnahme auf die gesellschaftlichen Normen, Werte und ihre Äußerungsformen, um Gemeinsinn und Humanität zu fördern und eine stabile Akzeptanz des individuellen Andersseins zu gewährleisten.

7.3.4 Heilpädagogik ist eine anwendungsbezogene, sozial gestaltende Wissenschaft

Heilpädagogische Fachleute arbeiten unterstützend mit Menschen jeden Alters, die aufgrund ihrer körperlichen, mentalen oder psychischen Eigenschaften in ihren persönlichen Aktivitäten und ihrer Teilhabe am gemeinschaftlichen Leben benachteiligt oder gar behindert werden. Es gehört zum Grundwissen der heilpädagogisch Tätigen, dass sie in ihrem Handeln stets in einer komplexen Person-Umwelt-Beziehung stehen. Von ihrer Arbeit werden Ergebnisse und Erfolge auf drei Ebenen erwartet: der sozialen Entwicklung, der personalen Entwicklung und der Eigenentwicklung. Im Fokus steht dabei, dass die zu unterstützende Person „ihr Dasein in allen Lebensbereichen, die ihr wichtig sind, in der Weise und dem Umfang entfalten kann, wie es von einem Menschen ohne [...] Beeinträchtigung der Körperfunktionen oder -strukturen oder ihrer Aktivitäten erwartet wird" (DIMDI 2005, 4). Die entscheidenden Ziele sind

- die vorausschauende Problemvermeidung – Prävention (vgl. Kirch & Badura 2006),
- die Frühförderung für „behinderte und von Behinderung bedrohte Kinder von der Geburt bis zum individuellen Schuleintritt und ihr soziales Umfeld" (BMAS 2009b, 13),
- die Wiedergewinnung und Erhaltung der Handlungsbereitschaft und -fähigkeit, infolgedessen die Eingliederung oder Wiedereingliederung in das Leben der Gesellschaft und ins Arbeitsleben sowie die aktive Einbeziehung – Rehabilitation (vgl. § 1 SGB IX),
- die Bewältigung der körperlichen, psychischen und sozialen Folgen.

- Die wissenschaftliche und praktische Arbeit der heilpädagogischen Fachleute muss sich mit den sozialen Hemmnissen auseinandersetzen, die der Zielerreichung entgegenstehen. Ein „Manifest der Heilpädagogik" kann das veranschaulichen. Dazu gehört u.a.
- die Einbeziehung der ICF auf allen Ebenen der Heilpädagogik und die Auseinandersetzung mit ihr,
- der Verzicht auf den Begriff „Behinderung" und seine Wortformen, wenn es um die Beschreibung besonderer menschlicher Eigenheiten und deren personbezogene wie soziale Folgen geht,
- der Widerstand gegen alle demagogischen Formen betriebswirtschaftlicher Kostenrechnung, Kosten-Nutzen-Kalkulationen und der Verpreislichung menschlichen Lebens,
- die Einflussnahme auf den Entwicklungsprozess einer humanistischen Wirtschaftsethik und Betriebsverfassung,
- die Formulierung von Ansprüchen an das Qualifikationsniveau und -management von heilpädagogisch Tätigen,
- die Schaffung von Foren zum Austausch wissenschaftlicher Erkenntnisse und praktischer Erfahrungen auf heilpädagogischem und verwandtem Gebiet.

Die Heilpädagogik unterstreicht ihren interdisziplinären und wissenschaftsintegrativen Charakter. Auch die Arbeitswissenschaft erhebt diesen Anspruch. Sie hält ebenso den Austausch zwischen den Wissenschaften für dringend, die aus ihrer jeweils spezialisierten Sicht den individuellen und kollektiven Arbeits- und Gesundheitsschutz mitgestalten, die soziale Angemessenheit von Arbeit untersuchen und die Arbeit dem Menschen anpassen wollen. Beiden Wissenschaften geht es um die Beziehungen zwischen dem Menschen, der Arbeit, den Arbeitsmitteln und Arbeitsgegenständen, der Arbeitsumgebung und Umwelt. Gerade arbeitswissenschaftliche Erkenntnisse muss sich die Heilpädagogik deshalb zu eigen machen, um sich stärker als bisher der allgemein üblichen Arbeitswelt zuwenden zu können. Denn bislang hat sich Heilpädagogik nur auf einige Segmente des Arbeitslebens beschränkt: auf die im Sozialgesetzbuch als Werkstätten für behinderte Menschen bezeichneten Einrichtungen und die der beruflichen Bildung.

Ein Manifest der Heilpädagogik muss sich dem folgenschweren Widerspruch der heutigen Zeit stellen: Einerseits ist ein wachsender Teil der arbeitsfähigen Menschen für die Erwerbswirtschaft wirtschaftlich nicht verwertbar, demzufolge überzählig und nutzlos. Besonders die Arbeitskraft der unter 25-Jährigen und der über 45-Jährigen wird immer weniger nachgefragt und ist auf dem Arbeitsmarkt zum Ladenhüter geworden. Andererseits werden immer größere Bevölkerungsteile zu Erwerbsfähigen, die überwältigende Mehrzahl unter ihnen zu abhängig Beschäftigten. So entsteht eine Millionen zählende Reservearmee von Arbeitskräften, ein stehendes Heer, für das es keinen Einsatzbedarf gibt. Wie beim Militär verursacht auch das stehende Arbeitskräfteheer immense Probleme und Kosten. Unter diesen Bedingungen muss ein Manifest der Heilpädagogik Stellung zu der längst nicht nur von der Politik proklamierten Prämisse beziehen, die Erwerbsarbeit im Staat wäre das A und O des gesellschaftlichen Wohlstandes. Das daraus resultierende vorrangige Ziel wäre somit die Beschäftigung in der Erwerbswirtschaft. Dieser weit verbreiteten erwerbswirtschaftszentrierten Betrachtung muss ein heilpädagogisches Manifest eine konsequent demokratiegeleitete, gemeinwohlorientierte und emanzipatorische Denkweise entgegensetzen. Eine solche Einstellung gehört zu den heilpädagogischen Grundlagen für eine zielstrebige, personbezogene Politik der sozialen Einbeziehung.

Literaturverzeichnis

Aktionbildung (2009): aktionbildung – Wir bauen auf. Berufliche Bildung! Internetpräsentation. Frankfurt a. M.
http://www.aktionbildung.de (Stand: 27. 03. 2009)

Allgemeines Landrecht für die Preußischen Staaten von 1794 (PrALR) (2009): Internet-Link der Anwaltskanzlei Ralf Glücksmann. Hamburg.
http://www.smixx.de/ra/Links_F-R/PrALR/pralr.html

Asche, B. & Hildebrandt, G. (2009): Ein Bereich mit Zukunft? Verpackung und Montagearbeiten. In: Bundesarbeitsgemeinschaft Werkstätten für behinderte Menschen e. V. (BAG:WfbM) (Hrsg.): Werkstatt:Dialog Nr. 1/2009. Frankfurt a. M.

Atzmüller, C. (o. J.): Entwicklungsgeschichte der modernen Heilpädagogik in Österreich. Universität Wien, Vorlesungsmitschrift.

Augsten, F. et al. (Autorenkollektiv) (2009): Manifest. Gemeingüter stärken. Jetzt! Thesenpapier im Rahmen des Interdisziplinären Politischen Salons der Heinrich-Böll-Stiftung „Zeit für Allmende". Berlin.

BA – Bundesagentur für Arbeit (2002): Maßnahmen im Eingangsverfahren und im Berufsbildungsbereich einer Werkstatt für behinderte Menschen. BA-Info 10/2002. Nürnberg.
http://www.arbeitsagentur.de/zentraler-Content/A08-Ordnung-Recht/A081-Schwerbehindertenrecht/Publikation/pdf/Massnahmen-im-Eingangsverfahren-und-im-B.pdf
(Stand: 06. 04. 2009)

BA – Bundesagentur für Arbeit (2009 a): BerufeNet. Berufsinformationen einfach finden. Fachkraft – Arbeits- und Berufsförderung.
http://infobub.arbeitsagentur.de/berufe/berufId.do?_pgnt_pn=0&_pgnt_act=goToAnyPage&_pgnt_id=resultShort&status=T01 (Stand: 28. 03. 2009)

BA – Bundesagentur für Arbeit (2009 b): Handlungsempfehlung/Geschäftsanweisung 01/2009. HEGA 01/09 – 04 – Gesetz zur Einführung Unterstützter Beschäftigung. Geschäftszeichen: SP III 23 – 5390/6530. Nürnberg.
http://www.arbeitsagentur.de/nn_165 870/zentraler-Content/HEGA-Internet/A05-Berufl-Qualifizierung/Dokument/HEGA-01 – 2009-VA-Unterstuetzte-Beschaeftigung.html
(Stand: 06. 04. 2009)

Bach, H. U., Brinkmann, Chr., Kohler, H. et al. (1979): Der Arbeitsmarkt in der Bundesrepublik Deutschland im Jahre 1980. Sonderdruck aus: Institut für Arbeitsmarkt- und Berufsforschung Nürnberg (Hrsg.): Mitteilungen aus der Arbeitsmarkt- und Berufsforschung, 12. Jg./1979. Stuttgart.

Bach, H. U., Brinkmann, Chr. & Kohler, H. et al. (1990): Zur Arbeitsmarktentwicklung 1990/1991 im vereinten Deutschland. Sonderdruck aus: Institut für Arbeitsmarkt- und Berufsforschung, Nürnberg (Hrsg.): Mitteilungen aus der Arbeitsmarkt- und Berufsforschung, 23. Jg./1990. Stuttgart.

Bachmann, W. (1985): Das unselige Erbe des Christentums: Die Wechselbälge. Zur Geschichte der Heilpädagogik. Giessener Dokumentationsreihe, Heil- und Sonderpädagogik Bd. 6, Institut für Heil- und Sonderpädagogik der Justus-Liebig-Universität, Gießen.

BAG UB – Bundesarbeitsgemeinschaft für Unterstützte Beschäftigung e. V. (Hrsg.) (2005): Handbuch Arbeitsassistenz. Ergebnisse eines Projektes gefördert durch Aktion Mensch. Hamburg.

BAG:WfbM – Bundesarbeitsgemeinschaft Werkstätten für behinderte Menschen e. V. (2002): Leitlinien zur beruflichen Bildung. Erarbeitet vom „Ausschuss Mehr Bildung!" in der Zeit vom 1. September 2000 bis zum 24. August 2001. Frankfurt a. M.

BAG:WfbM – Bundesarbeitsgemeinschaft Werkstätten für behinderte Menschen e.V. (2008a): Anzahl der wesentlichen Behinderungsarten in den Mitgliedswerkstätten zum 01.01.2007. Frankfurt a.M.
http://www.bagwfbm.de/category/34 (Stand: 25.02.2009)

BAG:WfbM – Bundesarbeitsgemeinschaft Werkstätten für behinderte Menschen e.V. (2008b): DIA-AM und das Eingangsverfahren. Information vom 09.10.2008. Frankfurt a.M.
http://www.bagwfbm.de/article/859 (Stand: 06.04.2009)

BAG:WfbM et al. (2005): Gemeinsame Empfehlungen – Standards für die Qualifizierung „(Geprüfte) Fachkraft zur Arbeits- und Berufsförderung in Werkstätten für behinderte Menschen". Frankfurt a.M.
http://www.bagwfbm.de/category/28 (Stand: 28.03.2009)

BAGüS/BIH (Hrsg.) (2007): Schnittstelle allgemeiner Arbeitsmarkt – Werkstatt für behinderte Menschen. Schwachstellen und Lösungsperspektiven aus der Sicht der Bundesarbeitsgemeinschaft der überörtlichen Träger der Sozialhilfe (BAGüS) und der Bundesarbeitsgemeinschaft der Integrationsämter und Hauptfürsorgestellen (BIH). Münster/Karlsruhe. 23.02.2007.
http://www.hauptfuersorgestellen.de/files/657/Papier__BAGueS_BIH_Endf_23022007.pdf (Stand: 26.04.2009)

Batram, S. (2007): Personalentwicklung durch organisatorisches Lernen. In: Batram, S., Brinkmann, M., Haubner A. & Hengst, A.: Selbstbestimmt lernen – Personalentwicklung der Fachkräfte in Werkstätten für behinderte Menschen. Berlin.

BayStMUK – Bayerisches Staatsministerium für Unterricht und Kultus (Hrsg.) (2008): Förderschule. München.

BeB – Bundesverband Evangelische Behindertenhilfe e.V. (Hrsg.) (2004): Diakonie-Werkstättenmitwirkungsverordnung.
www.wfbm.info/pdf/DWMV0604.pdf (Stand: 02.05.2009)

BeB – Bundesverband evangelische Behindertenhilfe e.V. (2008): Vorgeschaltete Maßnahme im berufsbildenden Bereich von Menschen mit Behinderung. Stellungnahme des BeB zur Produktinformation „Diagnose der Arbeitsmarktfähigkeit besonders betroffener behinderter Menschen (DIA-AM)" der Bundesagentur für Arbeit. Berlin.
http://www.beb-ev.de/files/pdf/2008/sonstige/2008–03–05StellungnahmeDIA-AM.pdf (Stand: 06.04.2009)

BeFAB – Berufsverband Fachkräfte zur Arbeits- und Berufsförderung (2009): Internetpräsenz des Berufsverbandes Fachkräfte zur Arbeits- und Berufsförderung in Werkstätten für behinderter Menschen. Bamberg.
http://www.befab.de/fab.shtml (Stand: 28.03.2009)

Behschnitt, W. (1978): Die Französische Revolution, Quellen und Darstellungen, in: Politische Bildung, Materialien für den Unterricht. Stuttgart.

Bergmann, F. (2009): Neue Arbeit – Neue Kultur. Unser Konzept.
http://www.neuearbeit-neuekultur.de/

Berndt, J. (1997): Körperliche Leistungsfähigkeit. In: Luczak, H. &. Volpert, W. (Hrsg.): Handbuch Arbeitswissenschaft. Stuttgart, 473–477.

Bernhard, D. (2008): Weiterbildung betrieblicher Akteure im Kontext der beruflichen Integration behinderter Menschen. Eine Bildungsbedarfsanalyse. Aachen.

Bernhard, D. & Brinkmann, E. (2008): Jobcoaching – Hilfe zur Selbsthilfe am Arbeitsplatz. In: Heß, G., Kagemann-Harnack, G. & Schlummer, W. (Hrsg.): Wir wollen – wir lernen – wir können! Erwachsenenbildung – Inklusion – Empowerment. Marburg, 268–274.

BGBl. (2008): Gesetz zu dem Übereinkommen der Vereinten Nationen vom 13. Dezember 2006 über die Rechte von Menschen mit Behinderungen sowie zu dem Fakultativprotokoll vom 13. Dezember 2006 zum Übereinkommen der Vereinten Nationen über die Rechte von Menschen mit Behinderungen vom 21. Dezember 2008. Bundesgesetzblatt Jahrgang 2008 Teil II

Nr. 35, 1456, ausgegeben zu Bonn am 31. Dezember 2008. Bonn.
http://files.institut-fuer-menschenrechte.de/437/Behindertenrechtskonvention.pdf (Stand: 08.05.2009)

Bielefeldt, H. (2006): Zum Innovationspotenzial der UN-Behindertenkonvention. Deutsches Institut für Menschenrechte. Berlin.
http://files.institut-fuer-menschenrechte.de/437/IUS-025_DIMR_E_BK_RZ_WEB_ES.pdf (Stand: 09.05.2009)

BIH – Bundesarbeitsgemeinschaft der Integrationsämter und Hauptfürsorgestellen (Hrsg.) (2002; online-Version 2009): ABC. Behinderung & Beruf. Handbuch für die betriebliche Praxis. Wiesbaden.
http://www.integrationsaemter.de/webcom/show_lexikon.php/_c-578/i.html (Stand: 02.05.2009)

BIH – Bundesarbeitsgemeinschaft der Integrationsämter und Hauptfürsorgestellen (Hrsg.) (2007): Hilfen für schwerbehinderte Menschen im Beruf, Jahresbericht der Bundesarbeitsgemeinschaft der Integrationsämter und Hauptfürsorgestellen 2006/2007. Karlsruhe

BIH – Bundesarbeitsgemeinschaft der Integrationsämter und Hauptfürsorgestellen (Hrsg.) (2007a): Empfehlungen der Bundesarbeitsgemeinschaft der Integrationsämter und Hauptfürsorgestellen (BIH) für die Erbringung finanzieller Leistungen zur Arbeitsassistenz schwerbehinderter Menschen gemäß § 102 Abs. 4 SGB IX, 16.10.2007. Karlsruhe.
http://www.integrationsaemter.de/files/599/Empfehlungen_zur_Arbeitsassistenz_Oktober2007.pdf (Stand: 26.04.2009)

BIH – Bundesarbeitsgemeinschaft der Integrationsämter und Hauptfürsorgestellen (Hrsg.) (2008a): Drei Jahre Strukturverantwortung für die Integrationsfachdienste – 2005 bis 2007. Zwischenbilanz und Ausblick. Karlsruhe.

BIH – Bundesarbeitsgemeinschaft der Integrationsämter und Hauptfürsorgestellen (Hrsg.) (2008b): Jahresbericht 2007/2008. Hilfen für schwerbehinderte Menschen im Beruf. Karlsruhe.

Bleidick, U. (1969): Heilpädagogik, Sonderpädagogik, Pädagogik der Behinderten – Wandlungen der Begriffsbildung. Schriften zur Sonderpädagogik, H. 7. Dortmund.

Bleidick, U. (1972): Pädagogik der Behinderten. Grundzüge einer Theorie der Erziehung behinderter Kinder und Jugendlicher. Berlin.

BMAS – Bundesministerium für Arbeit und Soziales (2007): Arbeit individuell gestalten. e.balance. Magazin für Soziales, Nr. 52, 06/2007.
http://www.inqa.de/Inqa/Redaktion/Zentralredaktion/PDF/ebalance-juni07,property=pdf,bereich=inqa,sprache=de,rwb=true.pdf

BMAS – Bundesministerium für Arbeit und Soziales (2008): 3,5 Mrd. Euro für mehr Beschäftigung und Arbeitsplatzqualität – Europäischer Sozialfonds startet in neue Förderperiode. Pressemitteilung vom 15.04.2008.
URL http://www.esf.de/portal/generator/1712/080415__esf__portal__gestartet.html

BMAS – Bundesministerium für Arbeit und Soziales (Hrsg.) (2009a): Unterstützte Beschäftigung. Neue Chancen auf dem Arbeitsmarkt für behinderte Menschen mit besonderem Unterstützungsbedarf. Bonn.

BMAS – Bundesministerium für Arbeit und Soziales (Hrsg.) (2009b): Behindertenbericht der Bundesregierung für die 16. Legislaturperiode, Entwurf. Berlin.

BMBF – Bundesministerium für Bildung und Forschung (2001/2009): Rahmenkonzept „Innovative Arbeitsgestaltung – Zukunft der Arbeit". Berlin.
Teilpräsentation im Internet: http://www.bmbf.de/de/9578.php

Bojanowski, A., Ratschinski, G. & Straßer, P. (Hrsg.) (2005): Diesseits vom Abseits – Studien zur Benachteiligtenförderung. Bielefeld.

Borchert, J. (Hrsg.) (2007): Einführung in die Sonderpädagogik. München/Wien.

Bösel, R. (1997): Anpassung und Gewöhnung. In: Luczak, H. & Volpert, W. (Hrsg.): Handbuch Arbeitswissenschaft. Stuttgart, 312–317.
Boucsein, W. (1997): Aktivierung. In: Luczak, H. & Volpert, W. (Hrsg.): Handbuch Arbeitswissenschaft. Stuttgart, 309–312.
Brandt, W. (1971): Vortrag des Bundeskanzlers zum Thema „Friedenspolitik in unserer Zeit"; modifiziert nach dem Manuskript anlässlich der Verleihung des Friedensnobelpreises. Oslo. http://www.bwbs.de/content/frontend/userimages/Brandt/Nobelpreisrede.pdf (Stand: 18. 10. 2009)
Brockhaus (1896): Brockhaus Konversationslexikon 14. Aufl., Leipzig/Berlin.
Brockhaus (1997): Der Brockhaus, Bd. 1. Leipzig/Mannheim.
Brozat, M., Fröhlich, E. & Wiesemann, F. (Hrsg.) (1977): Lage der Arbeiterschaft, Arbeiteropposition, Aktivität und Verfolgung der illegalen Arbeiterbewegung 1933–1945; in: Bayern in der NS-Zeit. Soziale Lage und politisches Verhalten der Bevölkerung. München.
Bürli, A. (2002): Die Zukunft der Schweizer Heilpädagogik hat schon begonnen! Prospektivstudie zur Sonderpädagogik in der Schweiz. In: Schweizerische Zeitschrift für Heilpädagogik 2/2002. Luzern
http://bidok.uibk.ac.at/library/buerli-zukunft.html
BMGS – Bundesministerium für Gesundheit und Soziale Sicherung (Hrsg.) (2004): Forschungsbericht Nr. 287 a, Sozialforschung – Kleinwüchsige Menschen in Ausbildung und Beruf, Teil II, Forschungsträger Bundesverband Kleinwüchsige Menschen und ihre Familien e. V., Bremen. Bonn.
Bundestagsdrucksache 14/5990 (2001): Unterrichtung durch die Bundesregierung. Lebenslagen in Deutschland. Erster Armuts- und Reichtumsbericht, 08. 05. 2001.
Bundestagsdrucksache 15/5015 (2005): Unterrichtung durch die Bundesregierung. Lebenslagen in Deutschland. Zweiter Armuts- und Reichtumsbericht, 03. 03. 2005.
Bundestagsdrucksache 16/9915 (2008): Unterrichtung durch die Bundesregierung. Lebenslagen in Deutschland. Dritter Armuts- und Reichtumsbericht, 30. 06. 2008.
BVLH – Bundesvereinigung Lebenshilfe für Menschen mit geistiger Behinderung e. V. (Hrsg.) (1983): Werkstatt für Behinderte. Ergänzbares Handbuch. 1. Aufl., Erg. Lfg. 8. Marburg.
BVLH – Bundesvereinigung Lebenshilfe für Menschen mit geistiger Behinderung e. V. (Hrsg.) (1996): Selbstbestimmung. Kongressbeiträge. Marburg.
BVLH – Bundesvereinigung Lebenshilfe für Menschen mit geistiger Behinderung e. V. (Hrsg.) (2000): WfbM-Handbuch. Ergänzbares Handbuch, Werkstatt für behinderte Menschen. Marburg.
BVLH – Bundesvereinigung Lebenshilfe für Menschen mit geistiger Behinderung e. V. (2002): Zwischen Schule und Beruf. Marburg
CZ – Cellesche Zeitung (2009): 10. Juli 2009, 3 (Stichwort: Zahl des Tages).
con_sens GmbH – Consulting für Steuerung und soziale Entwicklung (2003): Bestands- und Bedarfserhebung Werkstätten für behinderte Menschen; im Auftrag des Bundesministeriums für Arbeit und Sozialordnung, Forschungsbericht, Januar 2003. Berlin.
Cramer, H. H. (2006): Werkstätten für behinderte Menschen. Kommentar. 4. Aufl., München.
CV (2009): siehe Papst Benedikt XVI.
Deckert-Peaceman, H. & Kößler, G. (2003): Didaktische und methodische Grundlagen. In: Deckert-Peaceman et al. (Hrsg.): Konfrontationen. Bausteine für die pädagogische Annäherung an Geschichte und Wirkung des Holocaust. Frankfurt a. M., 5–15.
DESTATIS, Statistisches Bundesamt (2008): Qualifikation entscheidet über Verlagerung von Arbeitsplätzen; Pressemitteilung Nr. 159 vom 21. 04. 2008. Wiesbaden.
DESTATIS, Statistisches Bundesamt (2009): Erwerbstätige und Arbeitnehmer nach Wirtschaftsbereichen in Deutschland, (Inlandskonzept) 2005 bis 2008. Wiesbaden.
http://www.destatis.de/jetspeed/portal/cms/Sites/destatis/Internet/DE/Content/

Statistiken/Arbeitsmarkt/Erwerbstaetige/Tabellen/Content75/ArbeitnehmerWirtschaftsbereiche,templateId=renderPrint.psml
Detmar, W., Gehrmann, M. & König, F. et al. (2008): Entwicklung der Zugangszahlen zu Werkstätten für behinderte Menschen, Kurzfassung. In: BMAS – Bundesministerium für Arbeit und Soziales (Hrsg.): Entwicklung der Zugangszahlen zu Werkstätten für behinderte Menschen. Forschungsbericht 383. Erstellt durch ISB – Gesellschaft für Integration, Sozialforschung und Betriebspädagogik gGmbH. Berlin.
Deusch, B. (2007): Integrationsfachdienste (IFD) in Baden-Württemberg. Vortrag. Präsentation auf der Fachtagung „Job4000 – Gute Arbeit trotz Handicap" am 12. 12. 2007 in Stuttgart. Stuttgart.
http://www.bmas.de/coremedia/generator/23 860/property=pdf/job4000__fachtagung__stuttgart__vortrag__deusch.pdf (Stand: 18. 04. 2009)
Deutsch-Israelischer Verein für Rehabilitation und soziale Eingliederung für behinderte und von Behinderung bedrohte Menschen (2006): Diagnose, Evaluation und Individuelles Programm zur Entwicklung der Fähigkeitspotenziale von Menschen mit geistiger Behinderung; gefördert vom Bundesministerium für Gesundheit und Soziale Sicherung; Forschungsbericht Nr. 359, 12/2006. Gießen.
DGB – Deutscher Gewerkschaftsbund & SPD – Sozialdemokratische Partei Deutschlands (2009): Für ein Europa des sozialen Fortschritts. Gemeinsames Positionspapier von SPD und DGB. Beschlossen vom SPD-Präsidium am 4. Mai 2009 und vom DGB-Bundesvorstand am 5. Mai 2009. Düsseldorf/Berlin.
DGZ – Deutsche Gesellschaft für Zeitpolitik e. V. & Arbeitnehmerkammer Bremen (Hrsg.) (2005): Manifest „Zeit ist Leben".
http://www.zeitpolitik.de/pdfs/ZP_Manifest.pdf
Die Beauftragte der Bundesregierung für die Belange behinderter Menschen (Hrsg.) (2009): UN-Behindertenrechtskonvention – Übereinkommen über die Rechte von Menschen mit Behinderungen. Zwischen Deutschland, Liechtenstein, Österreich und der Schweiz abgestimmte Übersetzung. Berlin.
http://www.alle-inklusive.behindertenbeauftragte.de/cln_091/nn_1 387 894/SharedDocs/Publikationen/AI/Broschuere__UNKonvention__KK,templateId=raw,property=publicationFile.pdf/Broschuere_UNKonvention_KK.pdf (Stand: 27. 03. 2009)
DIE ZEIT (Hrsg.) (2005): Das ZEIT-Lexikon. In 20 Bänden. Deutsches Wörterbuch, Band 17. Hamburg.
DIK-2/Diagnostische Kriterien (2004): Katalog berufsbezogener Personenmerkmale, Version 2. Forschungsbericht. Projektträger Syntegral gGmbH, Abensberg, gefördert durch das Bundesministerium für Arbeit und Sozialordnung.
DIMDI – Deutsches Institut für Medizinische Dokumentation und Information (Hrsg.) (2005): ICF – Internationale Klassifikation der Funktionsfähigkeit, Behinderung und Gesundheit. Köln.
Dlugosch, A. (2009): Professionelles Handeln im Kontext von Verhaltensstörungen zwischen ethischer Begründbarkeit und Berufsmoral? In: VHN, Heft 2/2009, 103–113.
Doose, S. (2007): Unterstützte Beschäftigung: Berufliche Integration auf lange Sicht. Eine Verbleibs- und Verlaufsstudie. 2. Aufl., Marburg.
Dörre, K. (2008): Armut, Abstieg, Unsicherheit: Die soziale Frage am Beginn des 21. Jahrhunderts. In: Bundeszentrale für politische Bildung (Hrsg.): Aus Politik und Zeitgeschichte (APuZ), Beilage zur Zeitschrift „Das Parlament", Ausgabe 33/34. Berlin.
Drave, W. et al. (Hrsg.) (2000): Empfehlungen zur sonderpädagogischen Förderung: Allgemeine Grundlagen und Förderschwerpunkte (KMK) mit Kommentaren. Würzburg.
Dunckel, H. (1997): Aufgabenstruktur. In: Luczak, H. & Volpert, W. (Hrsg.): Handbuch Arbeitswissenschaft. Stuttgart, 458–461.

Dunckel, H. & Volpert, W. (1997): Aufgaben- und kriterienbezogene Gestaltung von Arbeitsstrukturen. In: Luczak, H. & Volpert, W. (Hrsg.): Handbuch Arbeitswissenschaft. Stuttgart, 791–794.

Eberwein, H. & Feuser, G. (2007): Manifest zur Gründung einer Initiative für integrative Pädagogik und Politik, Manuskript. Erfurt.

EFH – Evangelische Fachhochschule Darmstadt (2009): Informationen zum Masterstudiengang Integrative Heilpädagogik, Lernfeld Theorie der Integrativen Heilpädagogik.

EGB – Europäischer Gewerkschaftsbund (2009): Pariser Erklärung des EGB vom 28. Mai 2009. Brüssel.

Ellger-Rüttgardt, S. (1988): Hilfsschulpädagogik und Nationalsozialismus – Traditionen, Kontinuitäten, Einbrüche. Zur Berufsideologie der Hilfsschullehrerschaft im Kaiserreich und in der Weimarer Republik. In: Hermann, U. & Oelkers, J.: Pädagogik und Nationalsozialismus. Zeitschrift für Pädagogik, 22. Beiheft. Weinheim.

Ellger-Rüttgardt, S. (2008): Geschichte der Sonderpädagogik. Eine Einführung. München/Basel.

Engelmann, G. (1983): Eltern und Werkstatt für Behinderte. In: BVLH – Bundesvereinigung Lebenshilfe für Menschen mit geistiger Behinderung e.V. (Hrsg.): Werkstatt für Behinderte. Ergänzbares Handbuch. Bd. 2, Erg. Lfg. 8. Marburg, 3–11.

Engels, F. (1962): Anteil der Arbeit an der Menschwerdung des Affen. In: Dialektik der Natur. In: Marx, K. & Engels, F.: Werke, Band 20, Berlin.

Engels (2010): Assessment Center. In: Internetseite „personalseite.de" der Engels Personalberatung. http://www.personalseite.de/information/assessment.htm (Stand: 20. 02. 2010)

Erhard, L. (1962): Deutsche Wirtschaftspolitik. Der Weg der Sozialen Marktwirtschaft. Düsseldorf.

ETUC – European Trade Union Confederation (EGB – Europäischer Gewerkschaftsbund) (o. J.): Vorschlag für ein Protokoll zum „Sozialen Fortschritt" (Klausel/Erklärung) – Protokoll zum Verhältnis zwischen wirtschaftlichen Freiheiten und sozialen Grundrechten im Lichte des sozialen Fortschritts (inoffizielle Übersetzung).

Europäische Kommission (2005): Mitteilung der Kommission – Umstrukturierung und Beschäftigung. Nr. KOM (2005) 120. Brüssel, 31. 03. 2005

Evers-Meyer, K. (2009): UN-Behindertenrechtskonvention seit heute in Kraft. Beauftragte fordert Aktionsplan der Bundesregierung. Berlin. http://www.behindertenbeauftragte.de/cln_091/nn_1 040 386/sid_56B7CF8C7D955E7869F7C9586E12EA8C/nsc_true/SharedDocs/Pressemitteilungen/DE/2009/PM15__UNKonvention__tritt__inKraft__we.html?__nnn=true (Stand: 27. 03. 2009)

Firnberg, H. (1978): Lohnarbeiter und freie Lohnarbeit im Mittelalter und zu Beginn der Neuzeit. Neudruck der Ausgabe Baden und Brünn 1935. Aalen.

Fischer, E. (2008): Bildung im Förderschwerpunkt geistige Entwicklung. Entwurf einer subjekt- und bedarfsorientierten Didaktik. Bad Heilbrunn.

Fliedner Werkstätten (2007): Bildungskalender 2007. Mülheim a. d. Ruhr. http://www.aktionbildung.de/wmdb/files/arbeitsbereich/arbeitsbegleitende_massnahmen/08_Bildungskalender_BS_Muehlenbergheide.pdf (Stand: 04. 04. 2009)

Fornefeld, B. (2004): Einführung in die Geistigbehindertenpädagogik. 3. Aufl., München/Basel.

Fornefeld, B. (2009): Heilpädagogen zwischen Individualanspruch und Systemzwang – Versuch einer ethischen Standortbestimmung. In: VHN, Heft 1/2009, 8–19.

FAZ – Frankfurter Allgemeine Zeitung (2009): Die Lage des Stellenmarktes wird trostloser. Nr. 232, 07. 10. 2009, 14.

Friedrich, J. (2006): Orientierung im Entscheidungsprozess: Menschen mit geistiger Behinderung und der allgemeine Arbeitsmarkt. Hamburg.

Frieling, E. (1997): Anforderungsanalyse. In: Luczak, H. & Volpert, W. (Hrsg.): Handbuch Arbeitswissenschaft. Stuttgart, 963–967.

FR-online (2009): Leiharbeit. Industrielle Reservearmee. Ausgabe v. 11. 07. 2009. http://www.fr-online.de/in_und_ausland/wirtschaft/aktuell/?em_ent=1370418 (Stand: 20. 02. 2010)

Frowde, H. (Hrsg.) (2006): David Hume, „Everything in the world is purchased by labour: And our passions are the only causes of labour“ Political Discourses, 1752, 12. Edinburgh/Glasgow 1903, Nachdruck New York.

FSD – Fachseminar Deutsch – Studienseminar Köln I (2009): Hartmut von Hentig – Der neue Eid. 19. September 1991, DIE ZEIT.
http://mitglied.lycos.de/fsd/index2.html (Stand: 03. 05. 2009)

Gabler (Hrsg.) (2009): Wirtschaftslexikon, Stichwort: Unternehmungsziele.
http://wirtschaftslexikon.gabler.de/Archiv/55 237/unternehmungsziele-v1.html

GEB – Gesellschaft Erwachsenenbildung und Behinderung (1995): Berliner Manifest – Erwachsenenbildung und Behinderung, 6. Internationale Tagung der Gesellschaft Erwachsenenbildung und Behinderung e. V., Tagungsdokument.

Gentner, C. (2008): Lern- und Arbeitskultur in der Produktionsschule; in: Bojanowski, A., Mutschall, M. & Meshoul, A. (Hrsg.): Überflüssig, abgehängt? Produktionsschule: Eine Antwort für benachteiligte Jugendliche in den neuen Ländern. Münster.

Georgens, J. D. & Deinhardt, H. (1861): Die Heilpädagogik. Mit besonderer Berücksichtigung der Idiotie und der Idiotenanstalten, 1. Bd. Leipzig. Nachdruck der Giessener Dokumentationsreihe, Heil- und Sonderpädagogik, Bd. 3.

Giarini, O. & Liedtke, P. M. (1998): Wie wir arbeiten werden. Der neue Bericht an den Club of Rome. Hamburg.

Gößl, K. (2007): Ein neuer Lehrplan für die Berufsschulstufe in Bayern. Förderschwerpunkt geistige Entwicklung. München.
href="http://www.bag-ub.de/forum_uesb/download_bp/Forum_16_Lehrplan_Bayern_2007.pdf (Stand: 01. 04. 2009)

Grampp, G. (1998): Aspekte einer ganzheitlichen WerkstattAgogik. In: Geistige Behinderung 2/1998, 145–159.

Grampp, G. & Triebel A. (2007): Lernen und Arbeiten in der Werkstatt für behinderte Menschen. Berufliche Bildung, Arbeit und Mitwirkung bei psychischer Erkrankung. Bonn.

Greving, H. & Ondracek, P. (2009): Heilpädagogisches Denken und Handeln. Eine Einführung in die Didaktik und Methodik der Heilpädagogik. Stuttgart.

GWW – Gemeinnützige Werkstätten und Wohnstätten GmbH Sindelfingen (2002): Mitwirkungsvereinbarung zwischen den Regionalen Werkstatträten und den Regionalen Bereichsleitungen der Werkstätten der GWW Sindelfingen. In: BVLH – Bundesvereinigung Lebenshilfe für Menschen mit geistiger Behinderung e. V. (Hrsg.): Erg. Lfg. 10/2002, F4., 1–10.

GWW – Gemeinnützige Werkstätten und Wohnstätten GmbH (2008): Bildung für Menschen mit Behinderung. Gärtringen.
http://www.gww-netz.de/bildung.html (Stand: 04. 04. 2009)

Habermas, J. (1983): Moralbewusstsein und kommunikatives Handeln. Frankfurt a. M.

Hacker, W. & Skell, W. (1993): Lernen in der Arbeit. Berlin.

Haeberlin, U. (2000): Tendenzen einer tragfähigen Sonder- und Heilpädagogik – oder: Welche pädagogischen Werte leiten uns? In: Evangelisches Diakoniewerk Gallneukirchen (Hrsg.): Innovationen 2000/1 – Trends und Wege einer zukunftsorientierten Behindertenhilfe. Vorträge 28. Martinstift-Symposion am 6. 10. 2000, 59–68.
http://www.diakoniewerk.at/assets/DKW-Allgemein/download/symp2000.pdf (Stand: 03. 05. 2009)

Haeberlin, U. (2005): Grundlagen der Heilpädagogik. Einführung in eine wertgeleitete erziehungswissenschaftliche Disziplin. Bern.

Hähner, U. (2006): Von der Verwahrung über die Förderung zur Selbstbestimmung. In: Hähner, U. et al.: Vom Betreuer zum Begleiter. Eine Neuorientierung unter dem Paradigma der Selbstbestimmung. 5. Aufl., Marburg, 25–52.

Hähner, U. et al. (2006): Vom Betreuer zum Begleiter. Eine Neuorientierung unter dem Paradigma der Selbstbestimmung. 5. Aufl., Marburg.

Hamburger Arbeitsassistenz(2002): Chronik und Portrait: Fachdienst Hamburger Arbeitsassistenz. Hamburg.
http://www.hamburger-arbeitsassistenz.de/fileadmin/user_upload/haa/pdf-files/Selbstdarstellung_10–02.pdf (Stand: 06. 04. 2009)

Harnack, M. (1996): Lebenslang fremdbestimmt – (k)eine Zukunftsperspektive für Menschen mit geistiger Behinderung? In: BVLH – Bundesvereinigung Lebenshilfe für Menschen mit geistiger Behinderung e.V. (Hrsg.): Selbstbestimmung. Kongressbeiträge. Marburg, 49–54.

Hauser, F., Schubert, A. & Aicher, M. (2005): Unternehmenskultur, Arbeitsqualität und Mitarbeiterengagement in den Unternehmen in Deutschland. Ein Forschungsprojekt des Bundesministeriums für Arbeit und Soziales (BMAS). Durchführung: psychonomics AG in Kooperation mit dem Institut für Wirtschafts- und Sozialpsychologie der Universität zu Köln und dem Great Place to Work® Institute, Köln. Abschlussbericht Forschungsprojekt Nr. 18/05. Berlin.

Heck, Bruno (Hrsg.) (1984): Arbeit. Ihr Wert. Ihre Ordnung. Mainz.

Heeg, F.-J. (1997a): Gestaltung betrieblicher Qualifizierungsprozesse. In: Luczak, H. & Volpert, W. (Hrsg.) (1997): Handbuch Arbeitswissenschaft. Stuttgart, 800–804.

Heeg, F.-J. (1997b): Personalentwicklung. In: Luczak, H. & Volpert, W. (Hrsg.): Handbuch Arbeitswissenschaft. Stuttgart, 981–985.

Hentig, H. v. (1993): Die Schule neu denken. München/Wien.

Hentig, H. v. (2005): Bewährung. Von der nützlichen Erfahrung nützlich zu sein. Ein pädagogisches Manifest. München.

Heß, G., Kagemann-Harnack, G. & Schlummer, W. (2008): Erwachsenenbildung – Inklusion – Empowerment. Eine Einführung in das Tagungs- und Buchprojekt sowie ein thematischer Wegweiser. In: Heß, G., Kagemann-Harnack, G. & Schlummer, W. (Hrsg.): Wir wollen – wir lernen – wir können! Erwachsenenbildung – Inklusion – Empowerment. Marburg, 18–25.

Heuer, H. (1997): Sensorische und reaktive Fähigkeiten. In: Luczak, H. & Volpert, W. (Hrsg.): Handbuch Arbeitswissenschaft. Stuttgart, 481–484.

Hickel, R. (2009): Plädoyer für einen regulierten Kapitalismus. In: Bundeszentrale für politische Bildung (Hrsg.): Aus Politik und Zeitgeschichte (APuZ), Beilage zur Wochenzeitschrift „Das Parlament", Nr. 20. Bonn.

Hildebrandt, G. & Moog, R. (1997): Biologische Rhythmik. In: Luczak, H. & Volpert, W. (Hrsg.): Handbuch Arbeitswissenschaft. Stuttgart, 317–321.

Hinz, A. & Boban, I. (2005): Persönliche Zukunftsplanung mit Unterstützerkreisen – ein Ansatz auch für das Leben mit Unterstützung in der Arbeitswelt. In: Bieker, R. (Hrsg.): Teilhabe am Arbeitsleben. Wege der beruflichen Integration von Menschen mit Behinderung. Stuttgart, 133–145.

Hirsch, S. & Lindmeier, C. (Hrsg.) (2006): Berufliche Bildung von Menschen mit geistiger Behinderung. Neue Wege zur Teilhabe am Arbeitsleben. Weinheim/Basel.

Hoess-Zenker (2008): Konzept für die konduktive Förderung als arbeitsbegleitende oder werkstattbegleitende Maßnahme im Rahmen der Werkstatt für körperbehinderte Menschen. Stiftung Pfennigparade. München.
http://www.phoenix-kf.de/pdf/angebote/konzept_petoe_%20fuer-_erwachsene_in_wfb.pdf (Stand: 04. 04. 2009)

Hornung, V. (1997): Personalplanung. In: Luczak, H. & Volpert, W. (Hrsg.): Handbuch Arbeitswissenschaft. Stuttgart, 957–963.

http://www.melba.de/melba/ida.html (Stand: 22. 06. 2009)

http://www.personalseite.de/information/assessment.htm (Stand: 22.06.2009)

http://www.wrebv.com/frset_ergos_g.htm (Stand: 22.06.2009)

Inklusive Bildung – Jetzt! Ein Manifest für Inklusion statt Integration (2009): Erstunterzeichner: Bundesarbeitsgemeinschaft gemeinsam leben – gemeinsam lernen e.V., Beauftragte der Bundesregierung für die Belange behinderter Menschen, Deutscher Behindertenrat, Gewerkschaft Erziehung und Wissenschaft, Der Paritätische Gesamtverband, Interessenvertretung Selbstbestimmt leben Deutschland e.V., Mach mit – Aktion humane Schule, Bundesarbeitsgemeinschaft für Integration und Inklusion e.V., Prof. Lothar Krappmann, UN-Ausschuss für die Rechte des Kindes. In: Pädagogik, Sonderdruck, Heft 2/2009.

ISB – Gesellschaft für Integration, Sozialforschung und Betriebspädagogik gGmbH (2008): Entwicklung der Zugangszahlen zu Werkstätten für behinderte Menschen; im Auftrag des Bundesministeriums für Arbeit und Soziales, Forschungsbericht Nr. 383, 10/2008. Berlin.

ISB – Staatsinstitut für Schulqualität und Bildungsforschung (2007): Förderschulen. Lehrpläne Förderschulen. Lehrplan für die Berufsschulstufe, Förderschwerpunkt geistige Entwicklung. München.
http://www.isb.bayern.de/isb/index.asp?MNav=4&QNav=4&TNav=1&INav=0&Fach=&Fach2=&LpSta=6&STyp=13&Lp=1335 (Stand: 01.04.2009)

Jensen, B., Tjarks, M. & Döding, A. (2008): Konzept Ernährung Wellness Sport. Gesundheitsorientiertes Fortbildungskonzept. Elbe Werkstätten GmbH. Hamburg.
http://www.aktionbildung.de/wmdb/files/fortbildungen/fortbildungen_fuer_werkstattbeschaeftigte/DeckbuKonzept.pdf (Stand: 04.04.2009)

Kampmeyer, M. (2009): Tödliche Medizin. Rassenwahn im Nationalsozialismus. 13. März bis 19. Juli 2009. In: Kulturprojekte Berlin (Hrsg.): Museumsjournal I/2009. Berlin, 74–75.

Keune, S. & Frohnenberg, C. (Hrsg.) (2001): Geprüfte Fachkraft zur Arbeits- und Berufsförderung in Werkstätten für behinderte Menschen. Lehrgangsempfehlung. Bonn.

Kirch, W. & Badura B. (Hrsg.) (2006): Prävention – Ausgewählte Beiträge des Nationalen Präventionskongresses Dresden 2005. Heidelberg.

Kirchler, E. (Hrsg.) (2008): Arbeits- und Organisationspsychologie. Wien.

Kirchner, J.-H. (1997): Integrative Arbeitssystemgestaltung. In: Luczak, H. & Volpert, W. (Hrsg.): Handbuch Arbeitswissenschaft. Stuttgart, 805–810.

Klafki, W. (1959): Das pädagogische Problem des Elementaren und die Theorie der kategorialen Bildung. 1. Aufl., Weinheim/Berlin.

Klafki, W. (1996): Neue Studien zur Bildungstheorie und Didaktik. Zeitgemäße Allgemeinbildung und kritisch-konstruktive Didaktik. 5. Aufl., Weinheim/Basel.

Klee, E. (1989): „Euthanasie“ im NS-Staat. Die „Vernichtung lebensunwerten Lebens“. Frankfurt a.M.

KLGH – Konferenz der Lehrenden der Geistigbehindertenpädagogik an wissenschaftlichen Hochschulen (Hrsg.) (1997): Landauer Manifest für Integration statt Isolation von pflegebedürftigen Menschen mit geistiger Behinderung. Tagungsdokument. In: Gemeinsam leben – Zeitschrift für integrative Erziehung Nr. 3–98.

Klostermann, B. (2008): „Wir hätten da auch nichts zu lachen gehabt“. Lernen und Gedenken in Hadamar. In: Erwachsenenbildung und Behinderung, 2/2008, 3–10.

KMK – Sekretariat der Ständigen Konferenz der Kultusminister der Länder in der Bundesrepublik Deutschland (Hrsg.) (1999): Empfehlungen zum Förderschwerpunkt geistige Entwicklung. Beschluss der Kultusministerkonferenz vom 26.06.1998. KMK Erg.-Lfg. 94. Bonn.
http://www.kmk.org/fileadmin/veroeffentlichungen_beschluesse/1998/1998_06_20_FS_Geistige_Entwickl.pdf (Stand: 25.02.2009)

Kniel, A. & Windisch, M. (2005): People First. Selbsthilfegruppen von und für Menschen mit geistiger Behinderung. München/Basel.

Köbler, G. (1982): Germanisches Wörterbuch, 2. Aufl.

Köbler, G. (1995): Deutsches Etymologisches Wörterbuch. Wassertrüdingen. http://koeblergerhard.de/derwbhin.html

Körner, M. (2004): Studie – Das internationale Menschenrecht auf Arbeit, Deutsches Institut für Menschenrechte. Berlin.

Kraiss, K.-F. (1997): Anthropotechnik. In: Luczak, H.& Volpert, W. (Hrsg.): Handbuch Arbeitswissenschaft. Stuttgart, 129–132.

Küchler, M. (2006): Was kommt nach der Schule? Handbuch zur Vorbereitung auf das nachschulische Leben durch die Schule für Menschen mit geistiger Behinderung. Marburg.

Kultusminister NRW (Hrsg.) (1980): Richtlinien und Lehrpläne für den Unterricht in der Schule für Geistigbehinderte (Sonderschule) in Nordrhein-Westfalen. Köln.

Lamers, W. & Heinen, N. (2006): ‚Bildung mit ForMat' – Impulse für eine veränderte Unterrichtspraxis mit Schülerinnen und Schülern mit (schwerer) Behinderung. In: Laubenstein, D., Lamers, W. & Heinen, N.: Basale Stimulation. Kritisch – konstruktiv. Düsseldorf, 141–205.

Lammers, F. & Holling, H. (1997): Intelligenz. In: Luczak, H. & Volpert, W. (Hrsg.): Handbuch Arbeitswissenschaft. Stuttgart, 484–487.

Laurig, W. (1997): Ergonomie. In: Luczak, H. & Volpert, W. (Hrsg.): Handbuch Arbeitswissenschaft. Stuttgart, 125–129.

LE (1981): siehe Papst Johannes Paul II.

Lebenshilfe (1959): Satzung des Vereins „Lebenshilfe für das geistig behinderte Kind" e.V., 18.01.1959. Bonn.

LH-WfbM – Lebenshilfe-Werkstätten Leverkusen/Rhein-Berg gGmbH (2009): Leitbild. http://www.wfbm-lev.de/images/leitbild.pdf

Lelgemann, R. (2005): Vorbereitung auf die nachschulische Lebenssituation und das Arbeitsleben – eine komplexe Herausforderung für die Schule. In: Bieker, R. (Hrsg.): Teilhabe am Arbeitsleben. Wege der beruflichen Integration von Menschen mit Behinderung. Stuttgart, 100–116.

Lenk, H. (2008): Von der Arbeits- zur Selbstbildungs- und Eigenleistungsgesellschaft: Aspekte und Thesen zum Wandel des Arbeitsbegriffs, Karlsruhe.

LH NRW – Lebenshilfe Landesverband NRW (Hrsg.) (2009): Glossar. Arbeit und Förderung in den Werkstätten für behinderte Menschen. 2. Aufl., Hürth.

Liedtke, P.M. (1998): Im Gespräch mit Karl Jörg Wohlhüter, Bayerischer Rundfunk, Alpha-Forum, Sendung vom 17.09.1998. http://www.google.de/search?q=schichten+club+of+rome&hl=de&lr=lang_de&safe=off&newwindow=1&sa=2

LiS BW – Landesinstitut für Schulentwicklung Baden-Württemberg (Hrsg.) (2008): Bildungsplan Schule für Geistigbehinderte. Entwurfsfassung Juli 2008. Stuttgart.

LpB-BW – Landeszentrale für politische Bildung Baden-Württemberg (1997): Münchner Manifest vom 26. Mai 1997. Demokratie braucht politische Bildung. Zum Auftrag der Bundeszentrale und der Landeszentralen für politische Bildung. http://www.lpb-bw.de/landeszentrale/muenchner_manifest.php

Luczak, H. & Rohmert, W. (1997): Belastungs-Beanspruchungs-Konzepte. In: Luczak, H. & Volpert, W. (Hrsg.): Handbuch Arbeitswissenschaft. Stuttgart, 326–332.

Luczak, H. & Volpert, W. (Hrsg.) (1997): Handbuch Arbeitswissenschaft. Stuttgart.

LVR – Landschaftsverband Rheinland (Hrsg.) (2007): Forschungsprojekt Arbeitsassistenz zur Teilhabe (ArzT). Abschlussbericht. Köln http://www.arbeitsassistenz.de/download/forschungsbericht_arbeitsassistenz_bf_v02.pdf (Stand: 26.04.2009)

LVR – Landschaftsverband Rheinland (Hrsg.) (2008): Von der Förderschule in den Beruf – Wie verbessern wir den Übergang? Dokumentation der Ergebnisse der Fachtagung. Köln. http://www.lvr.de/soziales/service/fachtagung080108doku.pdf (Stand: 19.06.2009)

LVR – Landschaftsverband Rheinland (Hrsg.) (2009): Lehrerfortbildung für bessere Berufsintegration. Homepage des LVR http://www.lvr.de/soziales/arbeit_behinderung/uebergang-schule-arbeitsleben/lehrerfortbildung.htm (Stand: 19. 06. 2009)

Markmann, H. & Gillen, E. (1988): Arbeitskultur. In: Langenbucher, W. et al. (Hrsg.): Handbuch zur deutsch-deutschen Wirklichkeit. Bundesrepublik Deutschland/Deutsche Demokratische Republik im Kulturvergleich. 220 Artikel von ‚Aberglauben' bis ‚Zynismus'. Stuttgart.

Marx, K. & Engels, F. (1969): Die deutsche Ideologie. Kritik der neuesten deutschen Philosophie in ihren Repräsentanten Feuerbach, B. Bauer und Stirner und des deutschen Sozialismus in seinen verschiedenen Propheten. Marx-Engel-Werke, Band 3. Berlin (DDR).

Marx, K. & Engels, F. (1972): Manifest der Kommunistischen Partei, 1848, Band 4, 6. Aufl., Berlin.

Maslow, A. (2002): Motivation und Persönlichkeit. Reinbek.

Meier, M. (2008): Entwurf eines berufsethischen Eides. In: VHN 76, 69–72.

Meyers (1892): Meyers Konversationslexikon, 4. Aufl., Leipzig.

Meyers (1904): Meyers Großes Konversationslexikon, 6. Aufl., Leipzig/Wien.

Mikl-Horke, G. (1994): Industrie- und Arbeitssoziologie. München.

Miro (2010): Ida. In: Internetseite der Miro GmbH.Lich. http://melba.de/melba/ida.html (Stand: 20. 02. 2010)

MM (1961): siehe Papst Johannes XXIII.

Mohr, K. (2007): Soziale Exklusion im Wohlfahrtsstaat. Arbeitslosensicherung und Sozialhilfe in Großbritannien und Deutschland. Wiesbaden.

Mosen, G. et al. (2007): Mut zur Zukunft. Positionen des Vorstandes über die strategische Ausrichtung der BAG:WfbM – Bundesarbeitsgemeinschaft Werkstätten für behinderte Menschen e. V. Frankfurt a. M.

Mounier, E. (1936): Manifeste au service du personnalisme (Das personalistische Manifest). Zürich.

MSWF – Ministerium für Schule, Wissenschaft und Forschung des Landes Nordrhein-Westfalen (2002): Richtlinien für den Förderschwerpunkt Geistige Entwicklung. Entwurf – Stand: Februar 2002. Düsseldorf.

Mühl, H. (1986): Handlungsbezogener Unterricht mit Geistigbehinderten. 7. Aufl., Bonn/Bad Godesberg.

Müller-Erichsen, M. (Hrsg.) (2006): Diagnose, Evaluation und individuelles Programm zur Entwicklung der Fähigkeitspotentiale von Menschen mit geistiger Behinderung – Interdisziplinäre Diagnose/Individuelles Programm (InDiPro). Gießen.

Müntzer, T. (2001): An die Mansfelder Berggesellen 1525; zitiert aus: An die Allstedter. Manifest an die Mansfeldischen Berggesellen. http://www.jpmarat.de/deutsch/tmed.html

Munzert, J. (1997): Sensumotorische Fähigkeiten. In: Luczak, H. & Volpert, W. (Hrsg.): Handbuch Arbeitswissenschaft. Stuttgart, 477–481.

Nahles, A. (2009): Gute Arbeit, gutes Leben und eine gute Gesellschaft. Vortrag in Ahrensburg am 22. 06. 2009 http://www.spd-stormarn.de (Stand: 14. 07. 2009)

Neugebauer, V. (2007): Von der Betreuung zur Assistenz. In: Batram, S., Brinkmann, M., Haubner A. & Hengst, A.: Selbstbestimmt lernen – Personalentwicklung der Fachkräfte in Werkstätten für behinderte Menschen. Berlin.

Neuhäuser, G. & Steinhausen, H.-C. (2002): Geistige Behinderung. Grundlagen, klinische Syndrome, Behandlung und Rehabilitation. Stuttgart.

Niehaus, M. & Schmal, A. (2005): Betriebliche Kontrakte – Integrationsvereinbarungen in der Praxis. In: Bieker, R. (Hrsg.): Teilhabe am Arbeitsleben. Wege der beruflichen Integration von Menschen mit Behinderung. Stuttgart, 246–257.

Niehoff-Dittmann, U. (1996): Selbstbestimmung im Leben geistig behinderter Menschen. In: BVLH – Bundesvereinigung Lebenshilfe für Menschen mit geistiger Behinderung e.V. (Hrsg.): Selbstbestimmung. Kongressbeiträge. Marburg, 55–65.

Oesterreich, R. (1997): Regulationserfordernisse. In: Luczak, H. & Volpert, W. (Hrsg.): Handbuch Arbeitswissenschaft. Stuttgart, 461–464.

Opp, G. (2007): Heilpädagogik. In: Theunissen, G. et al. (Hrsg.): Handlexikon Geistige Behinderung. Schlüsselbegriffe aus der Heil- und Sonderpädagogik, Sozialen Arbeit, Medizin, Psychologie, Soziologie und Sozialpolitik. Stuttgart, 158–160.

Papst Benedikt XVI. (2009): Enzyklika Caritas in Veritate (CV).

Papst Johannes Paul II. (1981): Enzyklika Laborem Exercens (LE). Leutesdorf.

Papst Johannes XXIII. (1961): Enzyklika Mater et Magistra (MM).

Papst Leo XIII. (1958): Enzyklika Rerum Novarum (RN), 1891. In: Jostock, P.: Die sozialen Rundschreiben, Leo XIII. – Über die Arbeiterfrage; Pius XI. – Über die gesellschaftliche Ordnung. Freiburg.

Pfannkuche, W. (o.J.): Gibt es ein Recht auf Arbeit? Internetaufsatz. http://www.bu.edu/wcp/Papers/OApp/OAppPfan.htm (Stand: 31.08.2009)

Popper, K.R. (1984): Auf der Suche nach einer besseren Welt. Vorträge und Aufsätze aus dreißig Jahren. München.

Quaas, W. (1997): Ermüdung und Erholung. In: Luczak, H. & Volpert, W. (Hrsg.): Handbuch Arbeitswissenschaft. Stuttgart, 347–353.

RN (1891): siehe Papst Leo XIII.

Röhm, R. (2006): Berufliche Qualifizierung in Werkstätten für behinderte Menschen in Baden-Württemberg. Bildungskonzepte und Erfahrungen in der GWW Sindelfingen. In: Hirsch, S. & Lindmeier, C. (Hrsg.): Berufliche Bildung von Menschen mit geistiger Behinderung. Neue Wege zur Teilhabe am Arbeitsleben. Weinheim/Basel, 220–239.

Röhm, R. (2008): Bildung ist mehr als Lernen. Vortrag auf der http://www.messe2008.bagwfbm.de/page/results (Stand: 04.04.2009)

Röper, Ursula & Jüllig, Carola (2007): Die Macht der Nächstenliebe Einhundertfünfzig Jahre Innere Mission und Diakonie 1848–1998. Im Auftrag des Deutschen Historischen Museums und des Diakonischen Werkes der Evangelischen Kirche in Deutschland. Stuttgart.

Rößner, F. (2008): Grafeneck in Gegenwart, Geschichte und Erinnerung. In: Erwachsenenbildung und Behinderung, 2/2008, 11–17.

Schablon, K. (2009): Community Care. Professionell unterstützte Gemeinweseneinbindung erwachsener geistig behinderter Menschen. Analyse, Definition und theoretische Verortung struktureller und handlungsbezogener Determinanten. Marburg.

Schartmann, D. (1999): Persönlichkeitsfördernde Arbeitsgestaltung mit geistig behinderten Menschen. Münster.

Schartmann, D. (2005): Betriebliche Integration durch Integrationsfachdienste. In: Bieker, R. (Hrsg.): Teilhabe am Arbeitsleben. Wege der beruflichen Integration von Menschen mit Behinderung. Stuttgart, 258–281.

Schiller, F. (1906): Sämtliche Werke in zehn Bänden. Bd. 1. Berlin-Leipzig.

Schlummer, W. (2008a): Empowerment behinderter Menschen. Buchbesprechung zu: Georg Theunissen: Empowerment behinderter Menschen. Inklusion – Bildung – Heilpädagogik – Soziale Arbeit. Freiburg i. Br., 2007. In: Erwachsenenbildung und Behinderung, 2/2008, 39.

Schlummer, W. (2008b): Spannungsfeld: Erwachsenenbildung und Empowerment. In: Heß, G., Kagemann-Harnack, G. & Schlummer, W. (Hrsg.): Wir wollen – wir lernen – wir können! Erwachsenenbildung – Inklusion – Empowerment. Marburg, 62–68.

Schlummer, W. & Schütte, U. (2006): Mitwirkung von Menschen mit geistiger Behinderung. Schule, Arbeit, Wohnen. München/Basel.

Schmid, K.A. (Hrsg.) (1859): Encyklopädie des gesammten Erziehungs- und Unterrichtswesens; bearbeitet von einer Anzahl Schulmänner und Gelehrten. Gotha.

Schmitz, G., Deutsch, K.-H. & Korn-Sivertsen, S. (1984): Lernwege zur beruflichen Rehabilitation in Werkstätten für Behinderte. Ein anforderungsorientiertes Lernzielsystem für den Arbeitstrainingsbereich einer Werkstatt für Behinderte. Detmold.

Schmitz, H.-H. (Hrsg.) (2002): Methodisch-didaktische Handbuch für die berufliche Bildung in der Werkstatt für behinderte Menschen. Verlag Lebenshilfe für geistig Behinderte e.V. Detmold.

Schreuder, S. (1986): Moderne Arbeitswissenschaft für die Fabrik der Zukunft. In: Hacksein, F., Heeg, F.J. & Below, F. von (Hrsg.): Arbeitsorganisation und Neue Technologien. Berlin.

Schütte, U. (2004): Werkstatträte-Schulungen. Beiträge zur Nachhaltigkeit im Mitwirkungsalltag im Blickfeld einer empirischen Studie. Unveröffentl. Diplomarbeit. Hochschule für Sozialwesen. Esslingen.

Schuler, H. (1997): Personalauswahl, Eignungsdiagnostik und Assessment Center. In: Luczak, H. & Volpert, W. (Hrsg.): Handbuch Arbeitswissenschaft. Stuttgart, 968–973.

Schuntermann, M. (2003): Einführung in die Internationale Klassifikation der Funktionsfähigkeit, Behinderung und Gesundheit (ICF) der Weltgesundheitsorganisation (WHO) unter besonderer Berücksichtigung der sozialmedizinischen Begutachtung und Rehabilitation. Ein Grundkurs auch für das Selbststudium geeignet. (Version 1.0, September 2003) http://www.vdr.de/rehabilitation/ICF-ICIDH (Stand: 13.04.2004)

Schwarte, N. & Oberste-Ufer, R. (2001): LEWO II: Lebensqualität in Wohnstätten für erwachsene Menschen mit geistiger Behinderung. Ein Instrument für fachliches Qualitätsmanagement. 2. Aufl., Marburg.

SenBW Bremen – Senator für Bildung und Wissenschaft Bremen (Hrsg.) (2002): Rahmenplan sonderpädagogische Förderung. Bremen.

Sengelmann, H.M. (1885): Idiotophilus. Systematisches Lehrbuch der Idioten-Heilpflege, 1. Bd. Norden.

Siegenthaler, H. (2004): Die christlichen Wurzeln der Heilpädagogik – dargestellt am Beispiel der deutschsprachigen Schweiz. In: Kottnik, K.-D. & Siegenthaler, H.: Wurzeln europäischer Heilpädagogik im Christentum. Beiträge zur Grundlagenforschung; Diakonie Stetten. Kernen im Remstal.

Simon, H. (1927): Bewahrung als Aufgabe der Wohlfahrtspflege. In: Hauptausschuss für Arbeiterwohlfahrt (Hrsg.): Zeitschrift „Arbeiterwohlfahrt“, 20. Heft.

Simon, S. (1995): Die Tagelöhner und ihr Recht im 18. Jahrhundert. Dissertation. Berlin.

Skarpelis, C. (1986): Zur Frage einer bedarfsgerechten Weiterentwicklung der Arbeitswissenschaft. In: Hacksein, F., Heeg, F.J. & Below, F.v. (Hrsg.): Arbeitsorganisation und Neue Technologien. Berlin.

Sonntag, K. (1997): Übung und Erfahrung. In: Luczak, H. & Volpert, W. (Hrsg.): Handbuch Arbeitswissenschaft. Stuttgart, 464–468.

Speck, O. (1980): Geistige Behinderung und Erziehung. 4. Aufl., München/Basel.

Speck, O. (2005): Menschen mit geistiger Behinderung. Ein Lehrbuch zur Erziehung und Bildung. 10. Aufl., München/Basel.

Springmann, D. (2008): Teilhabe am Arbeitsleben. Vortrag am 03.12.2008, dem „Tag für Menschen mit Behinderungen“, Landtag von Niedersachsen. Unkorrigiertes Manuskript. Braunschweig.

Staudt, E. & Meier, M. (1997): Auswahl und Bewertung von Arbeitssystemlösungen. In: Luczak, H. & Volpert, W. (Hrsg.): Handbuch Arbeitswissenschaft. Stuttgart, 810–813.

Stöckle, T. (2002): Grafeneck 1940. Die Euthanasie-Verbrechen in Südwestdeutschland. Tübingen.

Tacitus, P.C. (o.J.): Das Leben des Gnaeus Iulius Agricola, Absatz 30ff. In: http://www.ancienttexts.org/library/latinlibrary/tac.agri.html

Theunissen, G. (2009-): Empowerment und Inklusion behinderter Menschen. Eine Einführung in Heilpädagogik und Soziale Arbeit. 2. Aufl., Freiburg i. Br.

Theunissen, G. et al. (Hrsg.) (2007): Handlexikon Geistige Behinderung. Schlüsselbegriffe aus der Heil- und Sonderpädagogik, Sozialen Arbeit, Medizin, Psychologie, Soziologie und Sozialpolitik. Stuttgart.

Thimm, W. (1984): Das Normalisierungsprinzip. Eine Einführung. Marburg.

Thimm, W. (Hrsg.) (2008): Das Normalisierungsprinzip. Ein Lesebuch zu Geschichte und Gegenwart eines Reformkonzepts. 2. Aufl., Marburg.

TU Braunschweig – Erziehungswissenschaftlicher Fachbereich der Technischen Universität Braunschweig (Hrsg.) (1994): Braunschweiger Manifest. Pädagogische Herausforderungen an Politik und Gesellschaft. Für eine arbeitsfähige und humane Schule. Sonderheft der Braunschweiger Arbeiten zur Schulpädagogik. Braunschweig.

Ulich, E. (1997): Differentielle und dynamische Arbeitsgestaltung. In: Luczak, H. & Volpert, W. (Hrsg.): Handbuch Arbeitswissenschaft. Stuttgart, 796–799.

Ulich, E. (2003): Betriebliche Gesundheitsförderung – Elemente einer Positionsbestimmung. Vortragsmanuskript zur Präventionstagung 2003 des Fonds Gesundes Österreich. http://fgoe.org/veranstaltungen/fgoe-konferenzen-und-tagungen/archiv/praeventionstagung-2003/ulich.pdf (Stand: 20.02.2010)

Vereinte Nationen (1948): Resolution 217 A (III) der Generalversammlung vom 10. Dezember 1948, Allgemeine Erklärung der Menschenrechte.

Viol, M., Grotkamp, S. & Seger, W. (2007): Personbezogene Kontextfaktoren (Kurzversion), Teil II. Gesundheitswesen 69: 34–37.

Viol, M., Grotkamp, S., van Treeck, B., Nüchtern, E., Hagen, T., Manegold, B., Eckardt, S., Penz, M. & Seger, W. (2006): Personbezogene Kontextfaktoren, Teil I. Gesundheitswesen 68: 747–759.

Volpert, W. (1997): Handlungsregulation. In: Luczak, H. &. Volpert, W. (Hrsg.): Handbuch Arbeitswissenschaft. Stuttgart, 453–457.

Wagner, A. (2004): Managementkonzepte in der beruflichen Rehabilitation – eine Analyse ausgewählter Konzepte. Unveröffentl. Diplomarbeit im Fach Erziehungswissenschaft an der Universität zu Köln. Köln.

Wegge, J. (1997): Affektive Komponenten. In: Luczak, H. & Volpert, W. (Hrsg.): Handbuch Arbeitswissenschaft. Stuttgart, 489–492.

Wehner, T. (1997): Fehler und Fehlhandlungen. In: Luczak, H. & Volpert, W. (Hrsg.): Handbuch Arbeitswissenschaft. Stuttgart, 469–472.

Welt am Sonntag (2007): Nr. 15, 15.04.2007, 34. Berlin.

Welti, F. (2005): Behinderung und Rehabilitation im sozialen Rechtsstaat. Freiheit, Gleichheit und Teilhabe behinderter Menschen. Tübingen.

Welt-online (2002): Verantwortung wahrnehmen. Ausgabe v. 31.07.2002. http://www.welt.de/print-welt/article402947/verantwortung_wahrnehmen.html (Stand: 20.02.2010)

Welt-online (2009a): Gute Ideen, Teil 5. Ausgabe v. 21.08.2009. http://www.welt.de/die-welt/politik/article4366545/Gute-Ideen-Teil-5.html (Stand: 20.02.2010)

Welt-online (2009b): Thema für Deutschland. Ausgabe v. 21.09.2009. http://www.welt.de/debatte/kommentare/article6075372/Themen-fuer-Deutschland.html (Stand: 20.02.2010)

Wember, F. (2003): Bildung und Erziehung bei Behinderungen – Grundfragen einer wissenschaftlichen Disziplin im Wandel. In: Leonhardt, A. & Wember, F. (Hrsg.): Grundfragen der Sonderpädagogik. Bildung – Erziehung – Behinderung. Ein Handbuch. Weinheim/Basel/Berlin, 12–57.

Wenzel, G. I. (1797): Pädagogische Encyklopädie, worinn (in alphabetischer Ordnung) das Nöthigste, was Väter, Mütter, Erzieher, Hebammen, Ammen und Wärterinnen, sowohl in Ansetzung der körperlichen Erziehung als Rücksicht der moralischen Bildung der Kinder, von der Geburtsstunde an bis zum erwachsenen Alter, wissen und beobachten sollen, kurz und deutlich erkläret wird. Wien.

Werner, G. (2005): Wir können den Menschen von der Arbeit befreien. Interview in: Frankfurter Rundschau, Wirtschaftsthema, Nr. 222, 23. 09. 2005. Frankfurt a. M.

Werner, G. & Presse, A. (2007 a): Grundeinkommen und Konsumsteuer – Impulse für Unternimm die Zukunft. Karlsruhe.

Werner, G. & Presse, A. (2007 b): Selbstbestimmt initiativ werden. In: Euro Alumni External Perspectives; Zeitschrift der Universität Ulm, 14. 06. 2007. Ulm. http://www.unternimm-die-zukunft.de/Ausgewaehlte_Texte/0707 EuropolitanExternal-Perspectives.pdf

Windmöller, W. (2005): Mitwirkung, Mitbestimmung – Fundamente der Werkstattarbeit. Referat. Regionaler Werkstättentag Niedersachsen. Nordhorn.

WREBV – Work Recovery Europa BV (2010): Ergos Work Simulator. In: Internetseite der WREBV. http://www.wrebv.com/frset_evgos_g.htm (Stand: 20. 02. 2010)

Wikipedia (2010): Assessment-Center. http://de.www.wikipedia.org/wiki/Assessment-Center (Stand: 20. 02. 2010)

Zedler, J. H. (1754): Grosses vollständiges Universallexicon aller Wissenschaften und Künste, Bd. 19. Leipzig. Internetausgabe der Bayerischen Staatsbibliothek.

ZEIT-Lexikon (2005): siehe DIE ZEIT

Abkürzungsverzeichnis

AAGS	Arbeitspädagogisches Arbeitsgestaltungssystem
AC	Assessment Center
ABS	Arbeitsförderung, Beschäftigung und Strukturentwicklung
ABS	Arbeitspädagogisches Bildungssystem
a. F.	alte Fassung
APuZ	Aus Politik und Zeitgeschichte
ARAS	aufsteigendes retikuläres Aktivierungssystem
ArbSchG	Arbeitsschutzgesetz
ArzT	Arbeitsassistenz zur Teilhabe
BA	Bundesagentur für Arbeit
BAG UB	Bundesarbeitsgemeinschaft für Unterstützte Beschäftigung e. V.
BAGüS	Bundesarbeitsgemeinschaft der überörtlichen Träger der Sozialhilfe
BAG:WfbM	Bundesarbeitsgemeinschaft Werkstätten für behinderte Menschen e. V.
BayStMUK	Bayerisches Staatsministerium für Unterricht und Kultus
BBW	Berufsbildungswerke
BeB	Bundesverband Evangelische Behindertenhilfe e. V.
BeFAB	Berufsverband Fachkräfte zur Arbeits- und Berufsförderung
BehWerkPrV	Verordnung über die Prüfung zum anerkannten Abschluss Geprüfte Fachkraft zur Arbeits- und Berufsförderung in Werkstätten für behinderte Menschen
BetrVG	Betriebsverfassungsgesetz
BFW	Berufsförderungswerke
BGB	Bürgerliches Gesetzbuch
BGBl.	Bundesgesetzblatt
BIS	Berliner Intelligenz-Strukturmodell
BiBB	Bundesinstitut für Berufsbildung
BIH	Bundesarbeitsgemeinschaft der Integrationsämter und Hauptfürsorgestellen
BMA	(ehemaliges) Bundesministerium für Arbeit und Sozialordnung
BMAS	Bundesministerium für Arbeit und Soziales
BMBF	Bundesministerium für Bildung und Forschung
BMGS	Bundesministerium für Gesundheit und Soziale Sicherung
BT-Dr.	Bundestagsdrucksache
BVLH	Bundesvereinigung Lebenshilfe für Menschen mit geistiger Behinderung e. V.
CBP	Caritas Behindertenhilfe und Psychiatrie e. V.
CV	Enzyklika Caritas in Veritate

CZ	Cellesche Zeitung
DESTATIS	Statistisches Bundesamt
DGB	Deutscher Gewerkschaftsbund
DGZ	Deutsche Gesellschaft für Zeitpolitik e. V.
DIA-AM	Diagnose der Arbeitsmarktfähigkeit besonders betroffener behinderter Menschen
DIK	diagnostische Kriterien
DIMA	Diagnosegeleitete Maßnahmesteuerung und Entwicklung zur Verbesserung der individuellen Förderung und Steuerung von Maßnahmen
DIMDI	Deutsches Institut für Medizinische Dokumentation und Information
DLM	Detmolder Lernwegemodell
DWMV	Diakonie-Werkstättenmitwirkungsverordnung
EEG	Elektroenzephalogramm
EFH	Evangelische Fachhochschule (Darmstadt)
EGB	Europäischer Gewerkschaftsbund
EMG	Elektromyogramm, Elektromyographie
ETUC	European Trade Union Confederation
FAZ	Frankfurter Allgemeine Zeitung
FR	Formatio reticularis
FR	Frankfurter Rundschau
FSD	Fachseminar Deutsch
GEB	Gesellschaft Erwachsenenbildung und Behinderung
GG	Grundgesetz
GWW	Gemeinnützige Werkstätten und Wohnstätten GmbH (Sindelfingen)
HDQ	Handlungsorientiertes, dynamisches Qualifizierungskonzept
ICF	Internationale Klassifikation der Funktionsfähigkeit, Behinderung und Gesundheit (WHO)
IDA	Instrumentarium zur Diagnostik von Arbeitsfähigkeiten
IFD	Integrationsfachdienst(e)
InbeQ	individuelle betriebliche Qualifizierung
ISB e. V.	(ehemaliges) Institut für Sozialforschung und Betriebspädagogik
ISB	Staatsinstitut für Schulqualität und Bildungsforschung
ISB	Gesellschaft für Integration, Sozialforschung und Betriebspädagogik gGmbH, Berlin
I-S-T 70	Intelligenz-Struktur-Test
KLGH	Konferenz der Lehrenden der Geistigbehindertenpädagogik an wissenschaftlichen Hochschulen
LE	Enzyklika Laborem Exercens
LEWO	Lebensqualität in Wohnstätten für erwachsene Menschen mit geistiger Behinderung

LH NRW	Lebenshilfe Landesverband NRW
LH-WfbM	Lebenshilfe-Werkstätten (Leverkusen/Rhein-Berg gGmbH)
LiS BW	Landesinstitut für Schulentwicklung Baden-Württemberg
LpB-BW	Landeszentrale für politische Bildung Baden-Württemberg
LVR	Landschaftsverband Rheinland
MDK	Medizinischer Dienst der Krankenversicherung
MLS	Motorische Leistungsserie
MM	Enzyklika Mater et Magistra
MSWF	Ministerium für Schule, Wissenschaft und Forschung des Landes Nordrhein-Westfalen
ÖPNV	öffentlicher Personennahverkehr
PrALR	Allgemeines Landrecht für die Preußischen Staaten
REFA	Verband für Arbeitsgestaltung, Betriebsorganisation und Unternehmensentwicklung e. V. (gegründet als Reichsausschuss für Arbeitszeitermittlung)
RN	Enzyklika Rerum Novarum
SchwbAV	Schwerbehinderten-Ausgleichsabgabeverordnung
SchwbG	Schwerbehindertengesetz
SenBW Bremen	Senator für Bildung und Wissenschaft Bremen
SGB	Sozialgesetzbuch
TU	Technische Universität
UB	Unterstützte Beschäftigung
UNO-Konvention	„Konvention der Vereinigten Nationen über die Rechte behinderter Menschen“
UntBeschG	Gesetz zur Einführung Unterstützter Beschäftigung
VHN	Vierteljahresschrift für Heilpädagogik und ihre Nachbargebiete
WfbM	Werkstätten für behinderte Menschen
WHO	Weltgesundheitsorganisation
WMVO	Werkstätten-Mitwirkungsverordnung
WRV	Weimarer Reichsverfassung
WVO	Werkstättenverordnung

Sachwortverzeichnis

Die Autoren

Prof. Dr. Gerd Grampp lehrte im Fachbereich Sozialwesen an der Fachhochschule Jena im Fachgebiet „Theorie und Praxis" der Rehabilitation und ist selbständig tätig in den Bereichen Forschung, Entwicklung, Beratung und Schulung in der Rehabilitation.

Stephan Hirsch ist Geschäftsführer der Bundesarbeitsgemeinschaft Werkstätten für behinderte Menschen (BAG:WfbM) in Frankfurt.

Dr. Clemens M. Kasper leitet das Fachgebiet „Arbeitswelt und Rechtsgrundlagen" der Bundesarbeitsgemeinschaft Werkstätten für behinderte Menschen (BAG: WfbM) in Frankfurt.

Ulrich Scheibner war bis zu seinem Ruhestand Geschäftsführer der Bundesarbeitsgemeinschaft Werkstätten für behinderte Menschen (BAG:WfbM) in Frankfurt.

Dr. Werner Schlummer lehrt an der Humanwissenschaftlichen Fakultät der Universität zu Köln im Arbeitsbereich Geistigbehindertenpädagogik.